INDIA
TECTON

NICOLAUS SCHMIDT

INDIA TECTON

Gebautes Indien
Herausgegeben von der
Kunststiftung K52

Architectural
Expressions in India
Edited by
Kunststiftung K52

Deutscher
Kunstverlag

Indien ist ein Land mit einer überaus reichen und vielfältigen Kultur – es ist zudem ein Subkontinent. Deshalb kann dieses Buch nur Beispiele aus einer kaum zu überblickenden Topografie von Bauwerken zeigen. Die Fotografien sind auf vier längeren Reisen durch viele Regionen Indiens entstanden. Dabei konnte ich auch abgelegene Dörfer oder mir unbekannte Monumente besuchen, weil hilfsbereite Menschen, Freunde, Mitarbeiter von Institutionen, aber auch Menschen auf der Straße und Taxifahrer mich unterstützt haben. Dieses Buch soll dazu beitragen, den Wert des kulturellen Erbes bewusst zu machen, um es besser zu schützen und zu erhalten. Um die regionale Vielfalt widerzuspiegeln, erscheinen die Kapitelüberschriften auch in den wichtigsten indischen Sprachen: Hindi, Bengali, Marathi, Punjabi, Gujarati, Urdu, Oriya, Malayalam, Telugu, Kannada und Tamil.

India is a country with an extremely rich and diverse culture – it is also a subcontinent. Therefore, this book can only show examples from a vast topography of buildings. The photographs were taken during four long journeys through many regions of India. During these journeys I was able to visit remote villages or monuments unknown to me, because helpful people, friends, employees of institutions, but also people on the street and cab drivers supported me. This book is meant to help make people aware of the value of cultural heritage, in order to better protect and preserve it. To reflect regional diversity, chapter headings also appear in major Indian languages: Hindi, Bengali, Marathi, Punjabi, Gujarati, Urdu, Oriya, Malayalam, Telugu, Kannada, and Tamil.

Nicolaus Schmidt

CONTENTS   INHALT

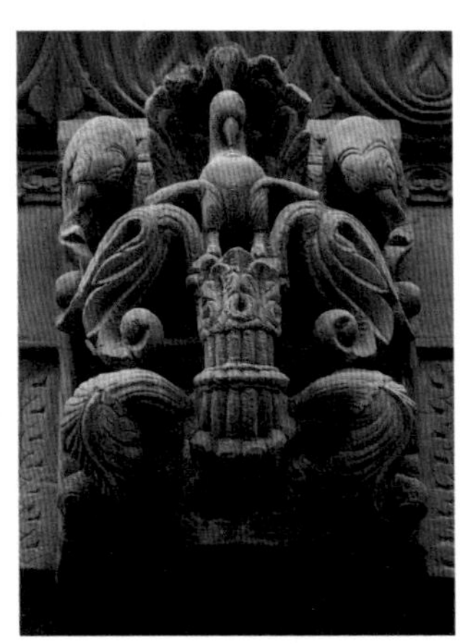

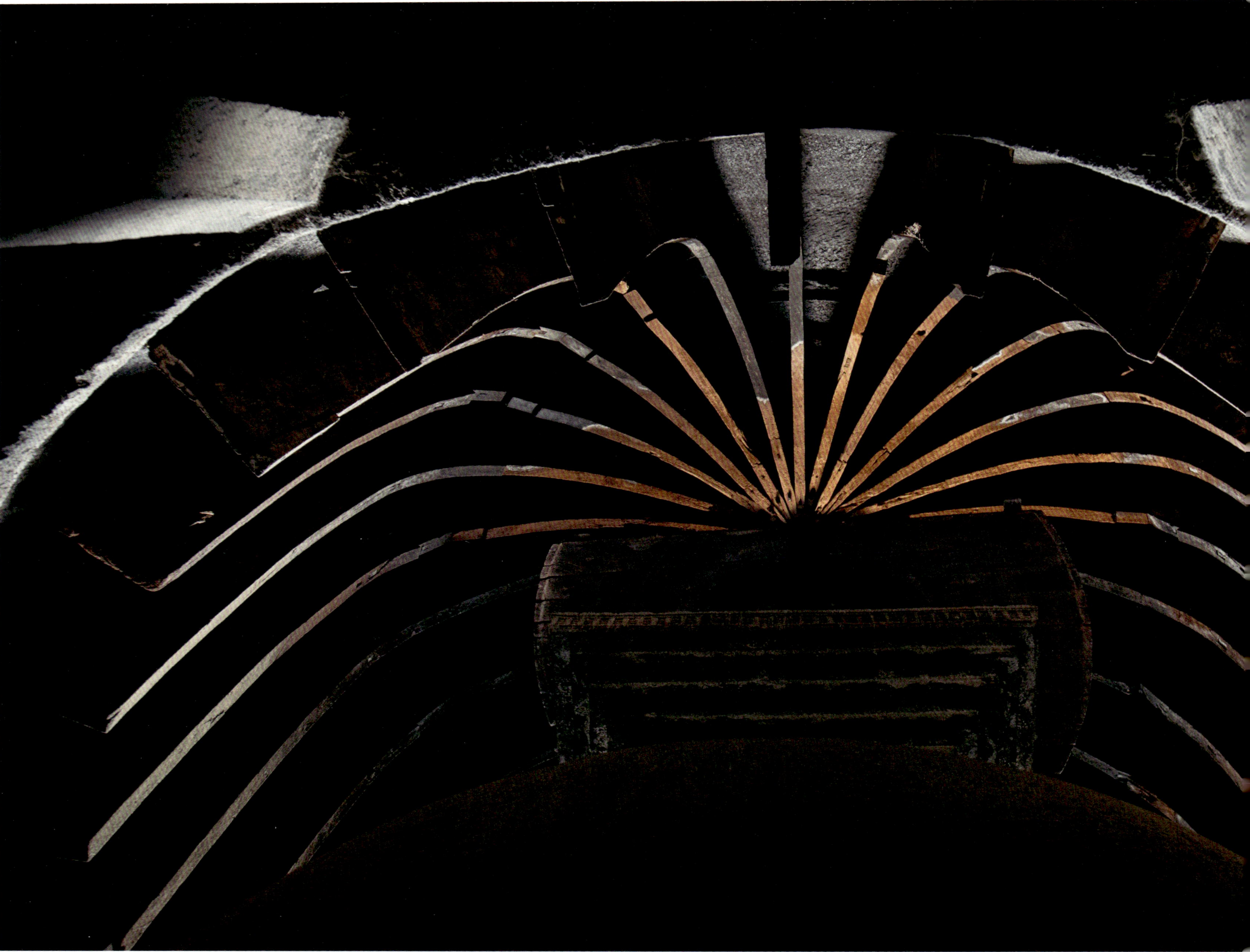

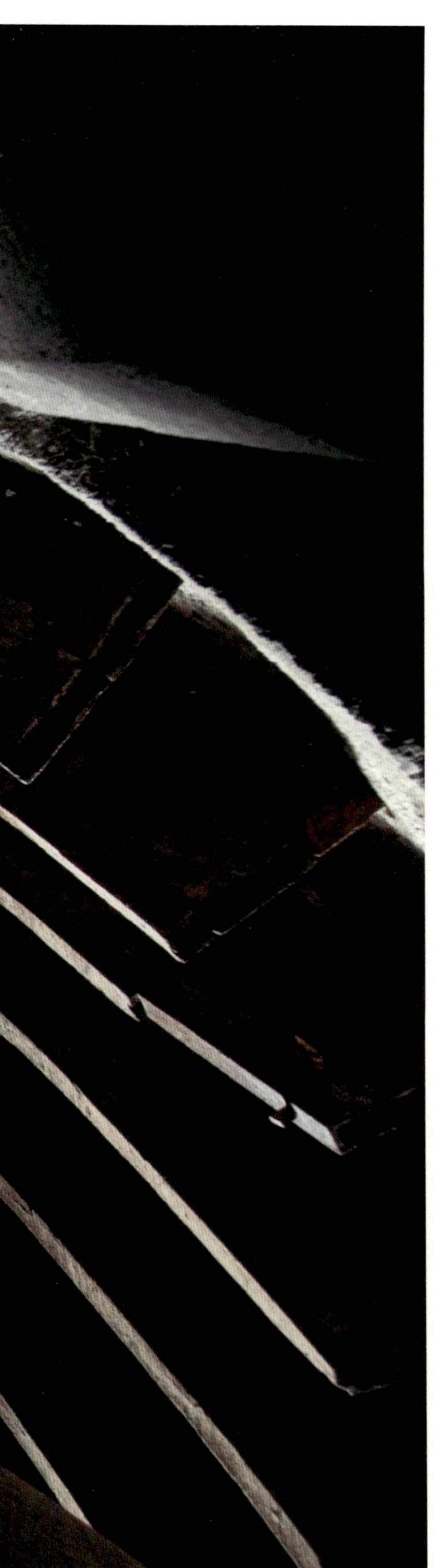

अध्यात्म
আধ্যাত্মিকতা
पलीकडे
ਰੂਹਾਨੀਅਤ
અધ્યાત્મ
ماورائی
TRANSZENDENZ
TRANSCENDENCE
ଚମକ୍ାର
അതീന്ദ്രിയത
అధిగమనం
ಆಧ್ಯಾತ್ಮ
கடந்த நிலை

T

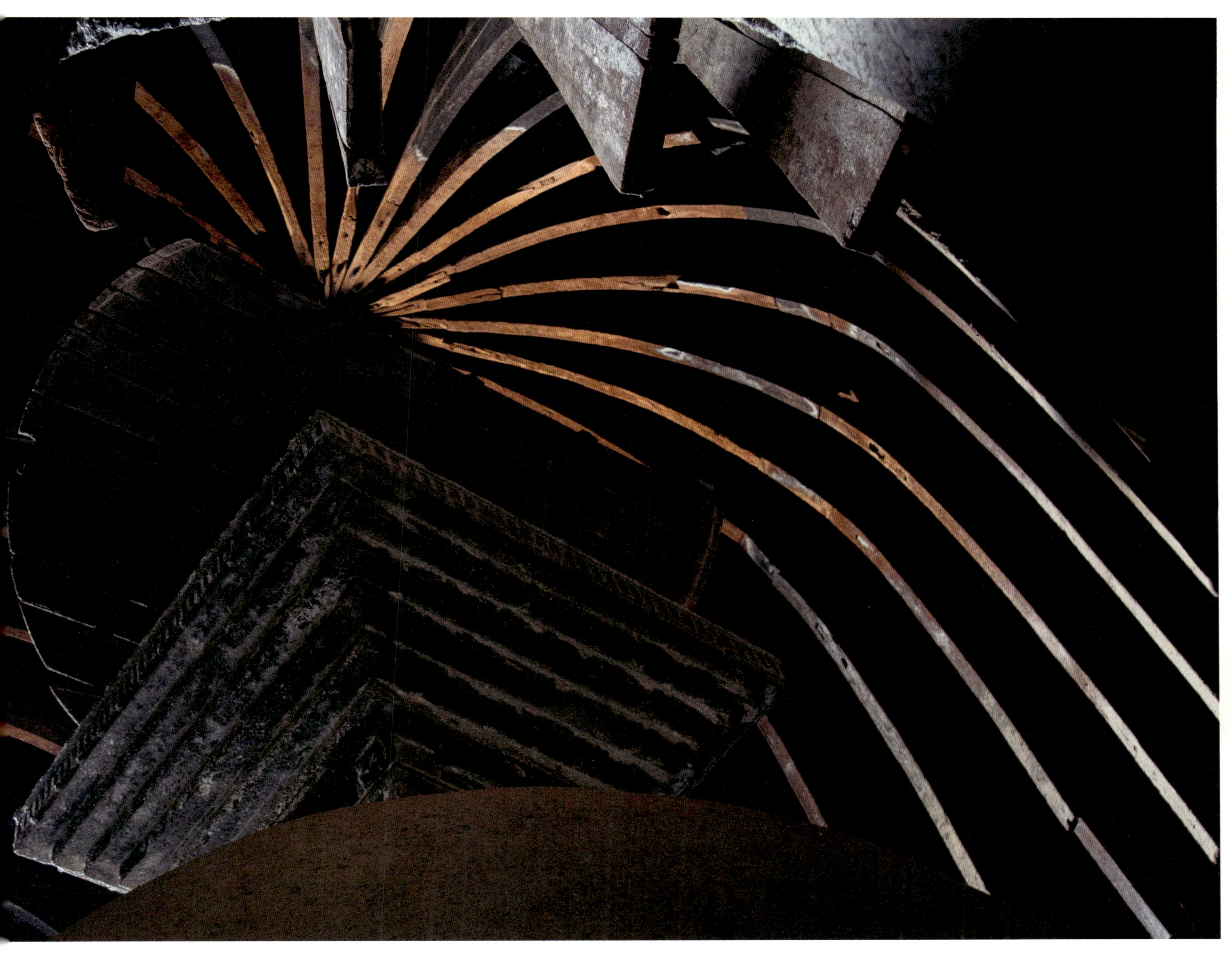

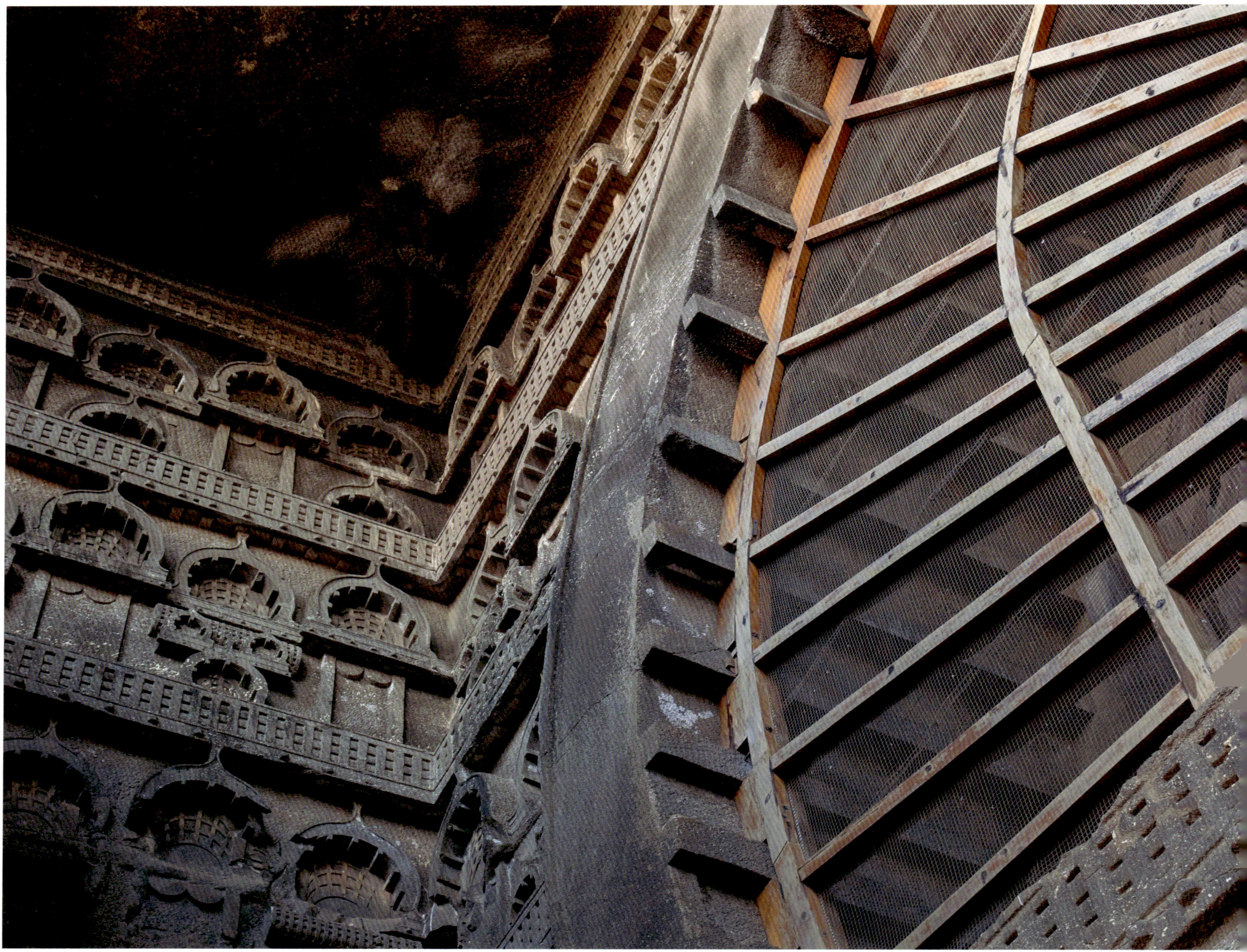

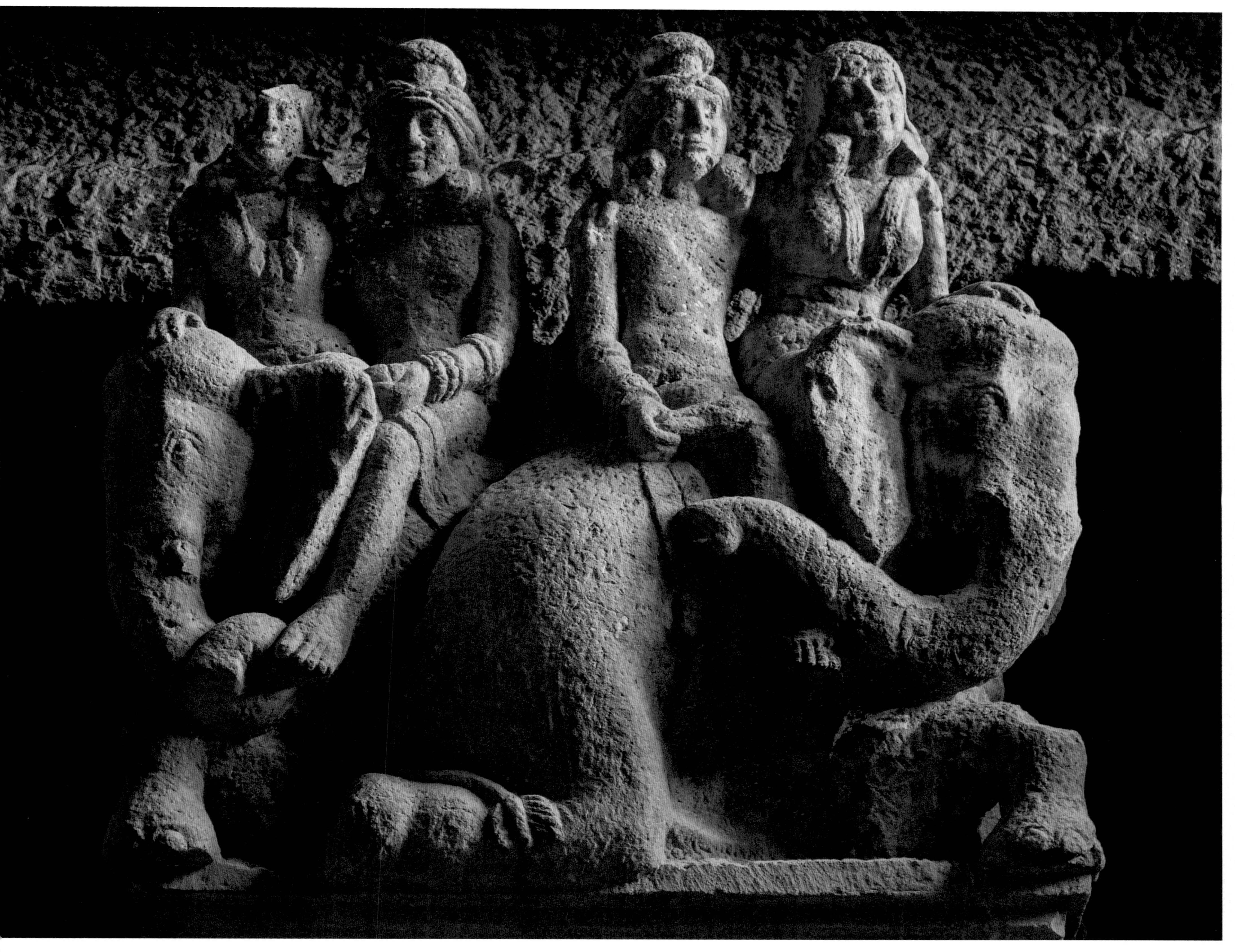

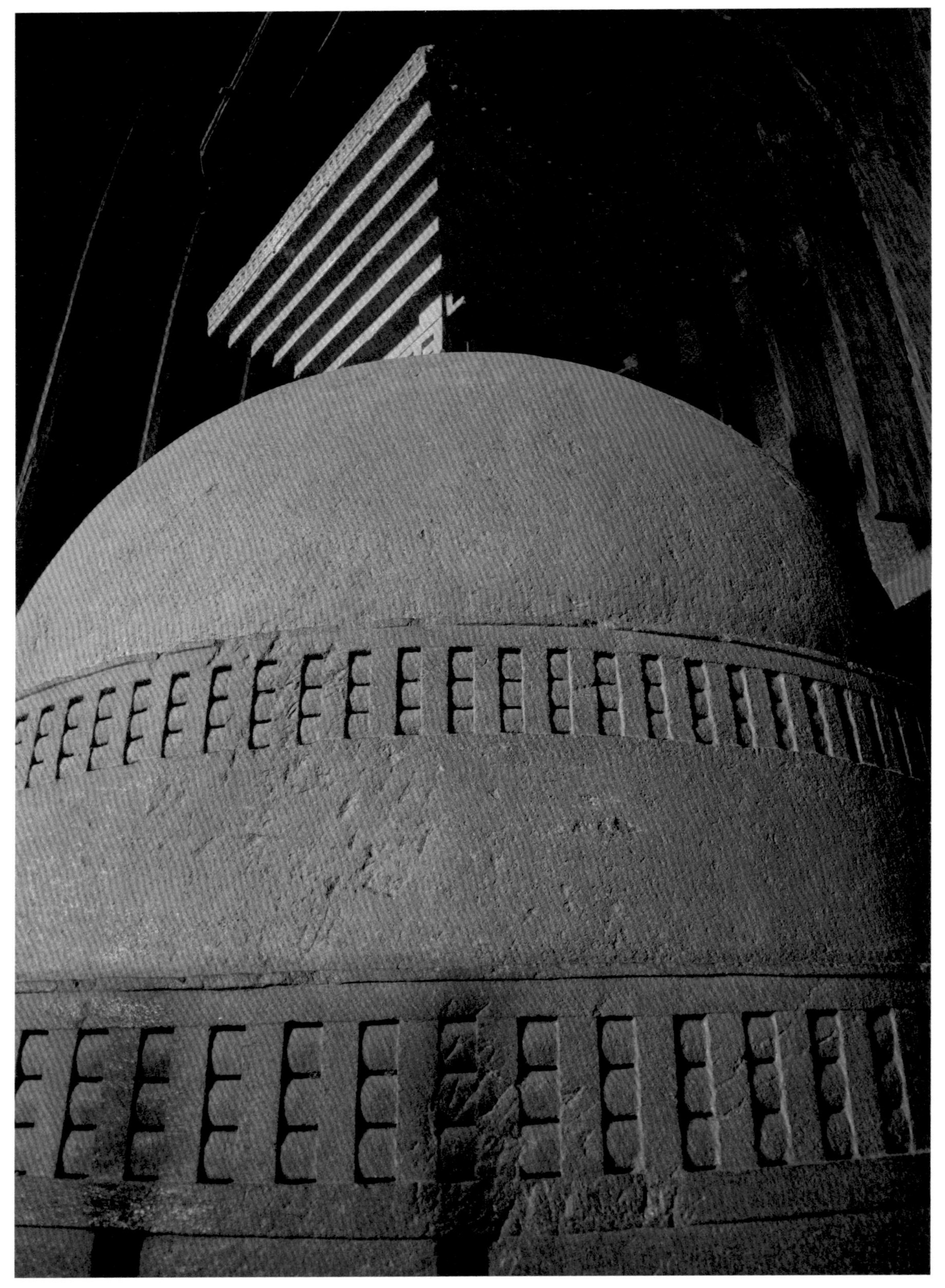

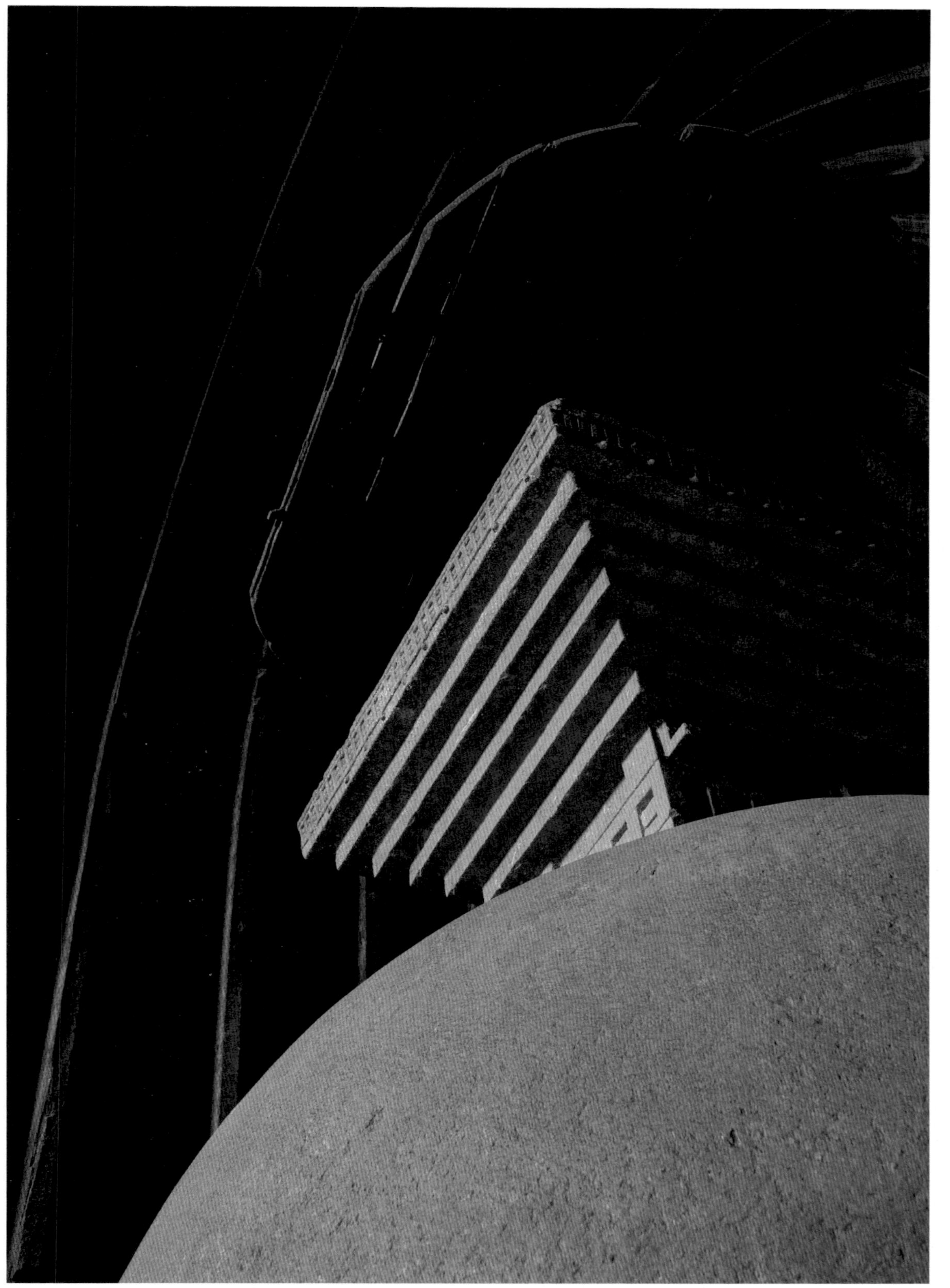

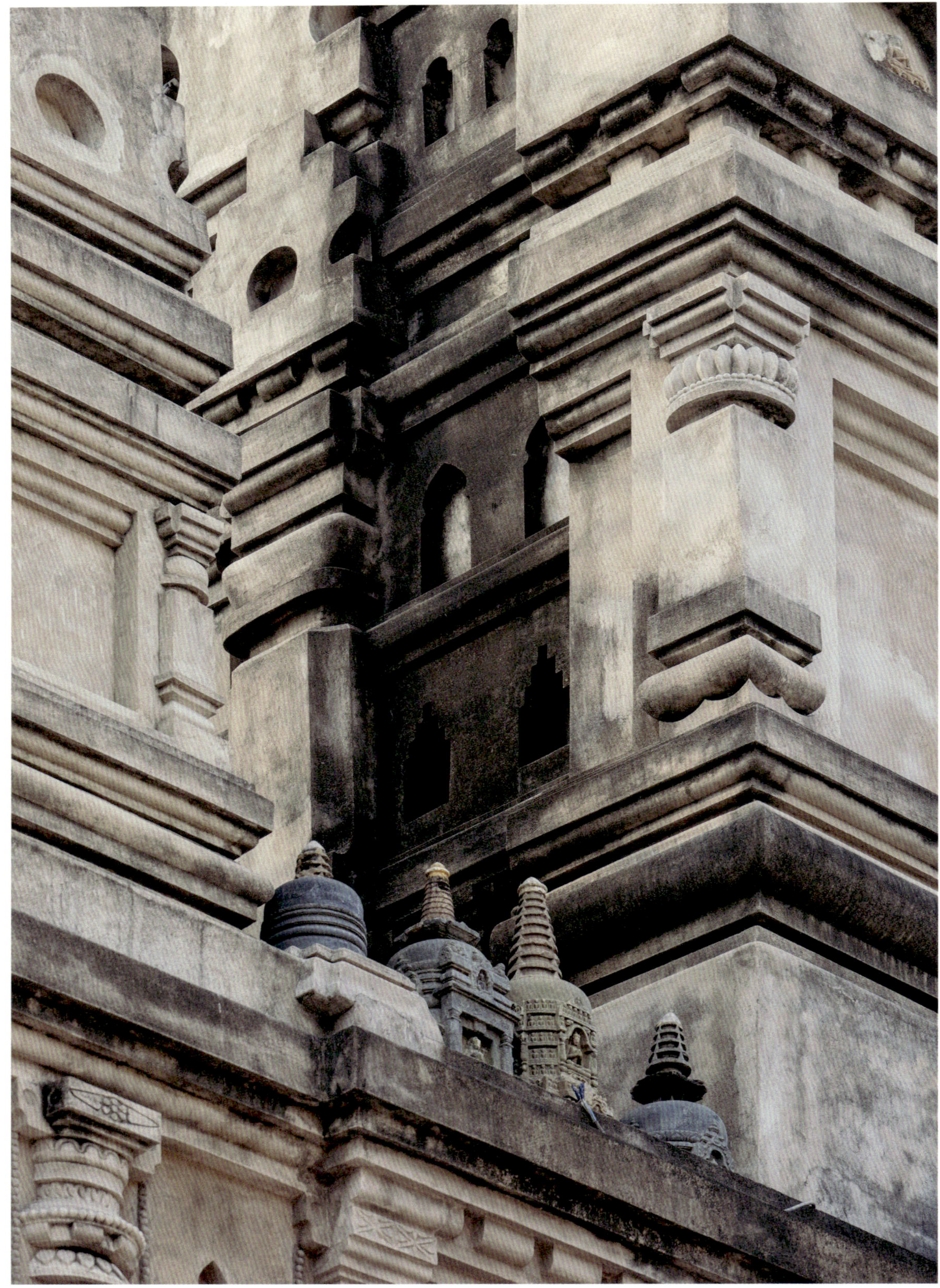

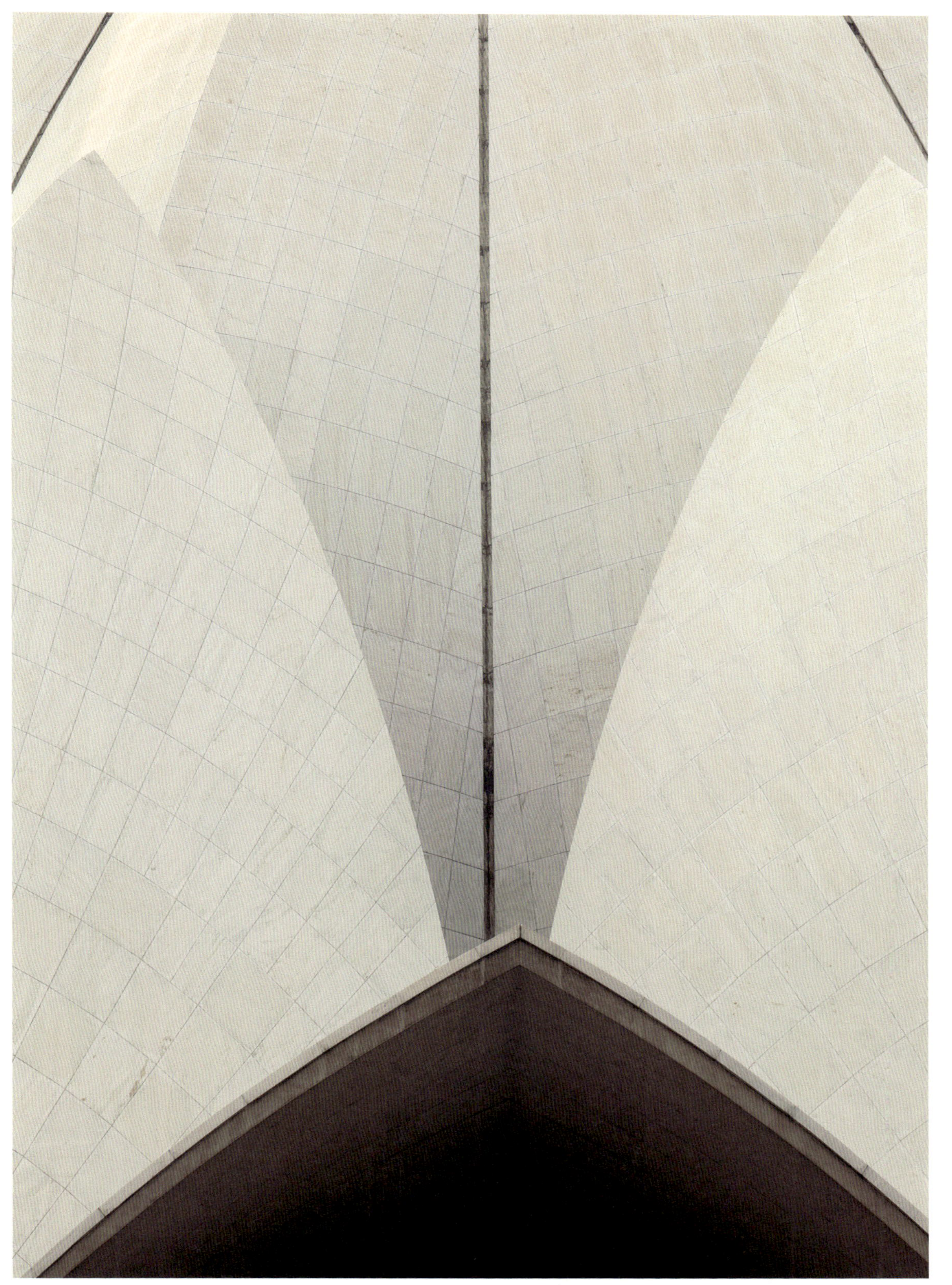

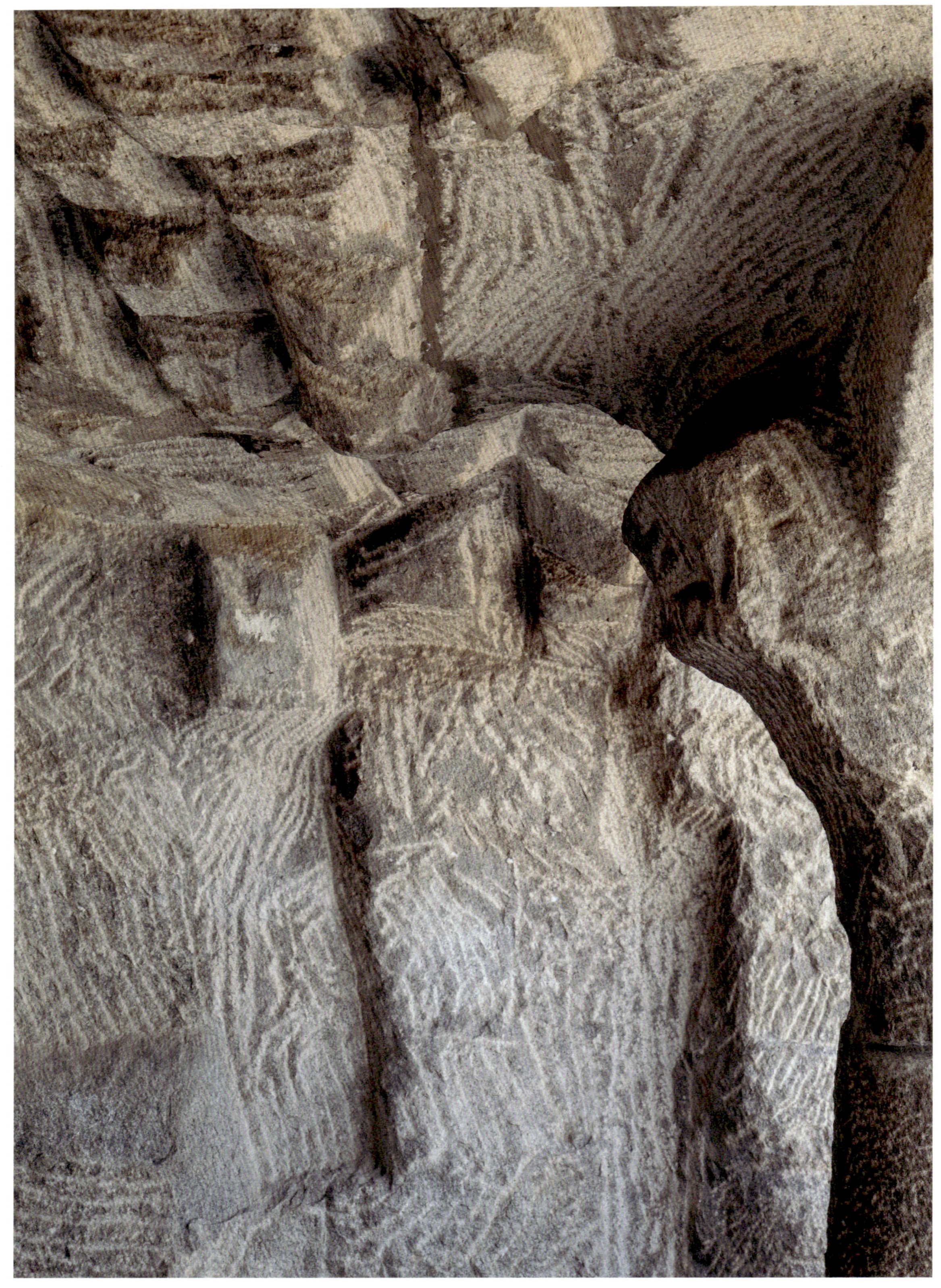

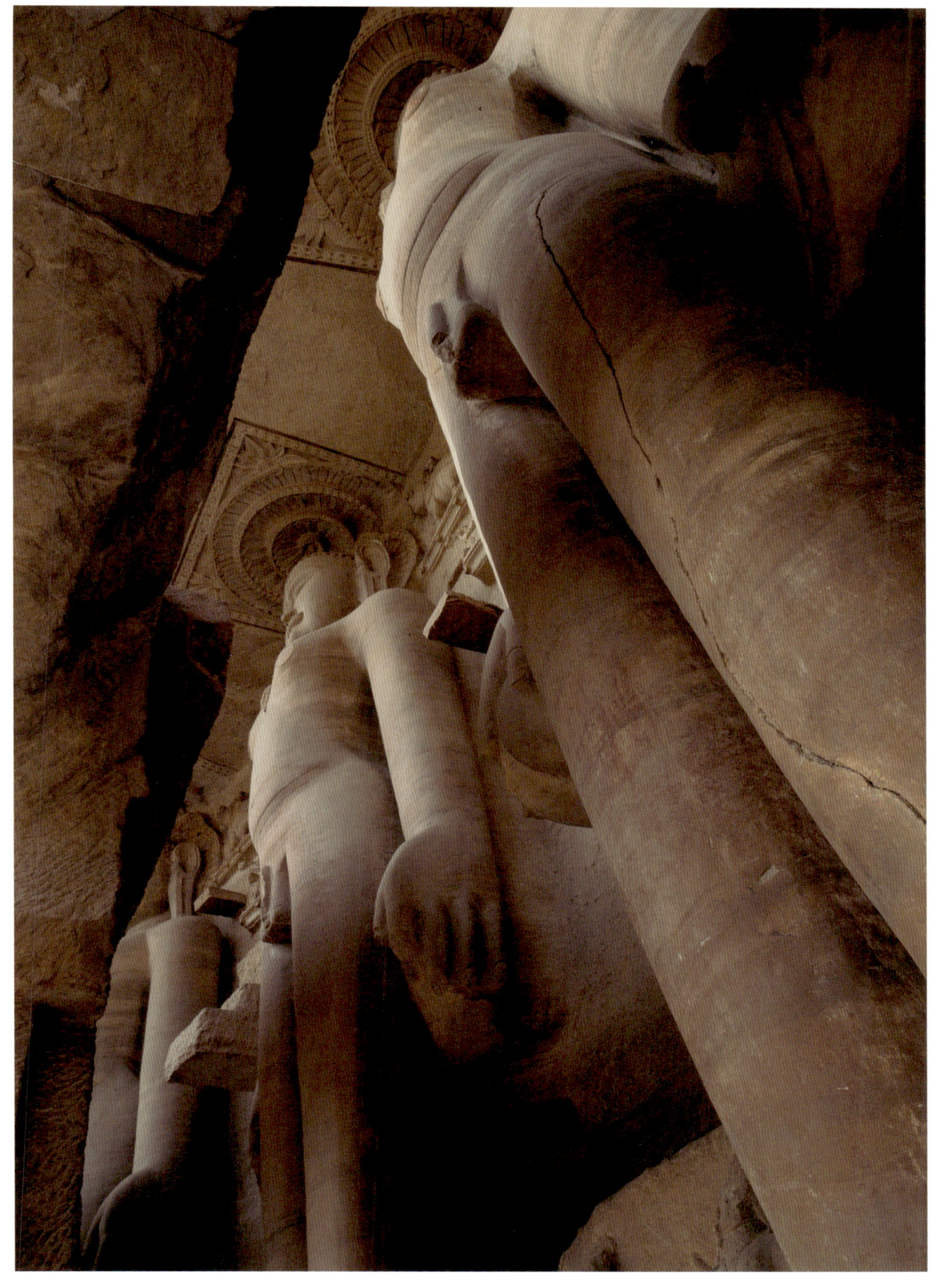

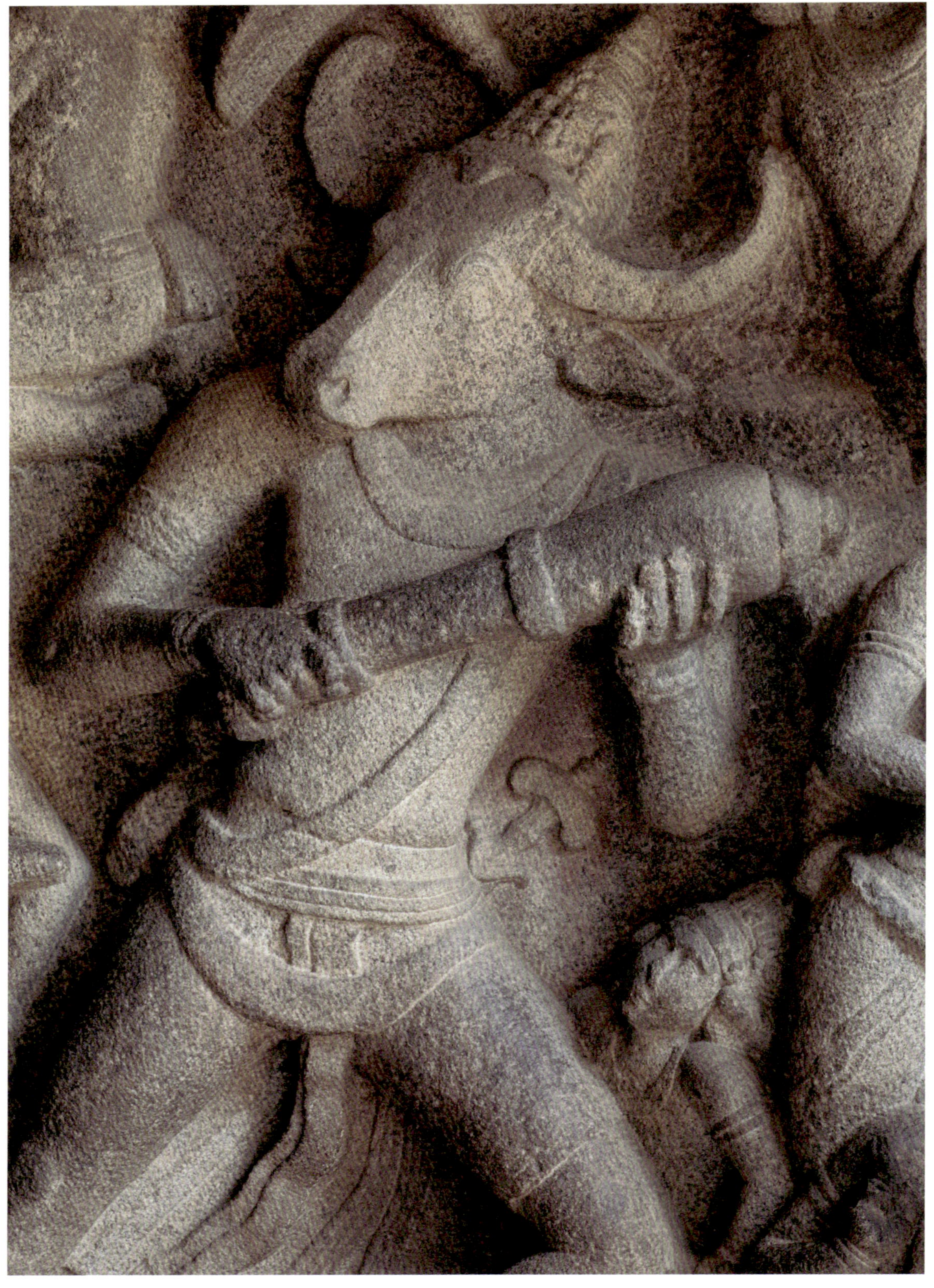

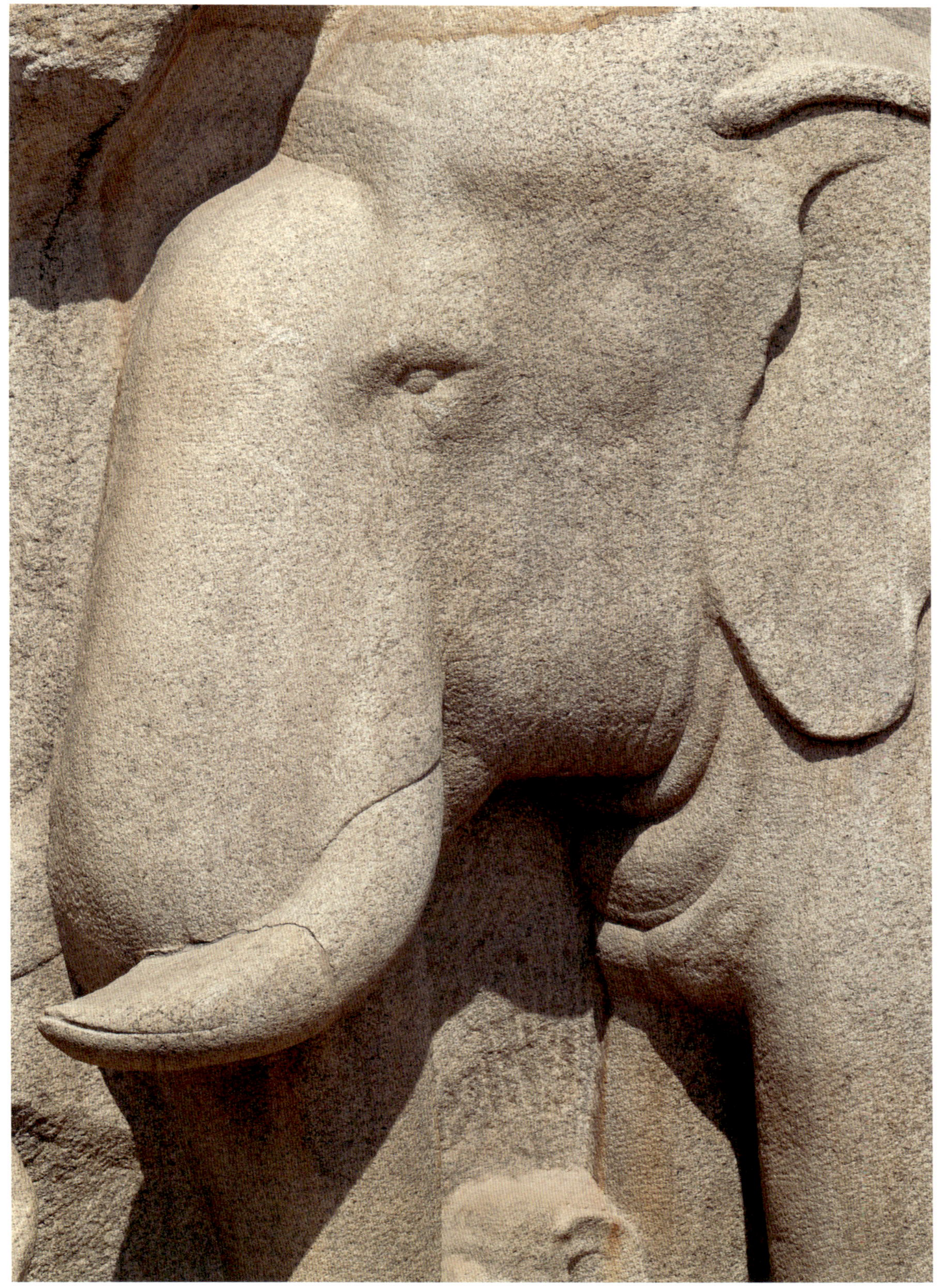

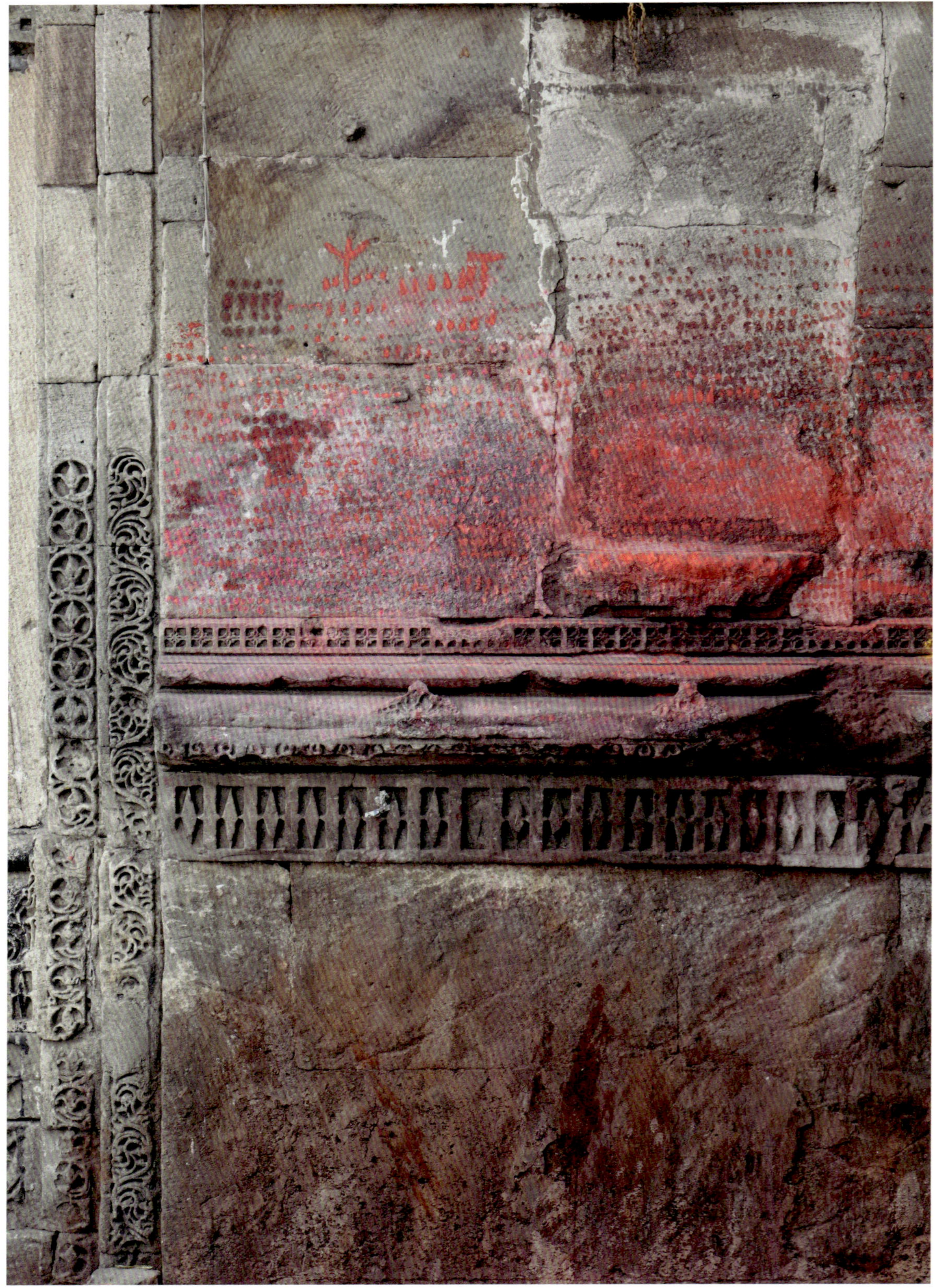

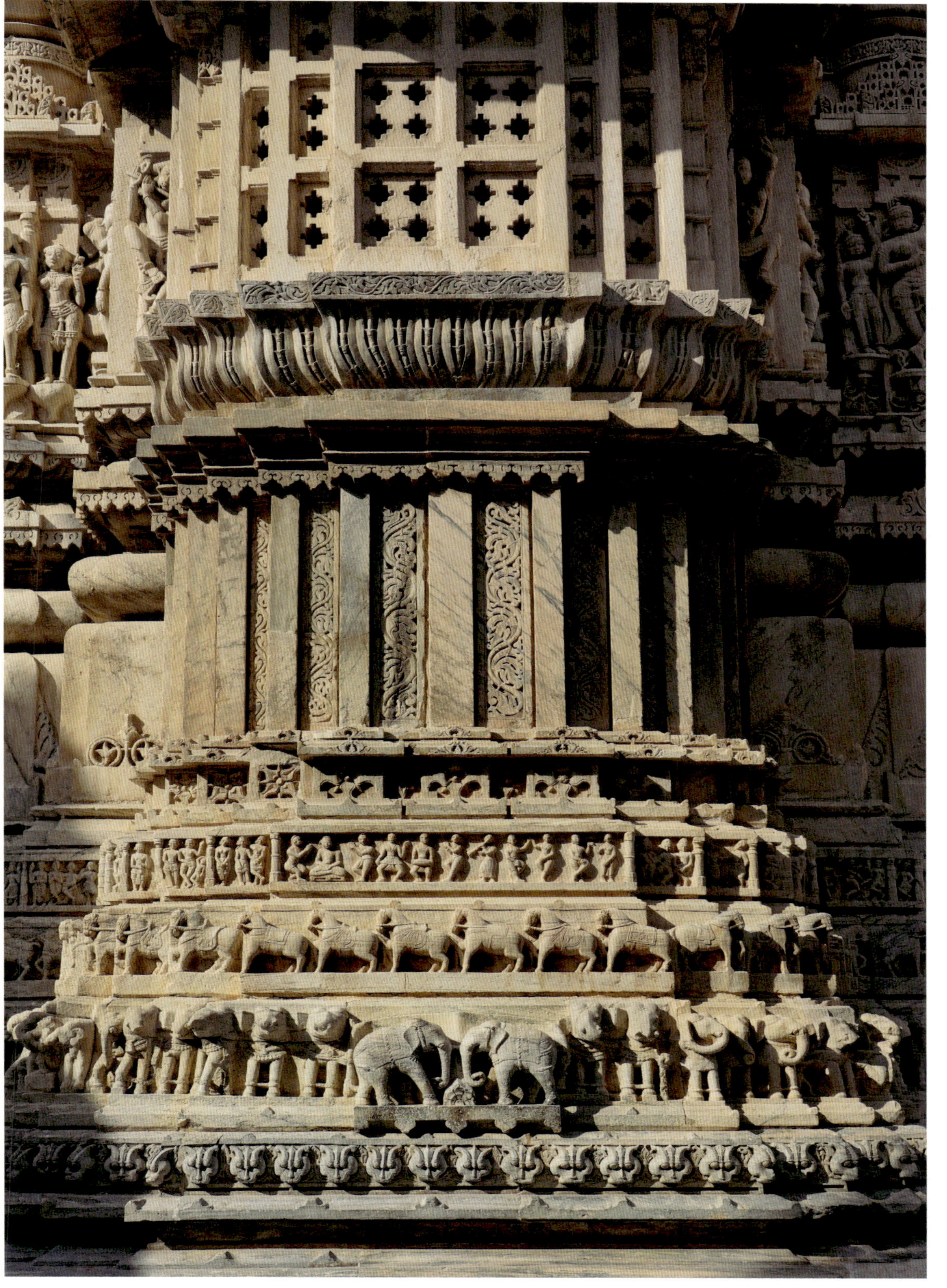

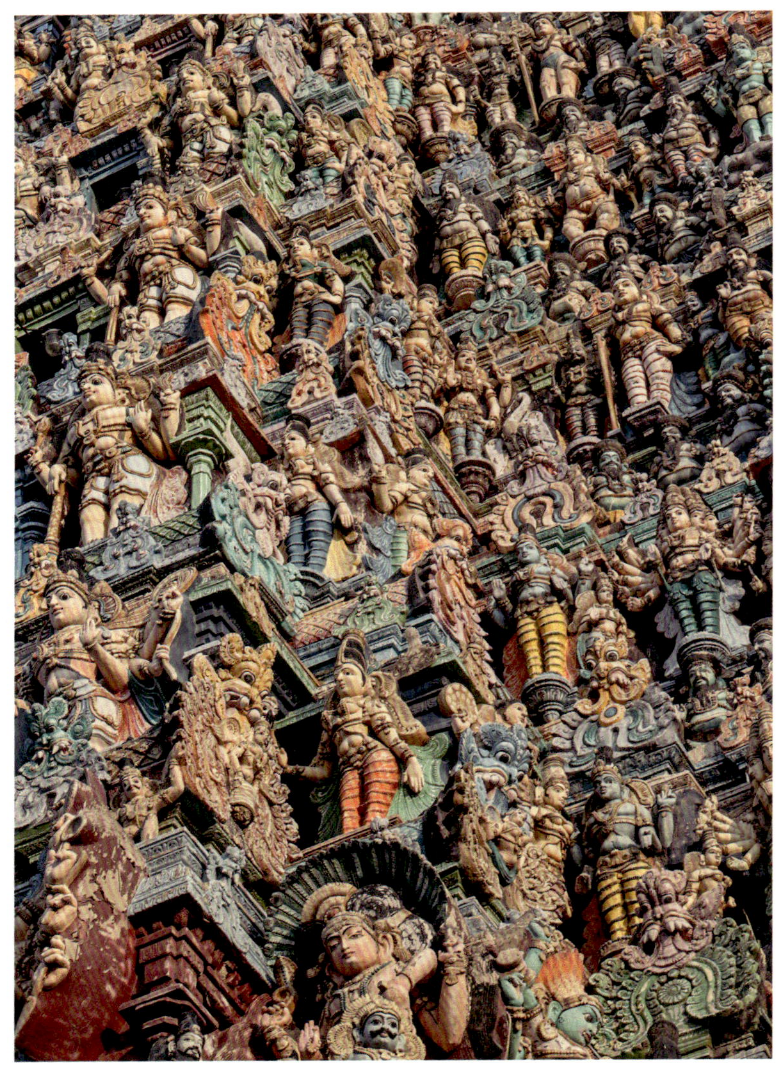

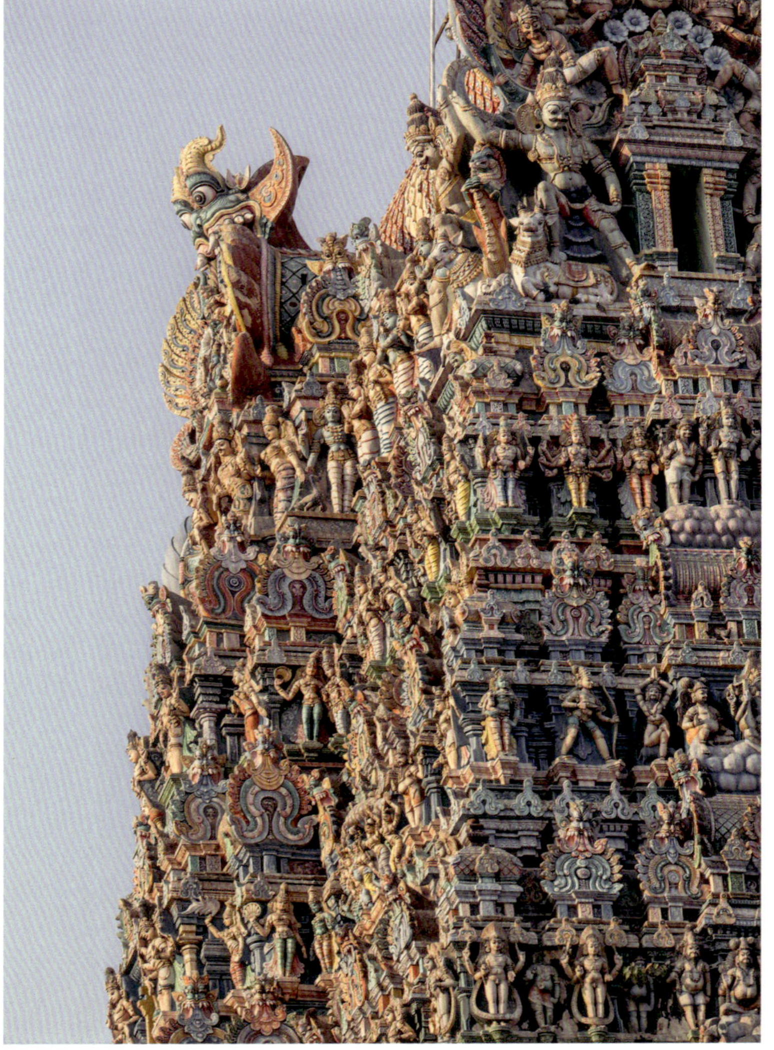

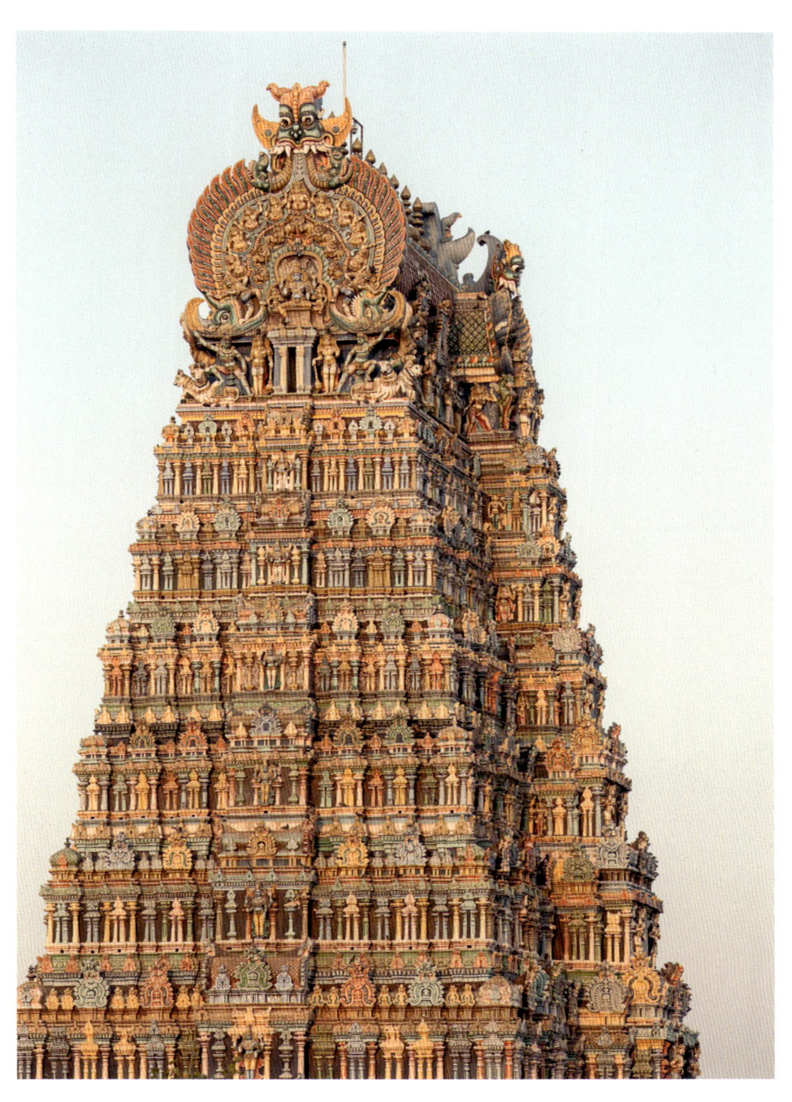

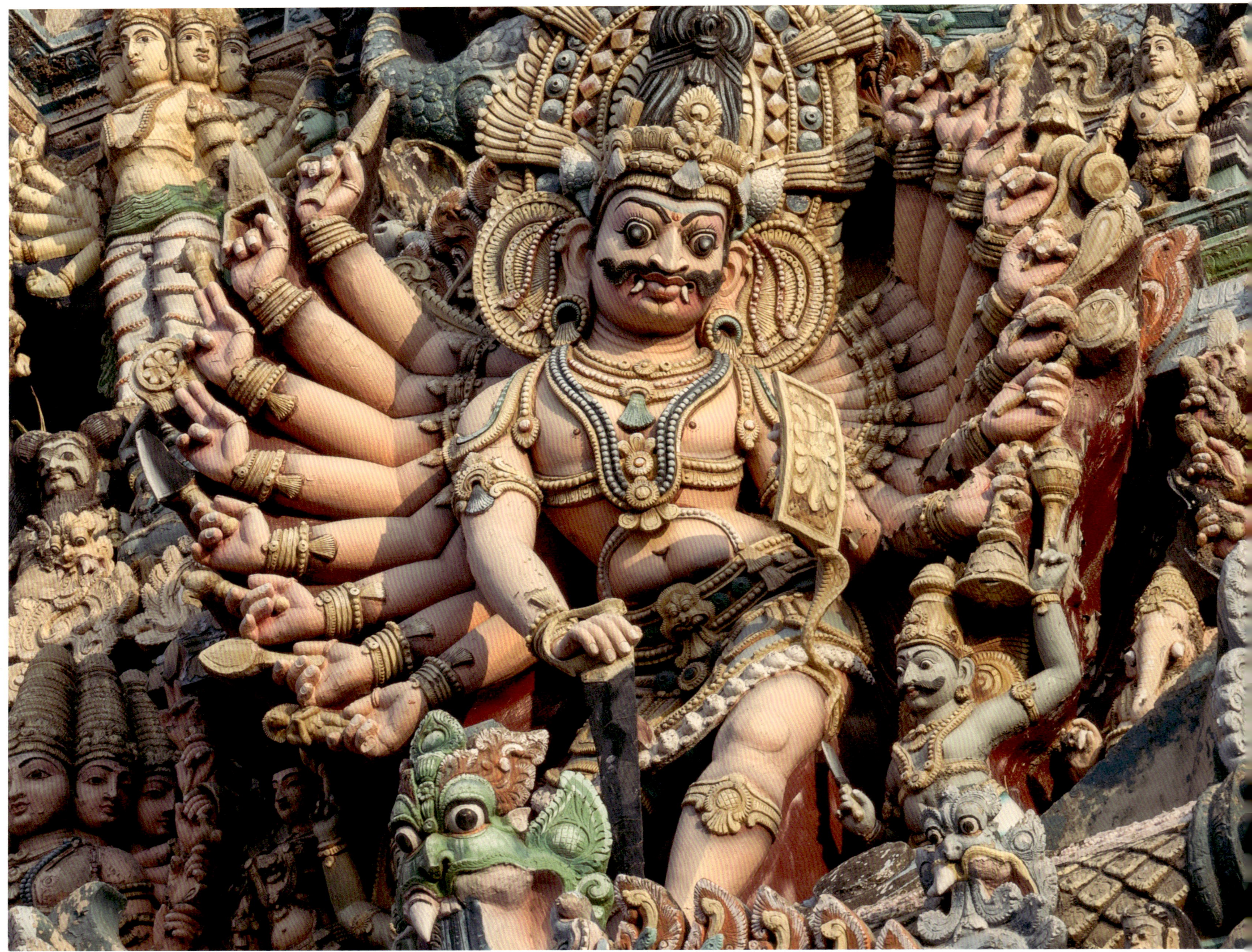

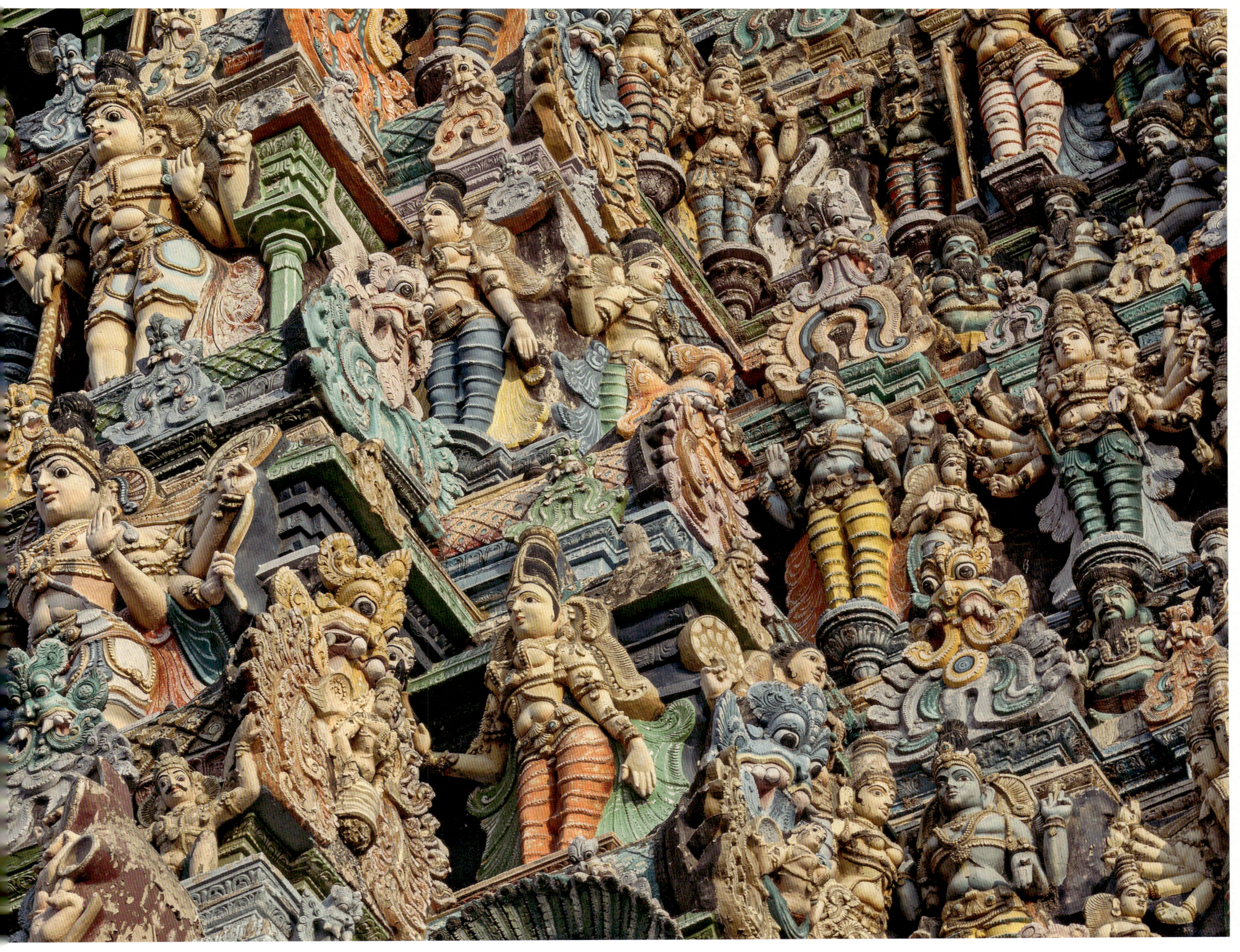

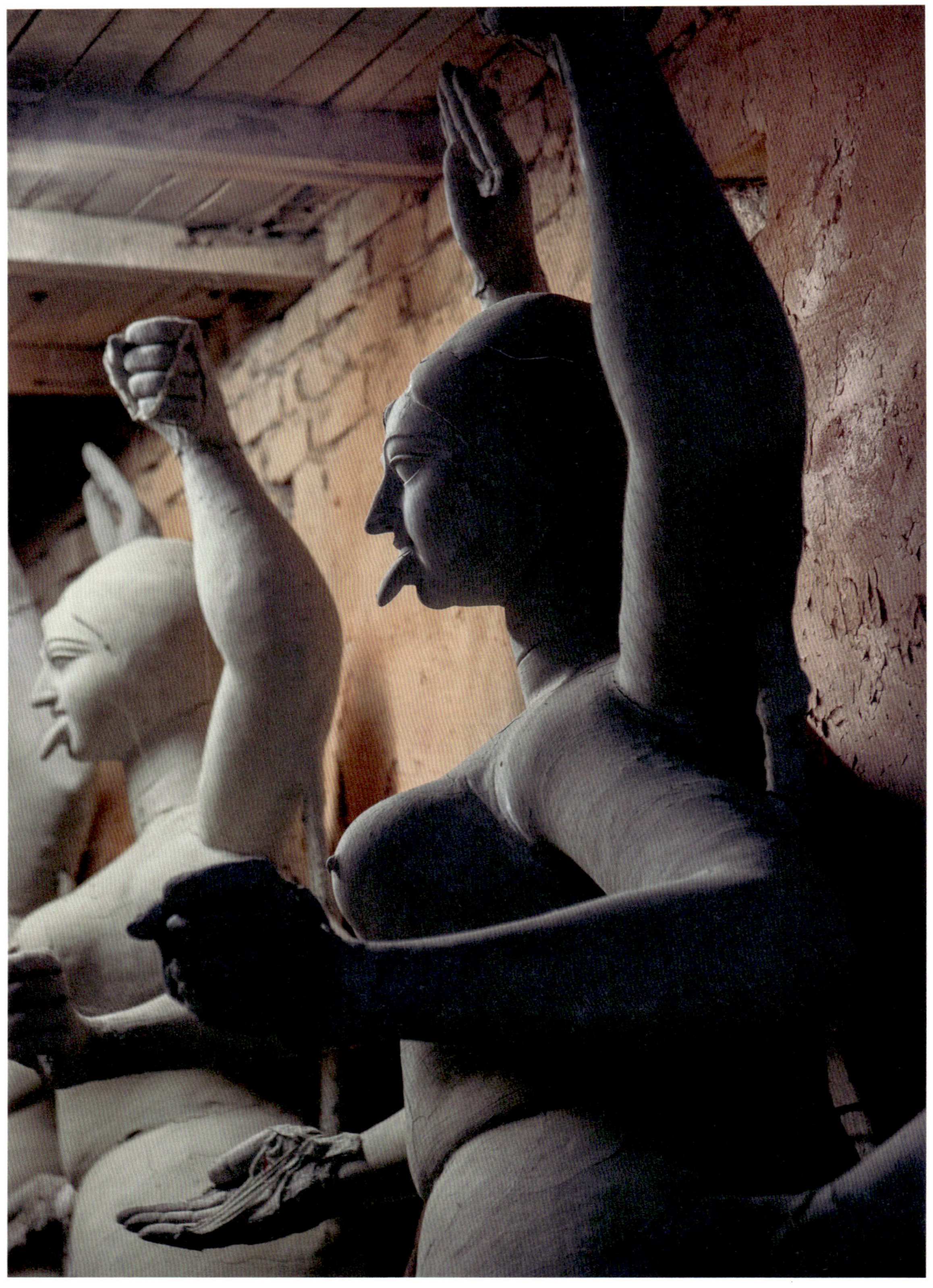

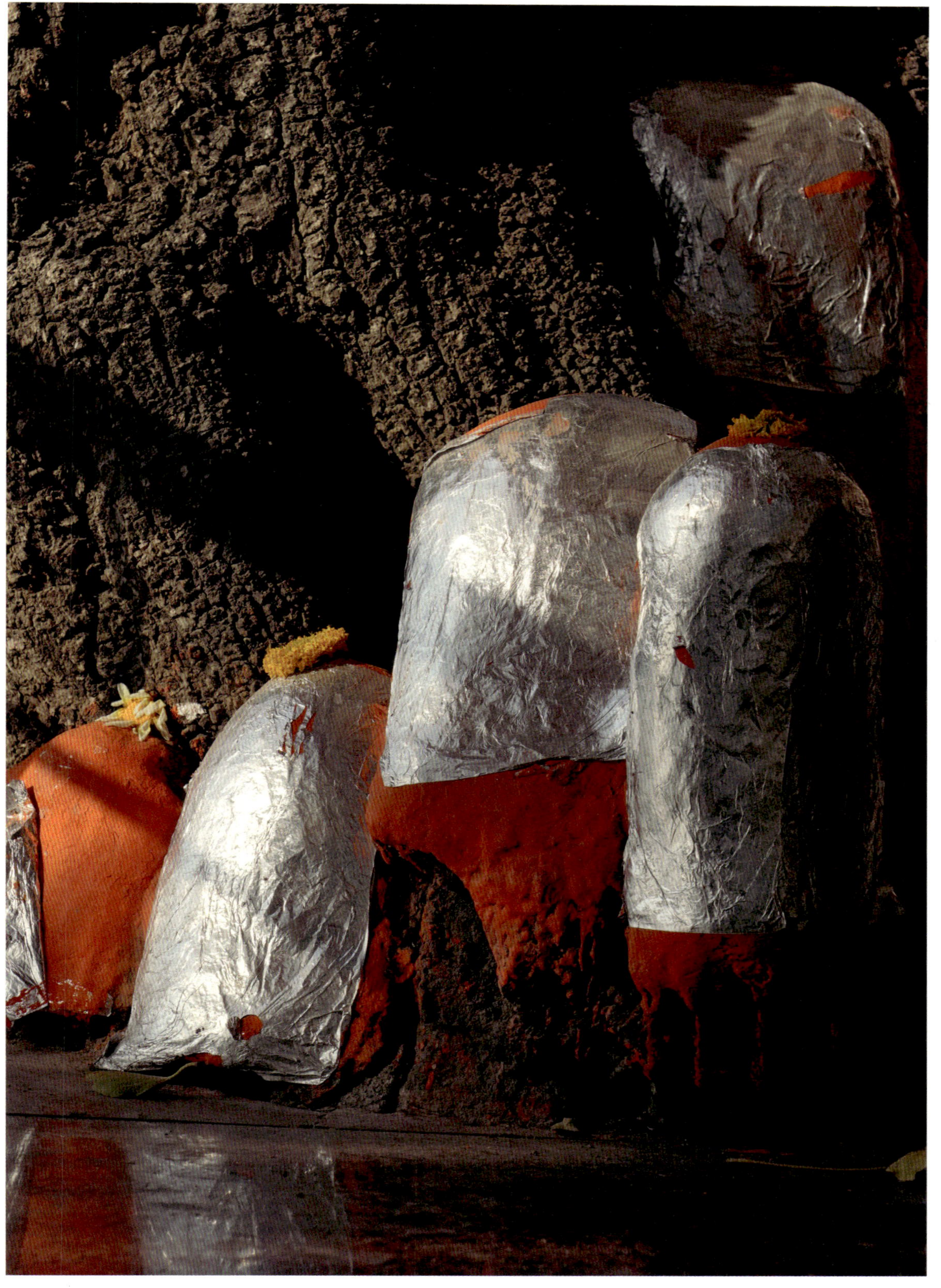

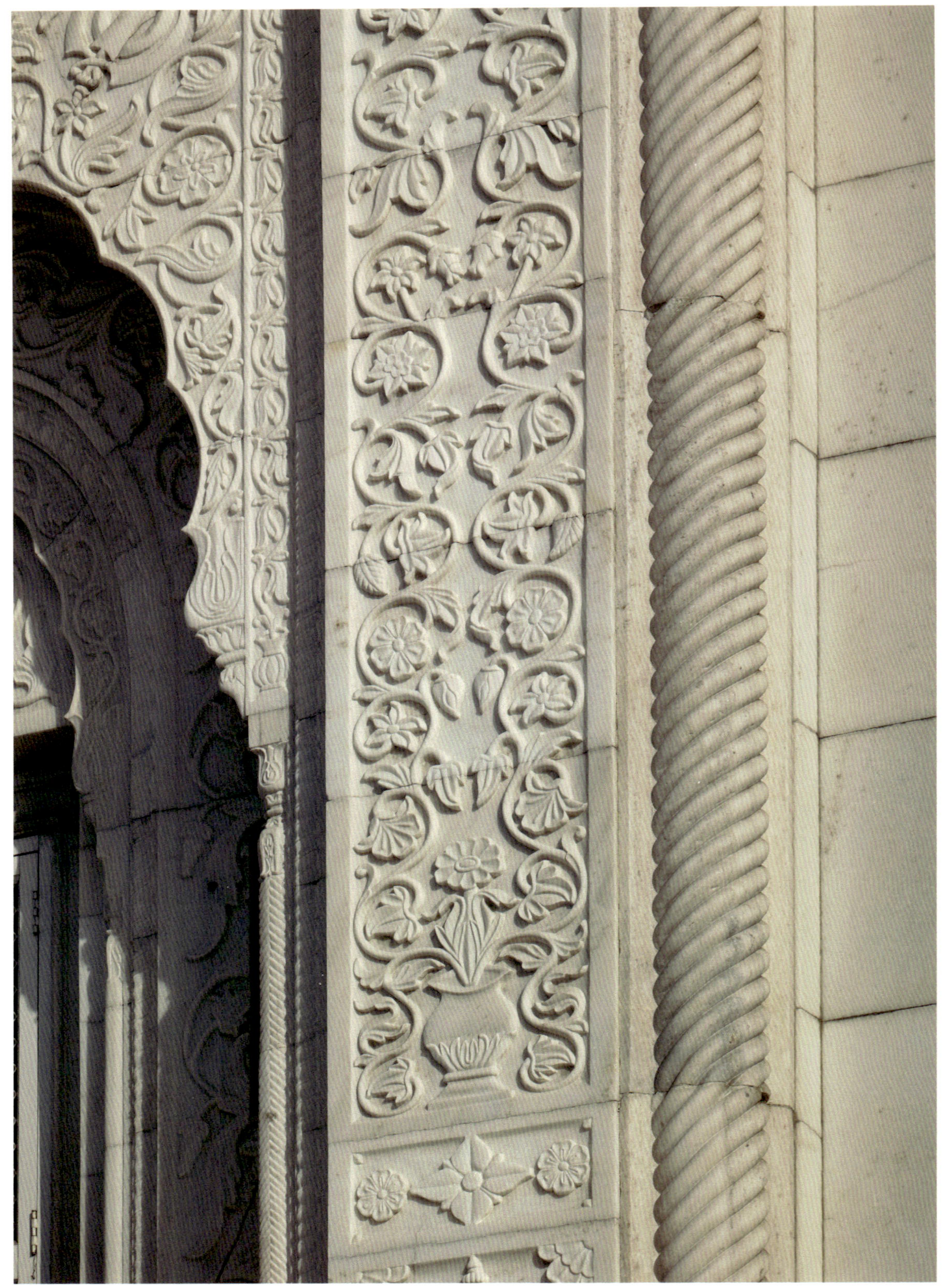

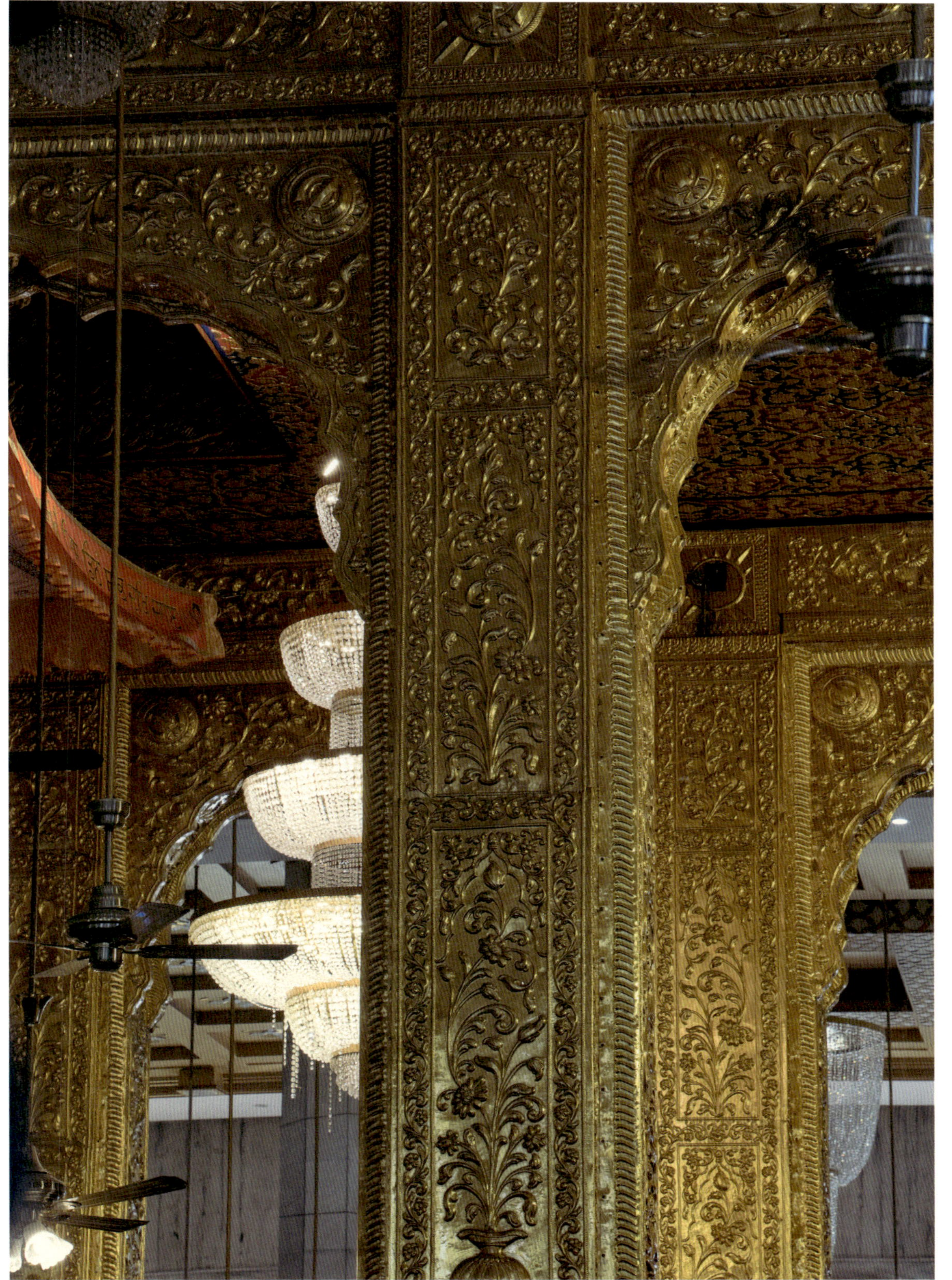

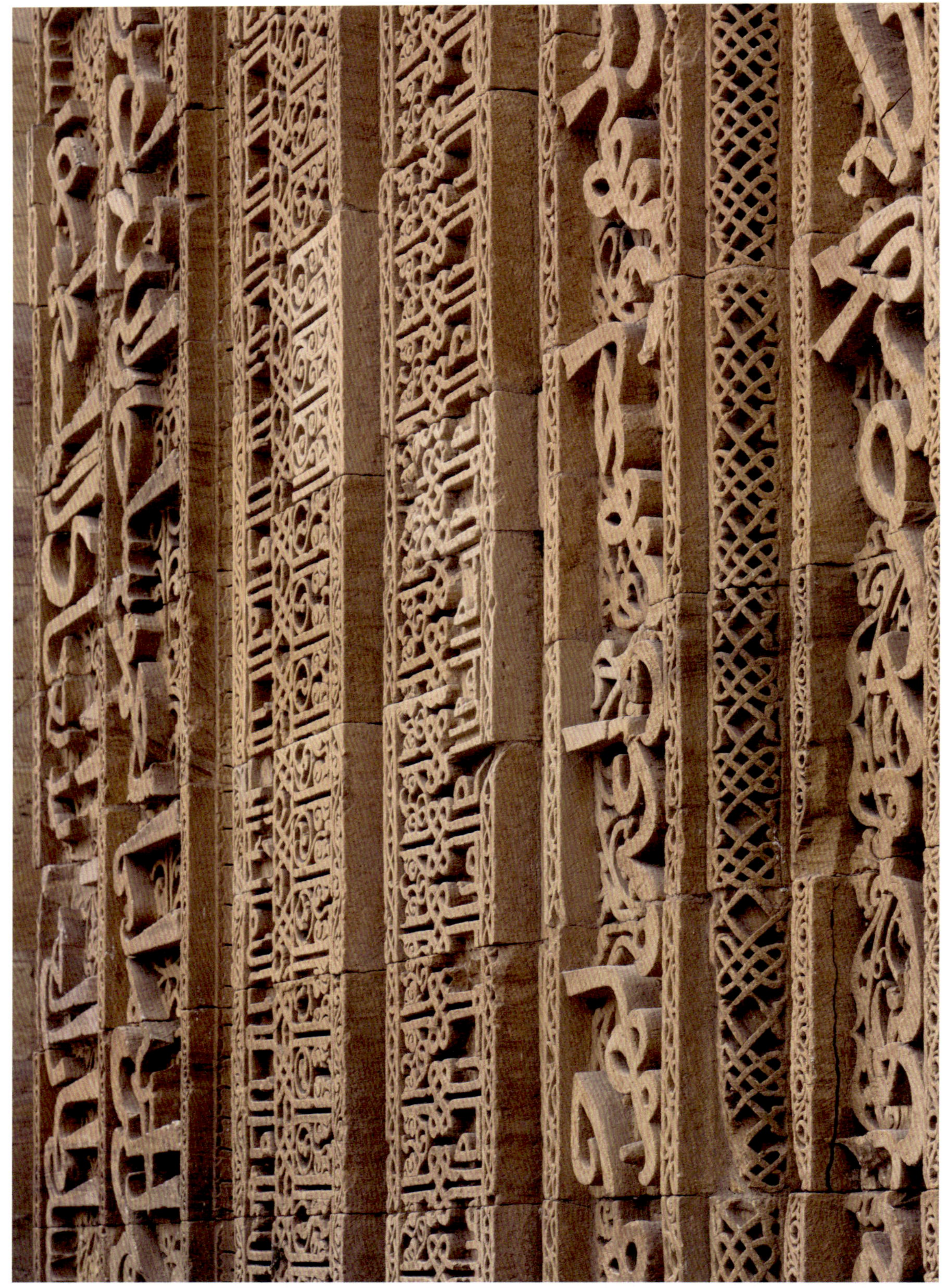

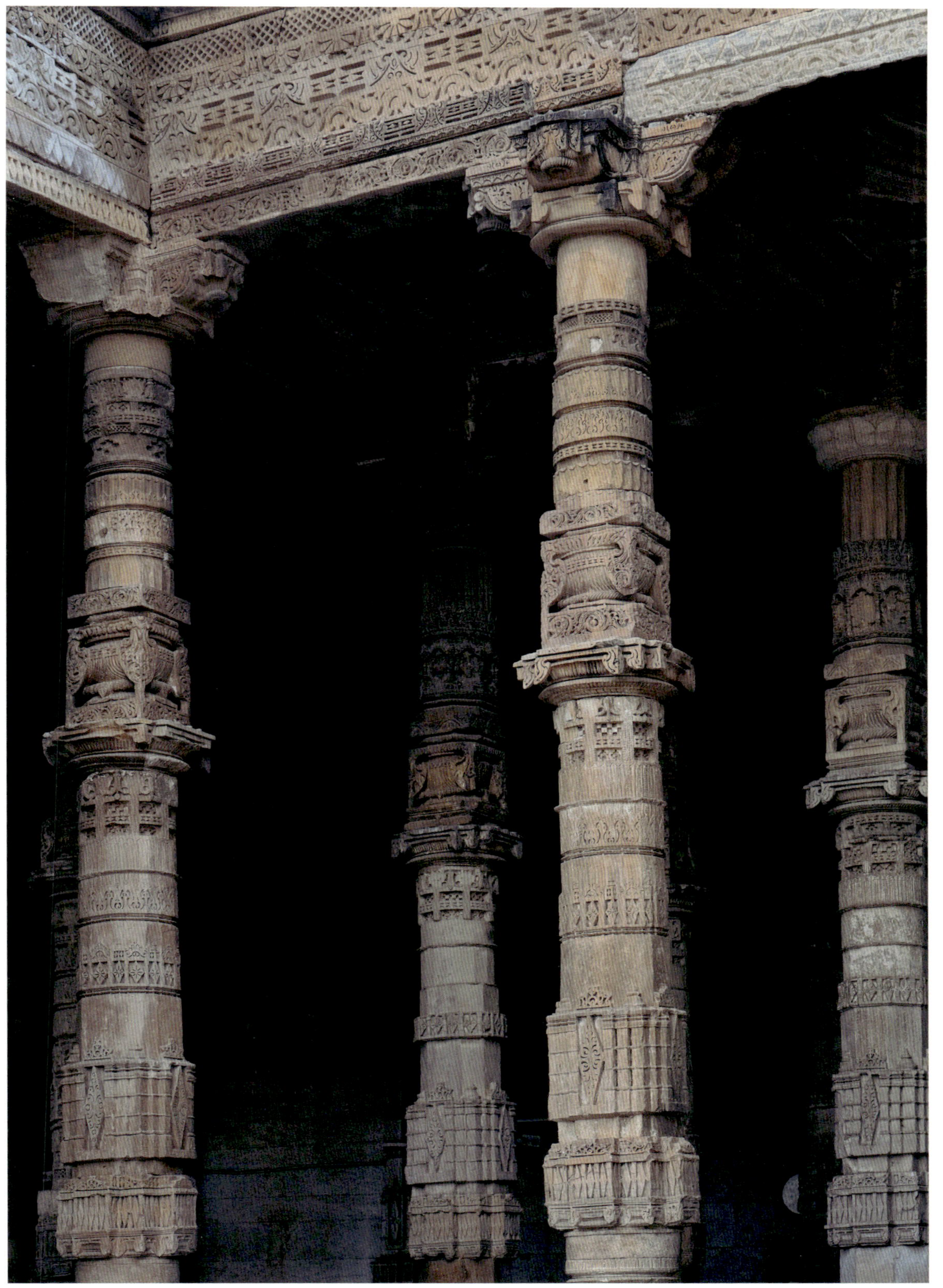

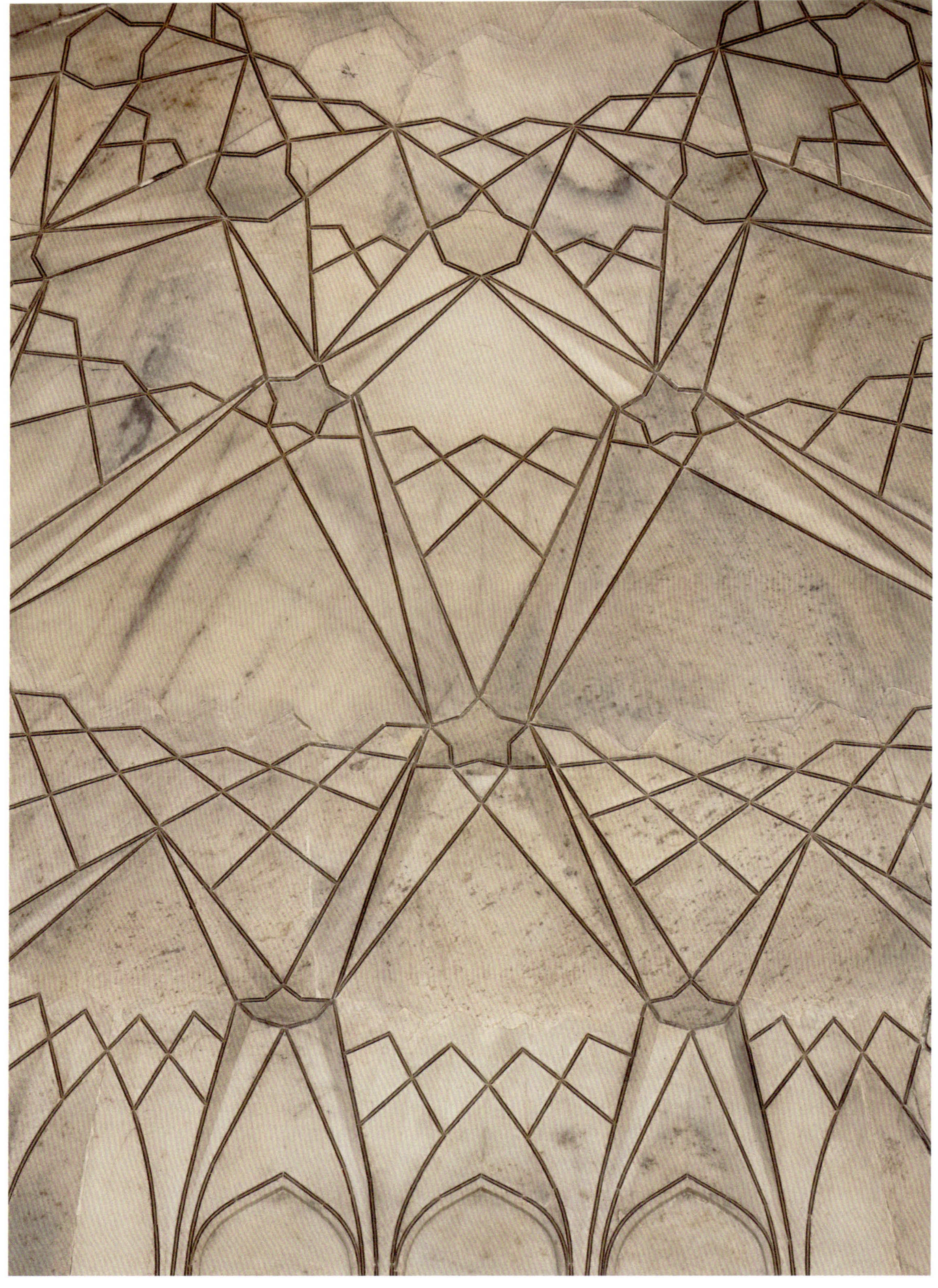

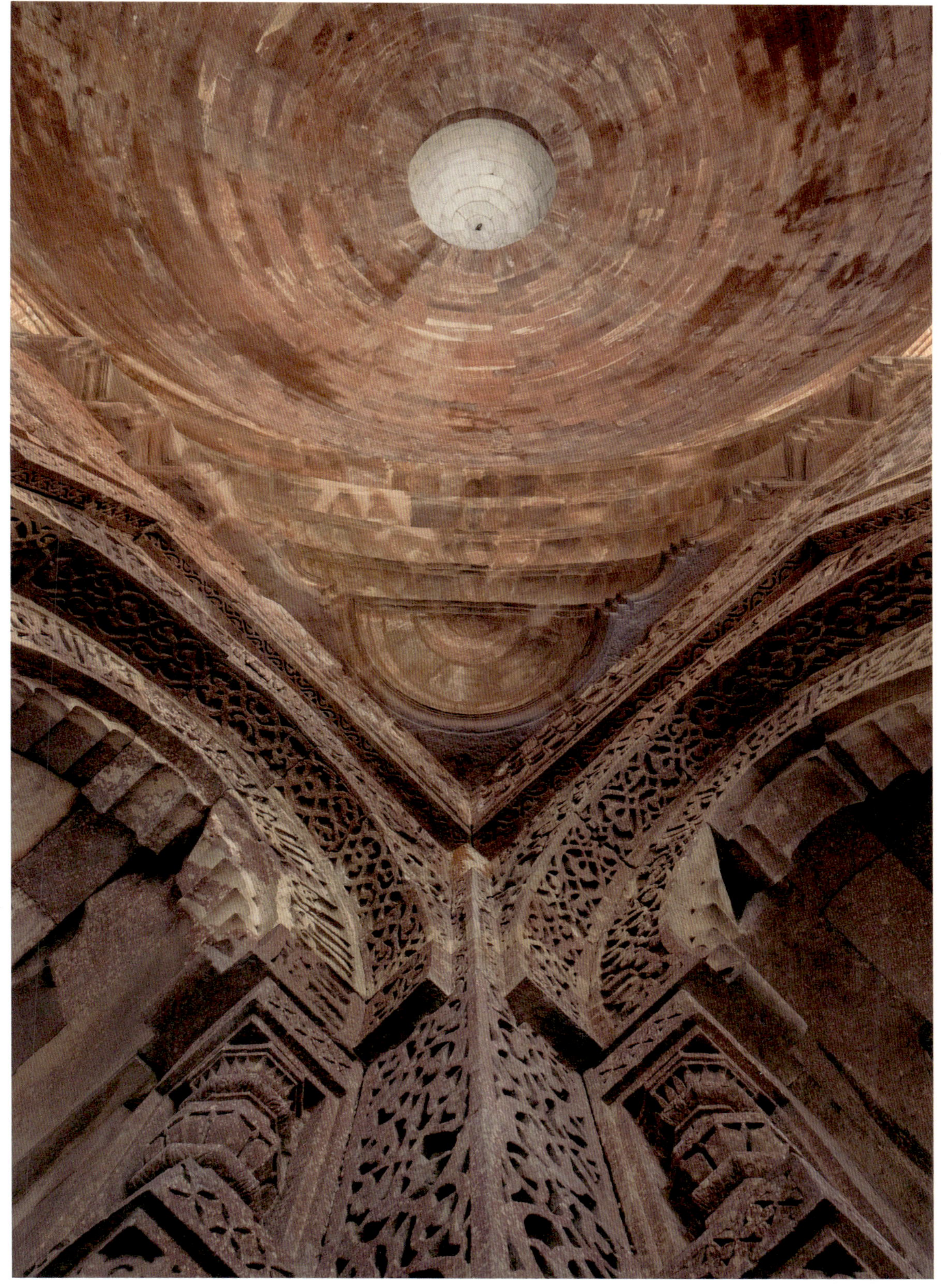

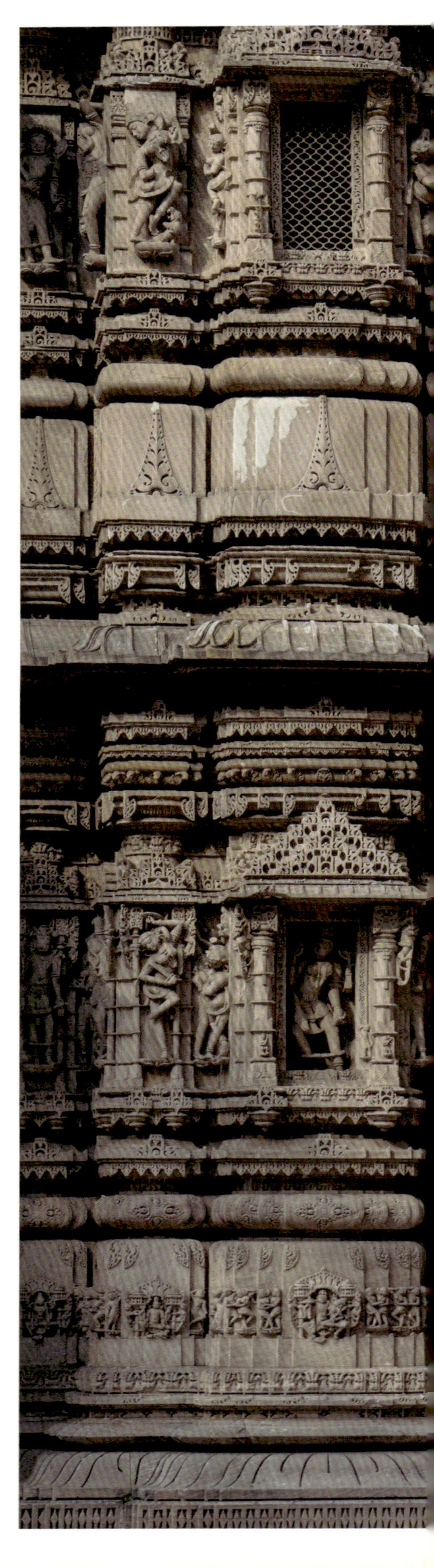

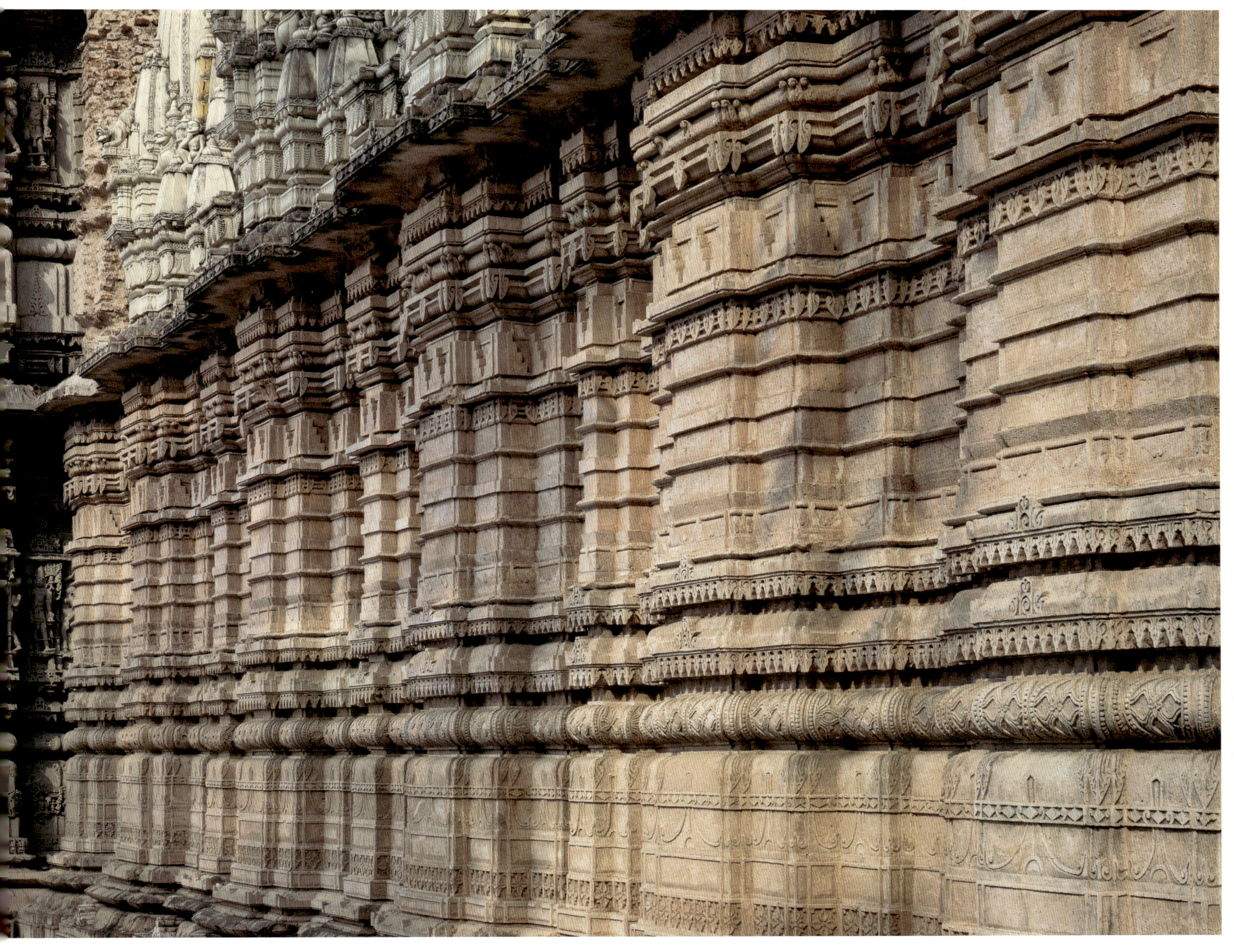

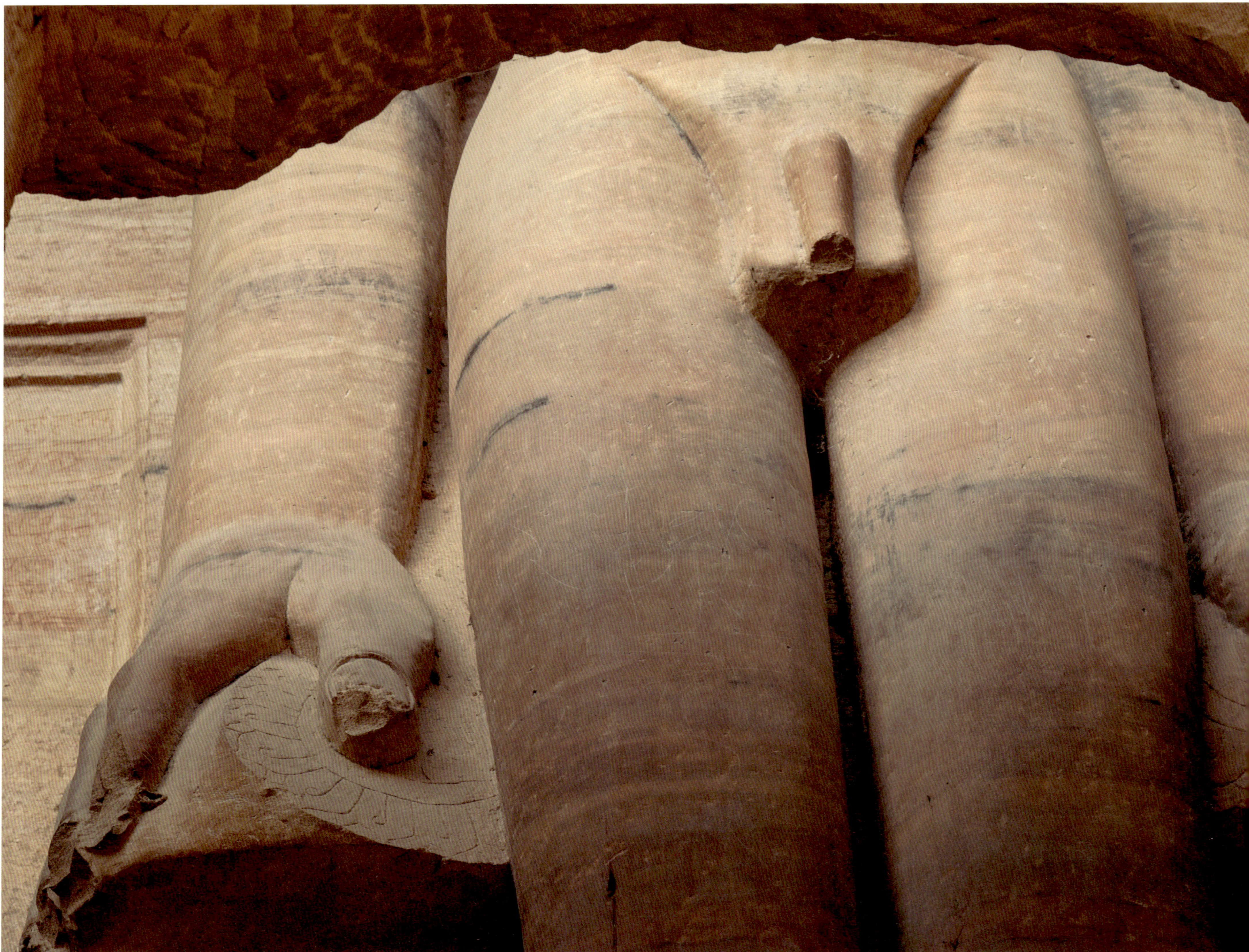

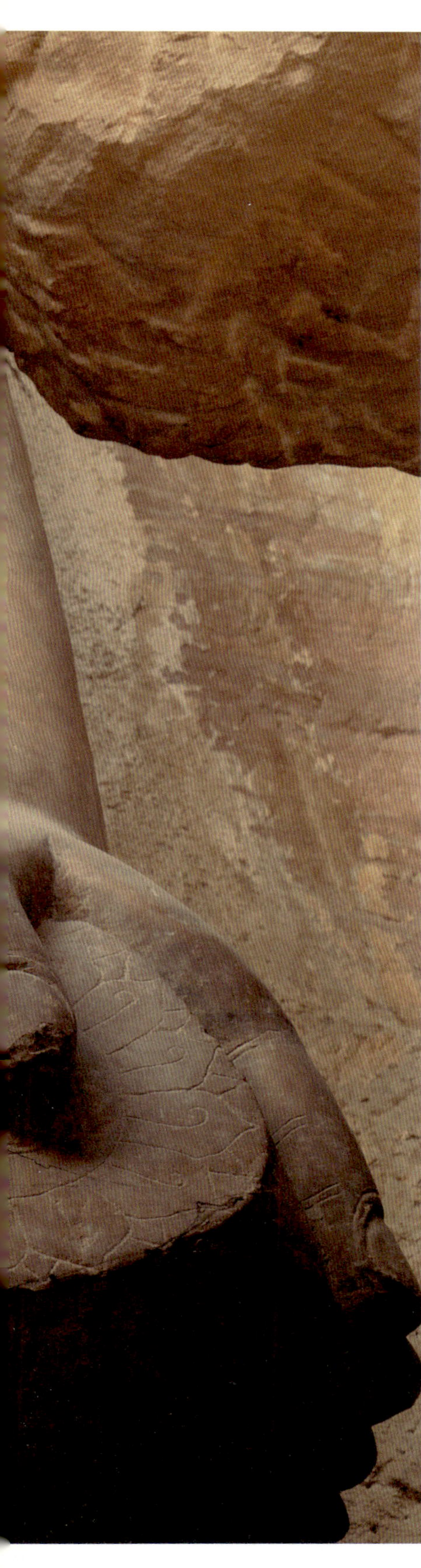

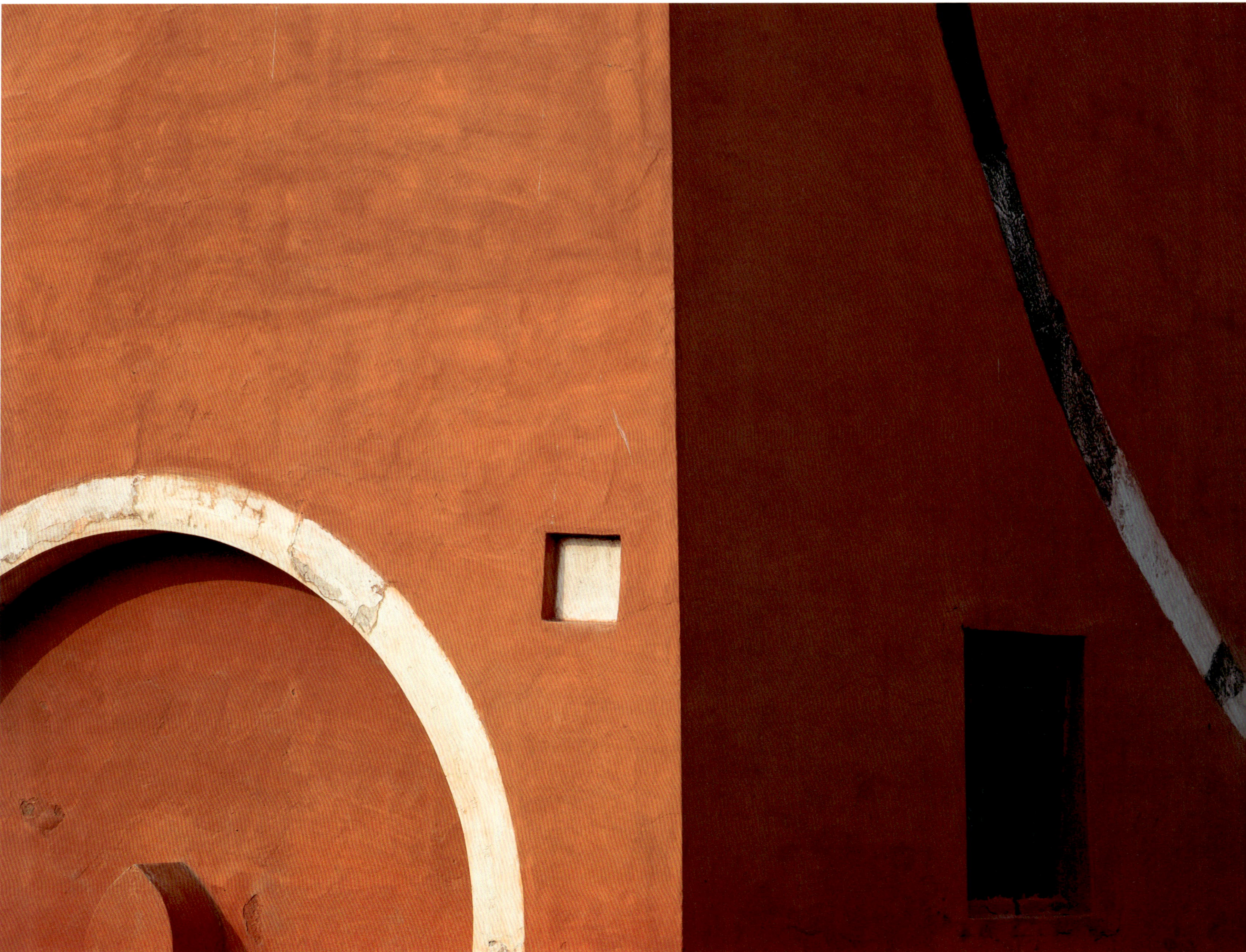

विवेक
युक्ति
कारण
तरक
विवेक
عقل
RATIO
REASON
কারণ
കാരണം
ಹೇತುವು
ವಿವೇಕ
காரணம்

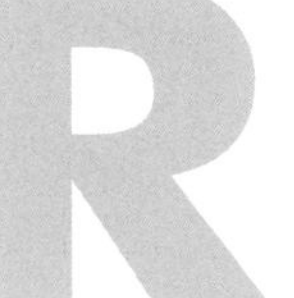
R

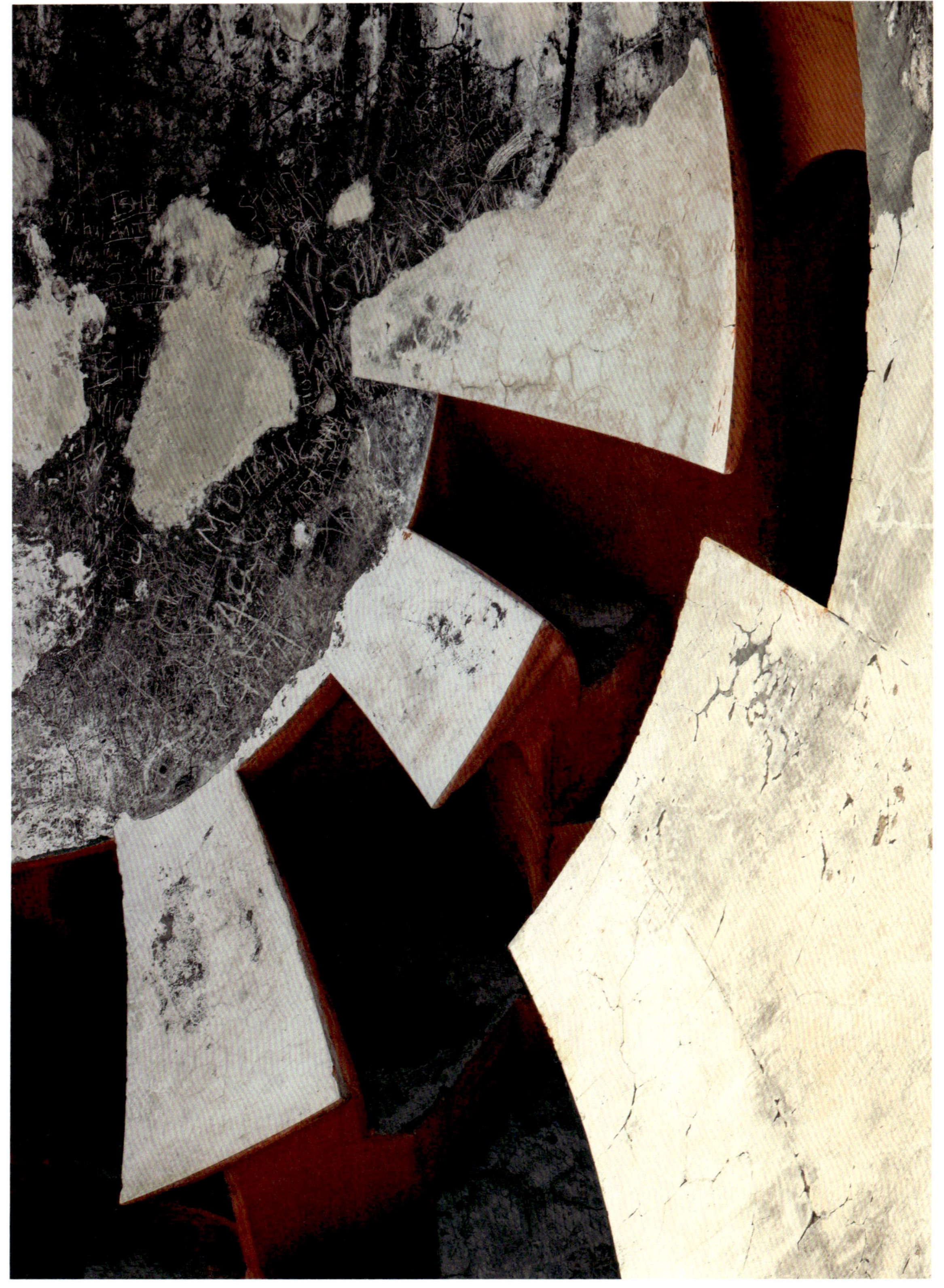

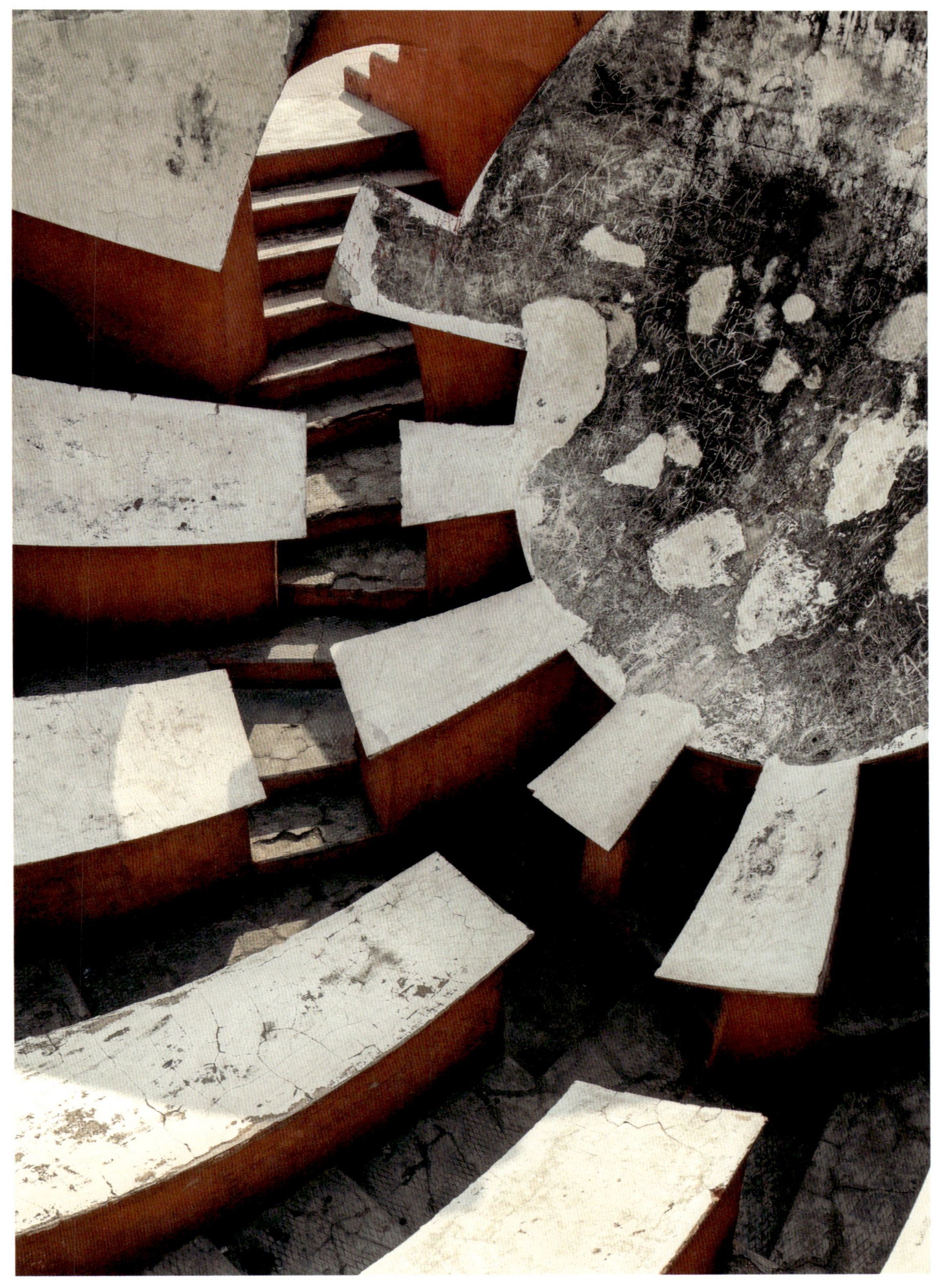

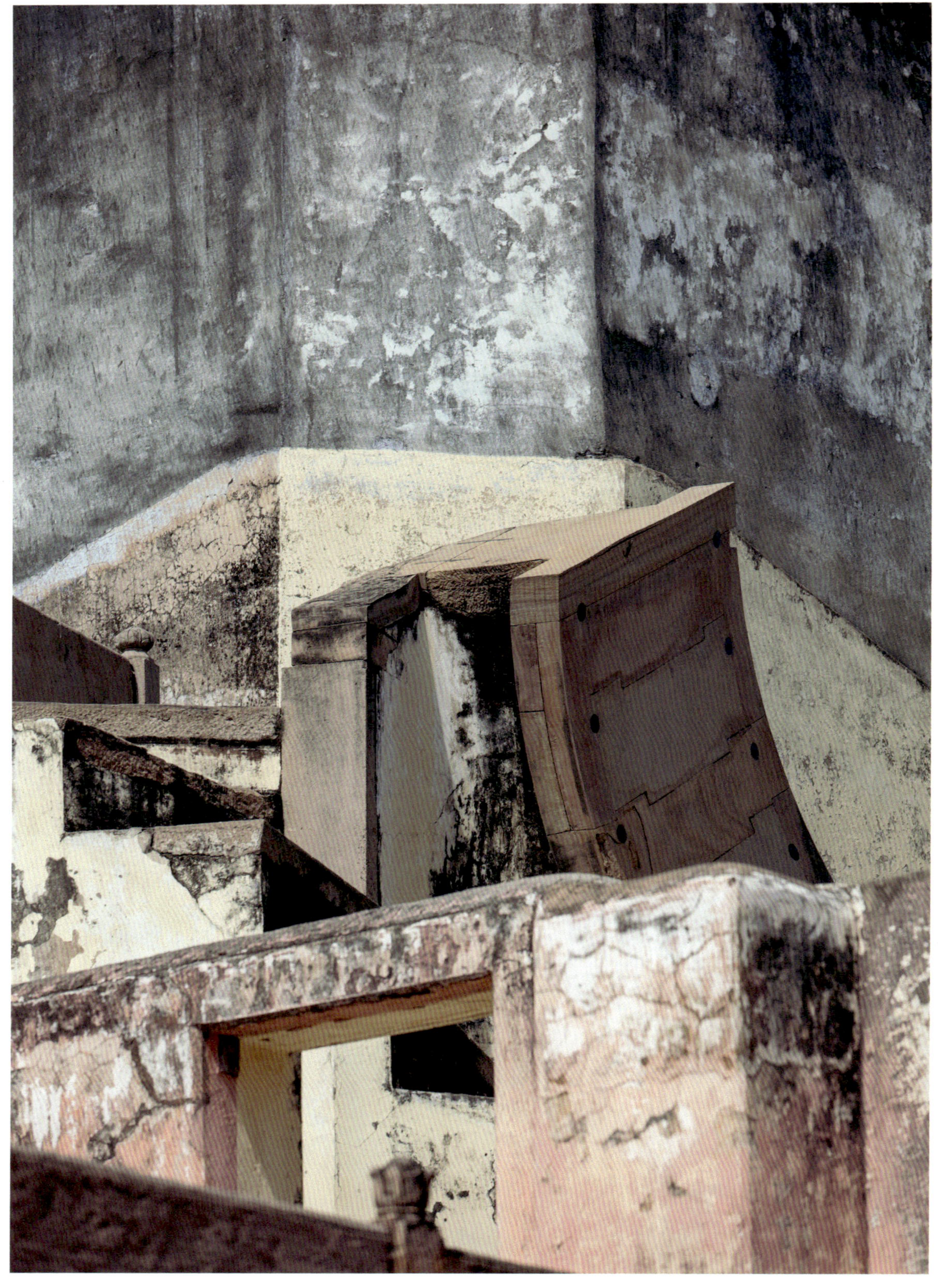

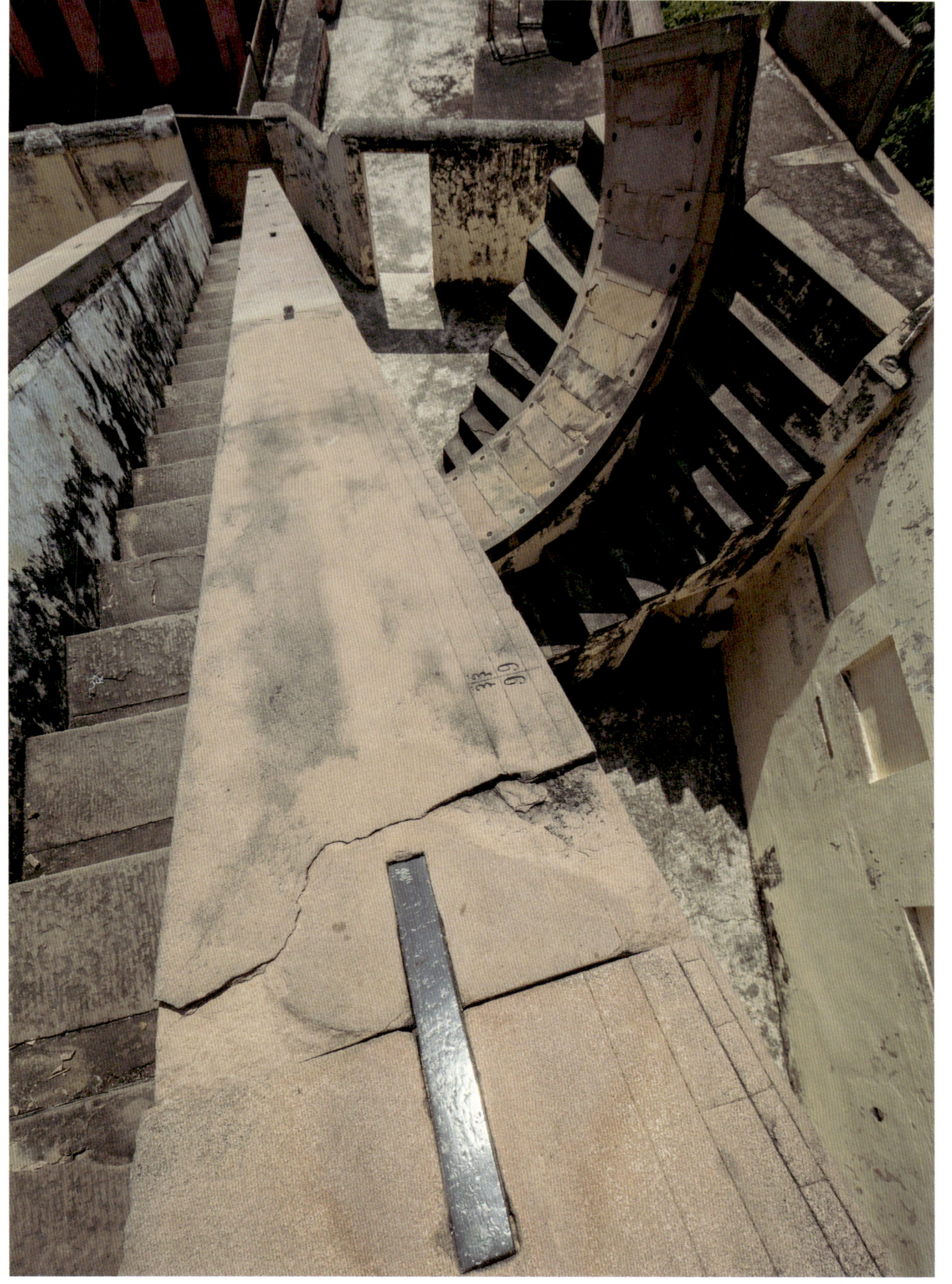

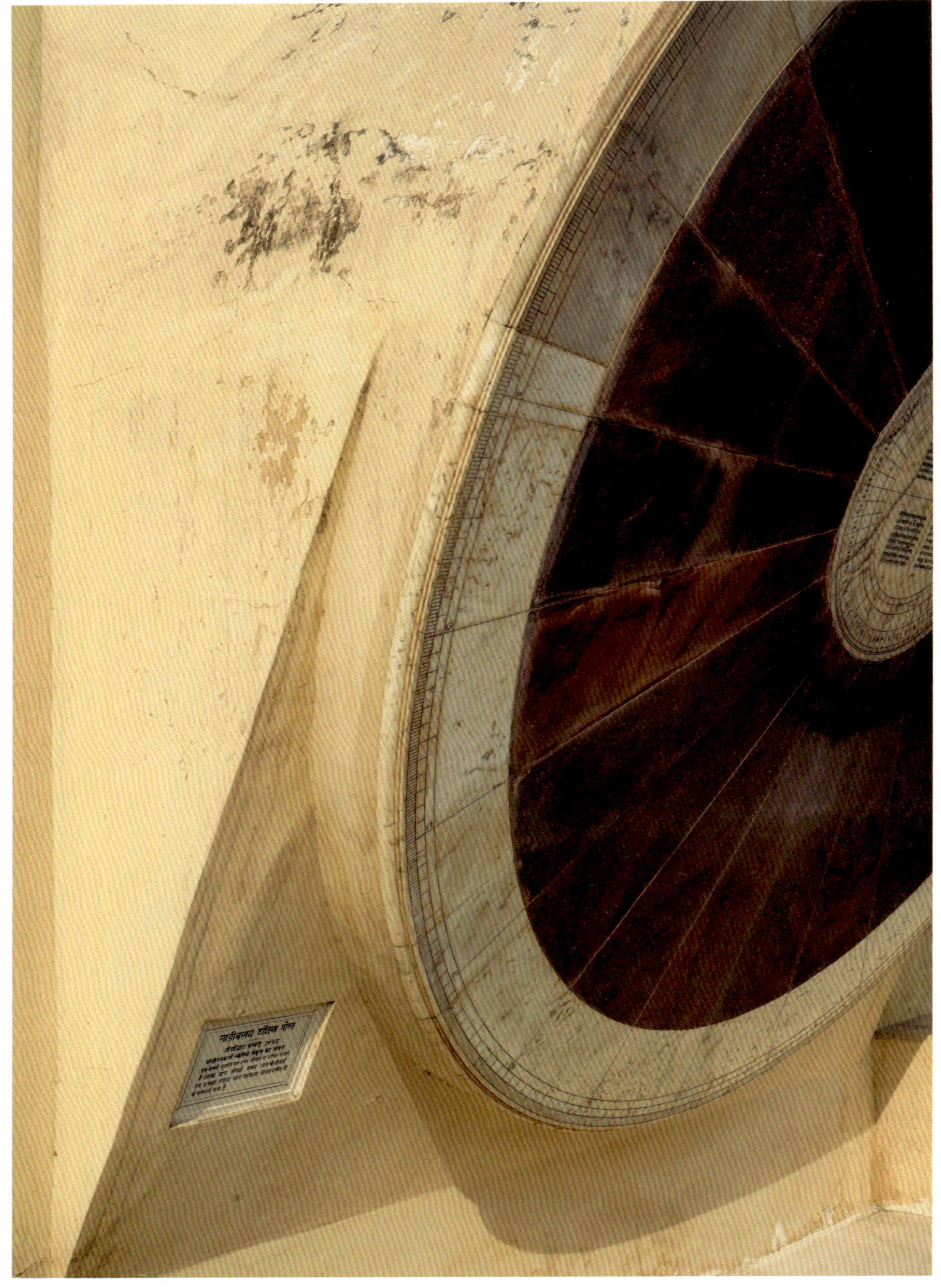
नाड़ीबलय दक्षिण गोल

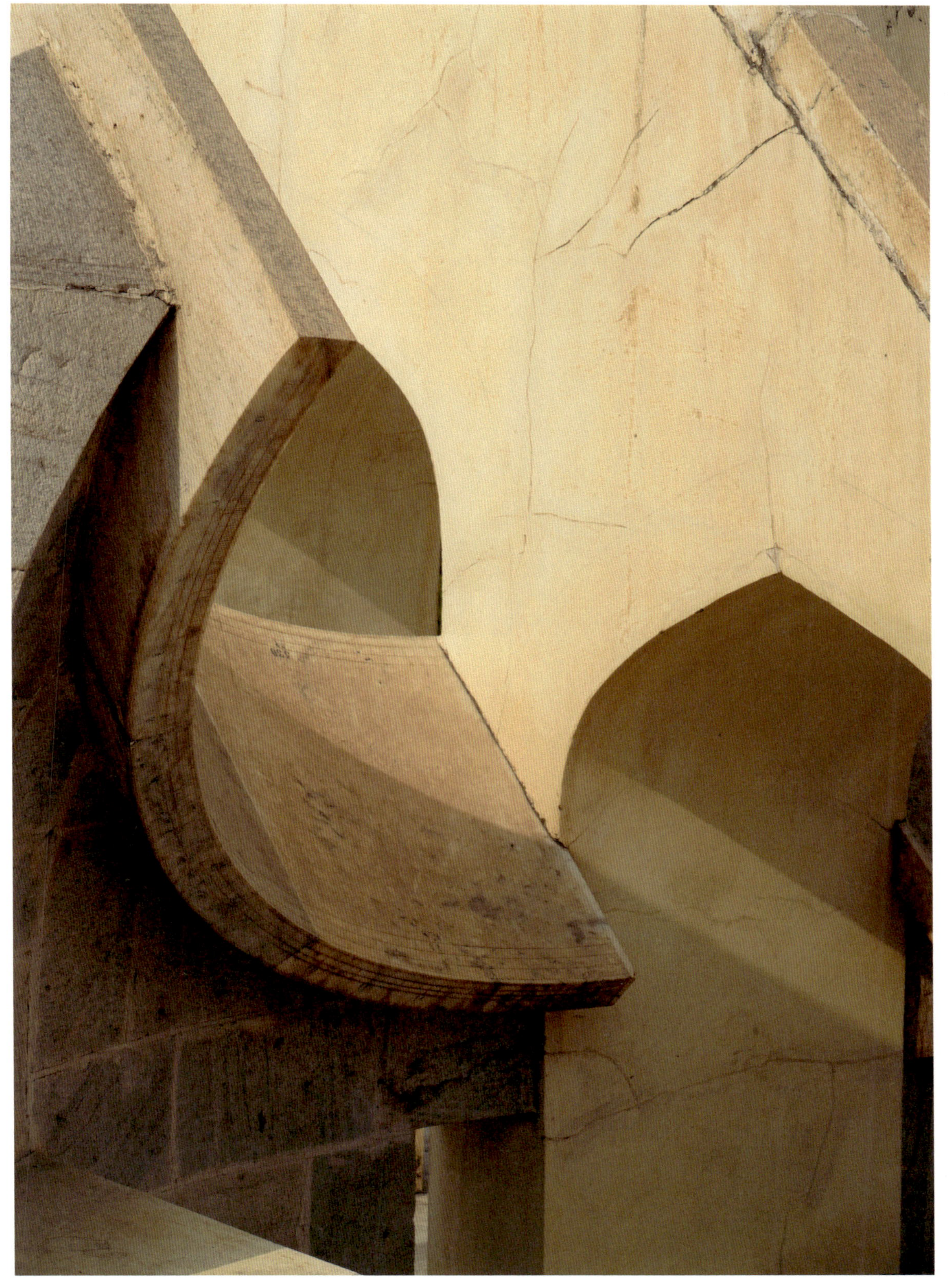

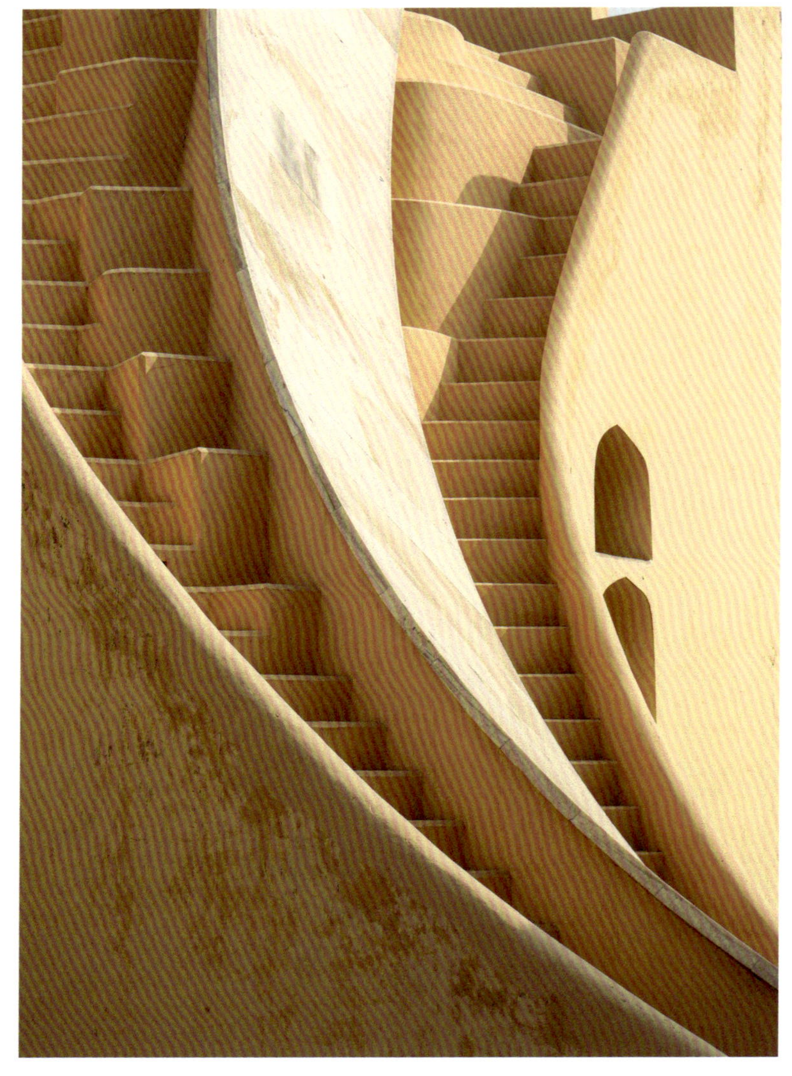 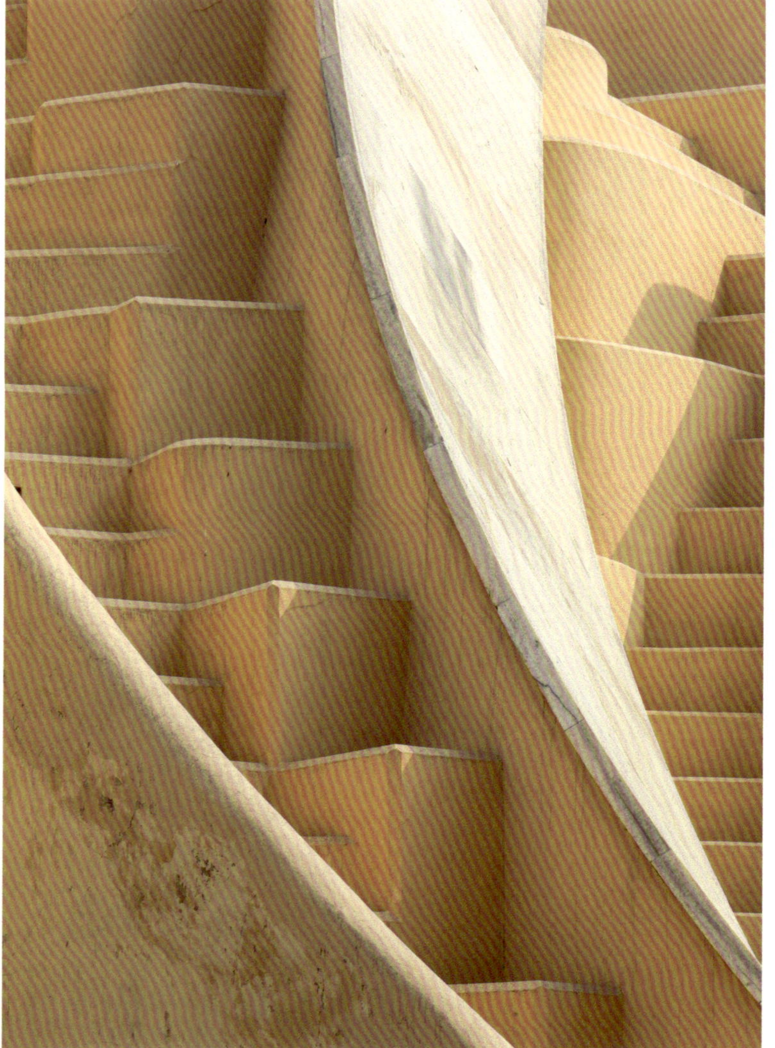

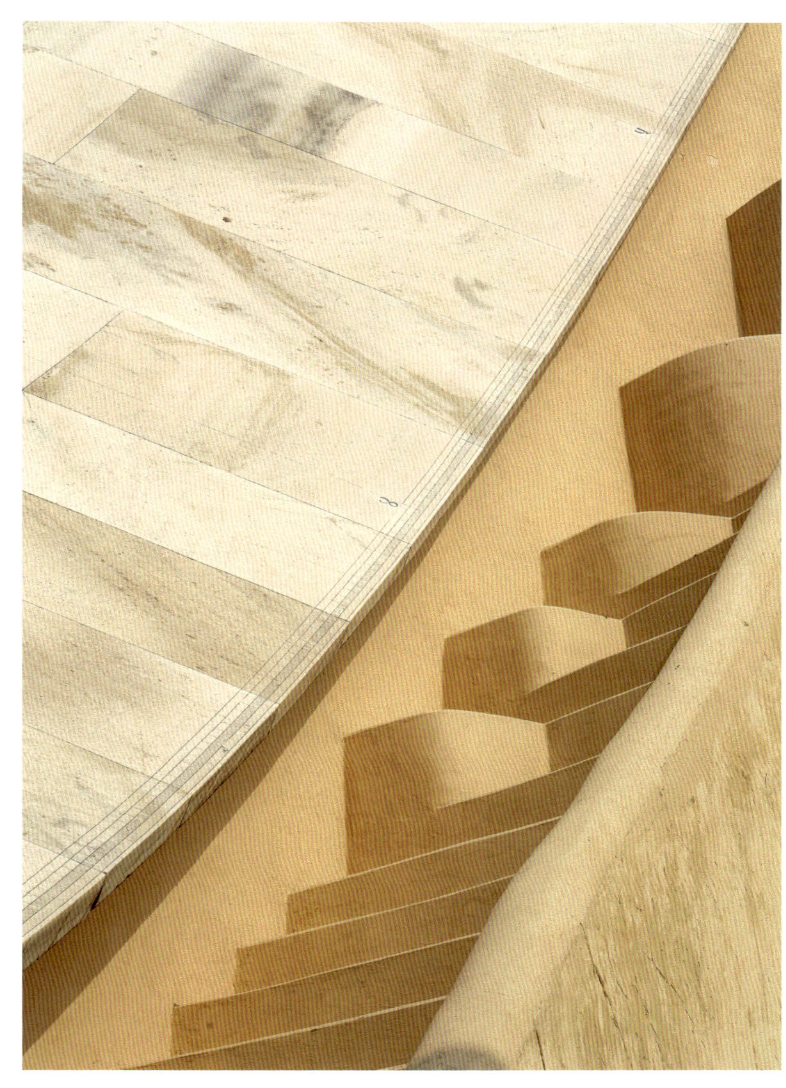

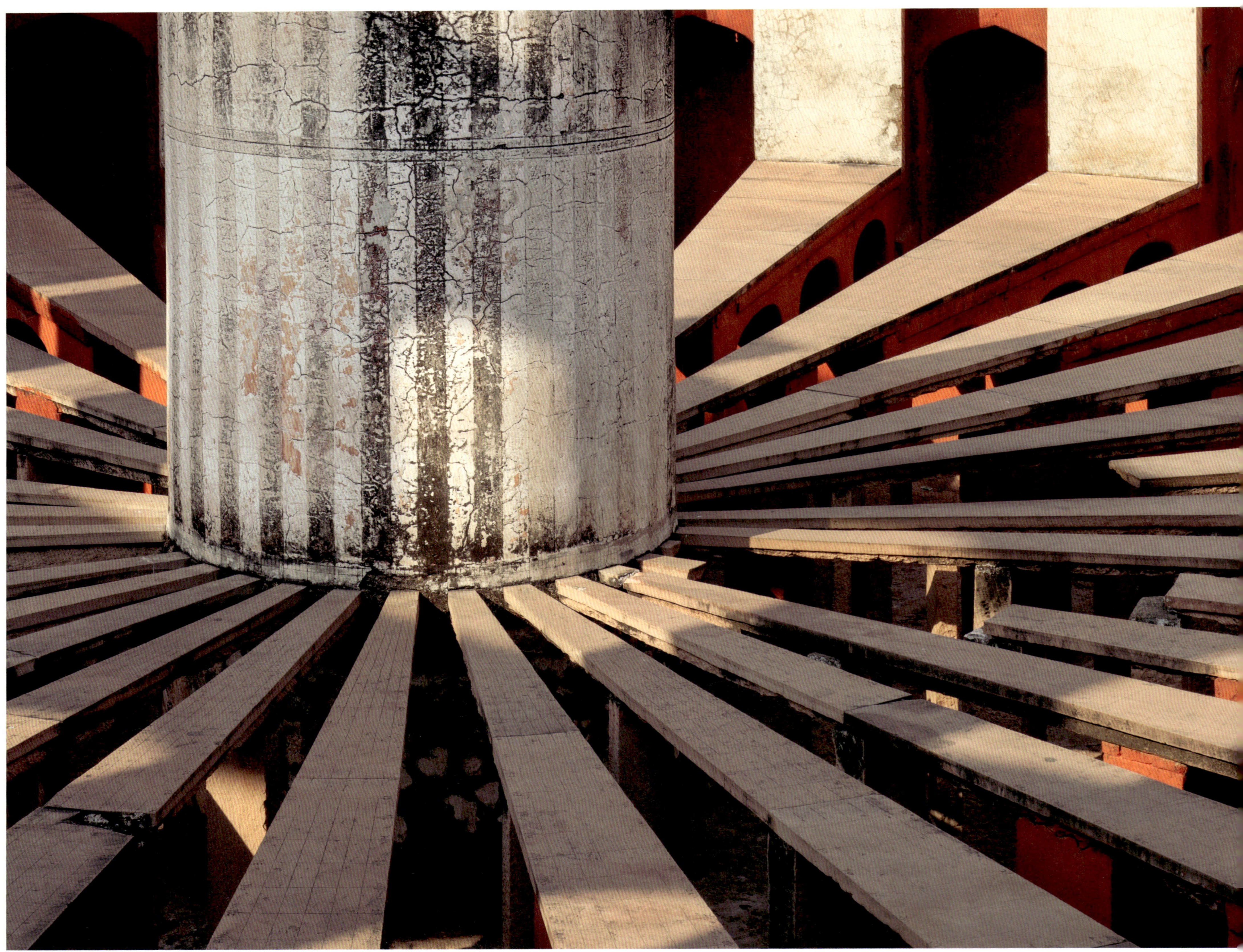

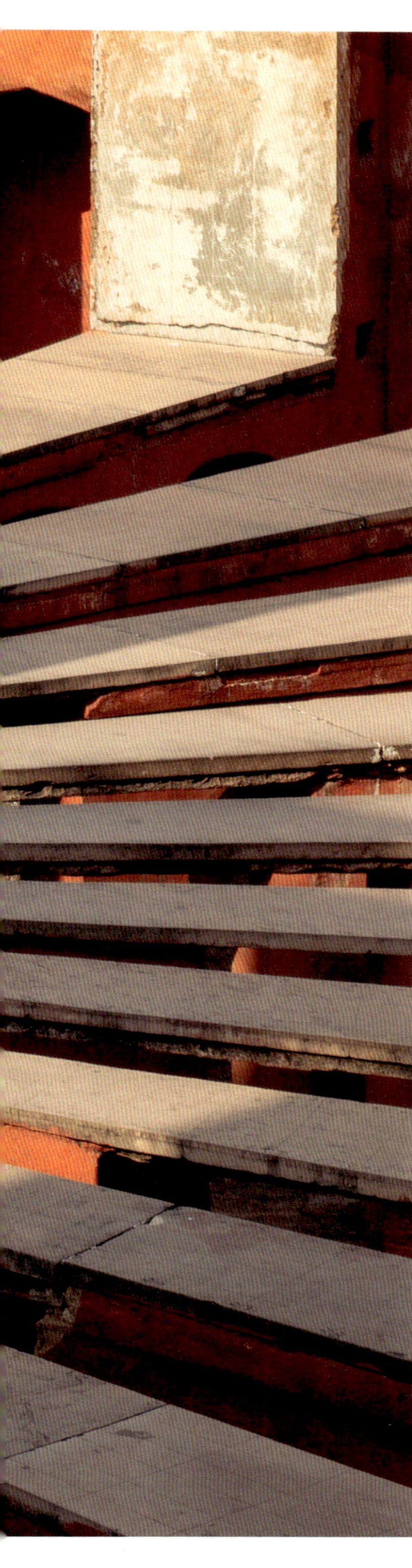

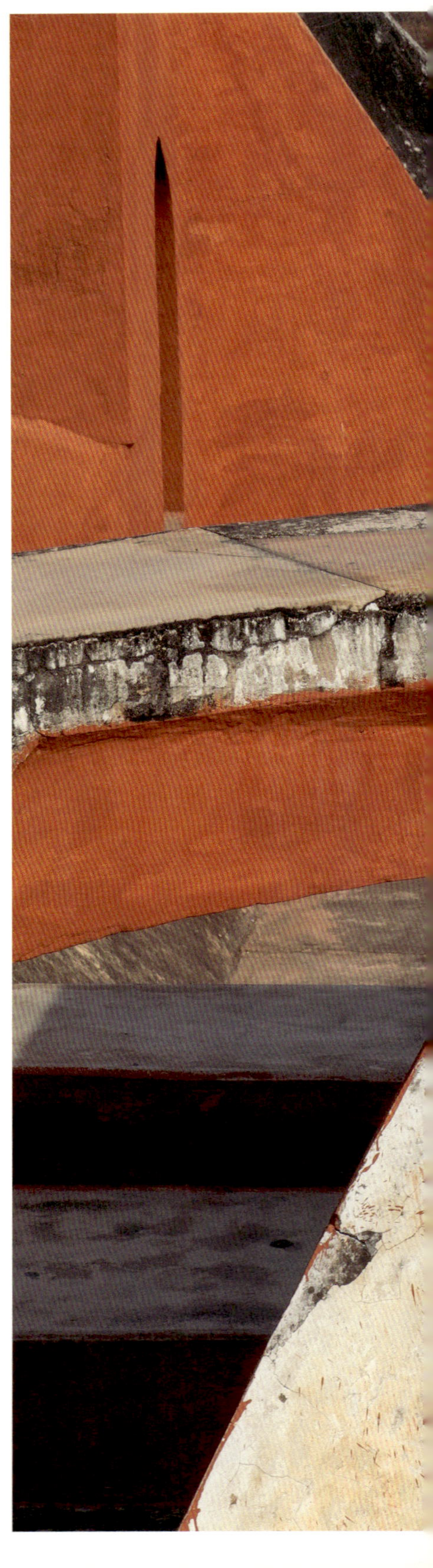

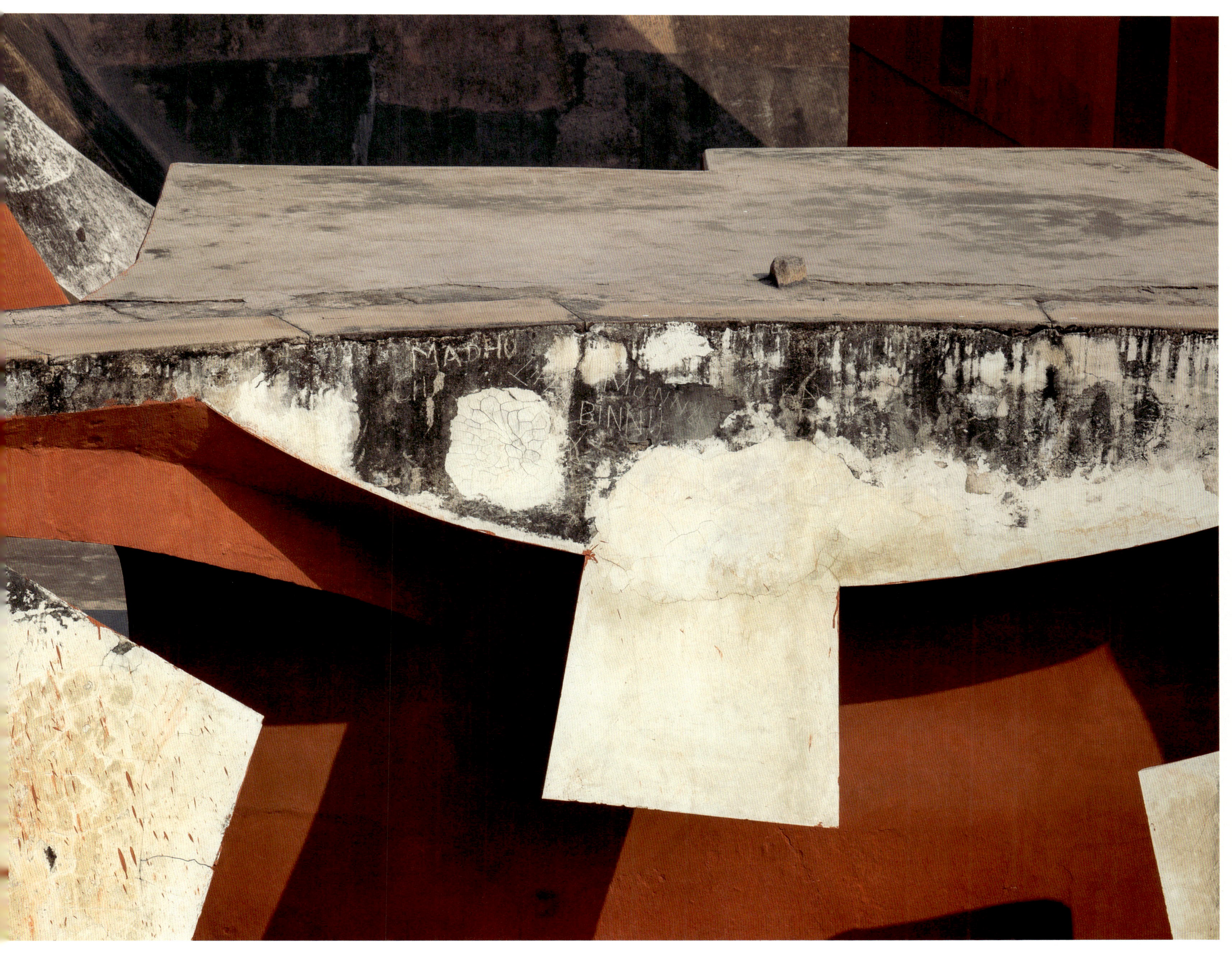

MADHU
MUN
BINNU

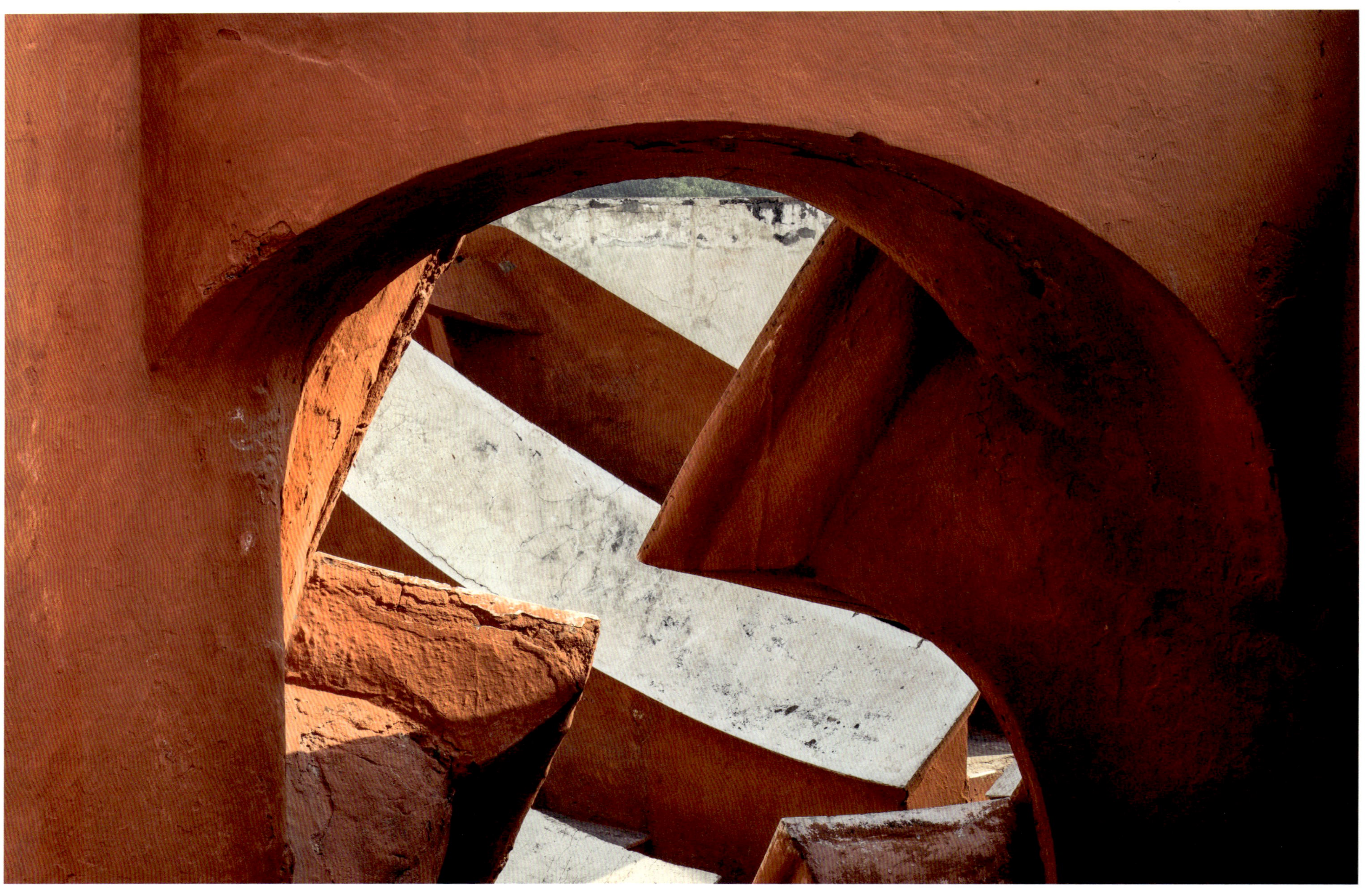

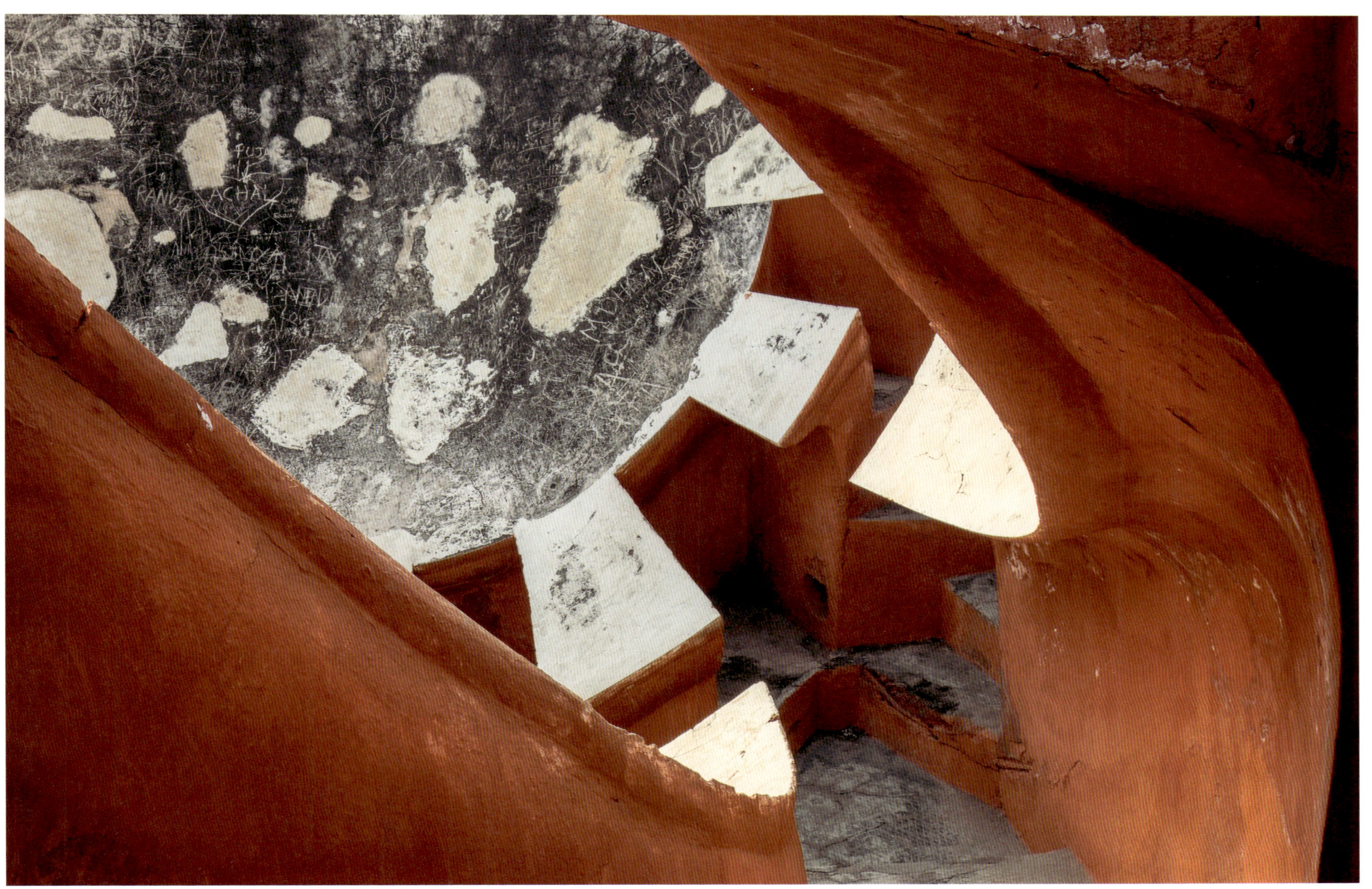

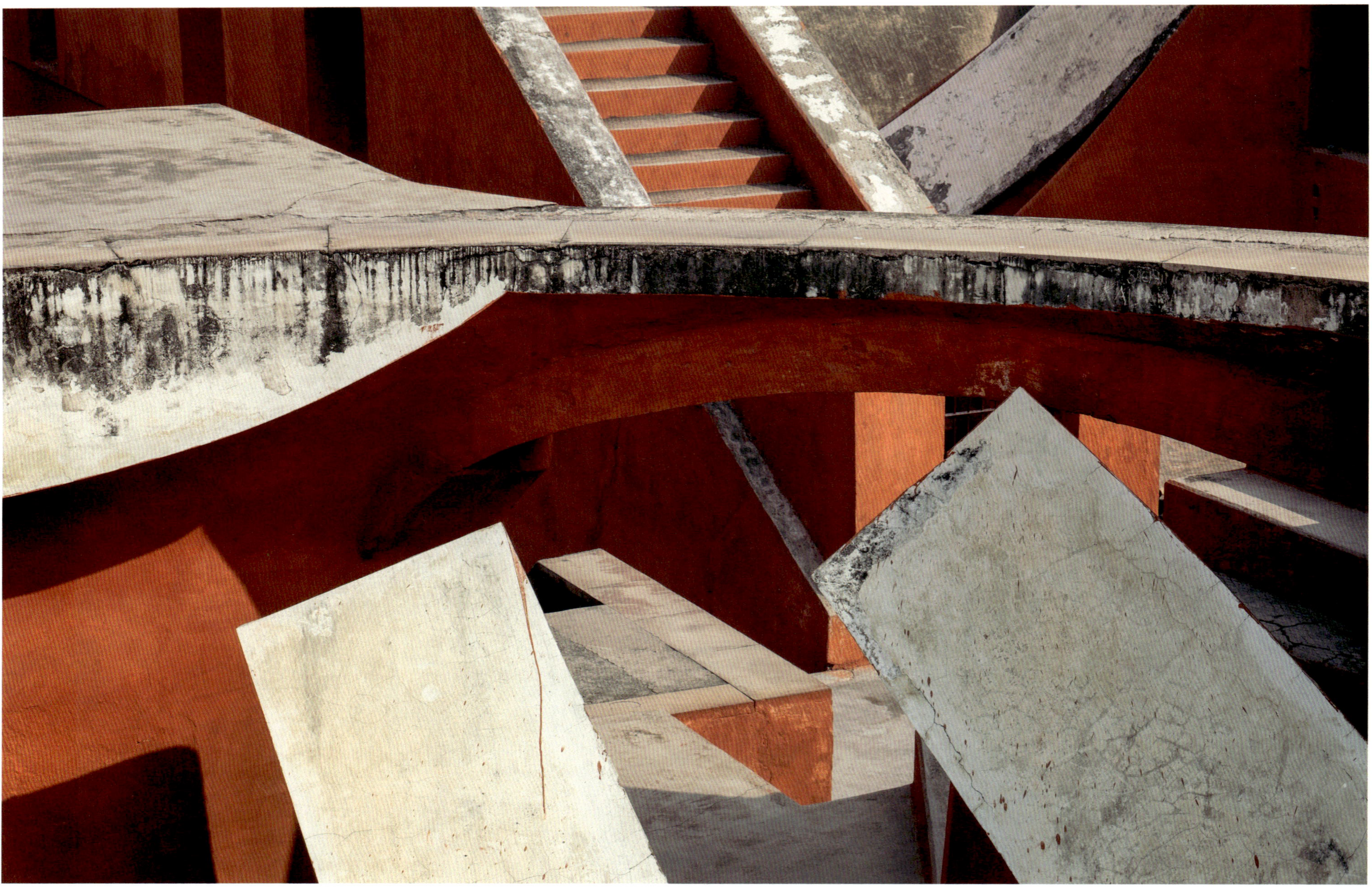

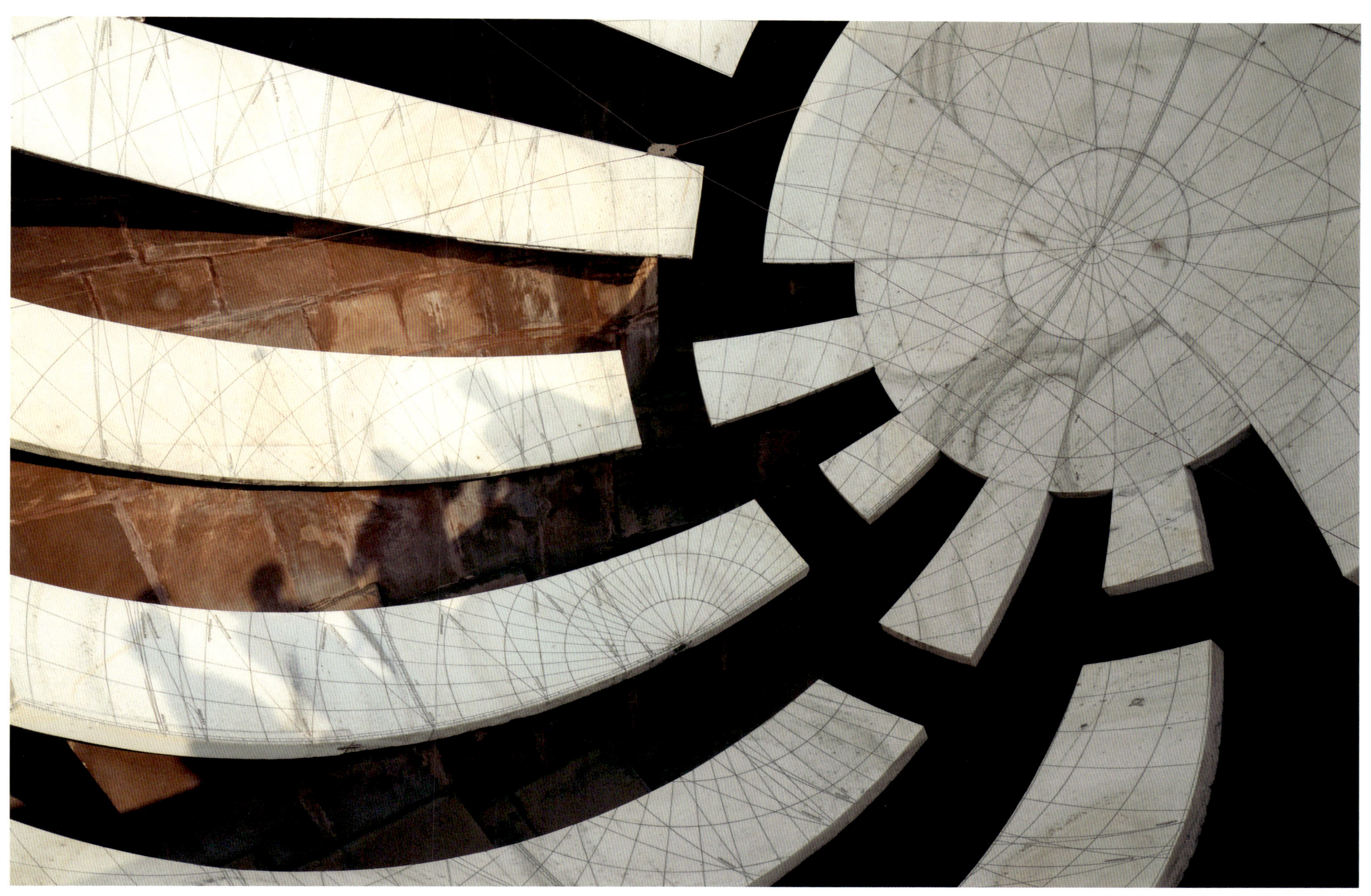

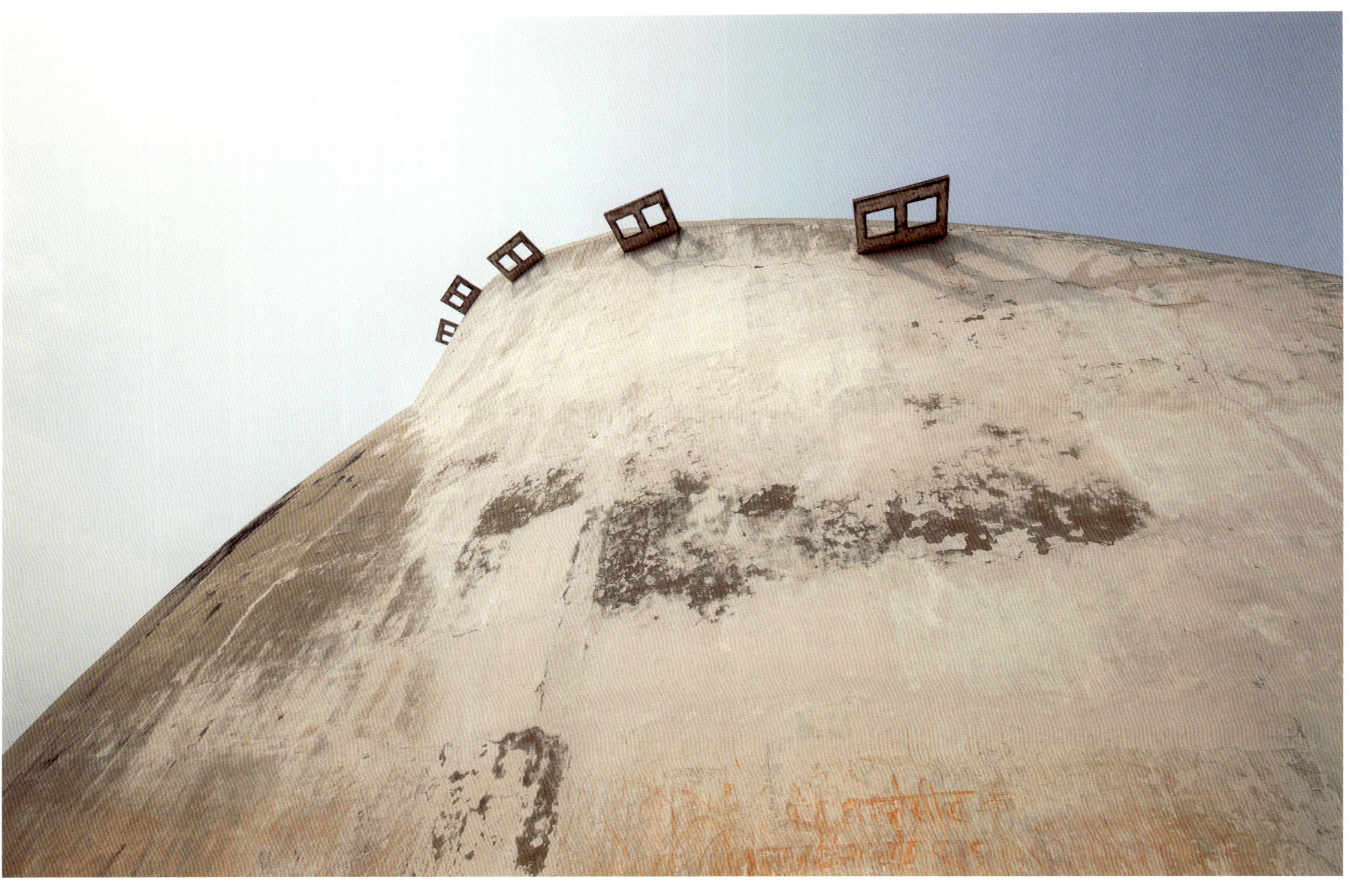

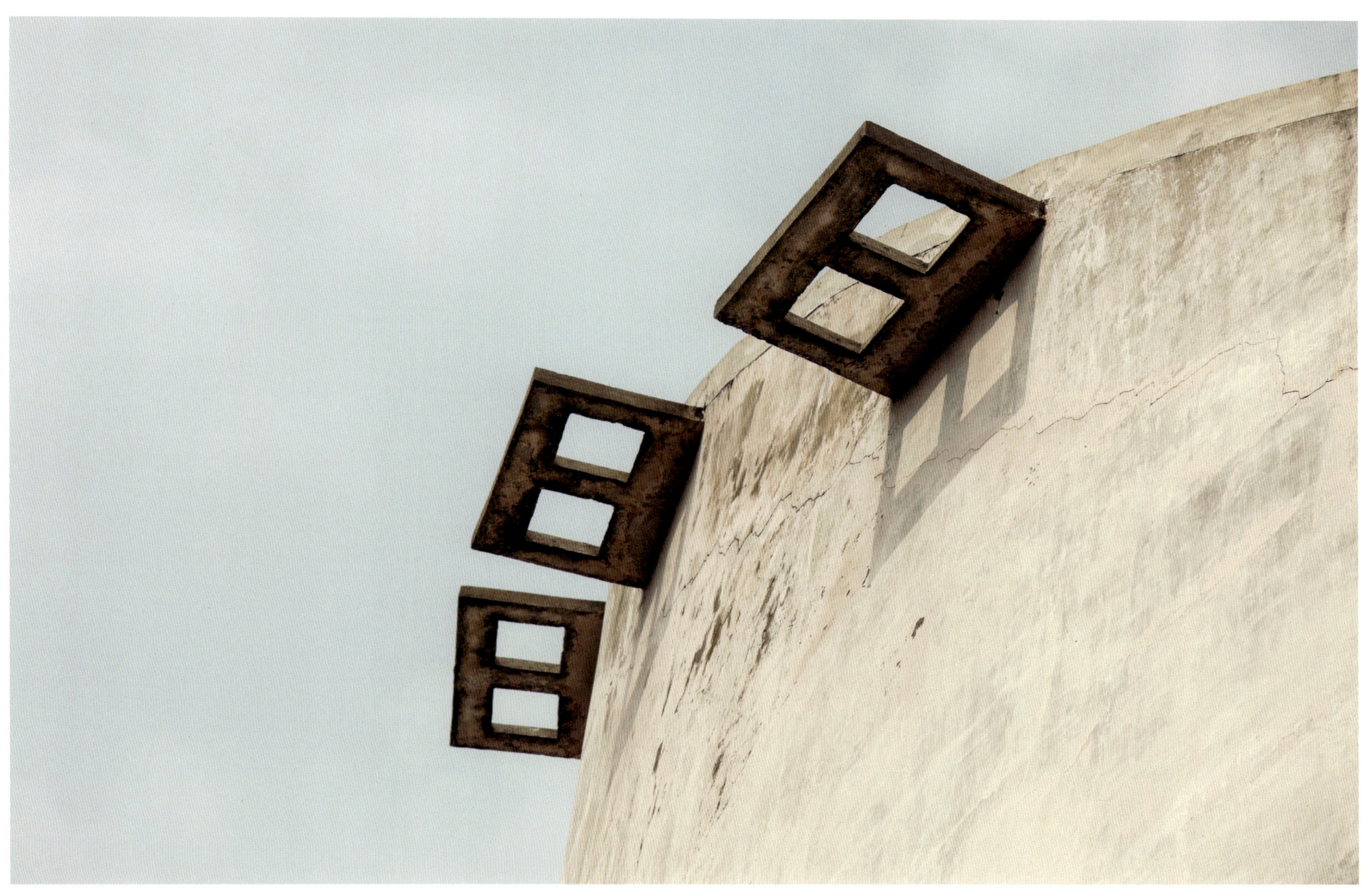

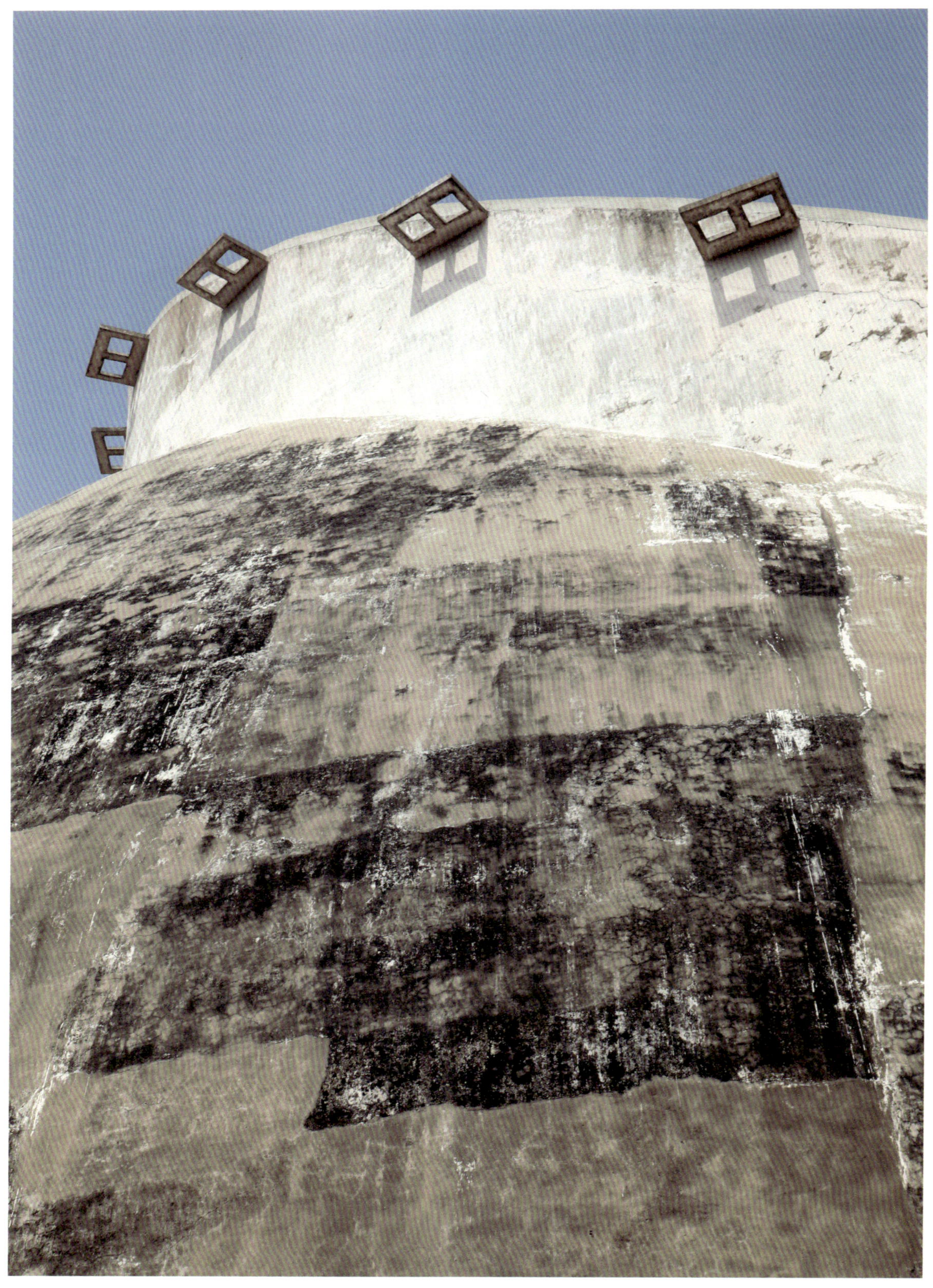

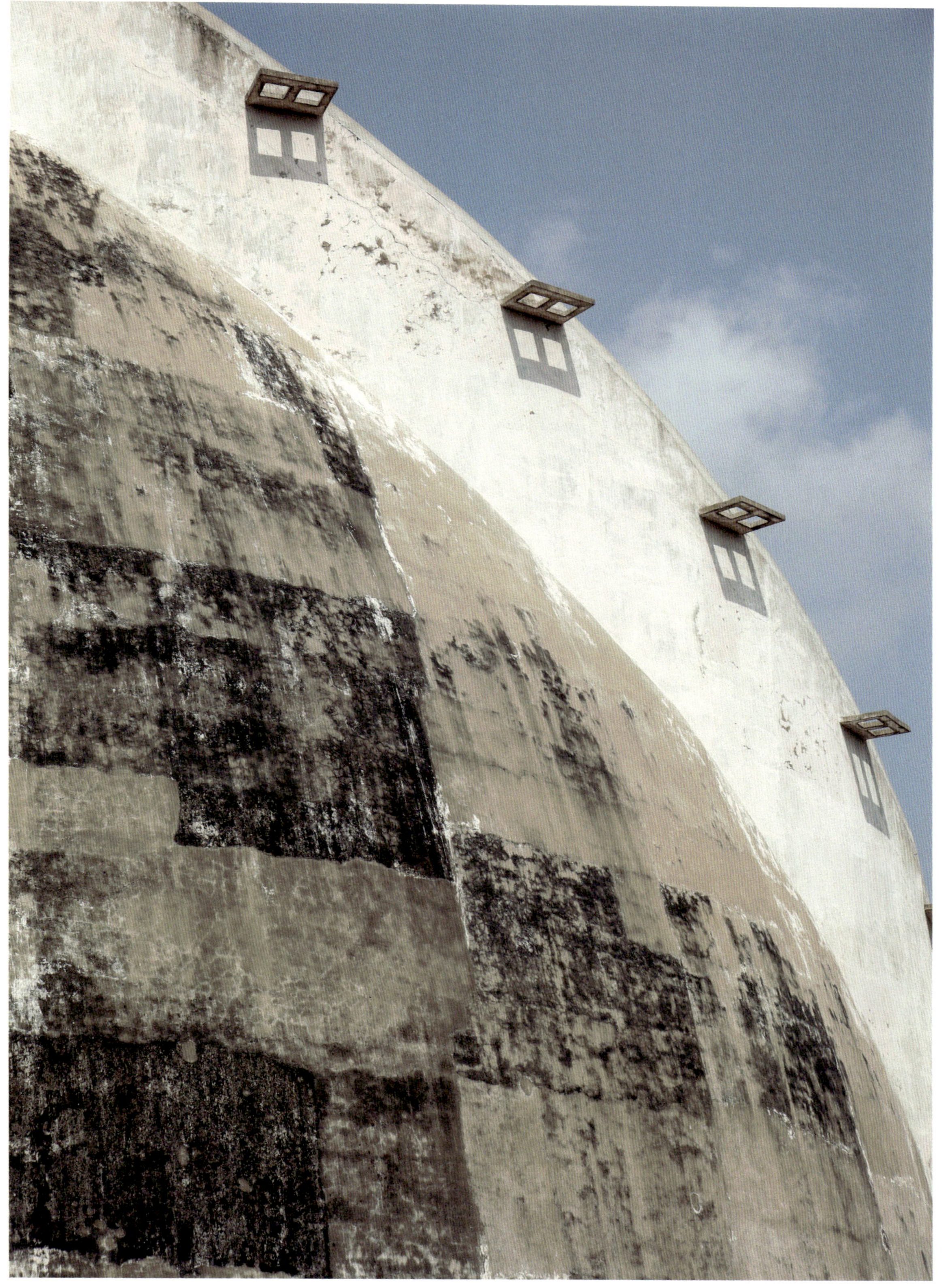

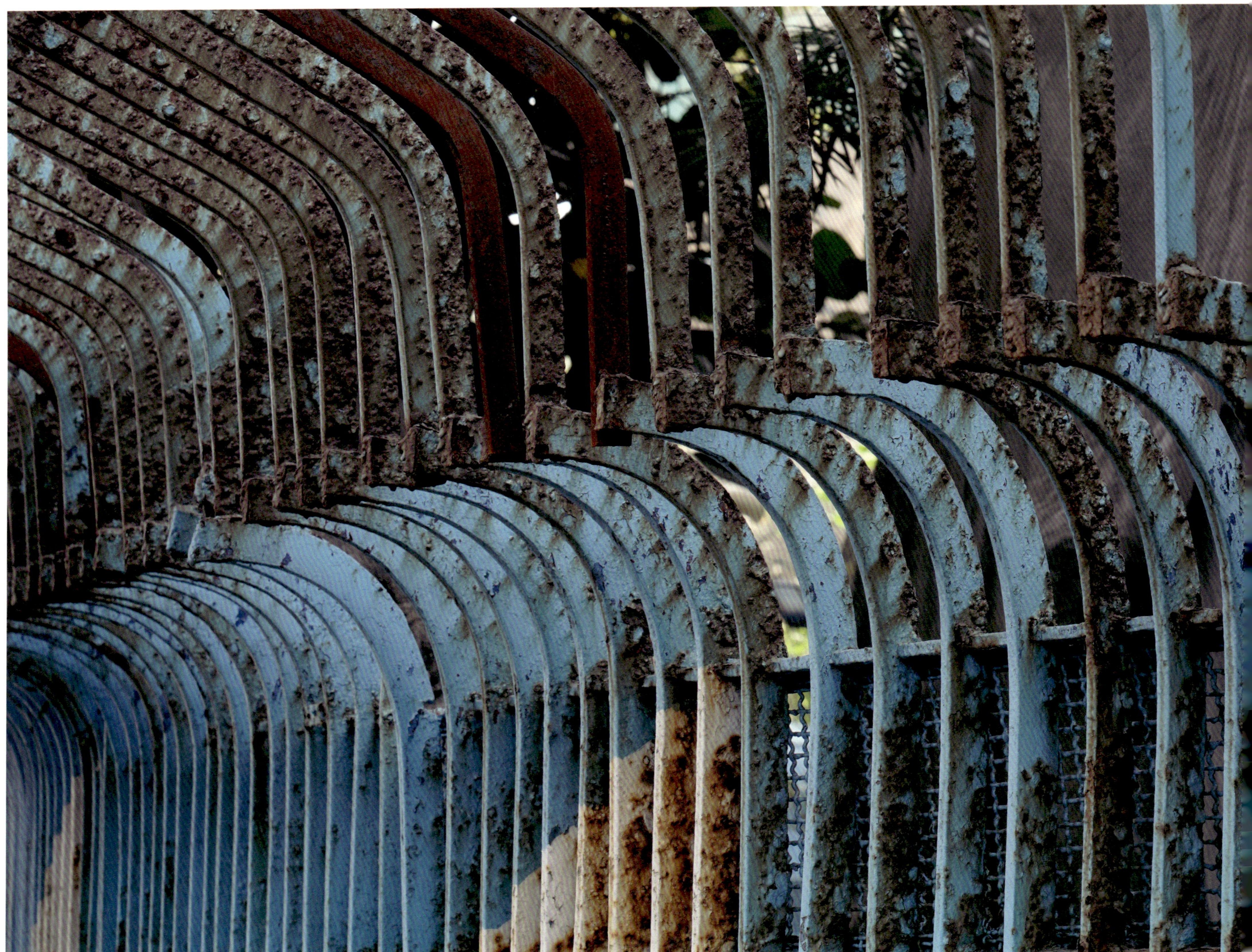

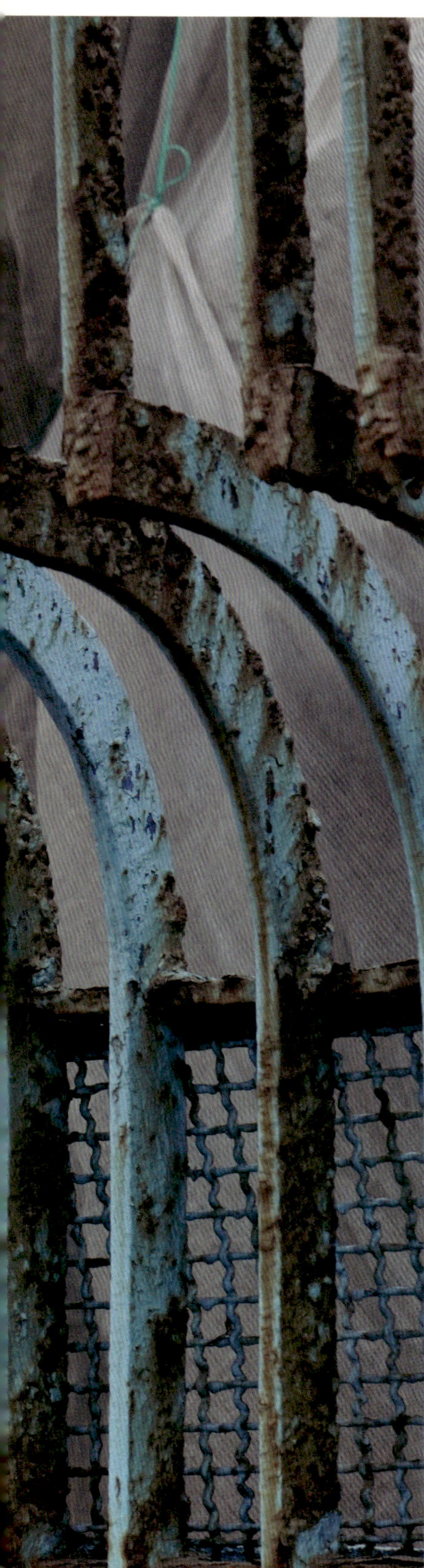

अंतराल
বিরামকাল
मध्यांतर
ਥੋੜ੍ਹੇ ਸਮੇਂ ਲਈ
અંતરવિરામ
وقفہ
INTERMEZZO
INTERLUDE
ಲ್ಪ ಸಮಯ
ഇടവേള
సంధికాలం
ಮಧ್ಯಂತರ
இடைக்காலம்

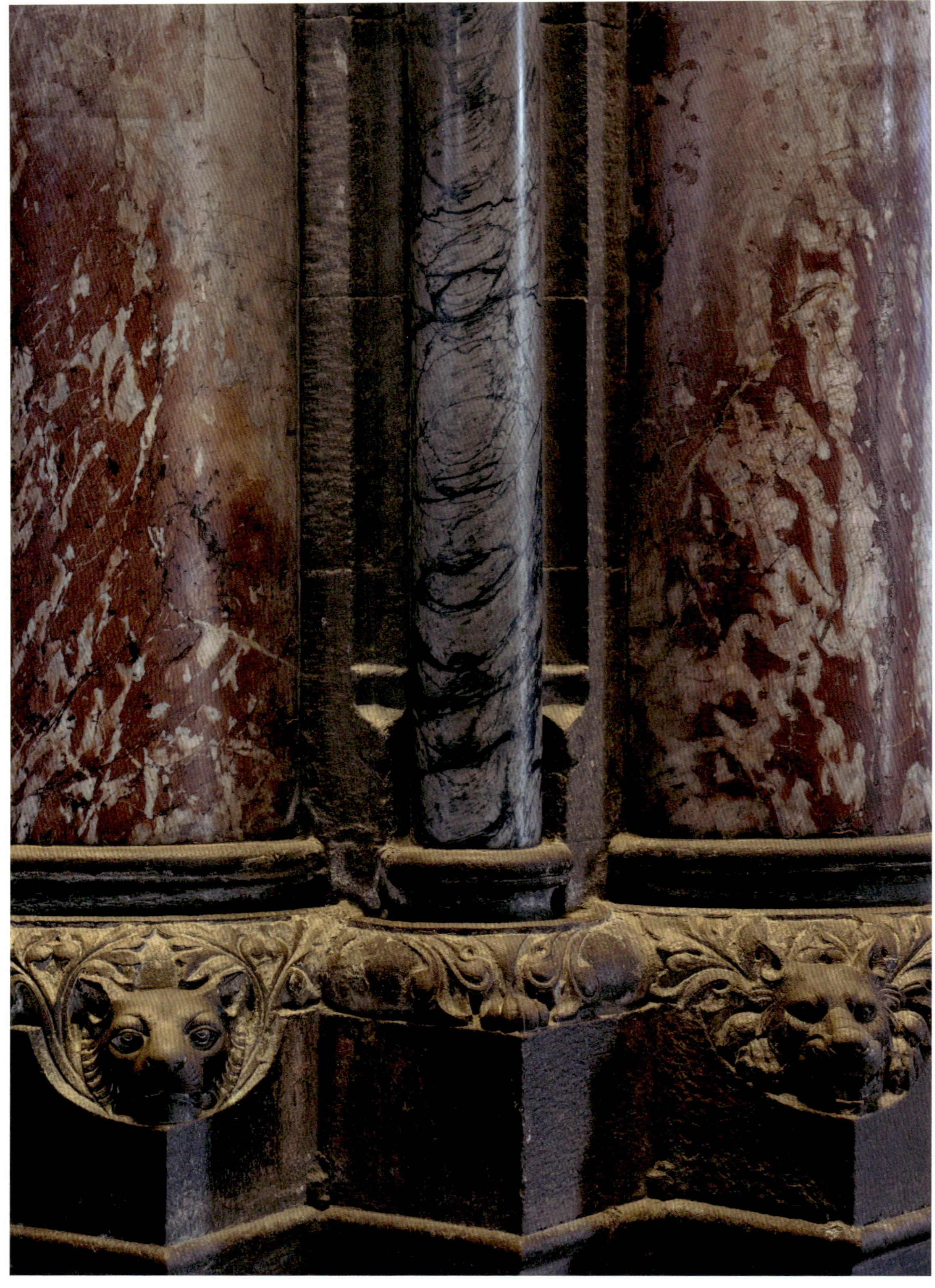

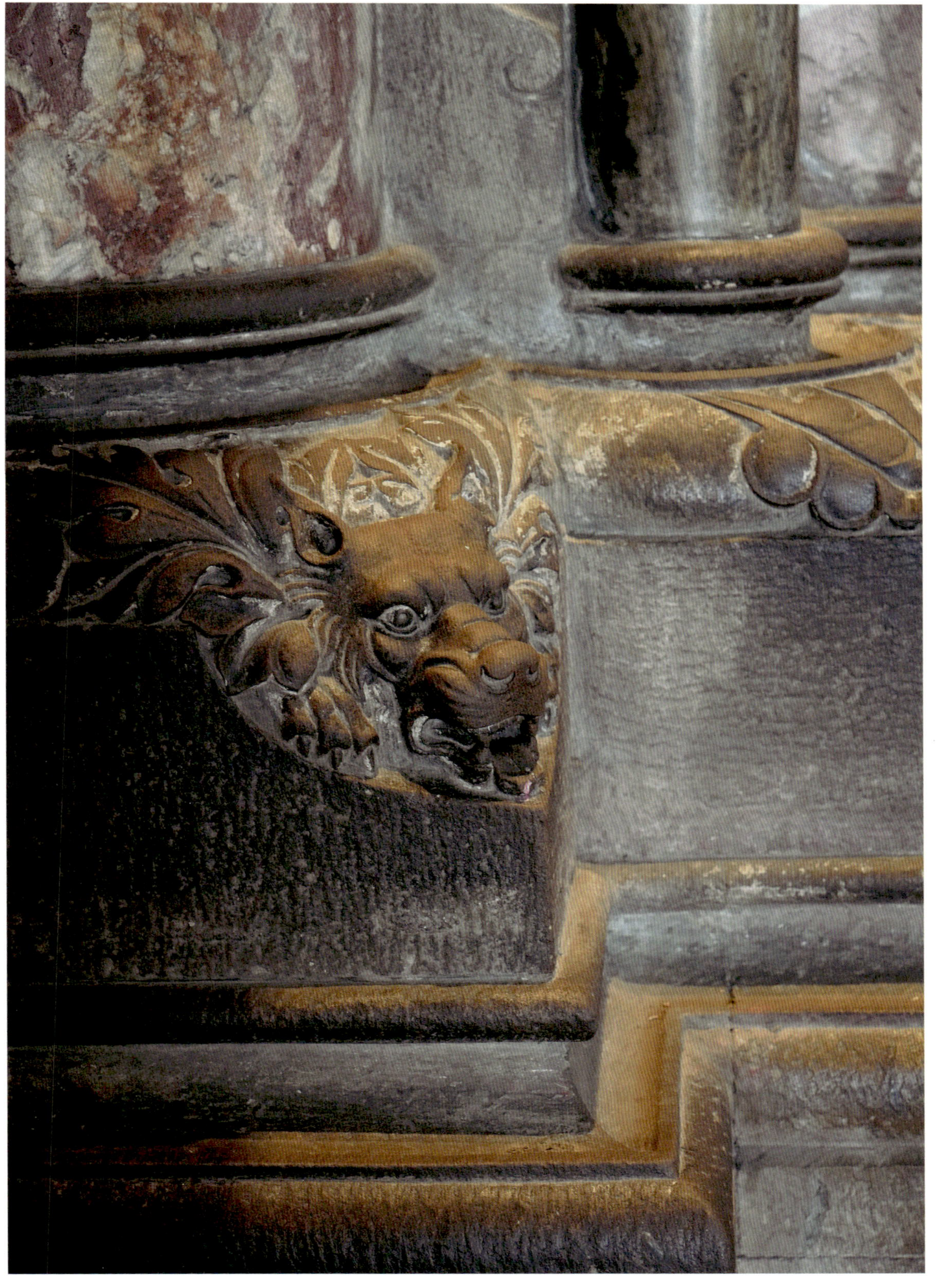

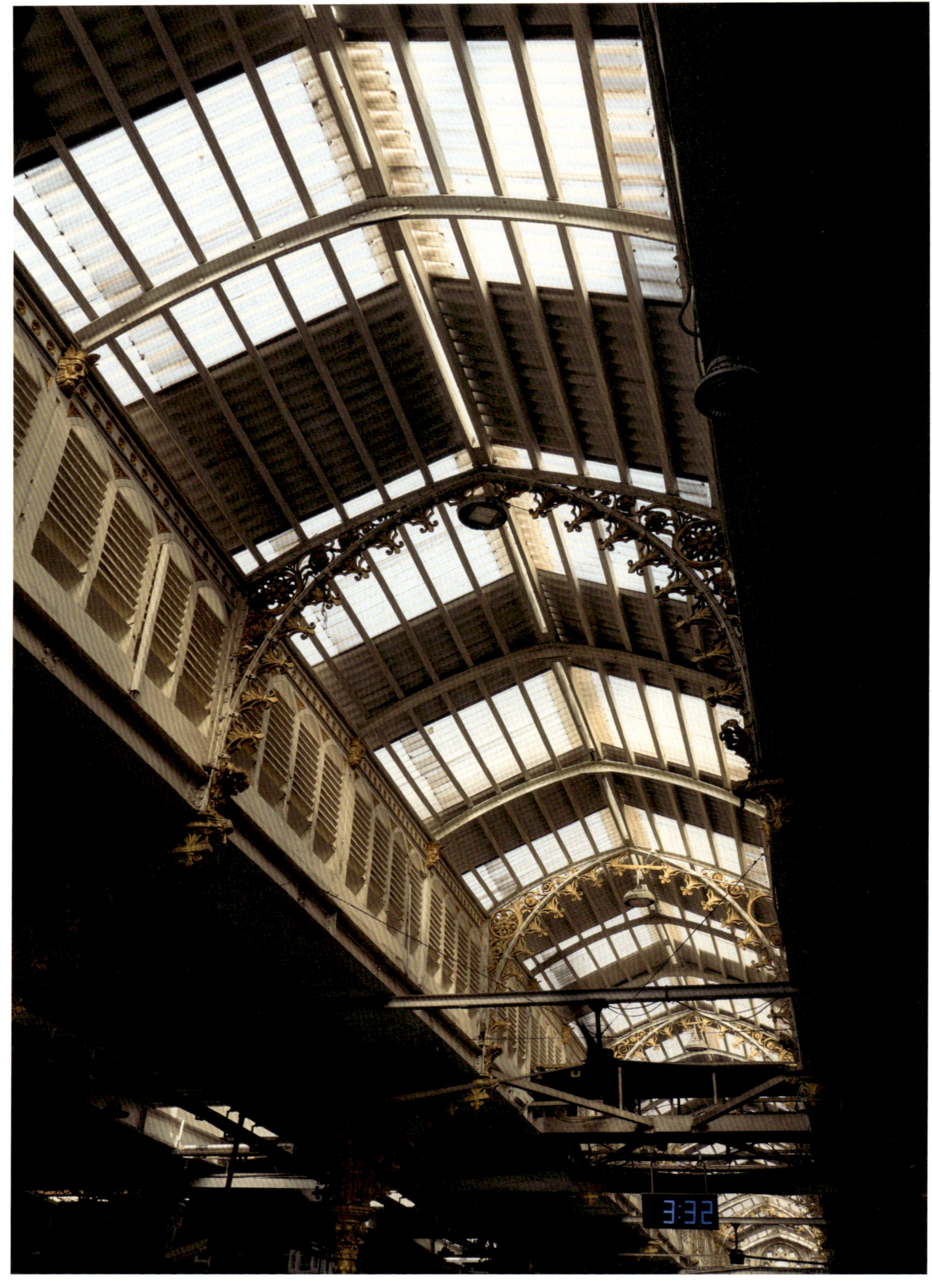
3:32

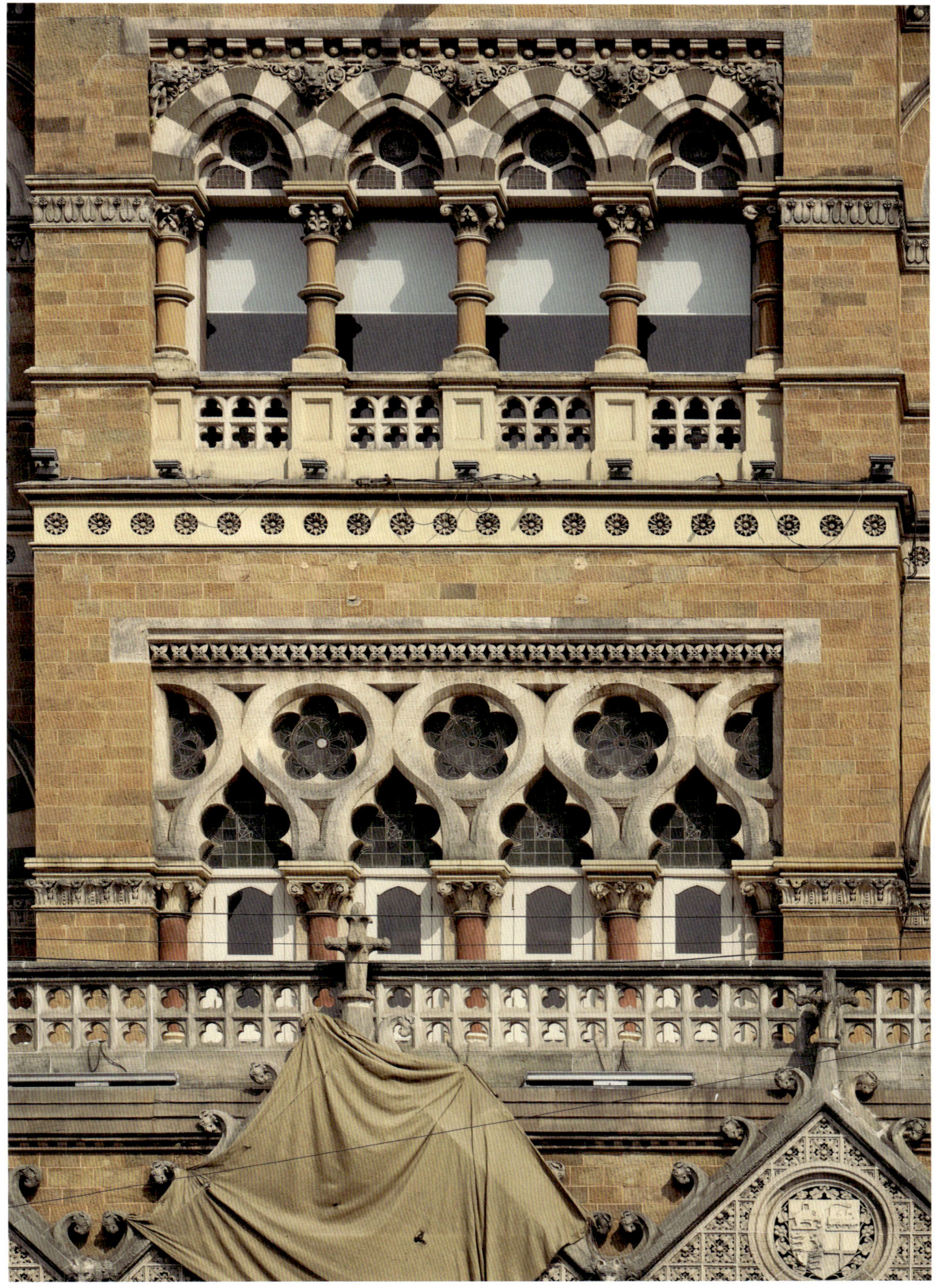

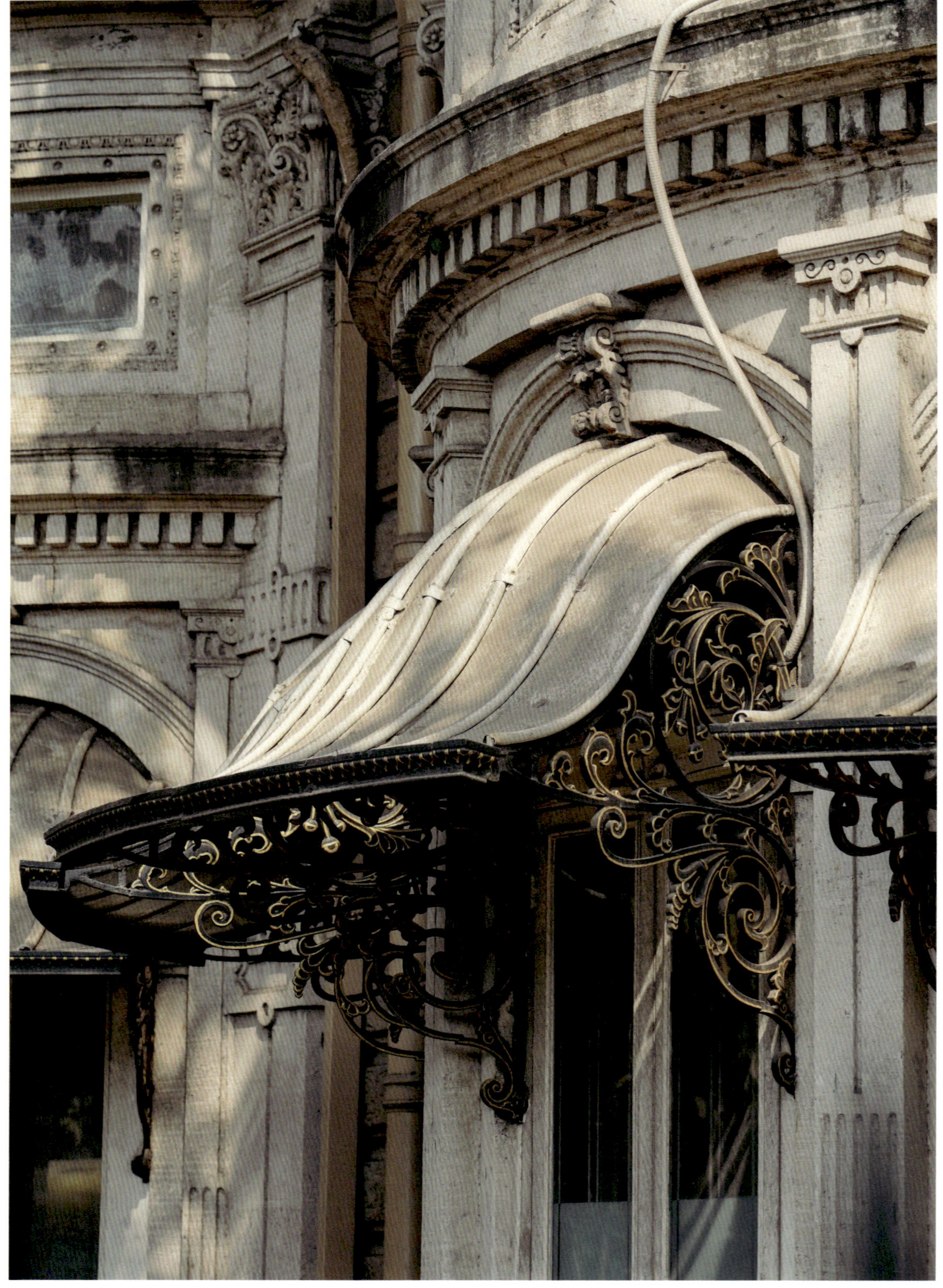

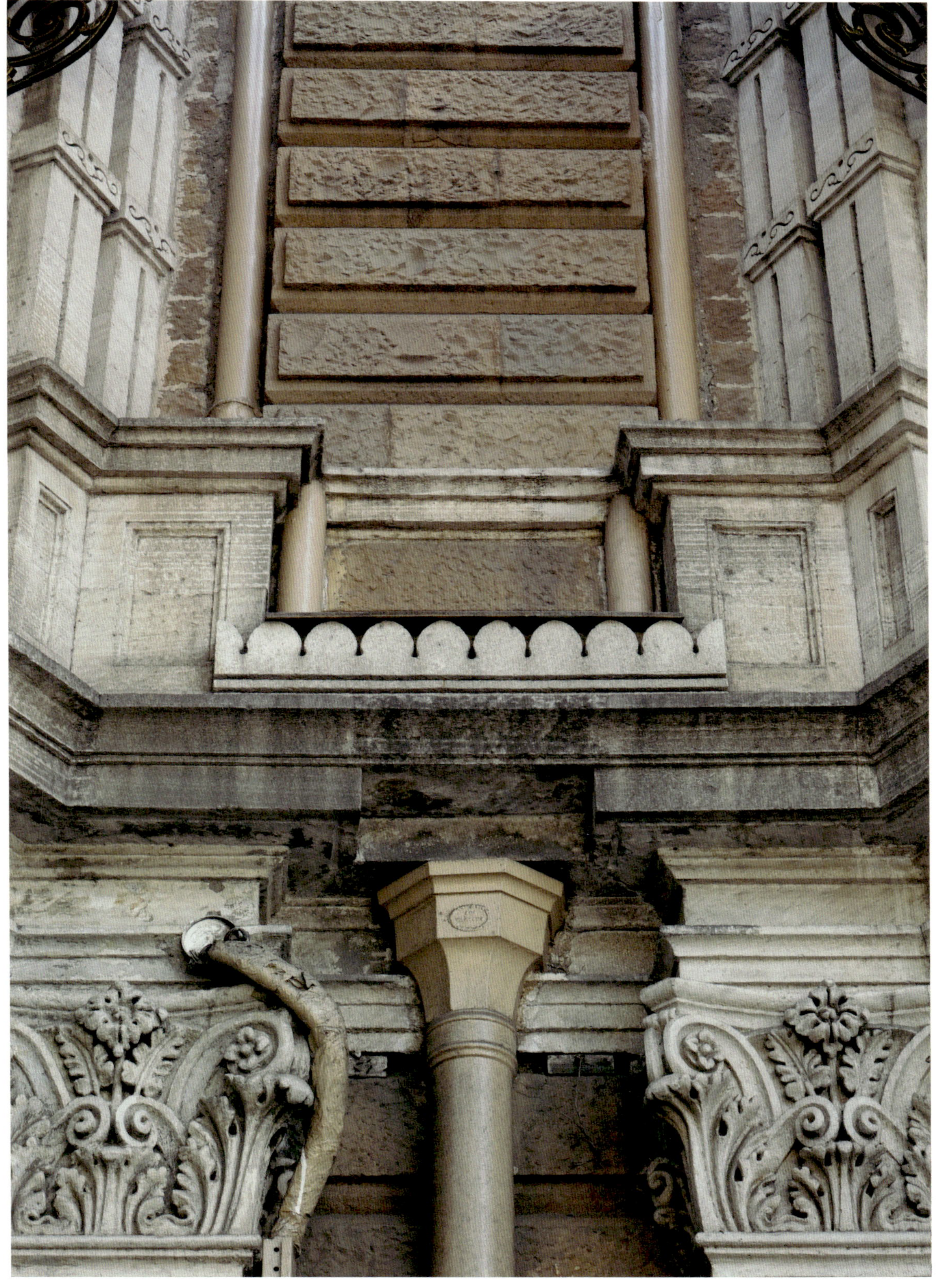

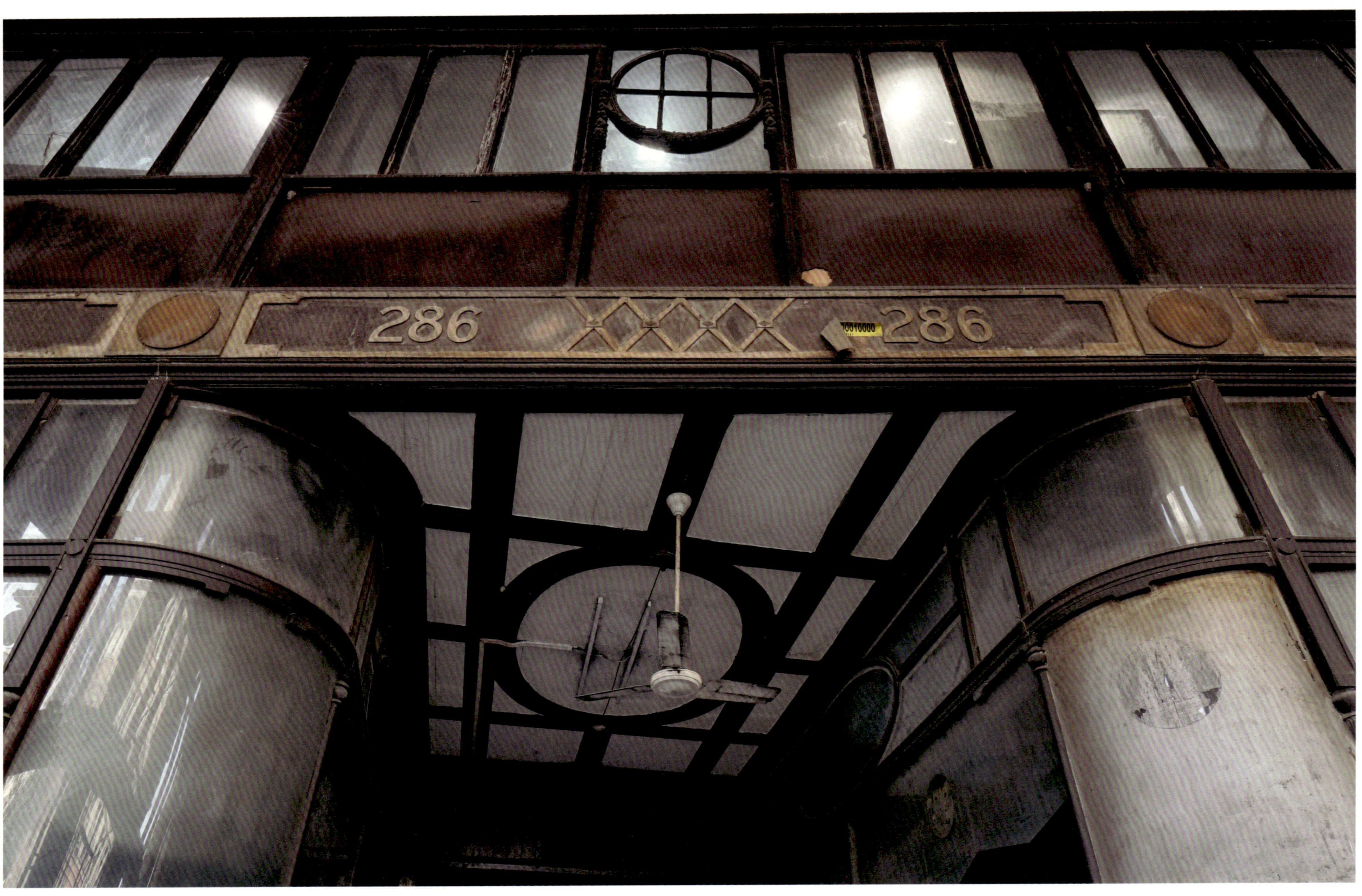

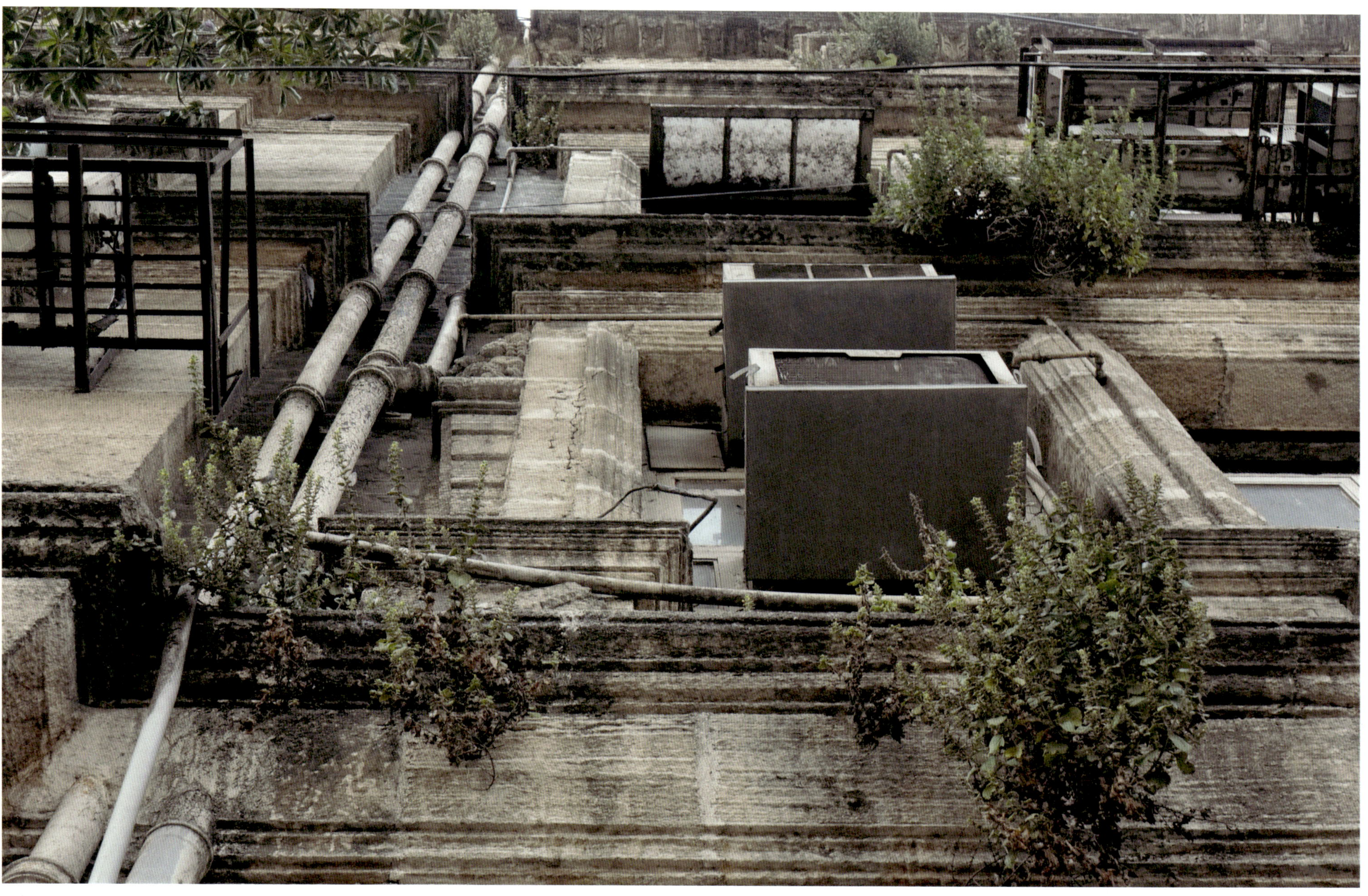

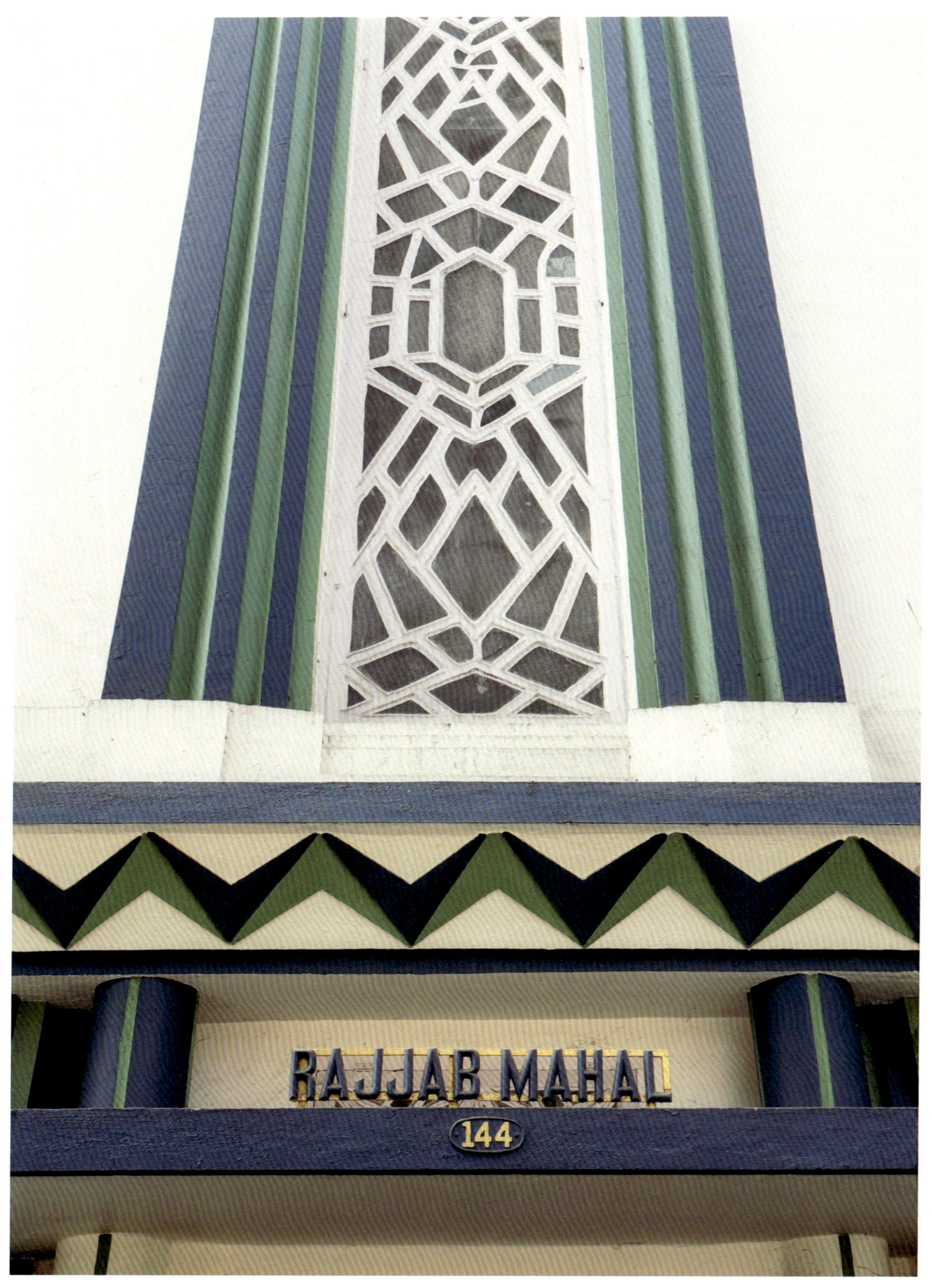
RAJJAB MAHAL
144

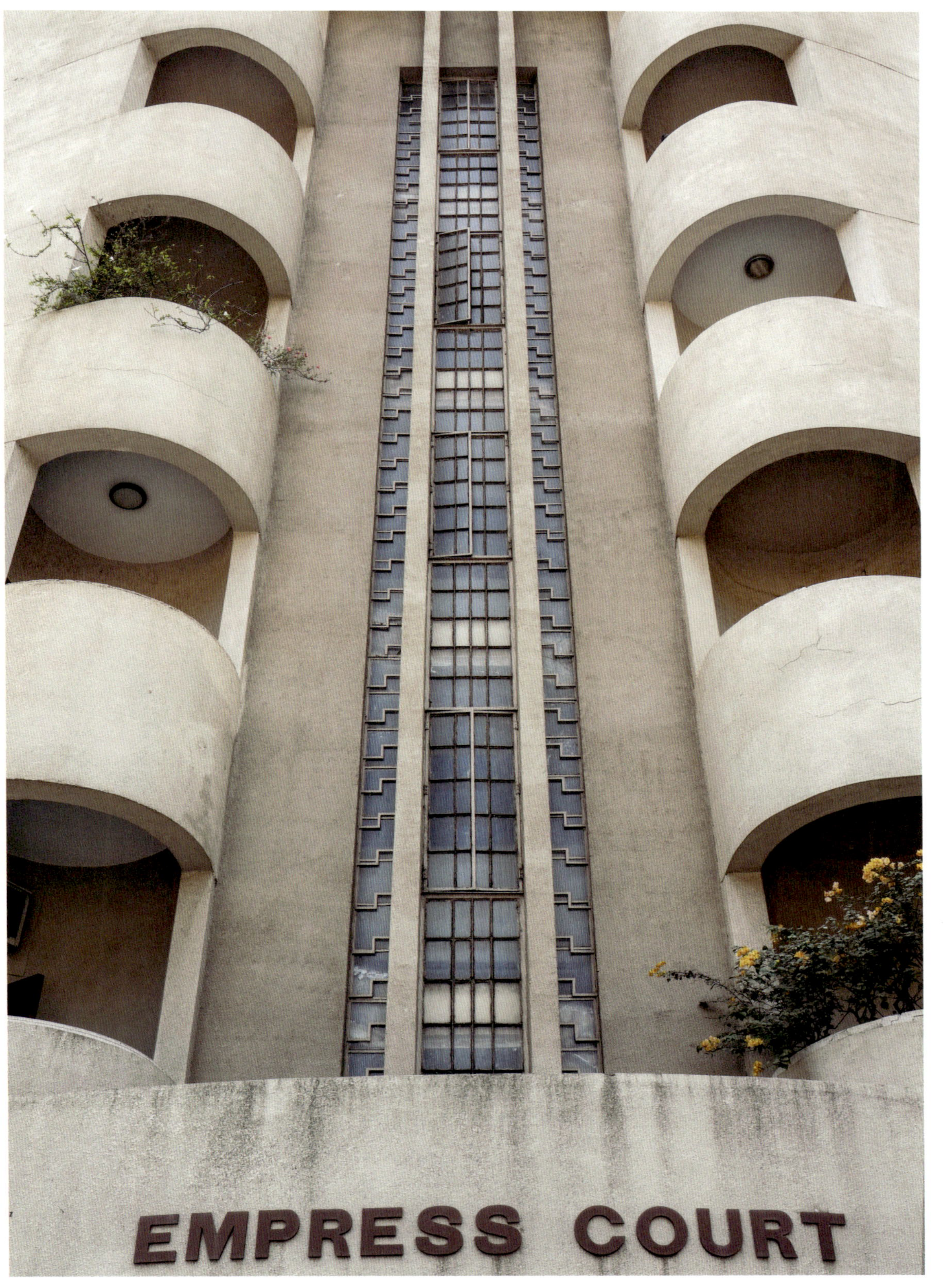
EMPRESS COURT

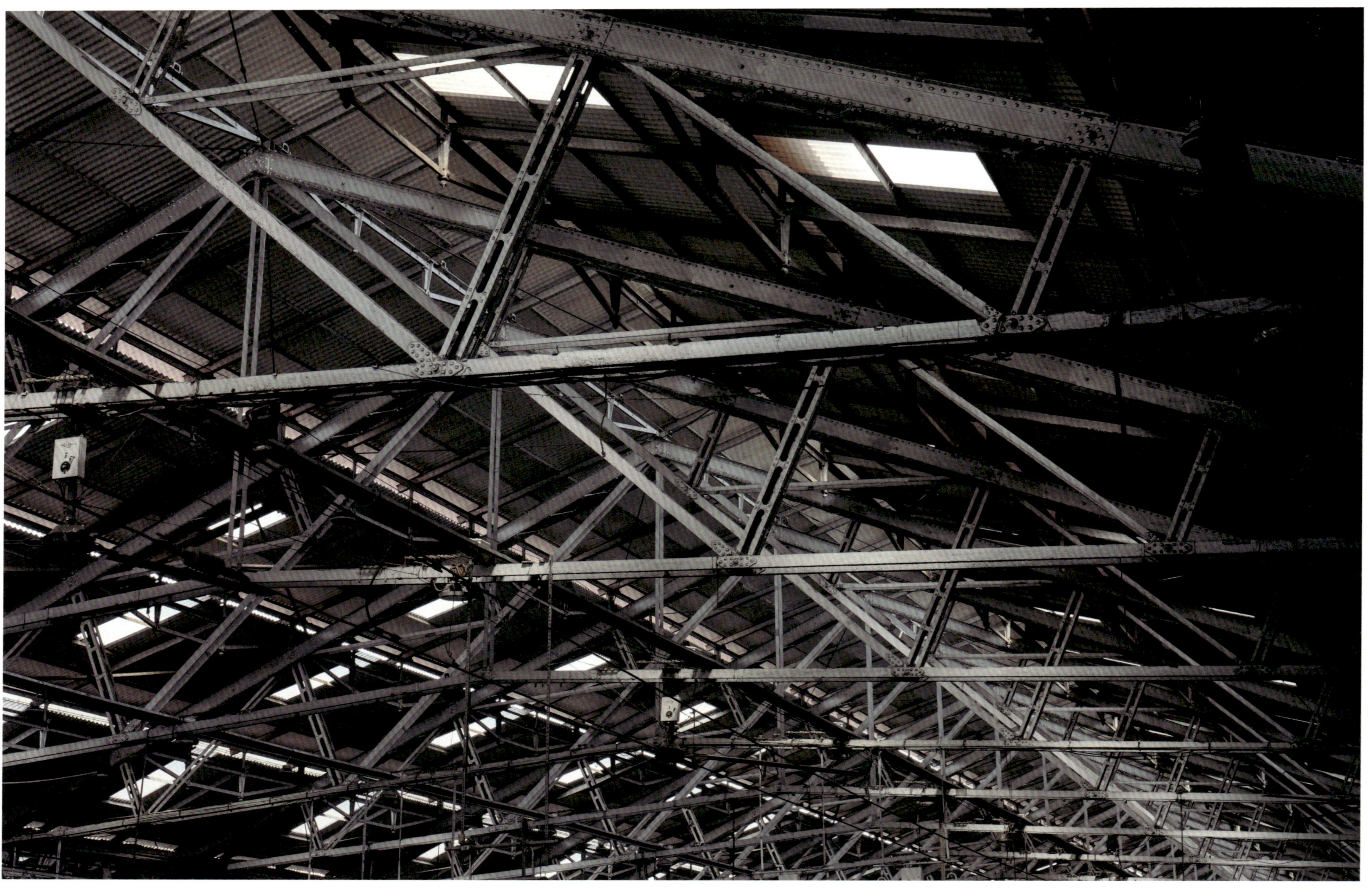

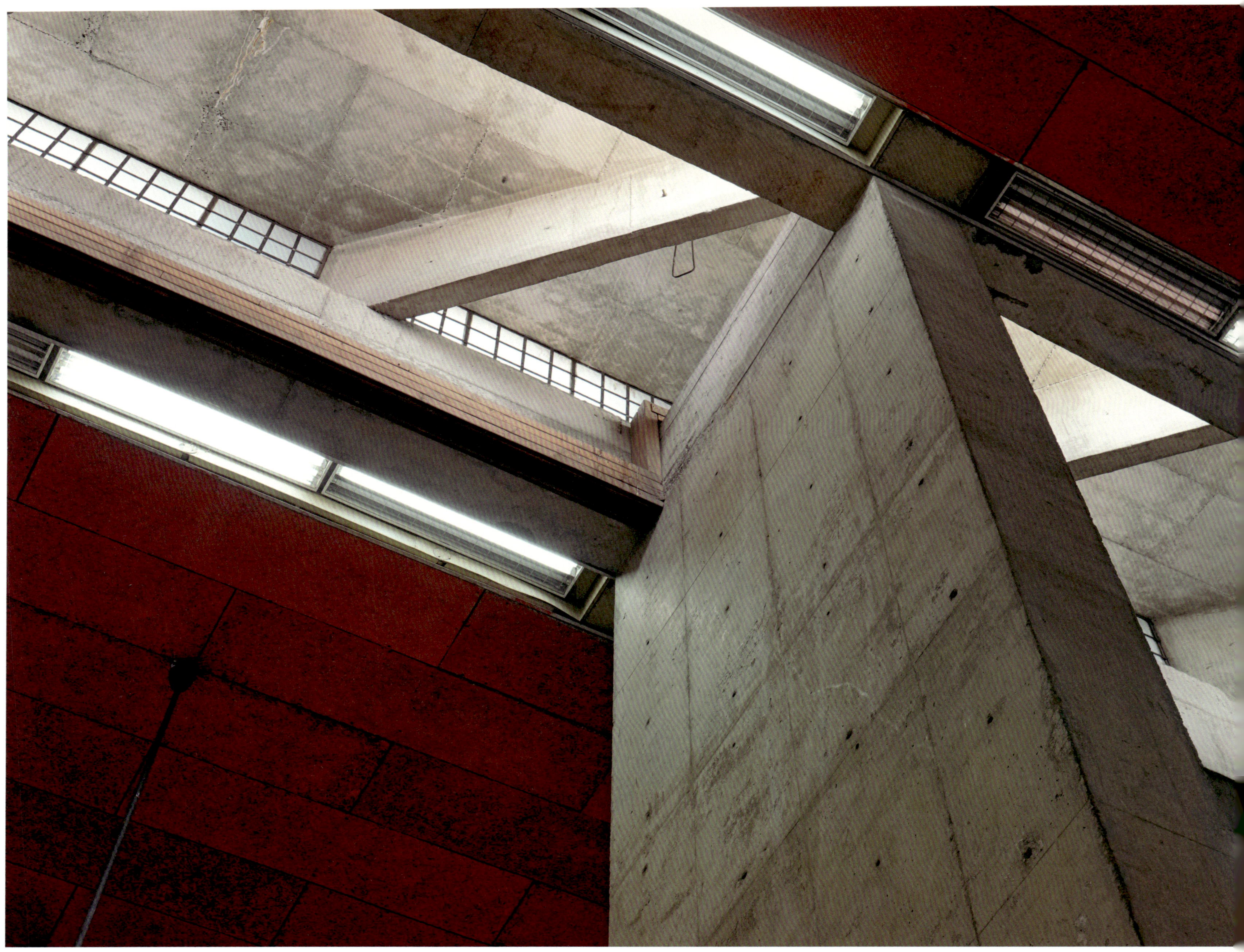

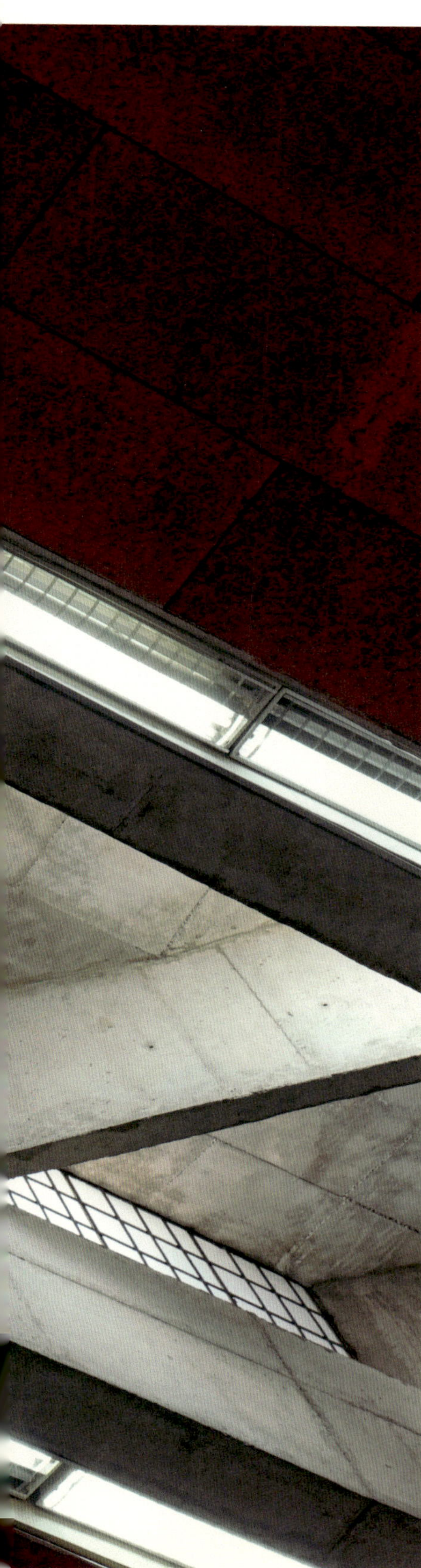

नवारंभ
नवारम्भ
उष:काल
ਨਵੀਂ ਸ਼ੁਰੂਆਤ
નવી શરૂઆત
روانگی
AUFBRUCH
DAWN
নূতন আরম্ভ
പുറപ്പെടൽ
నవ్యరంభం
ಹೊಸಾರಂಭ
புறப்பாடு

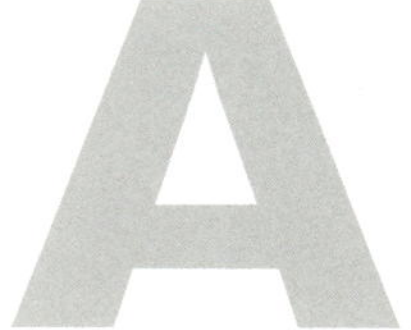

A

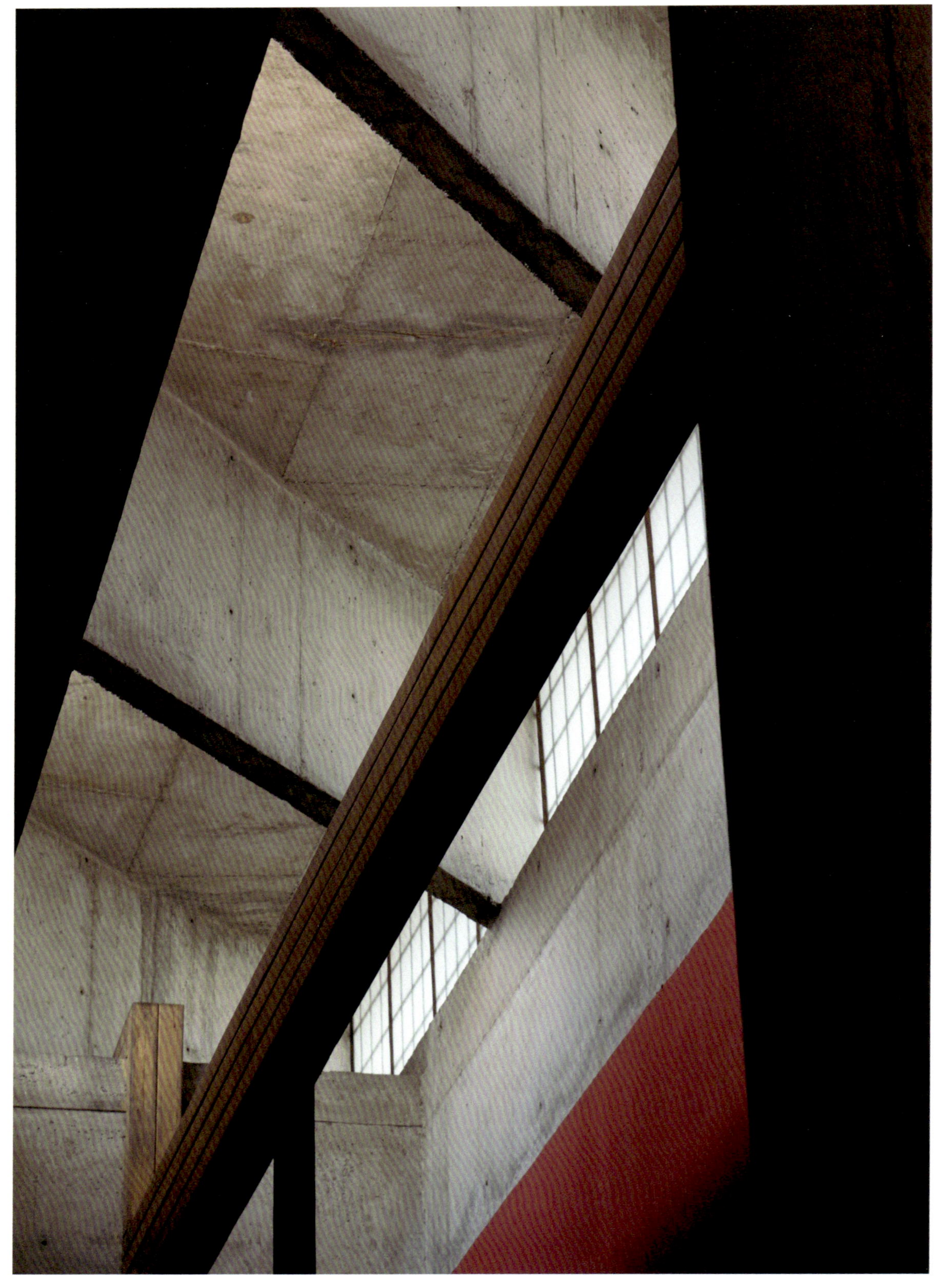

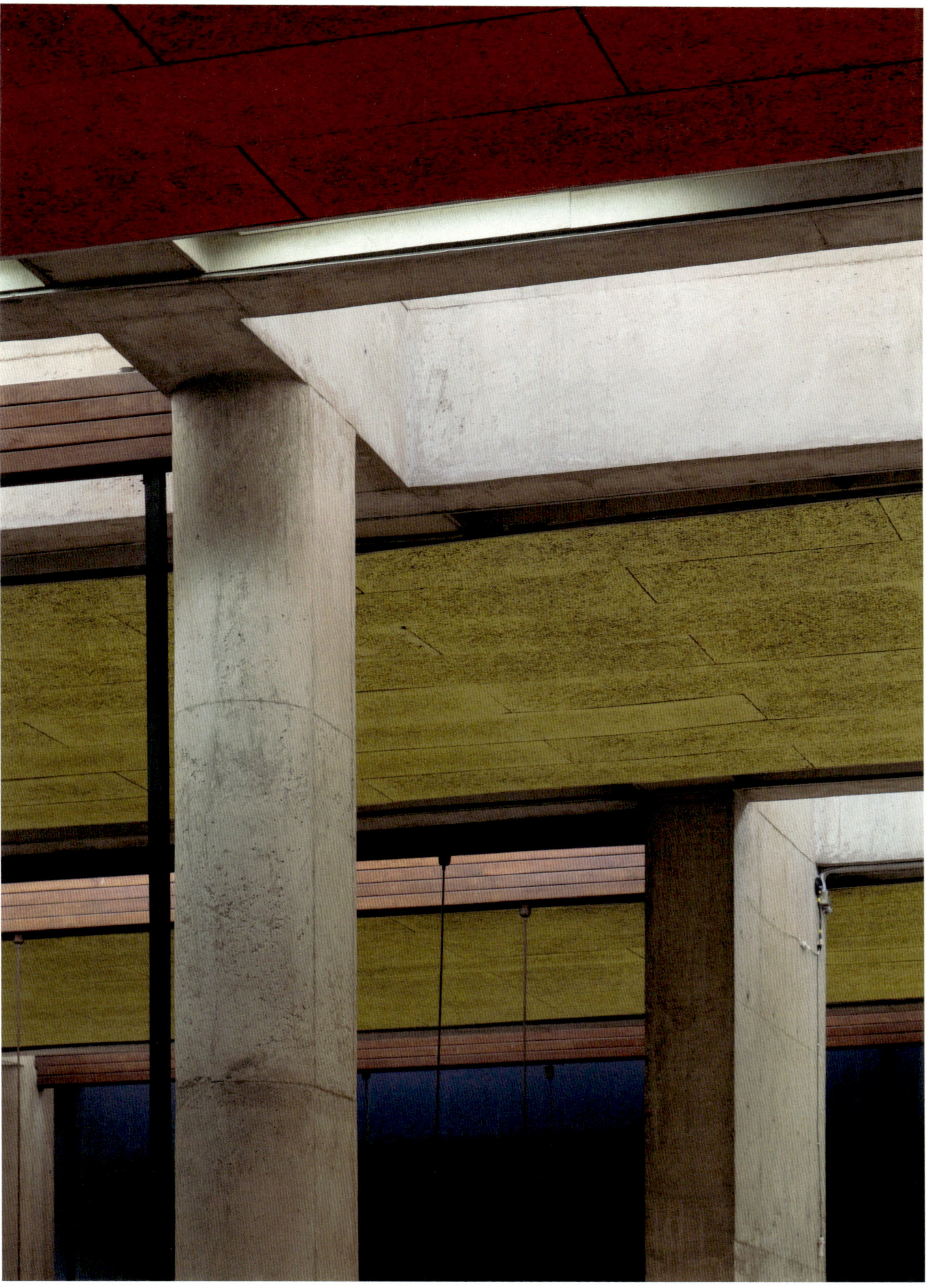

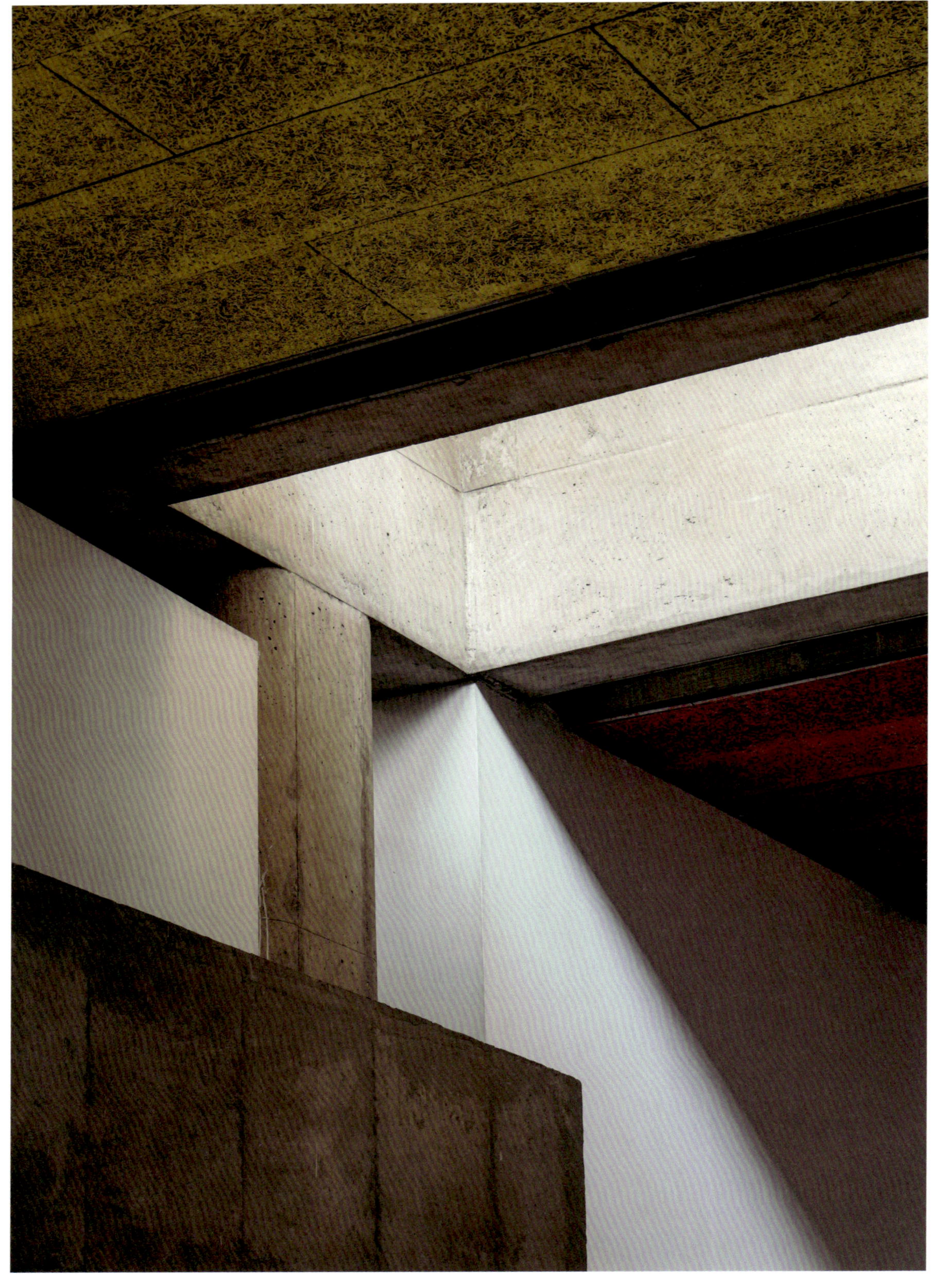

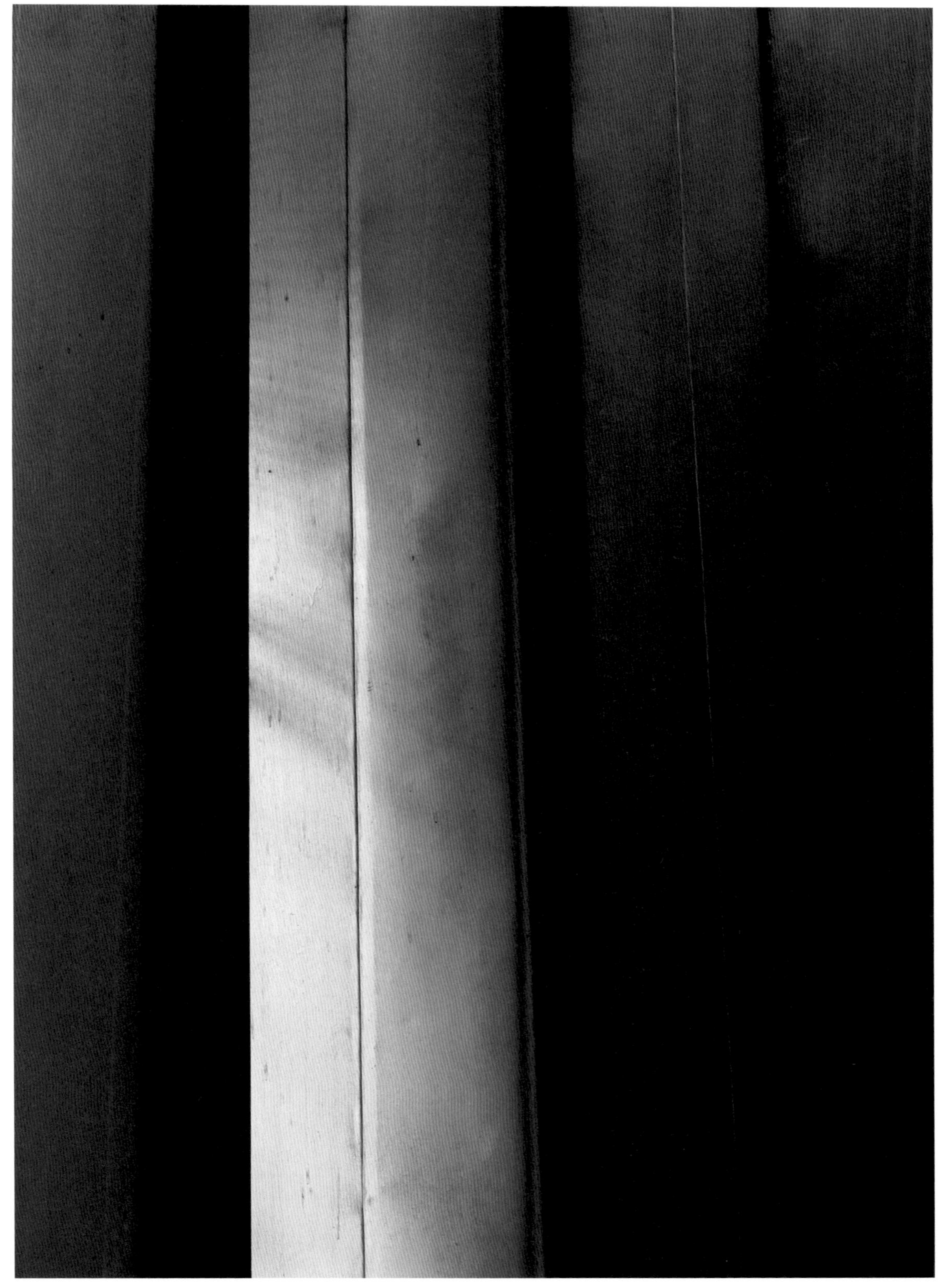

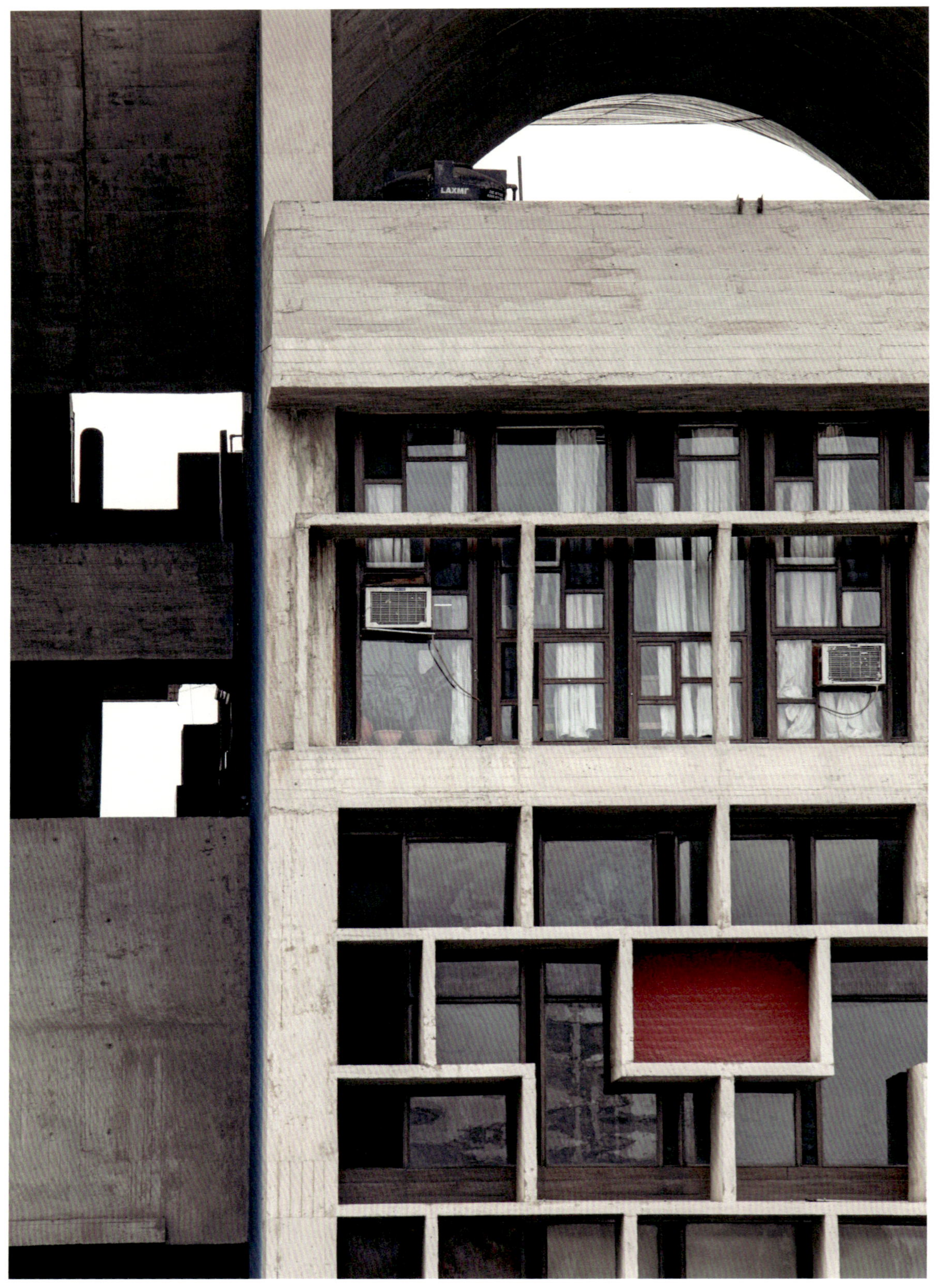

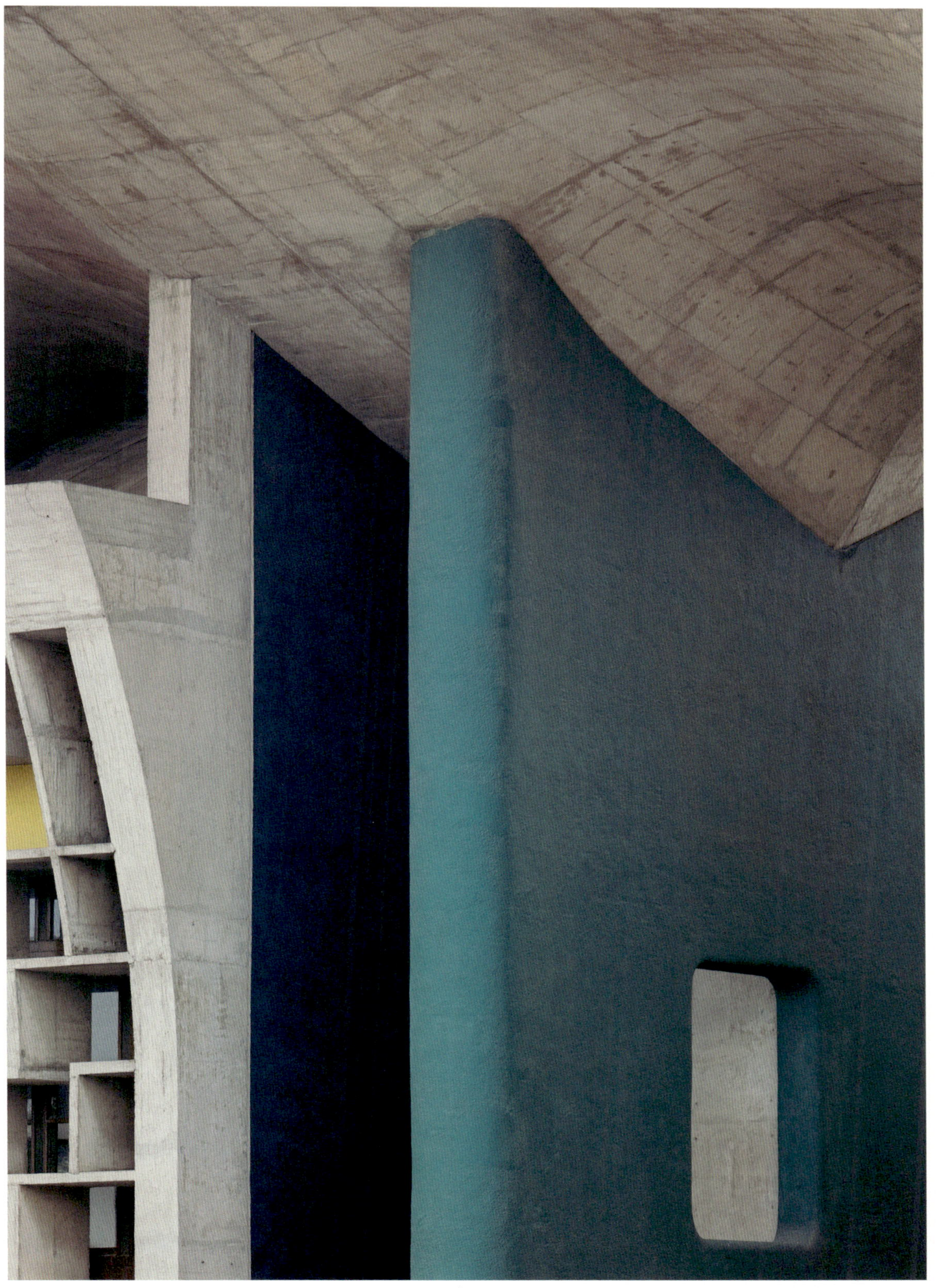

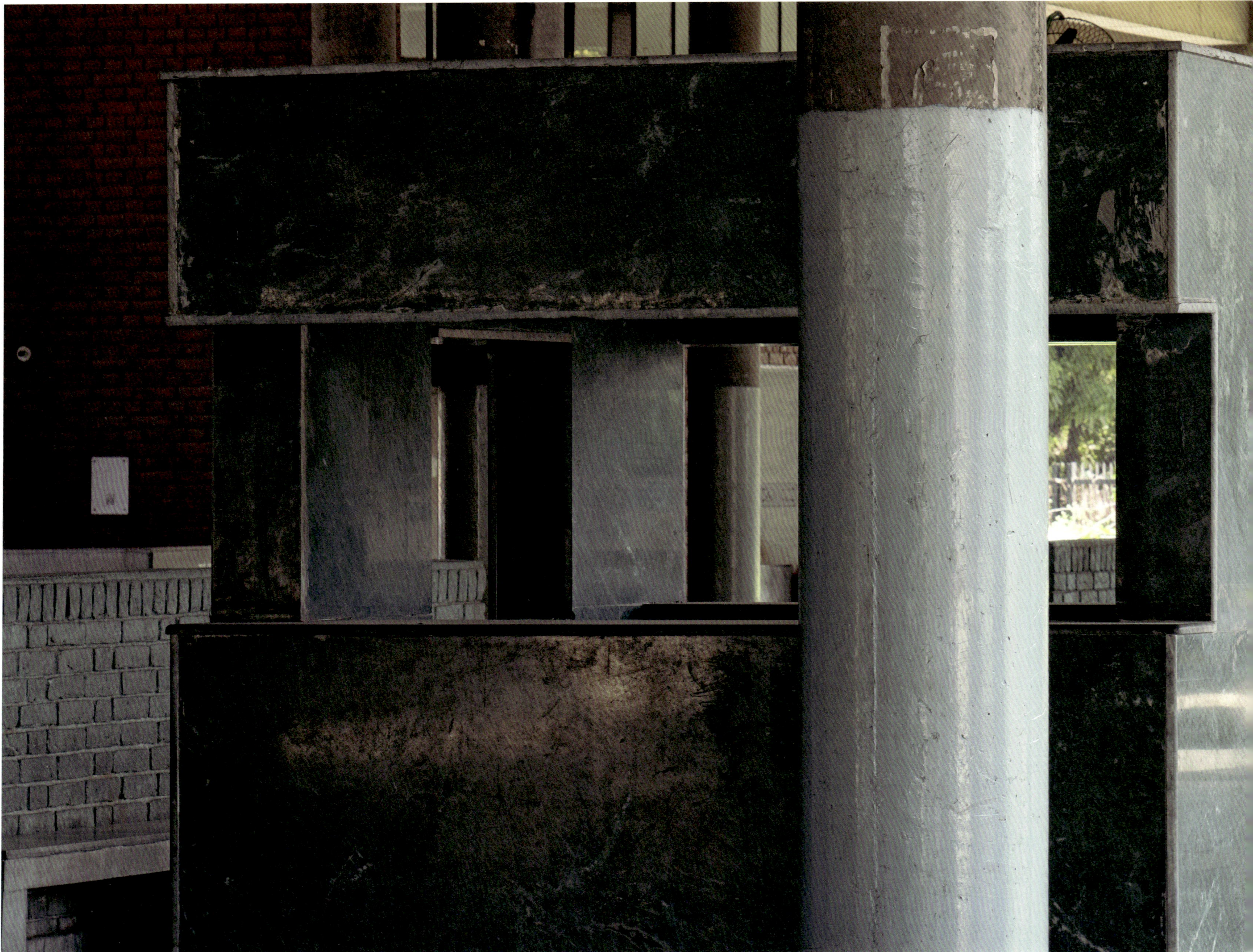

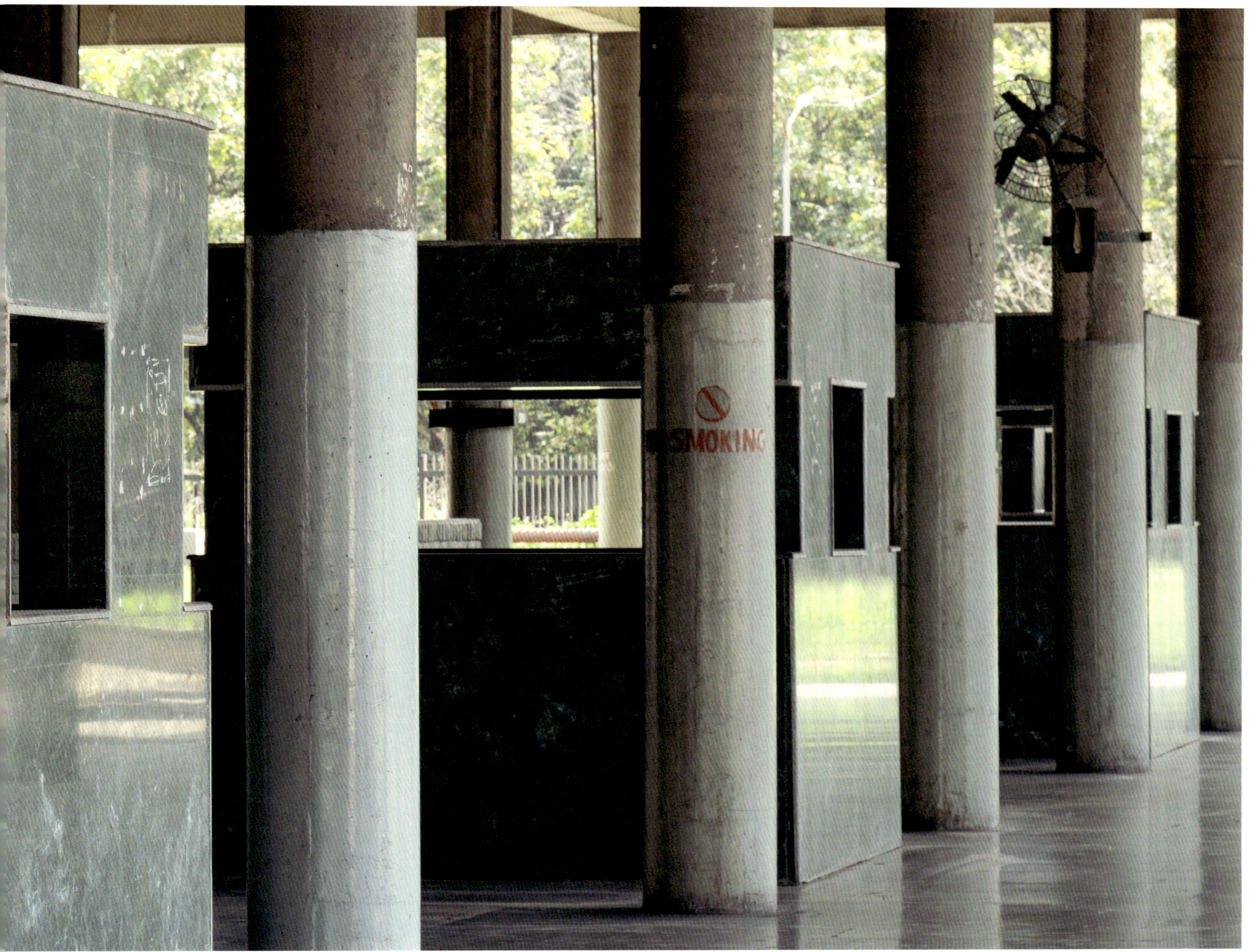

SMOKING

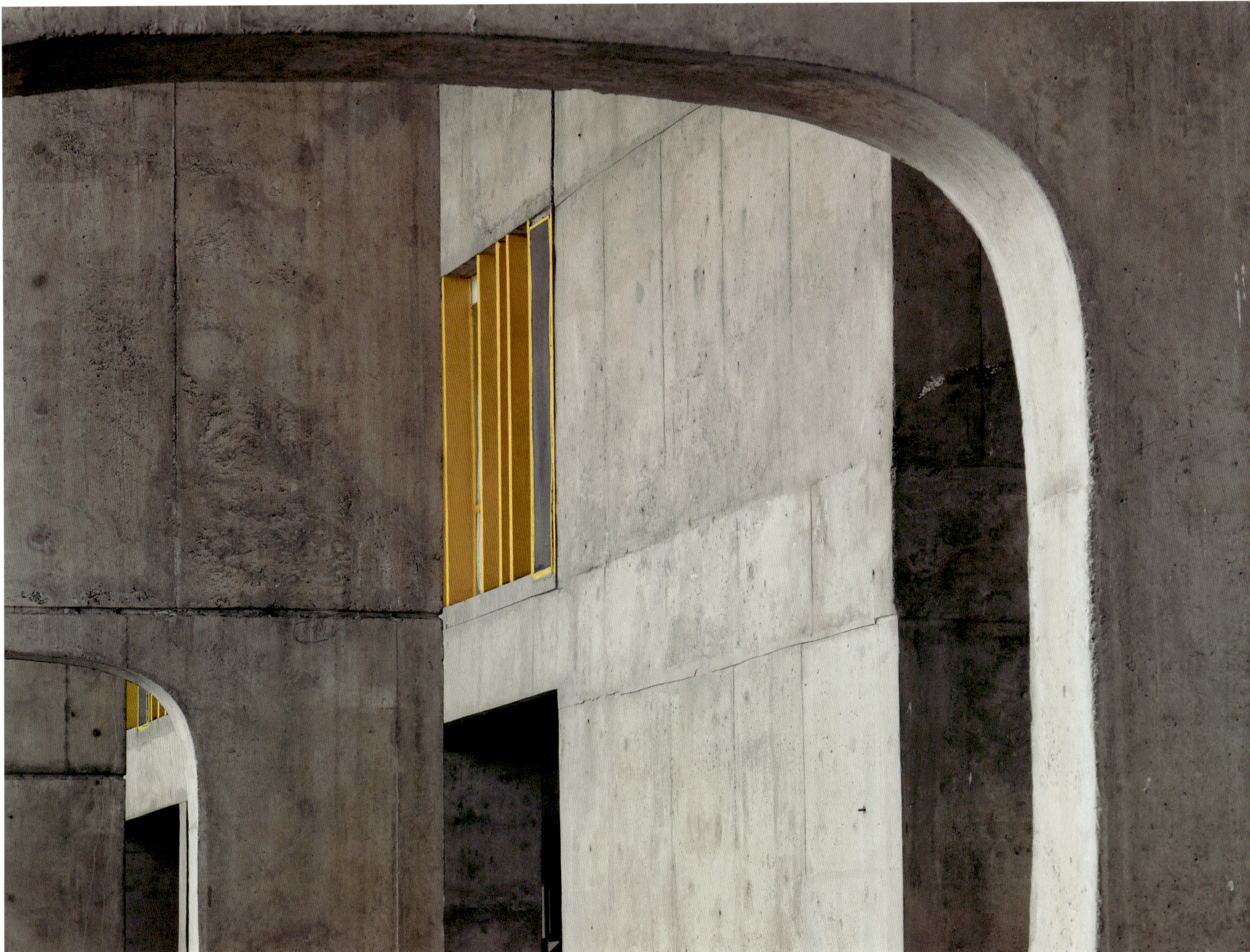

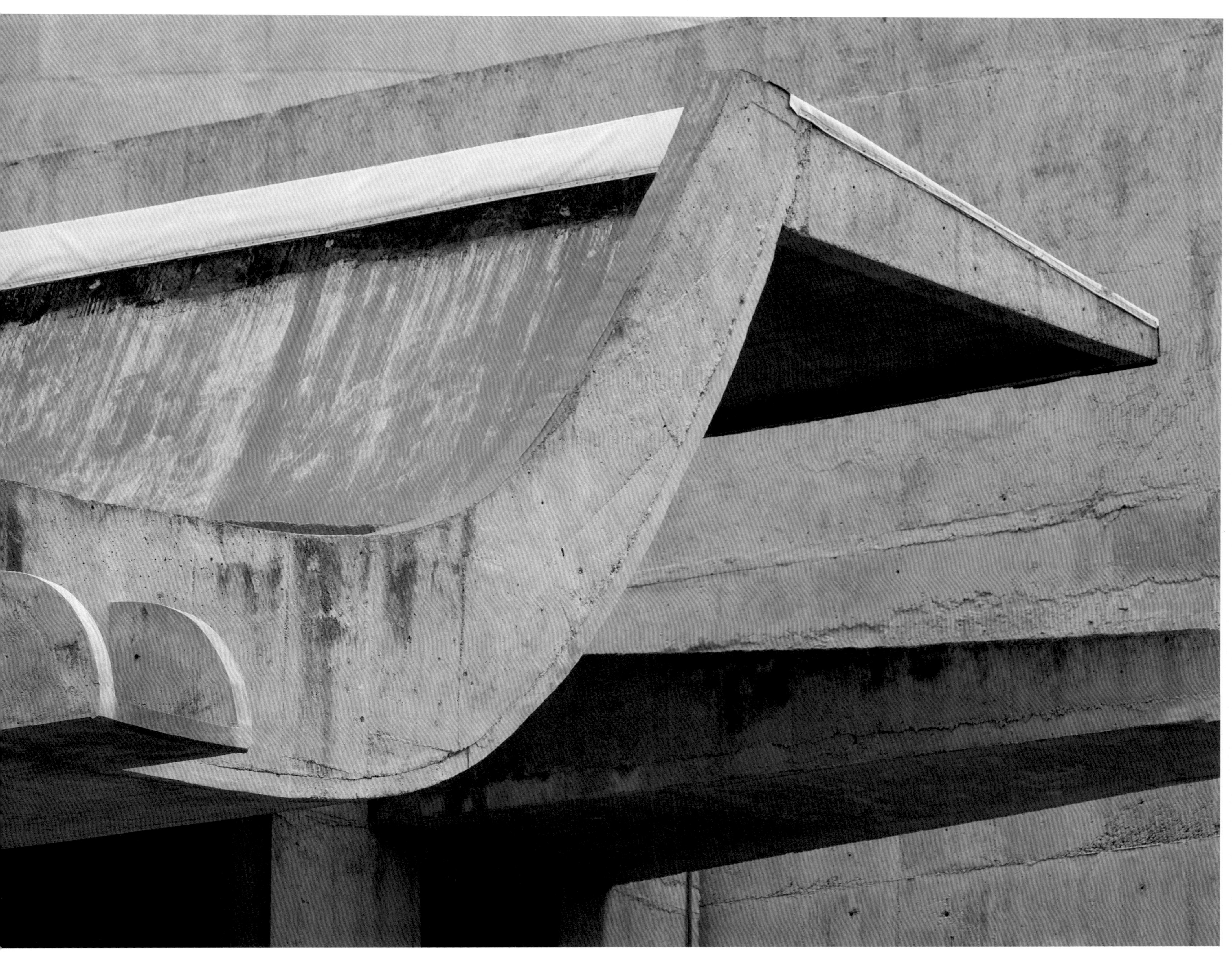

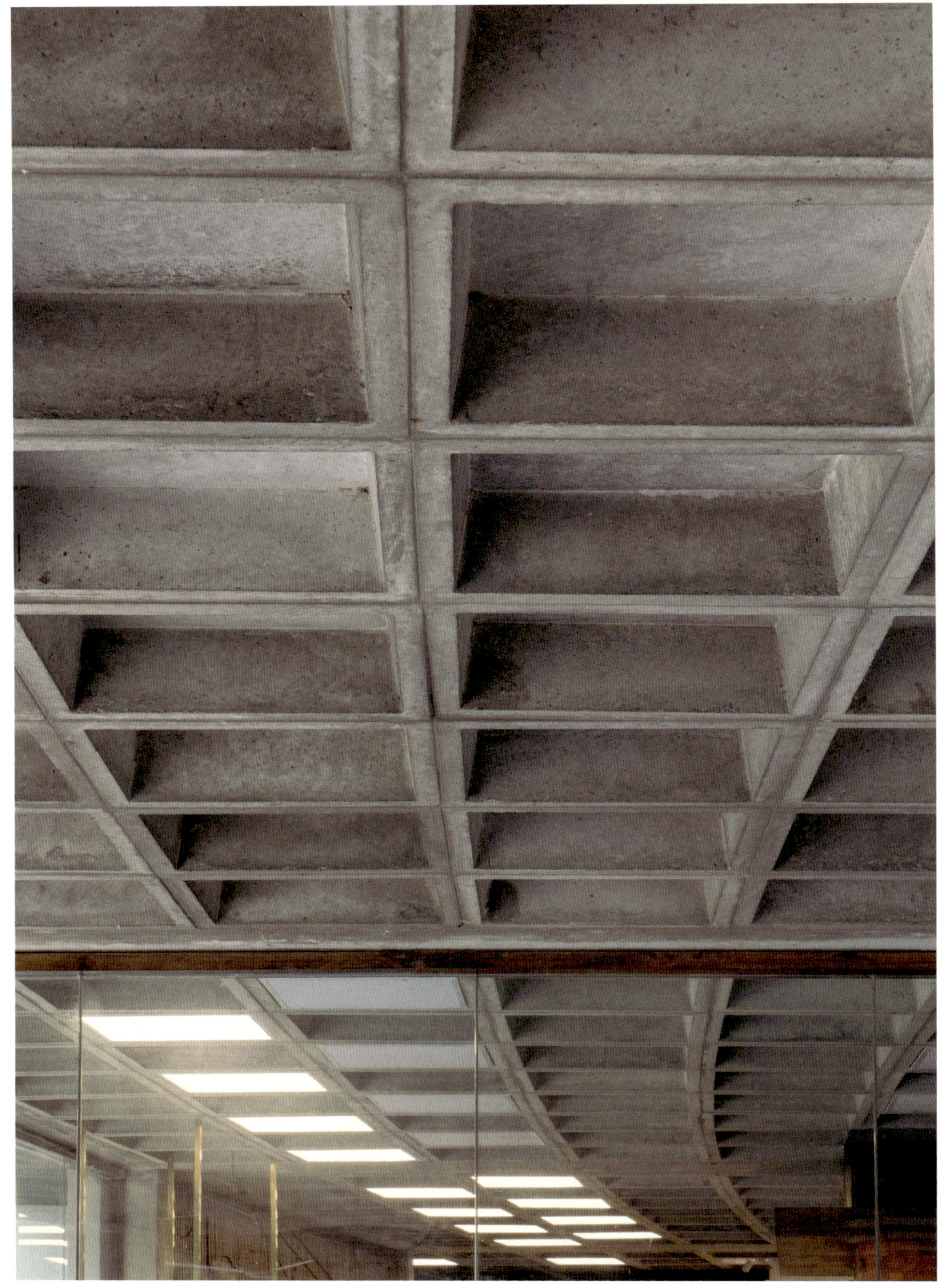

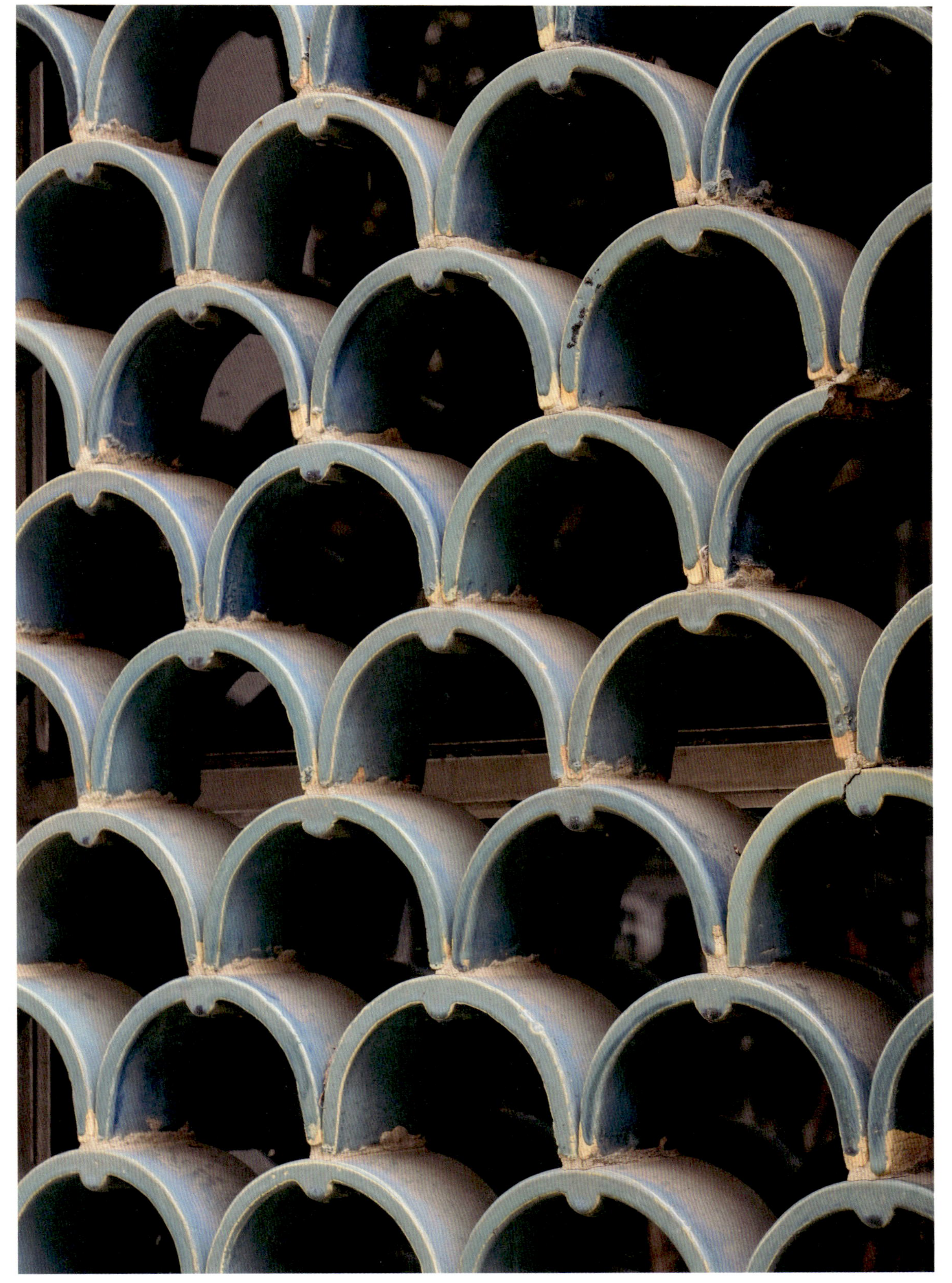

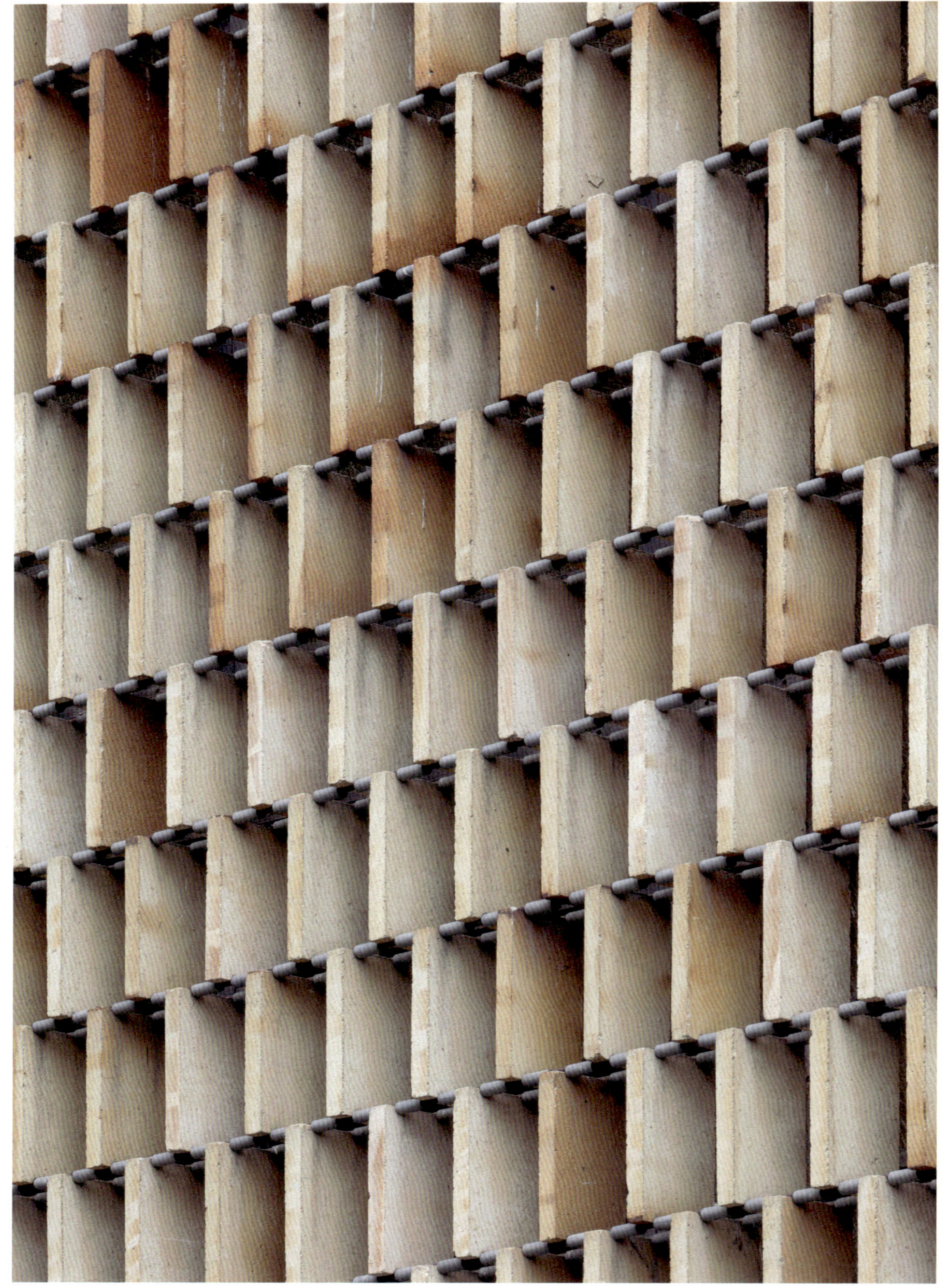

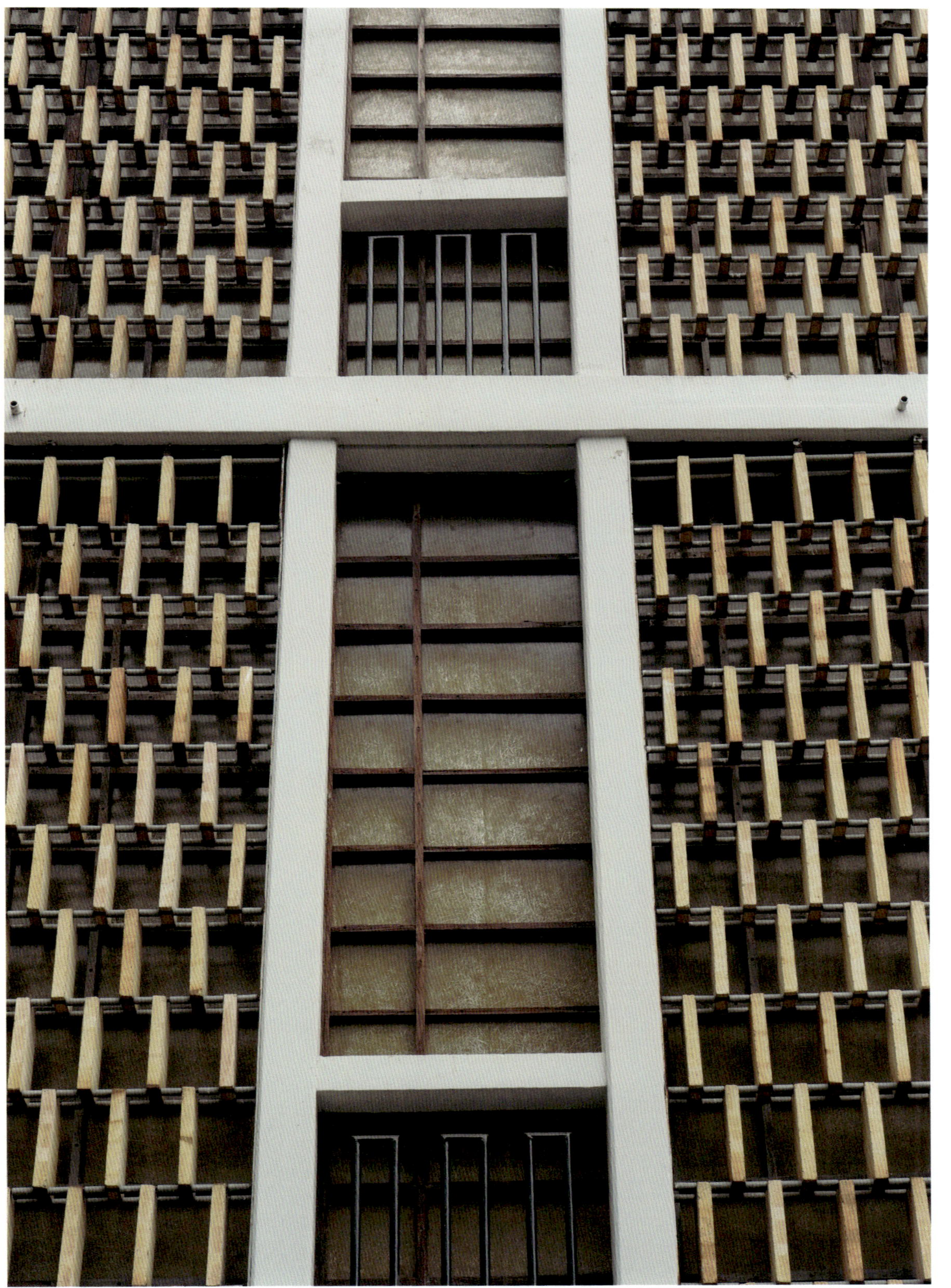

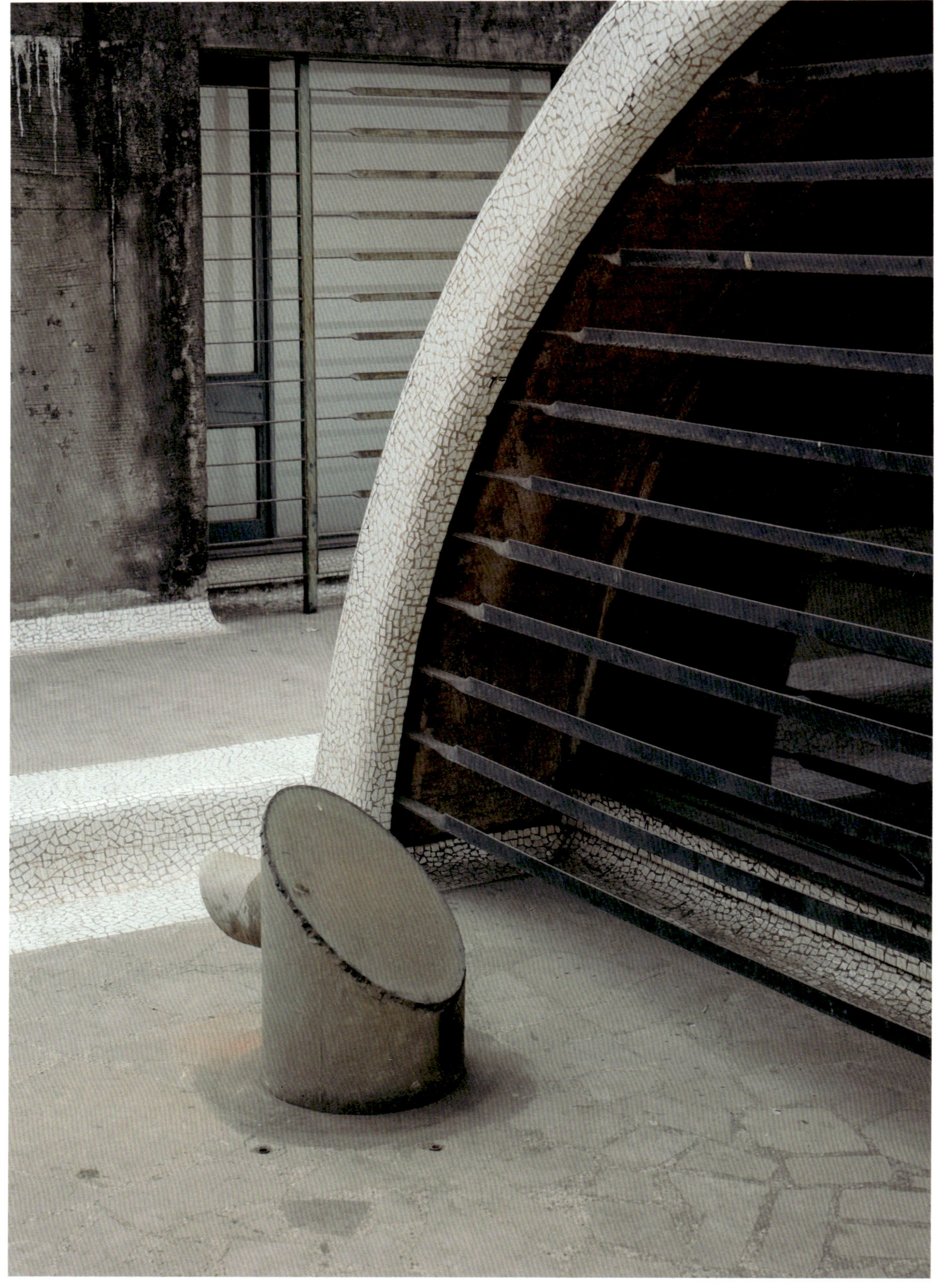

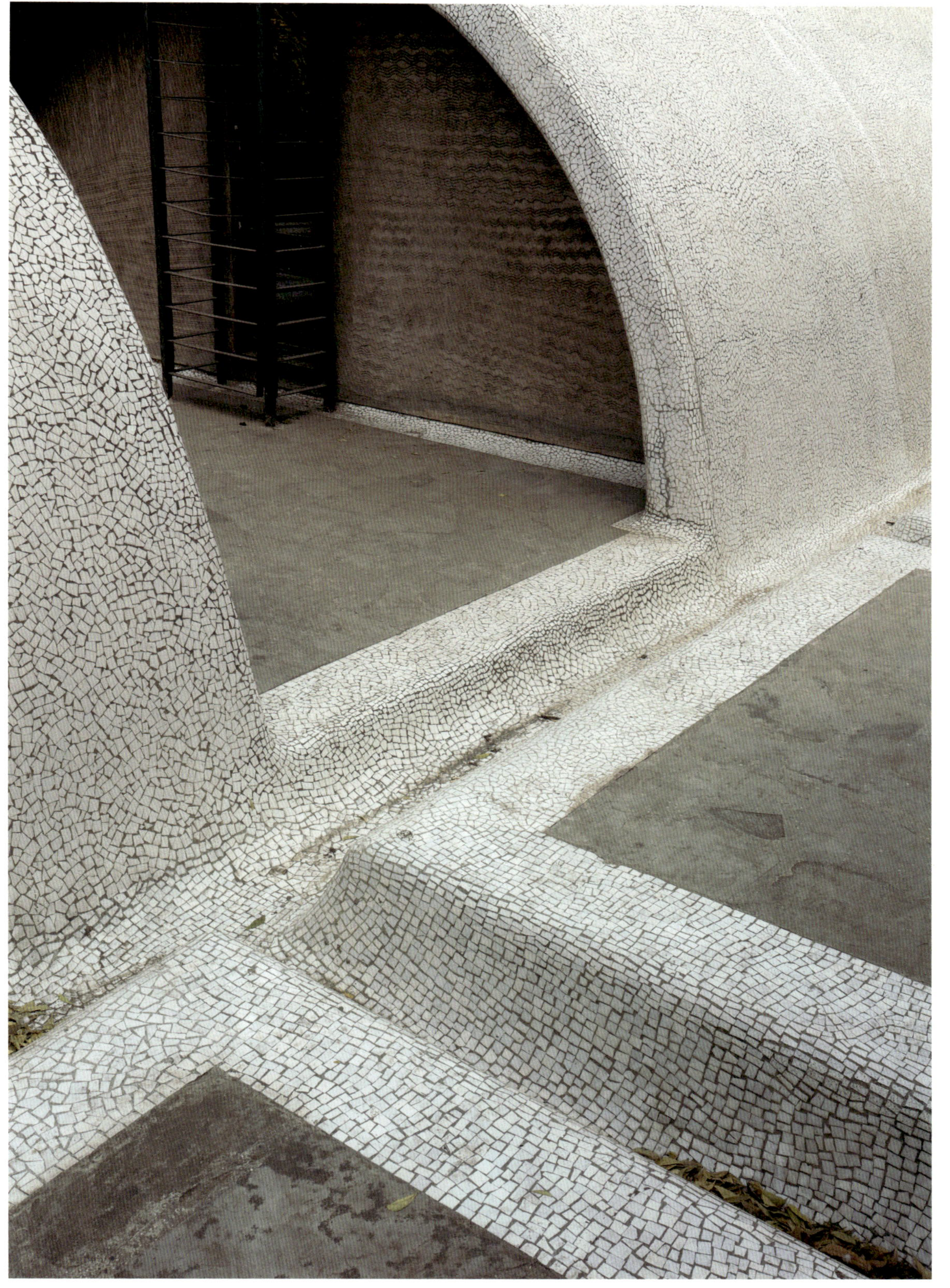

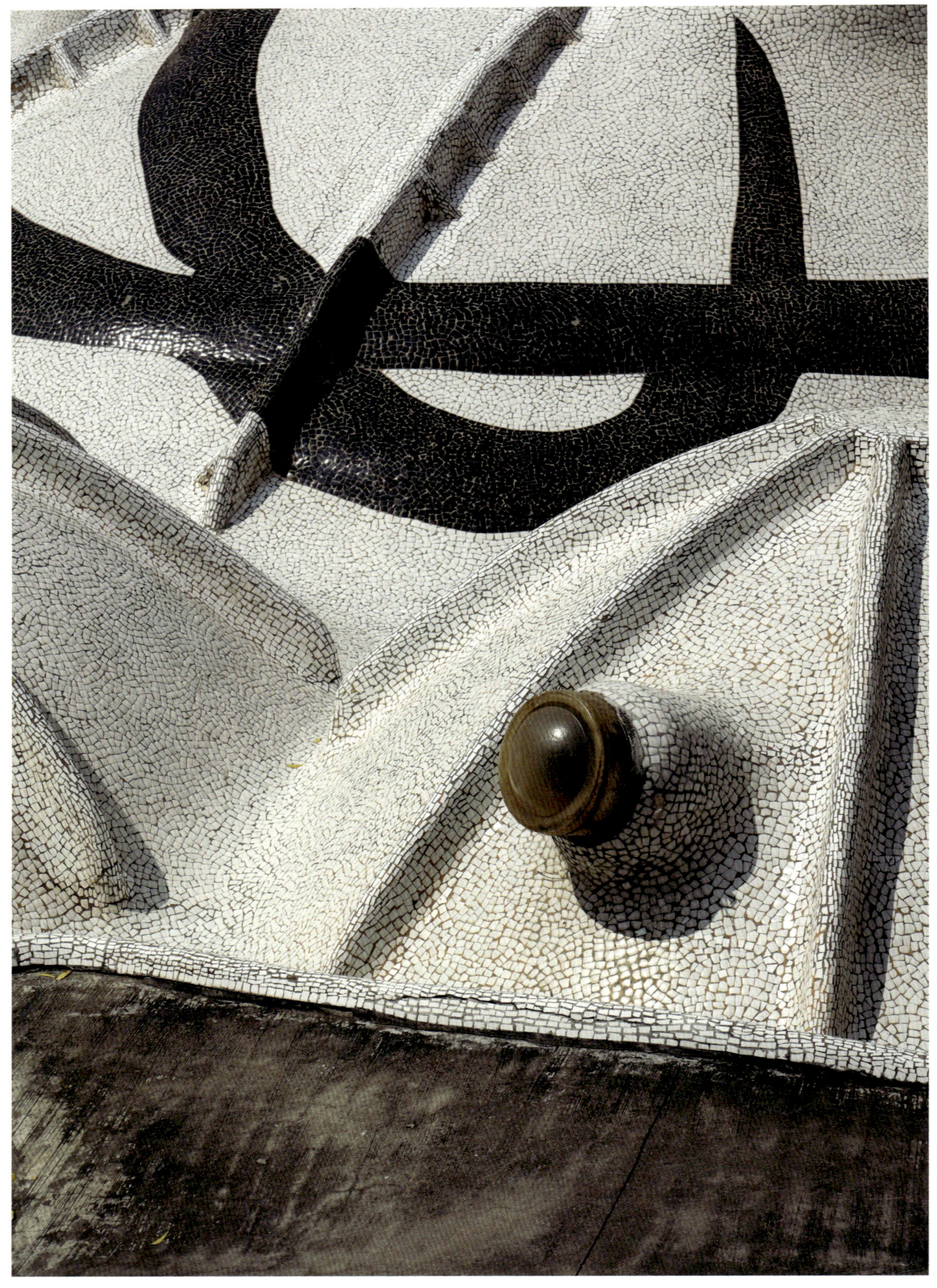

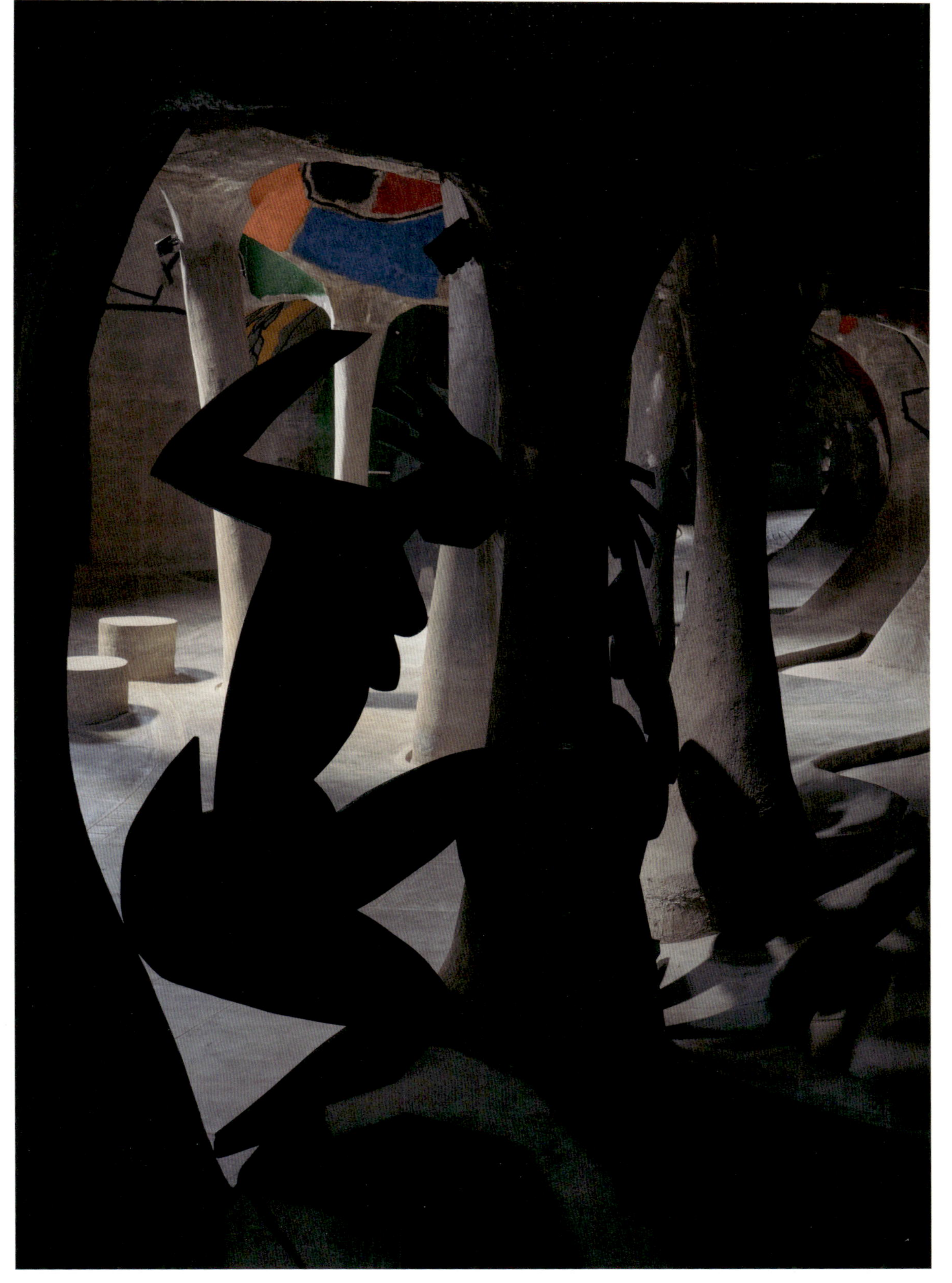

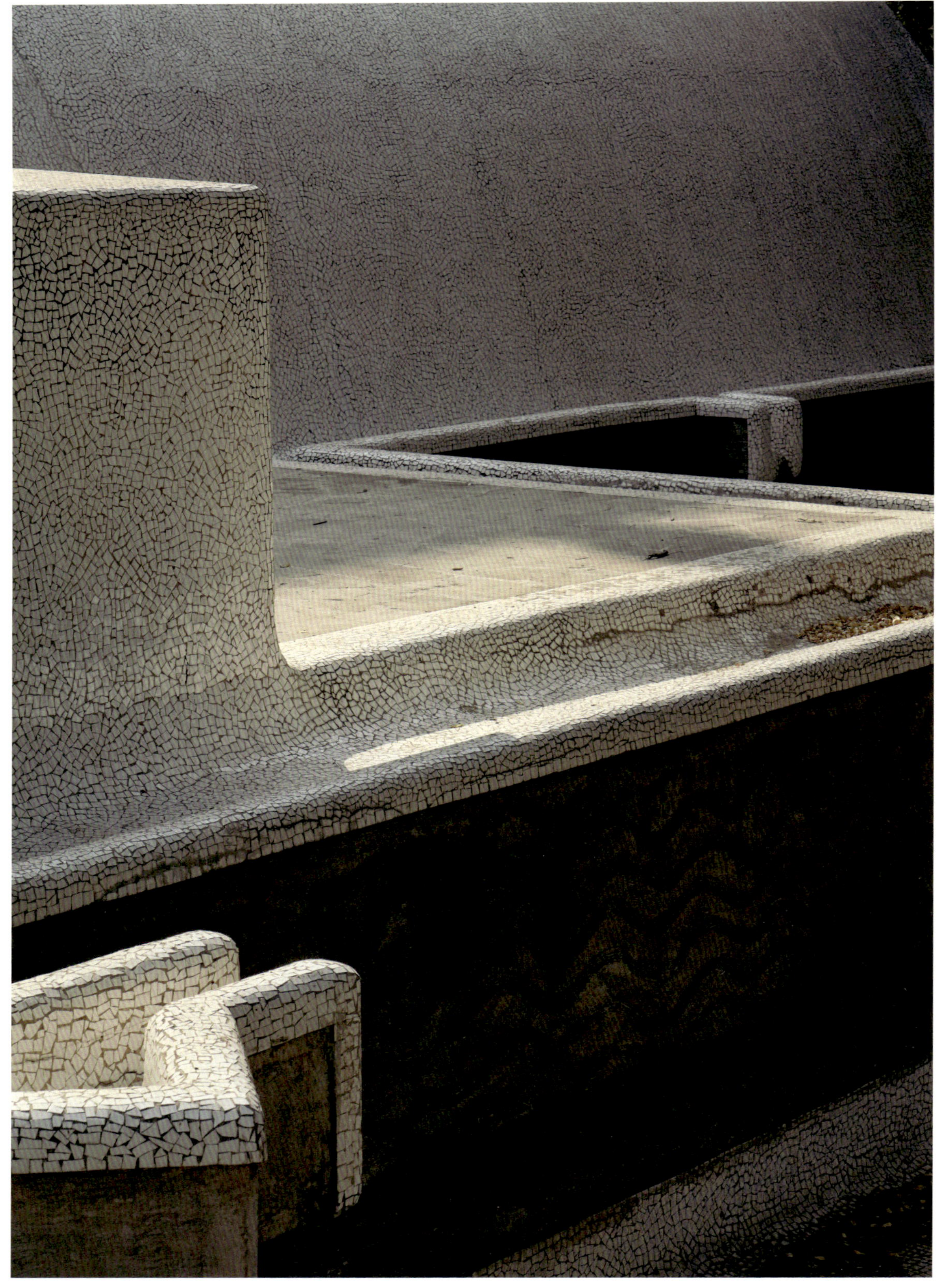

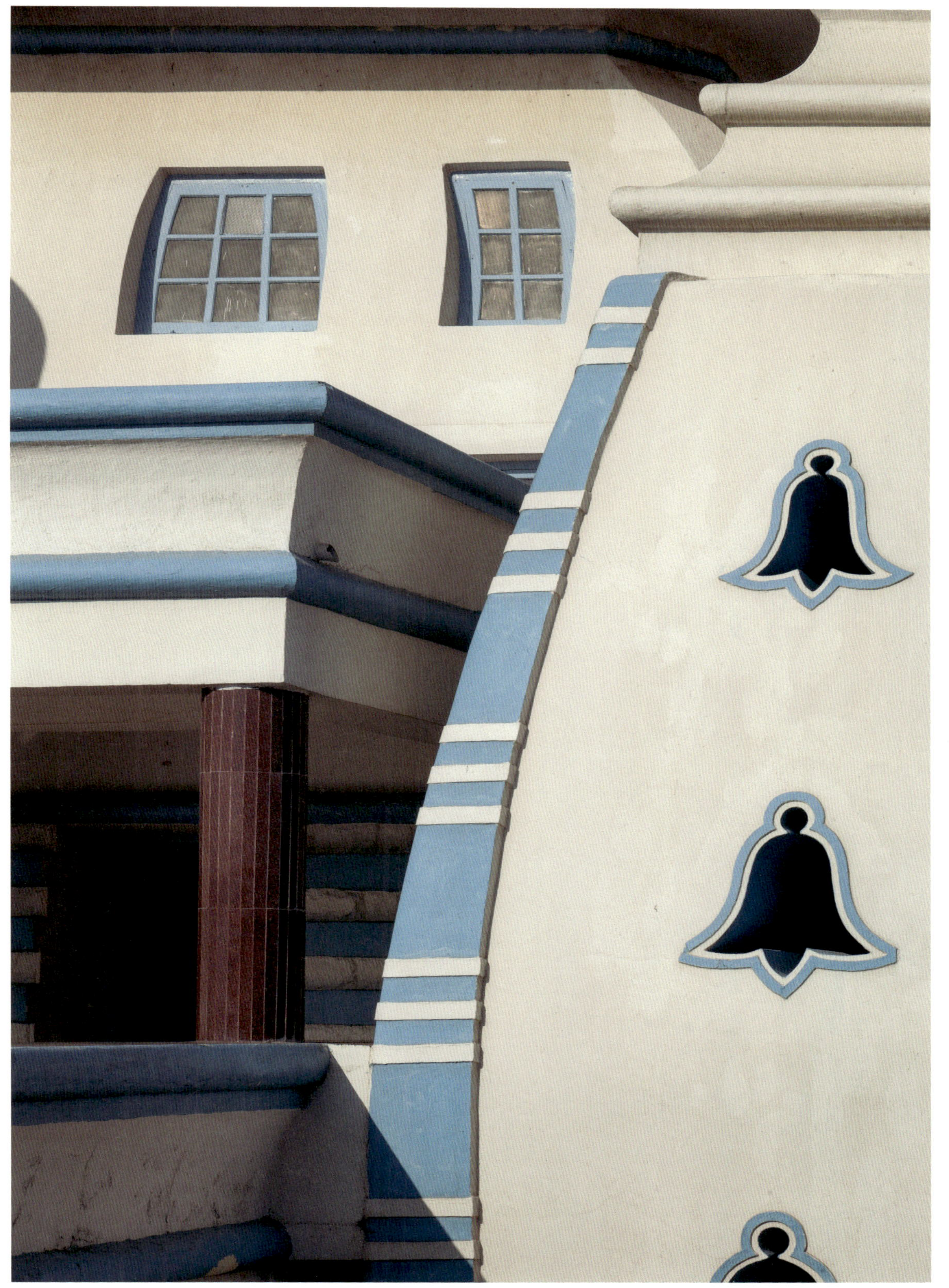

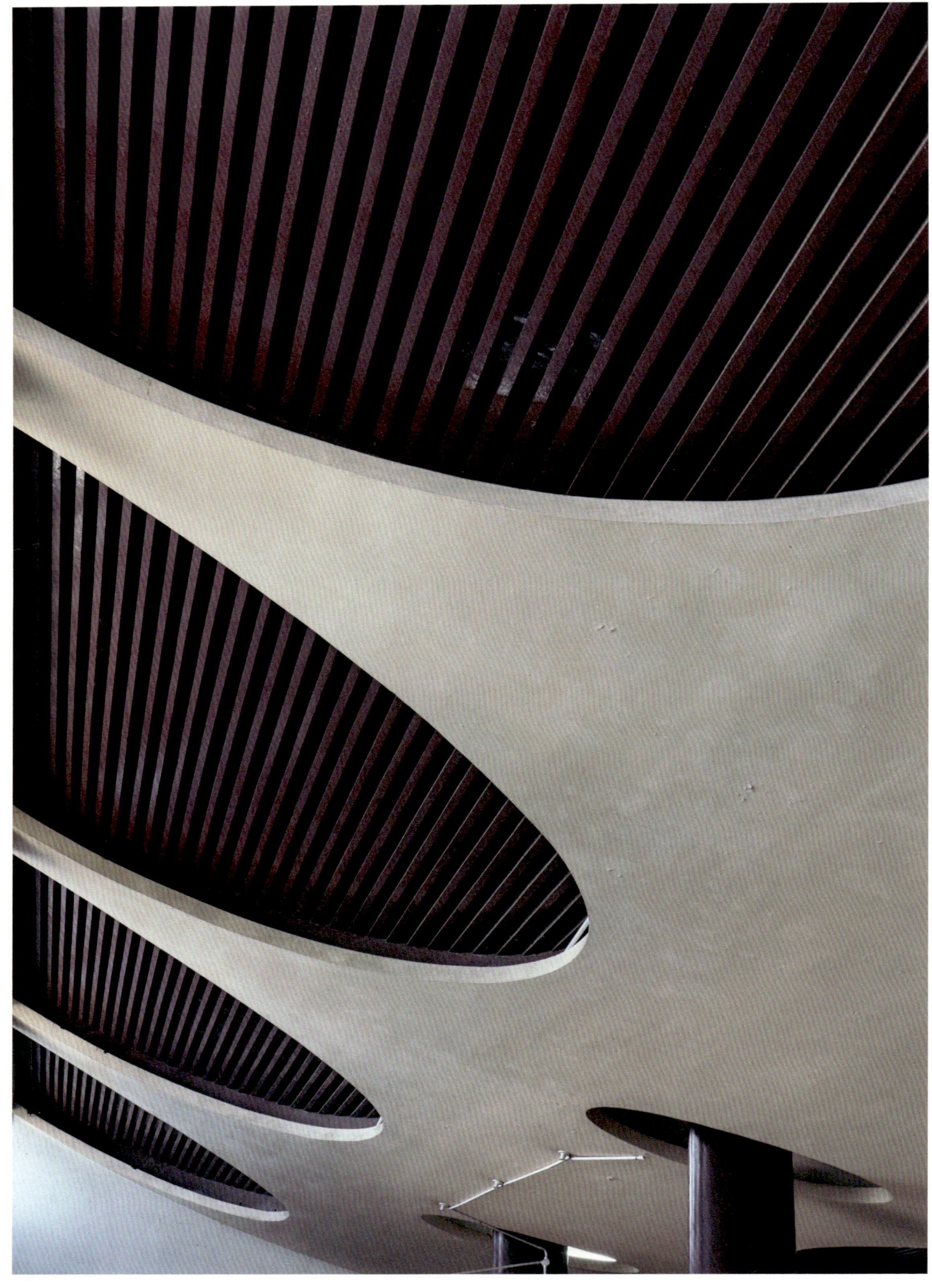

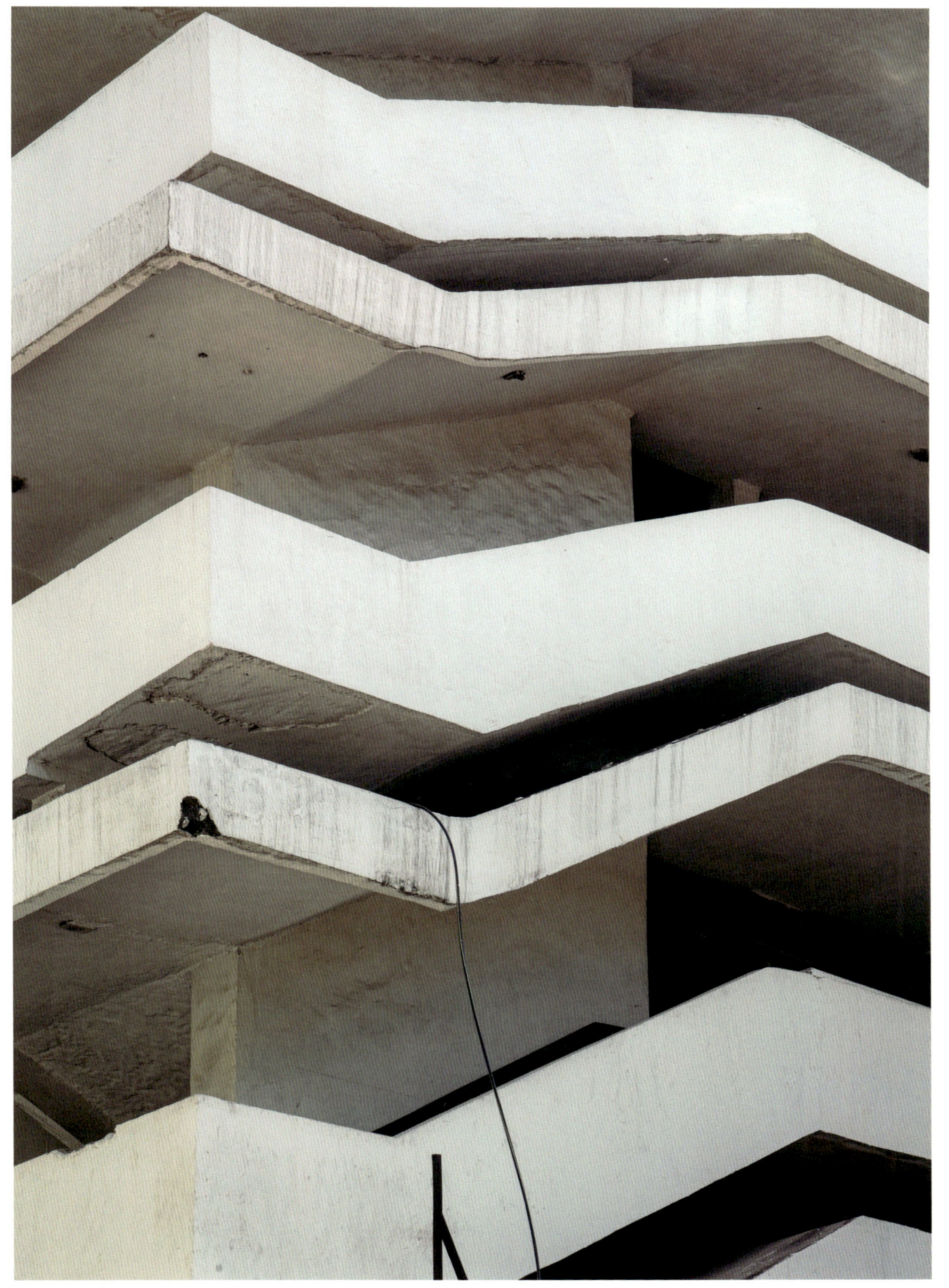

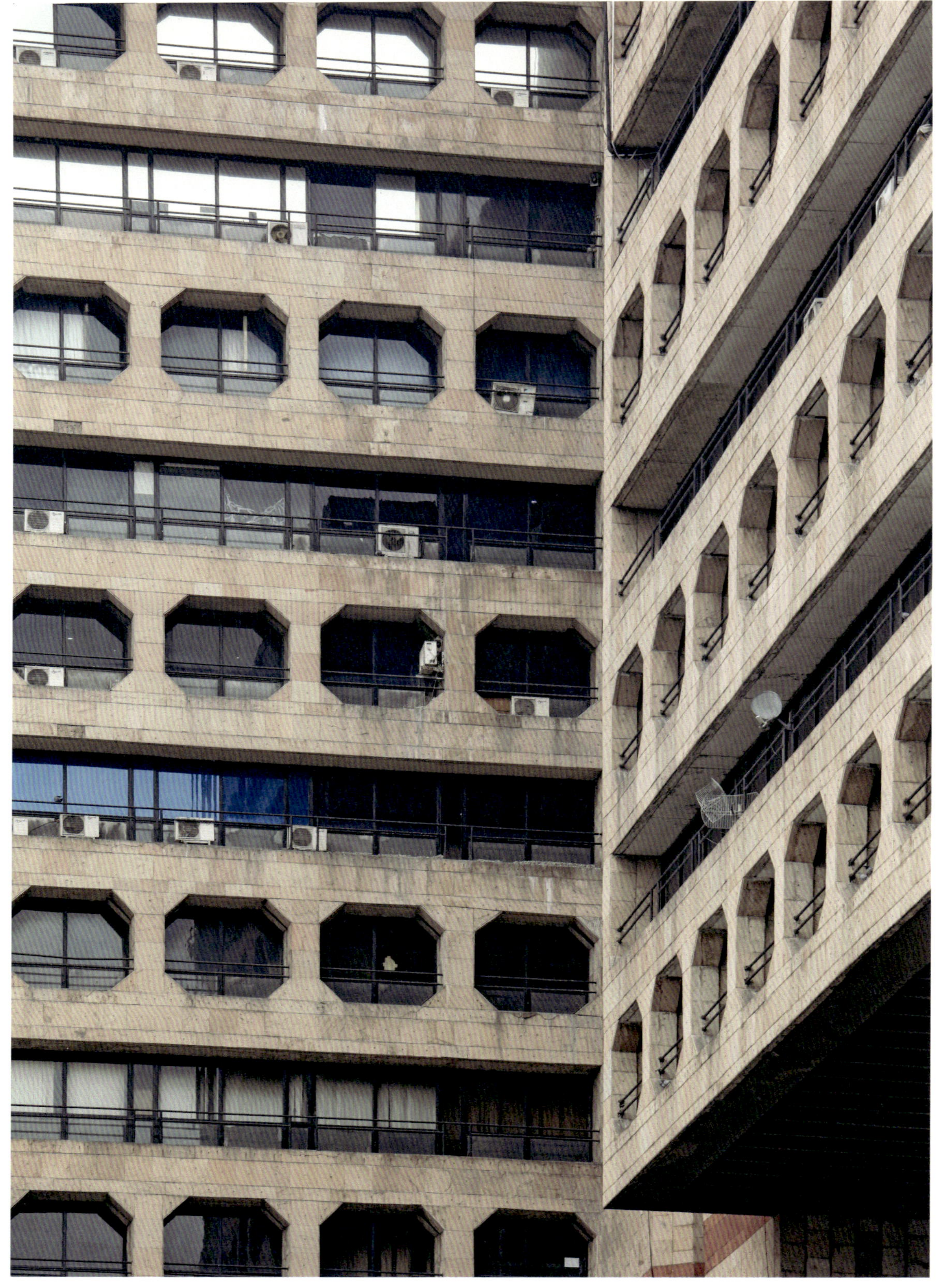

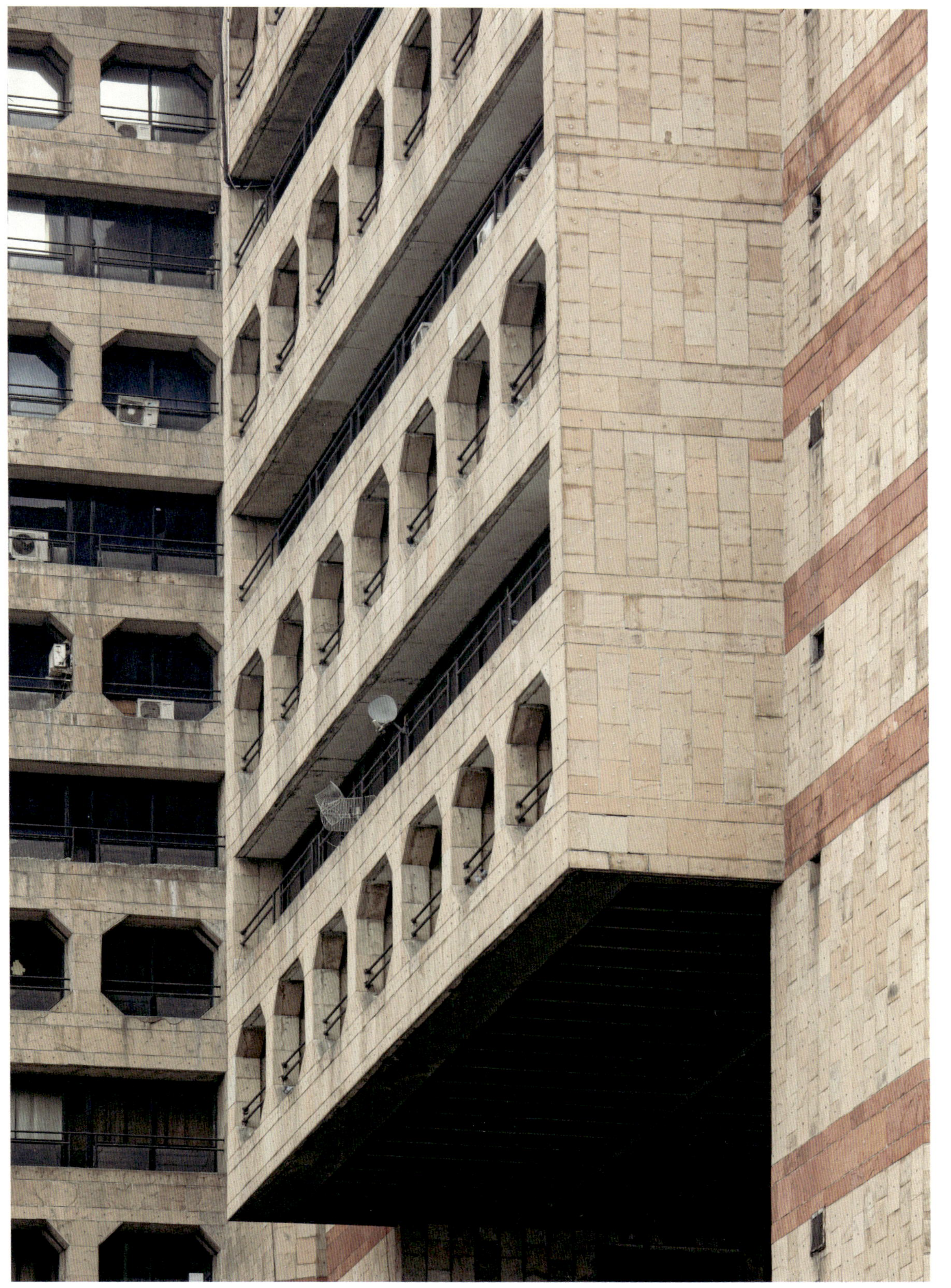

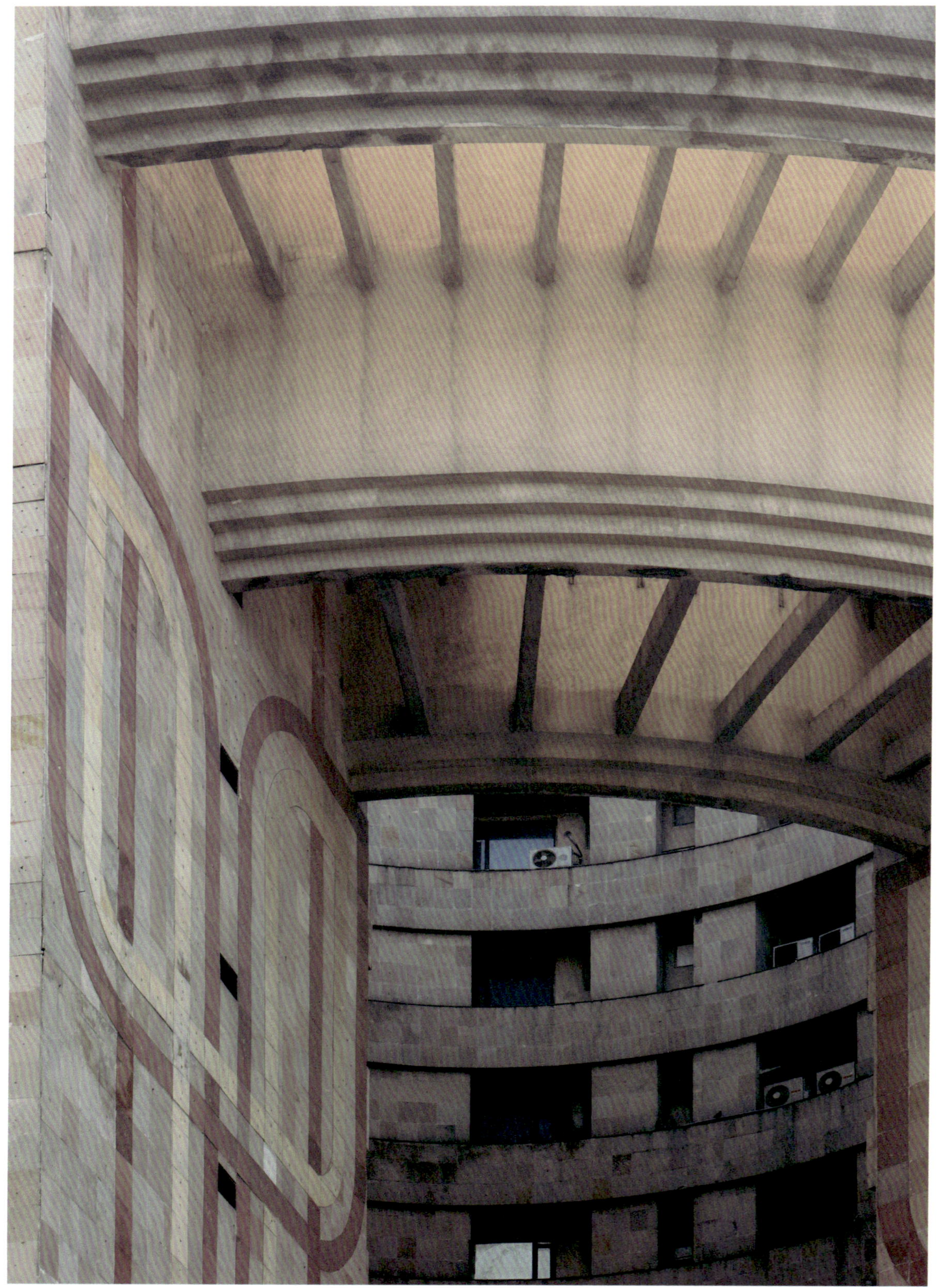

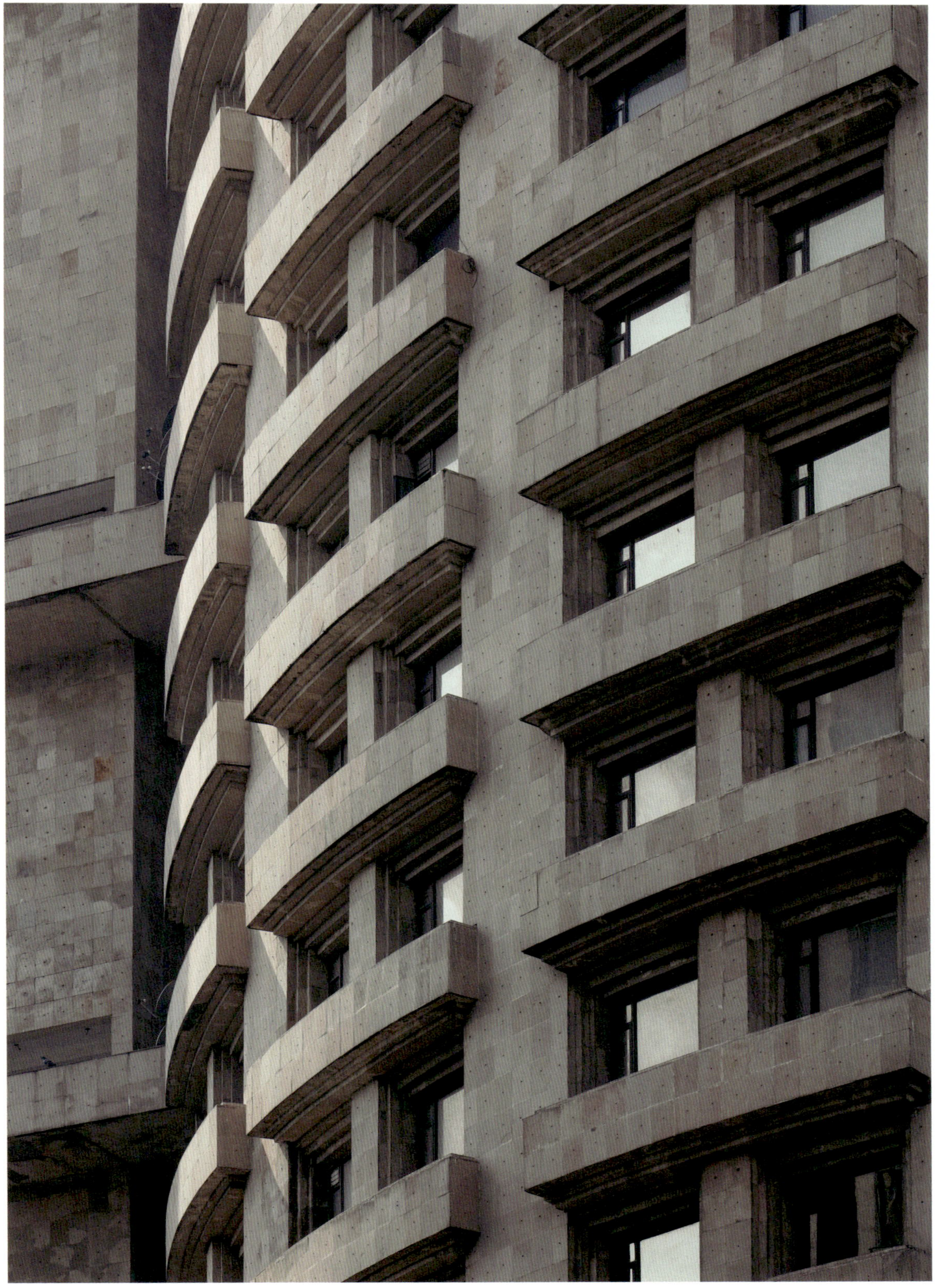

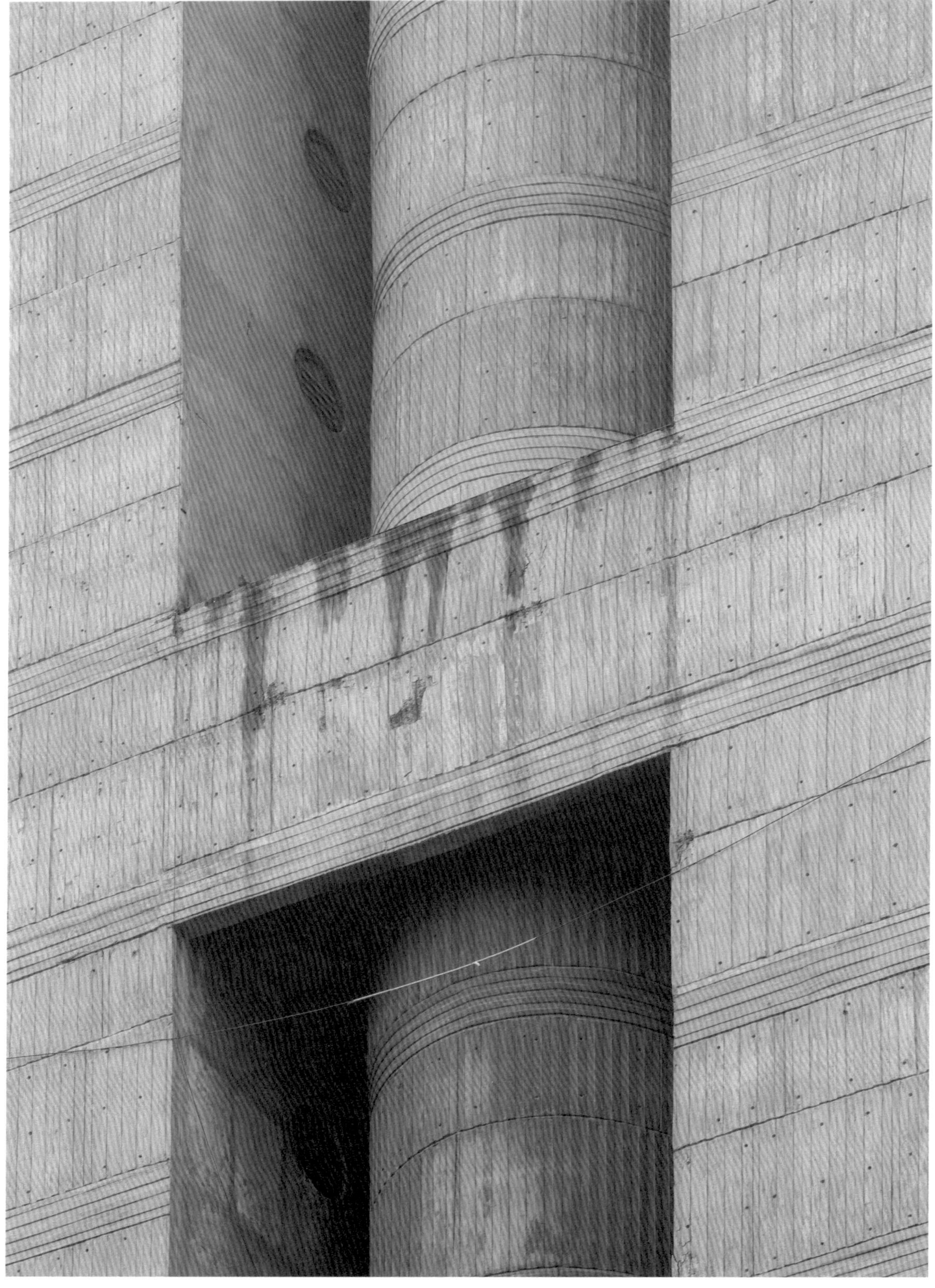

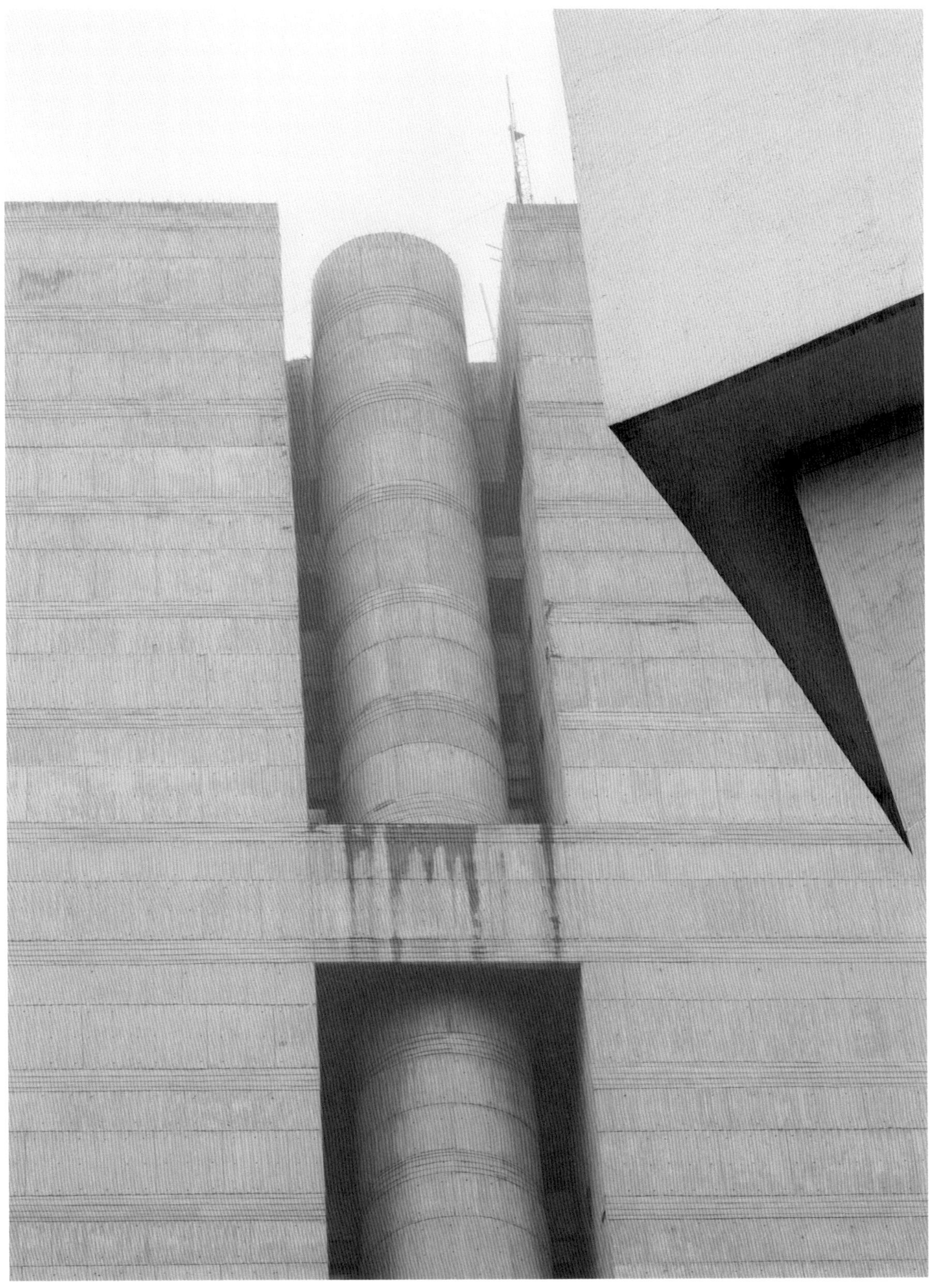

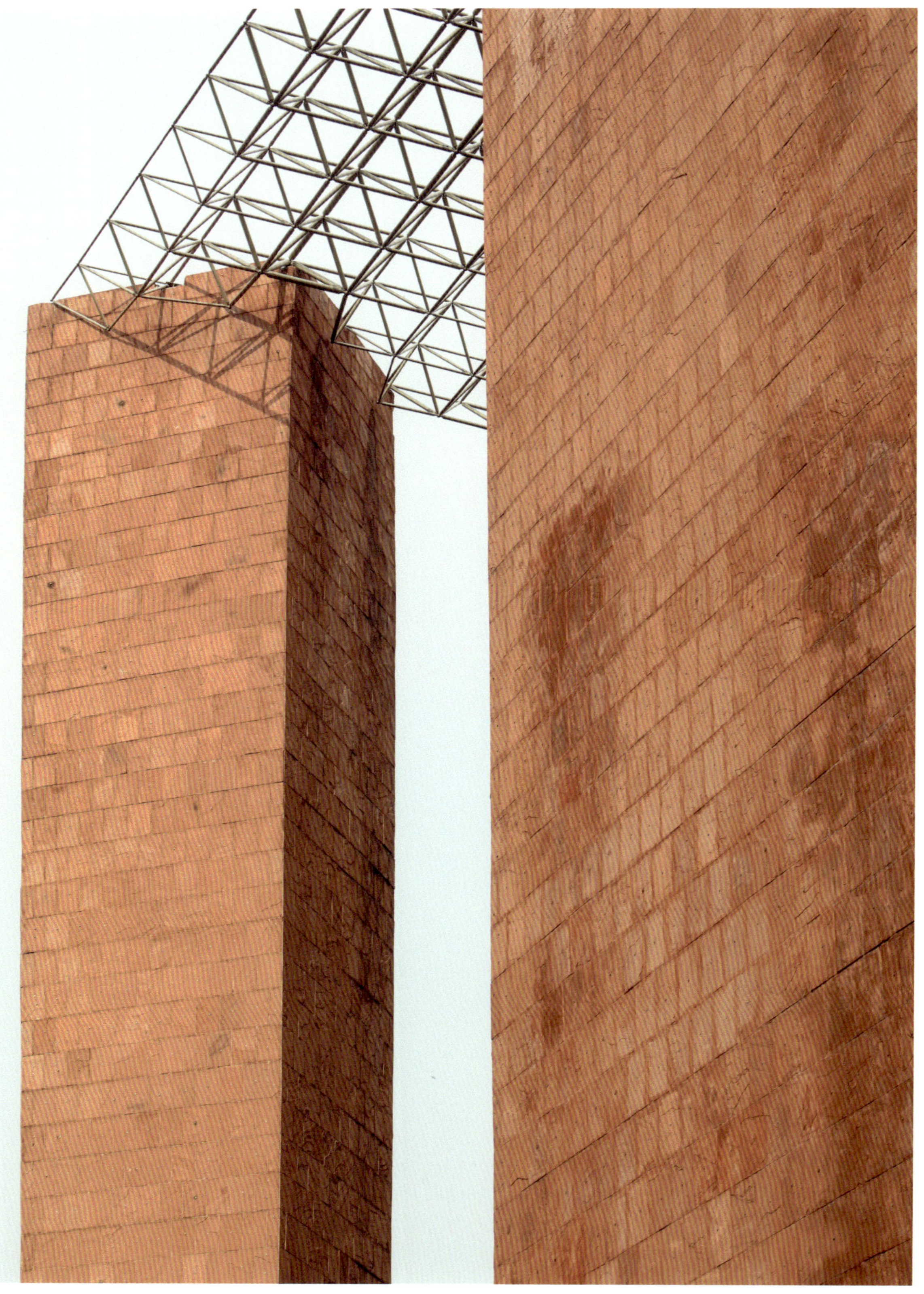

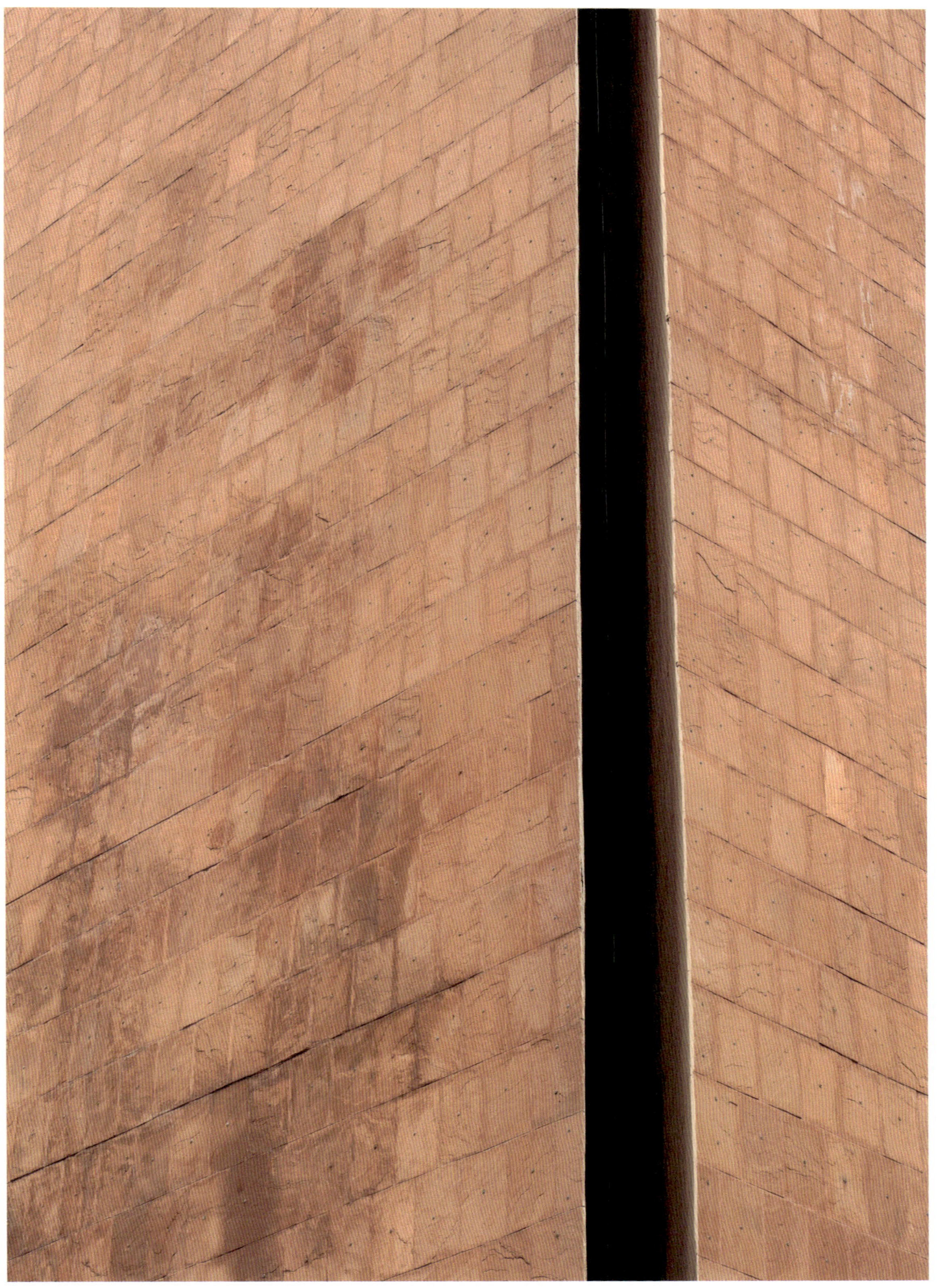

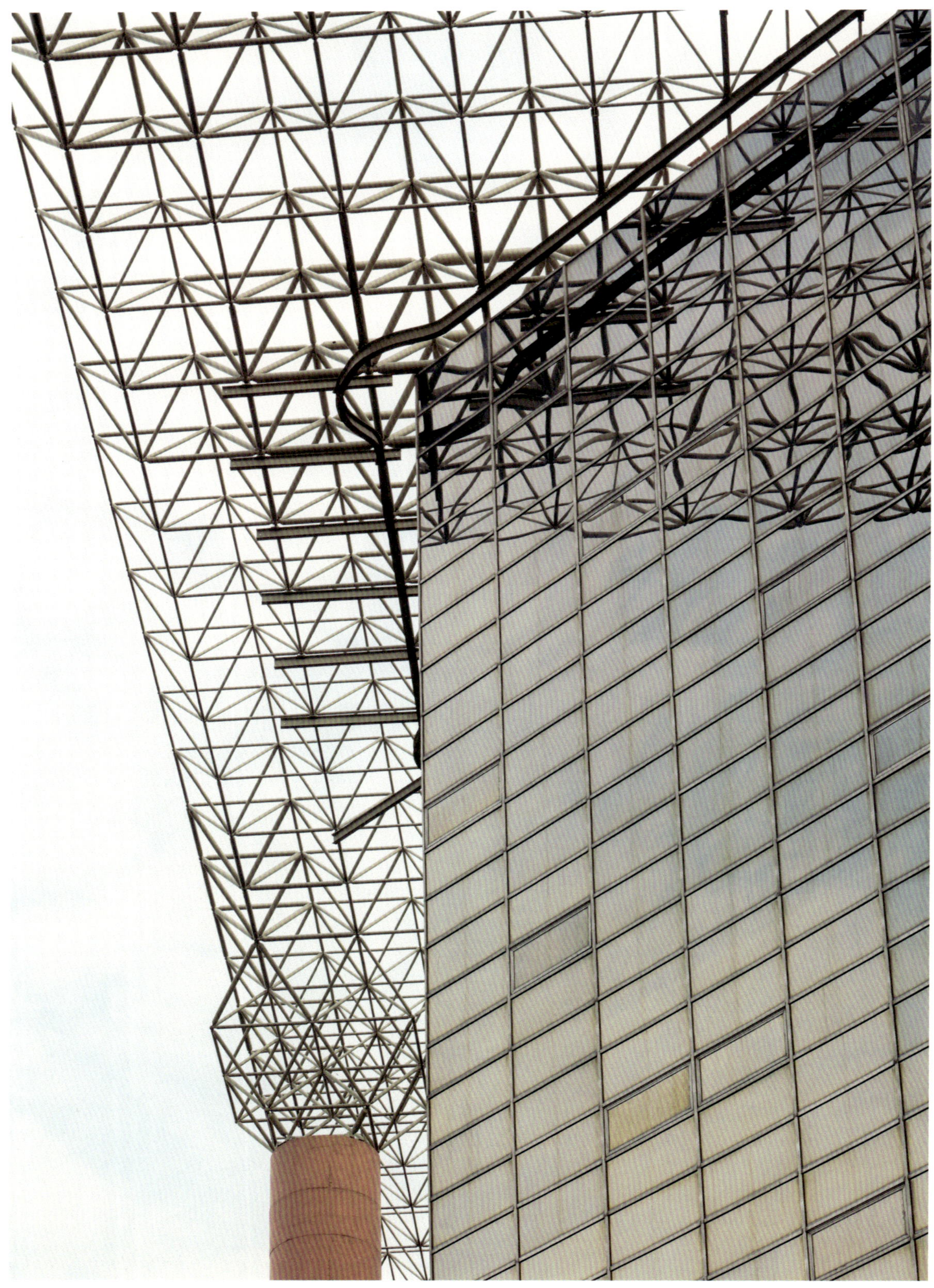

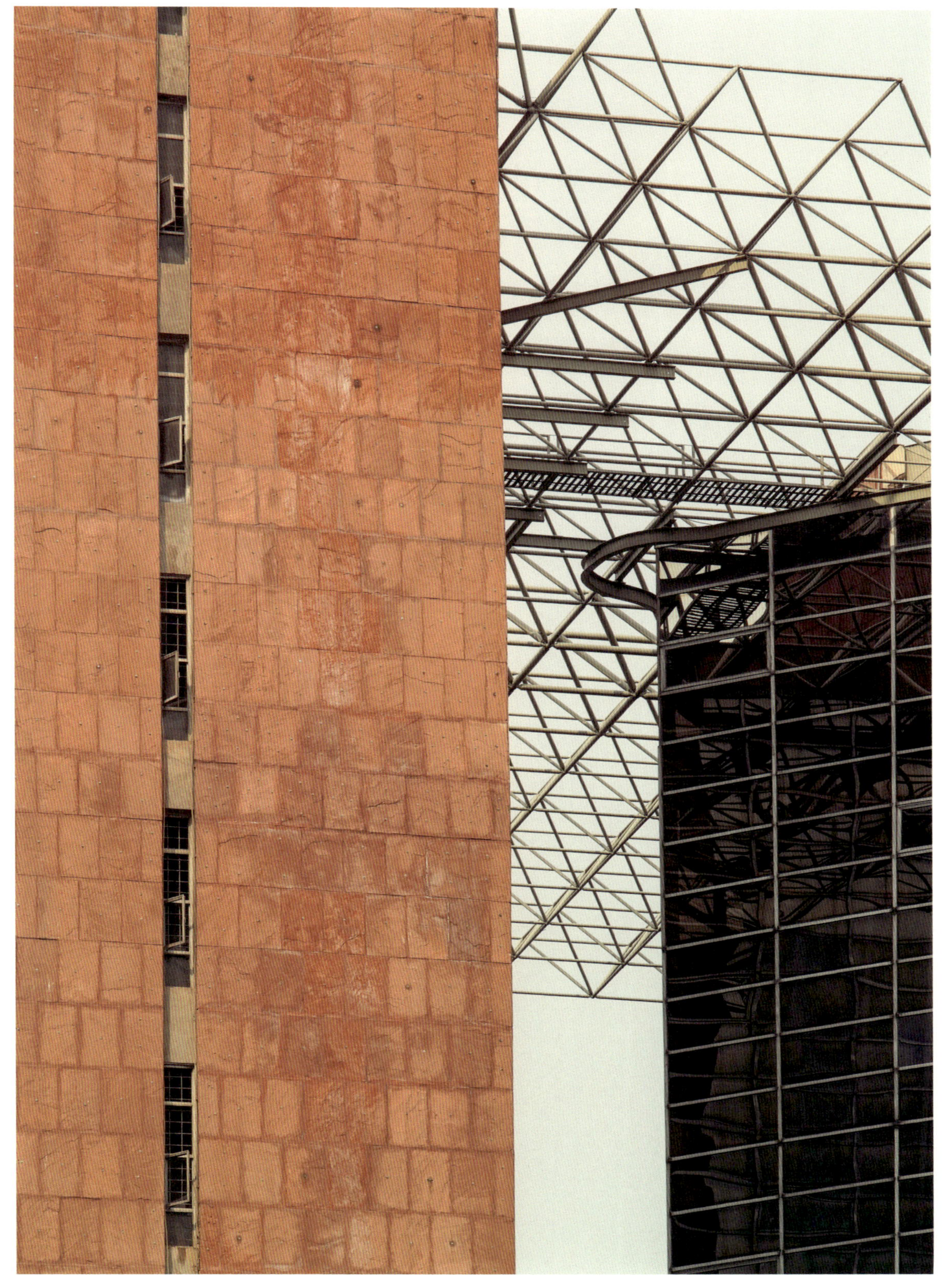

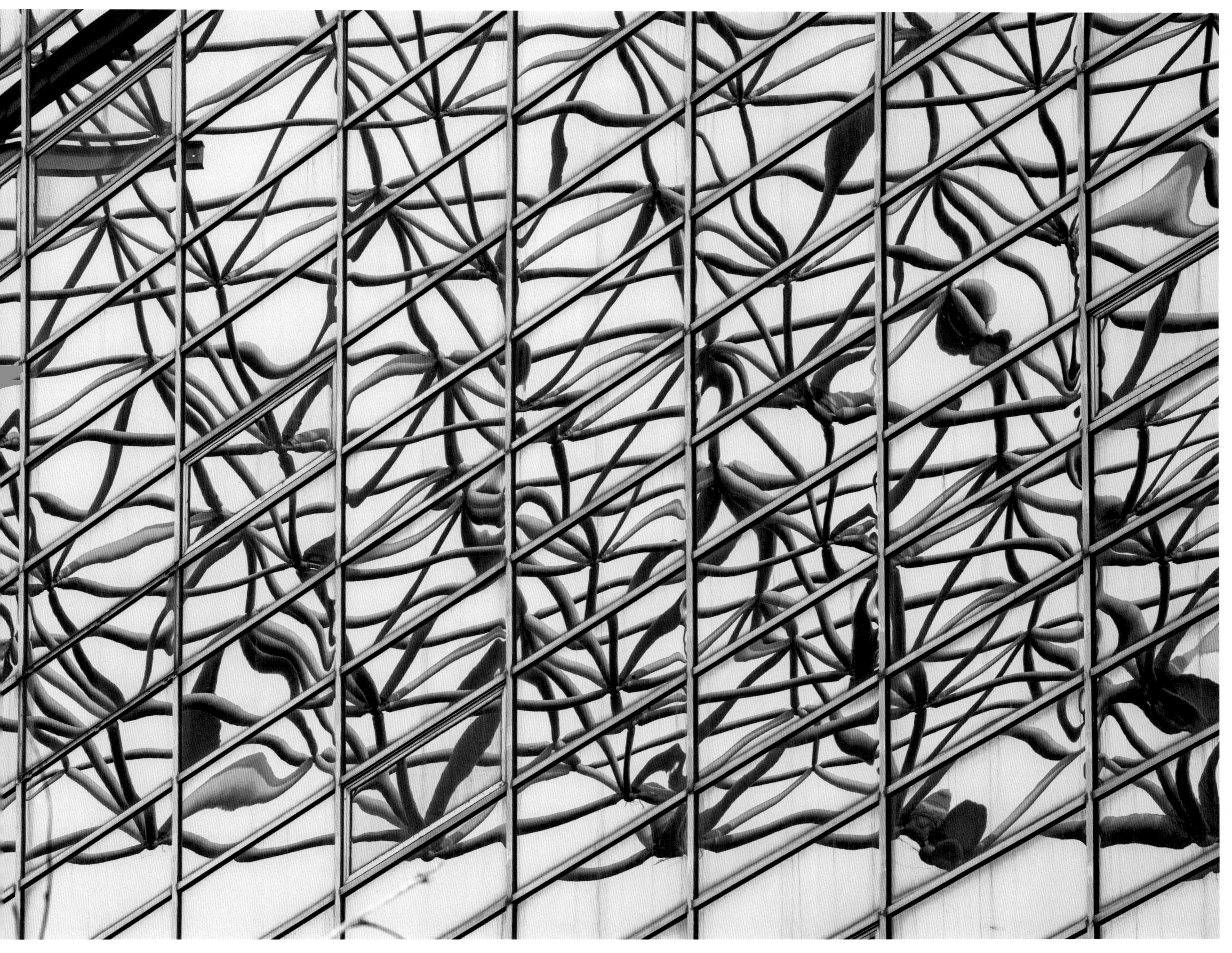

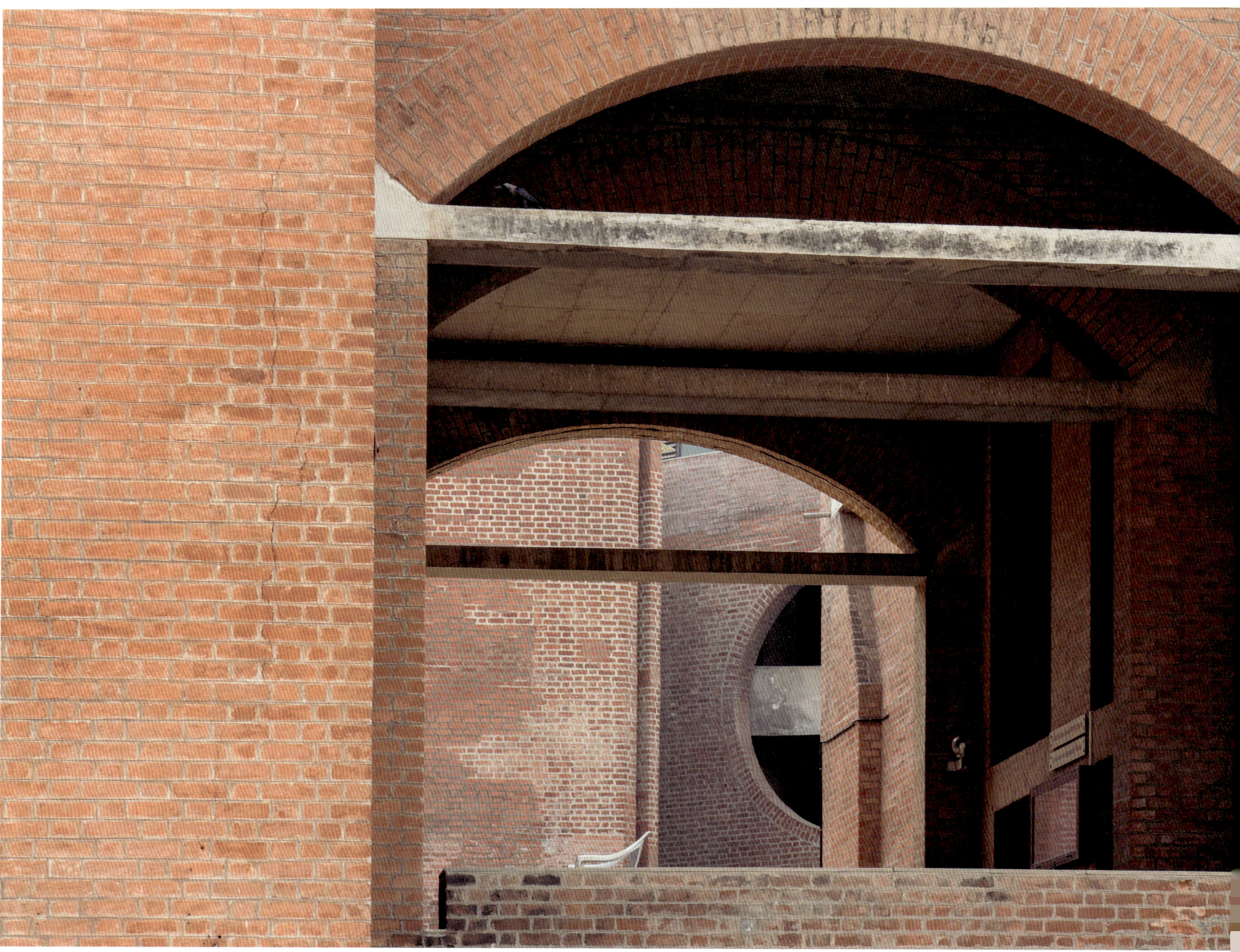

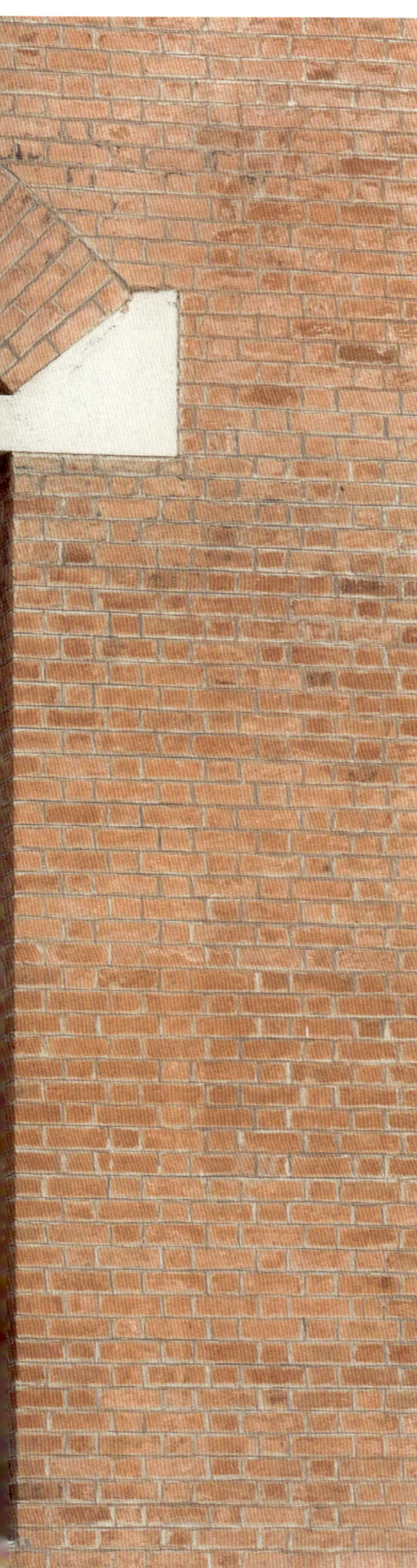

ईंटें
ईंटे
वीट
ਇੱਟਾਂ
ઈંટો
يِنٹیں
ZIEGEL
BRICKS
ఇటా
ഇഷ്ടികകൾ
ಇಟುಕಲು
ಇಟ್ಟಿಗೆಗಳು
செங்கற்கள்

Z

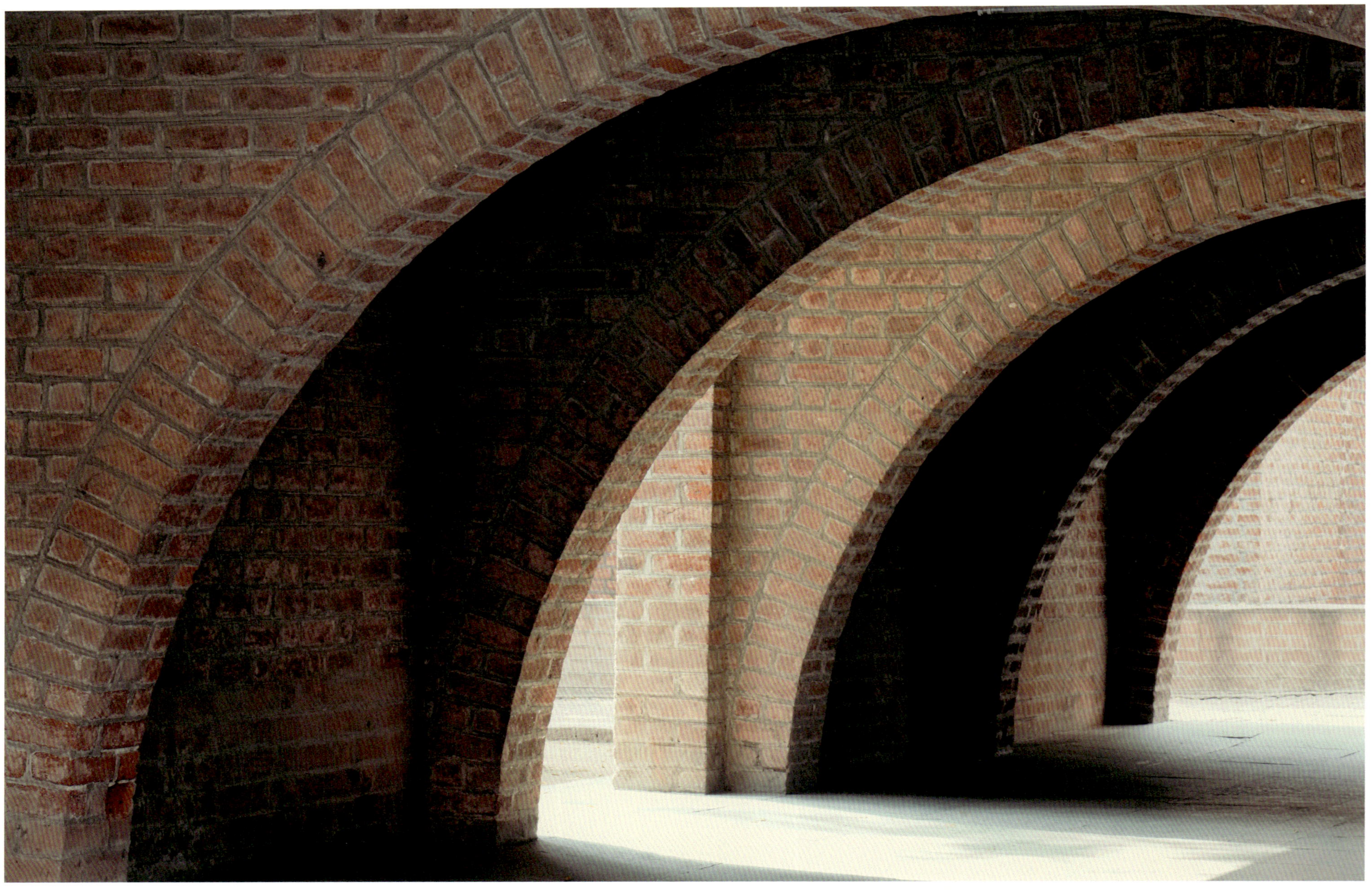

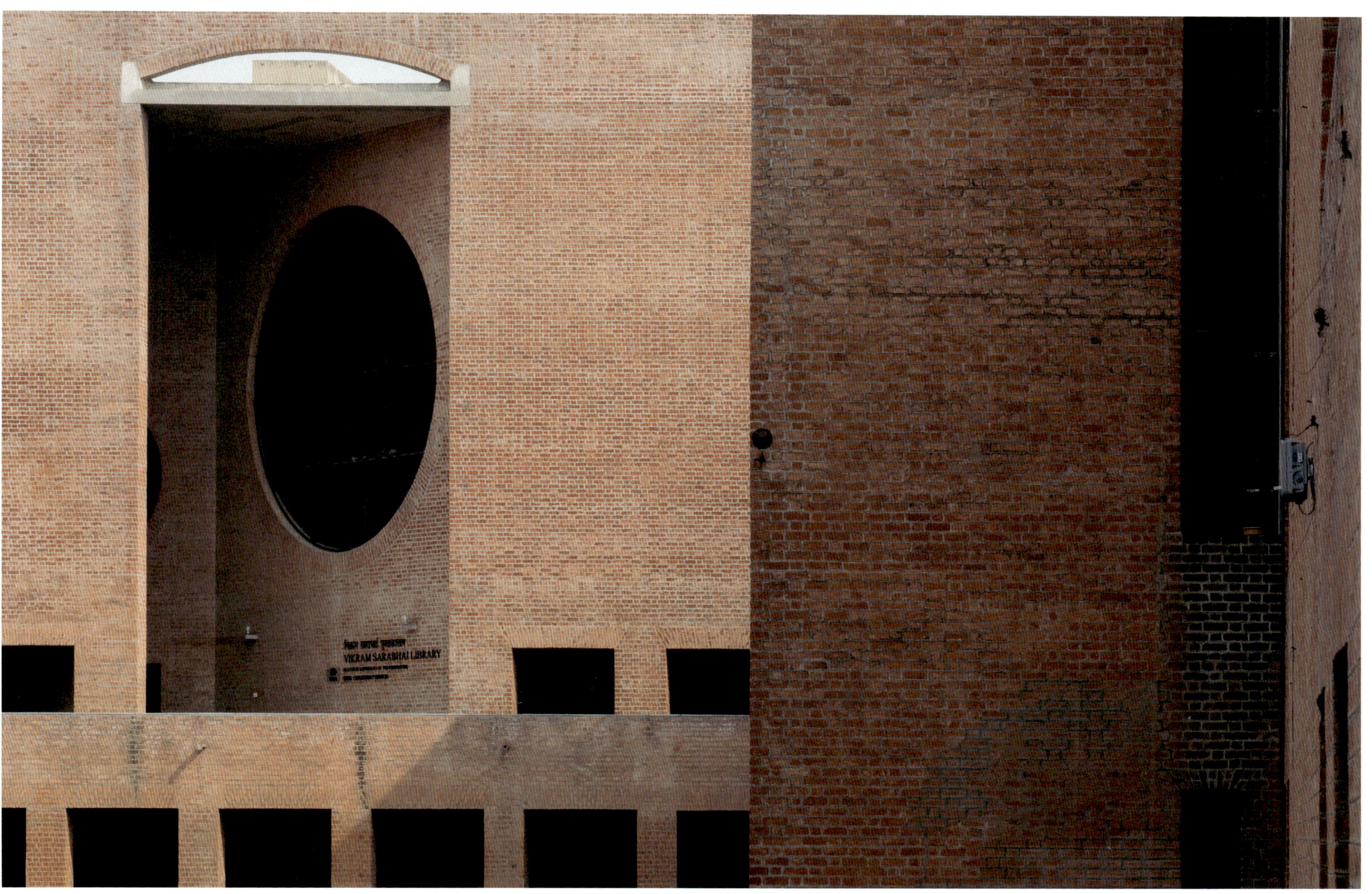

VIKRAM SARABHAI LIBRARY

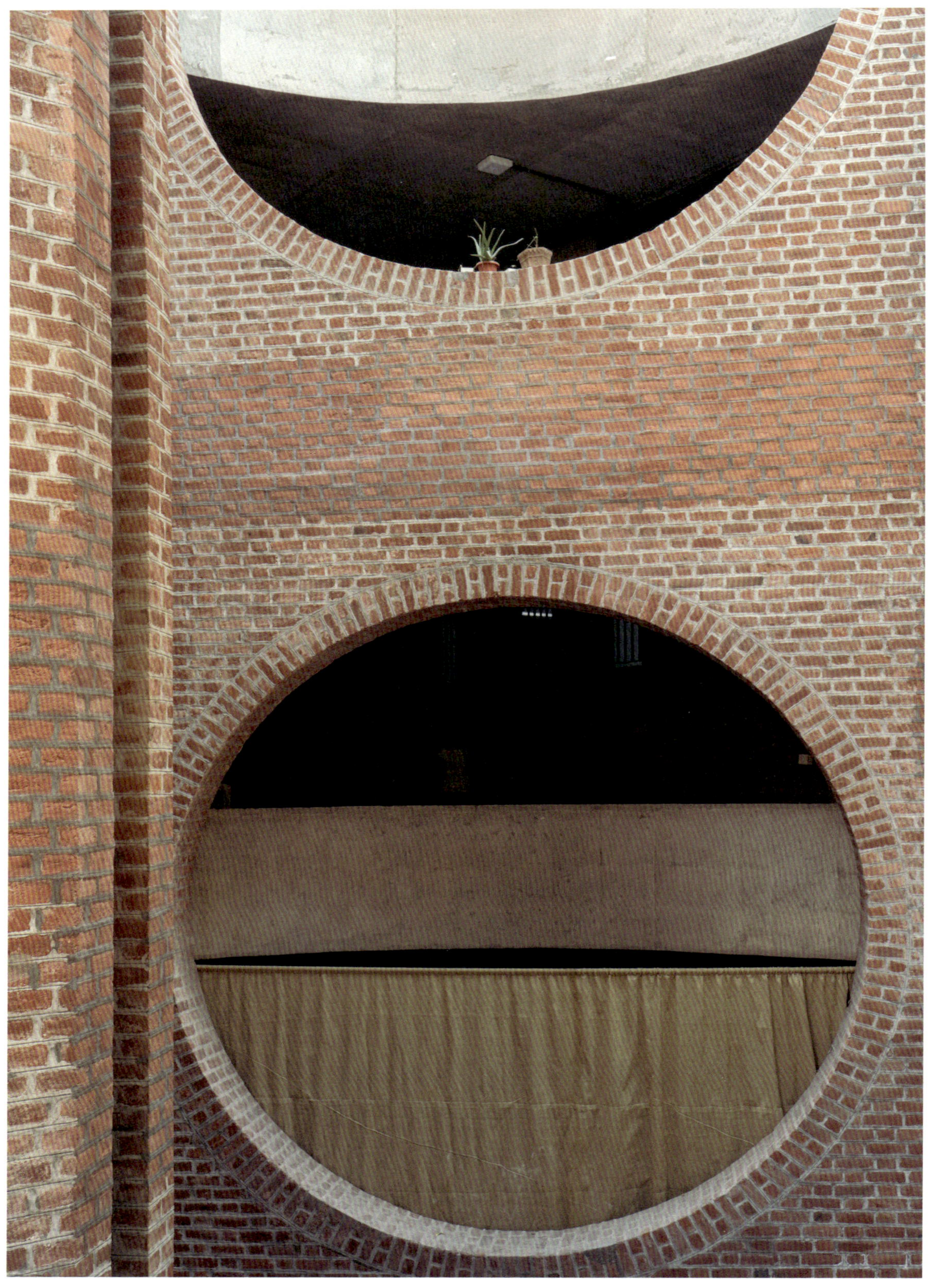

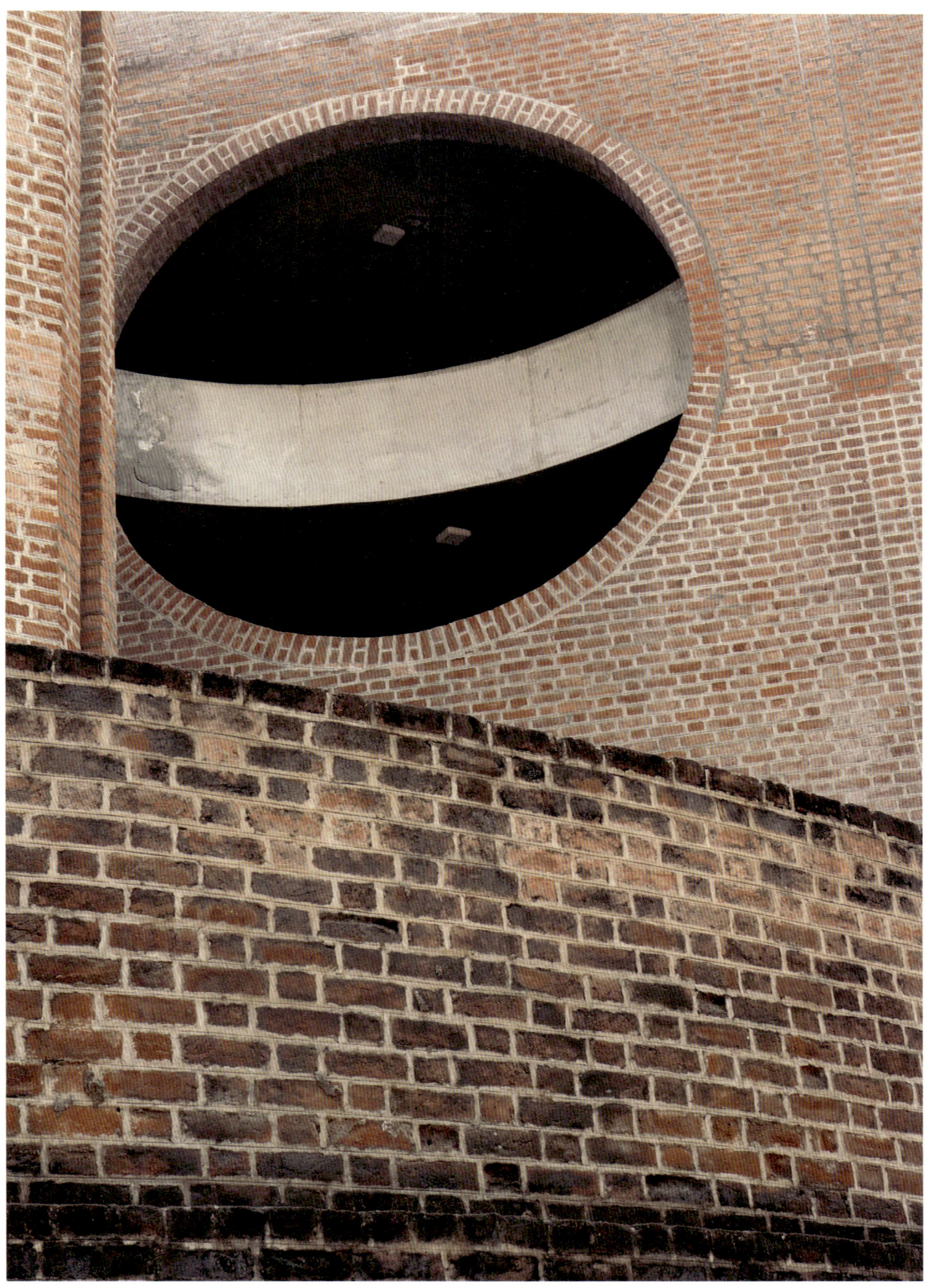

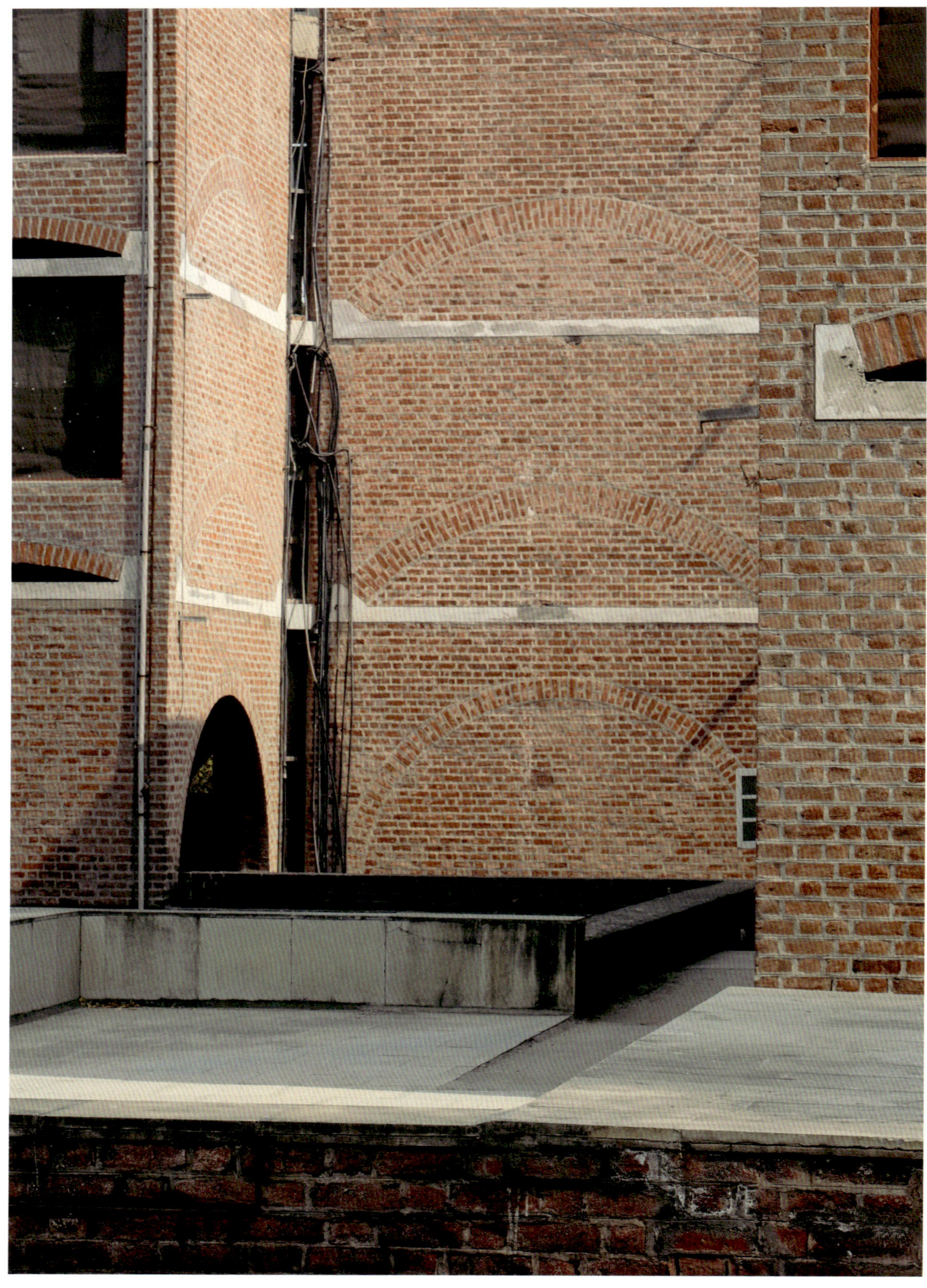

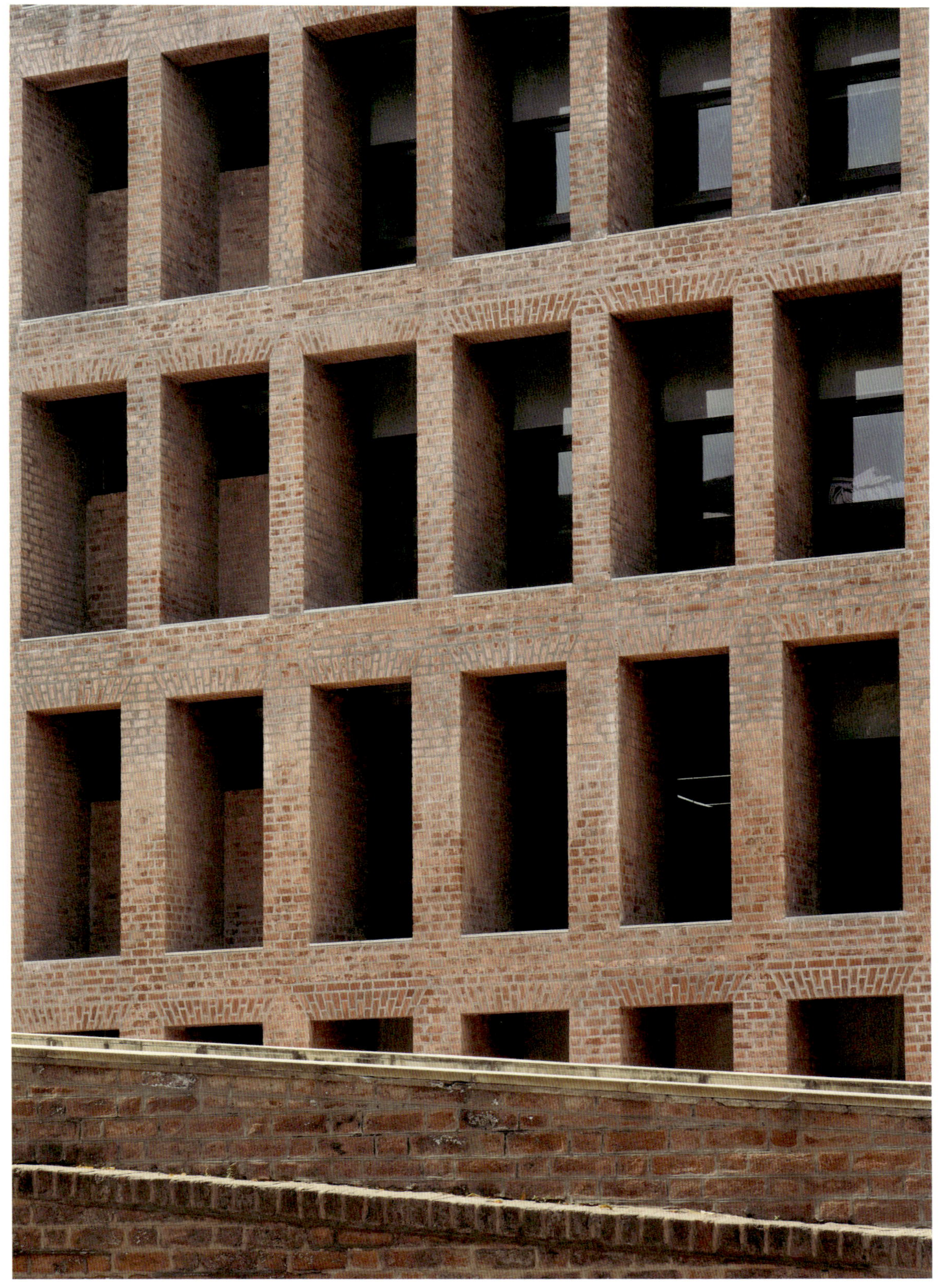

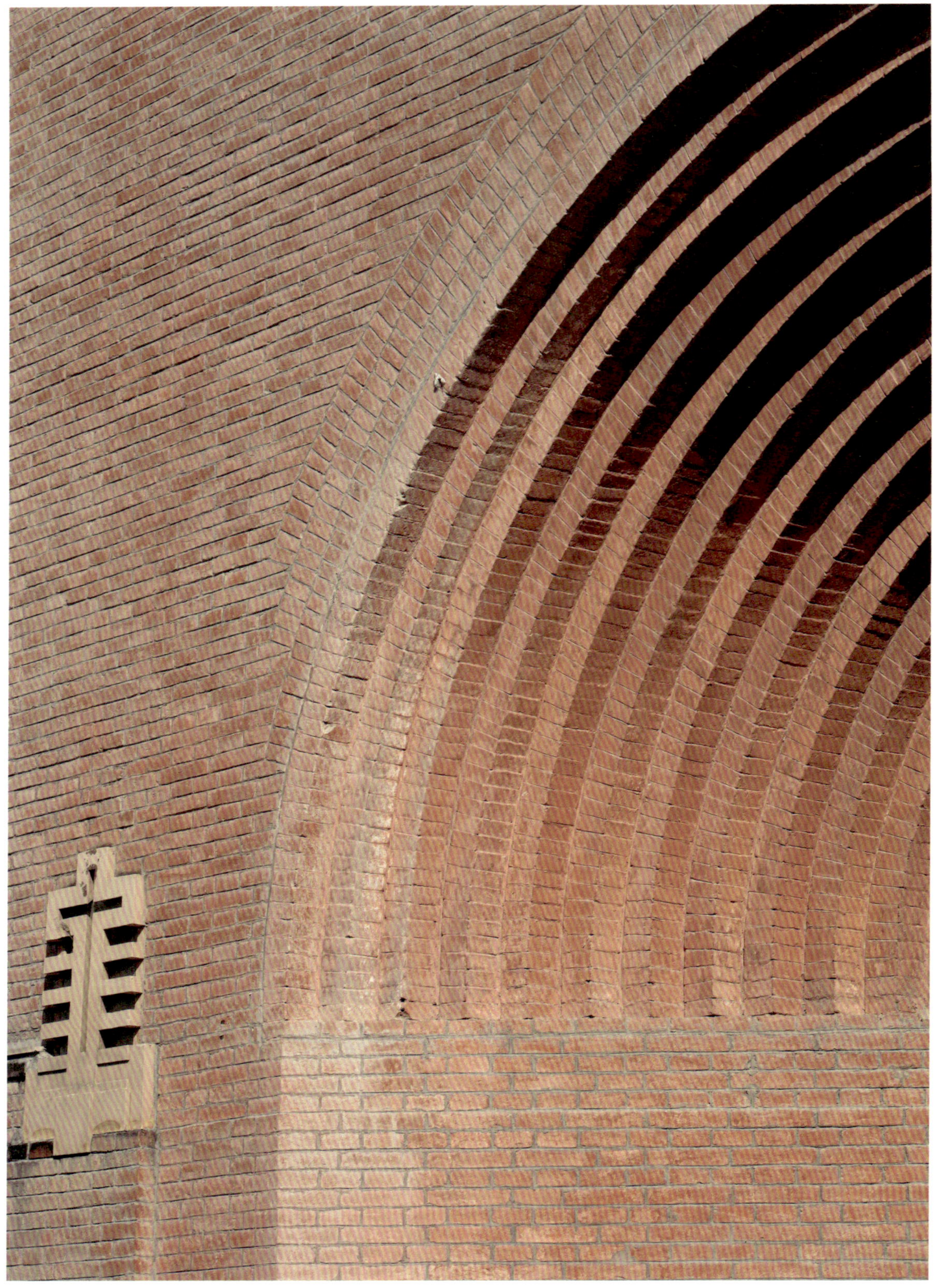

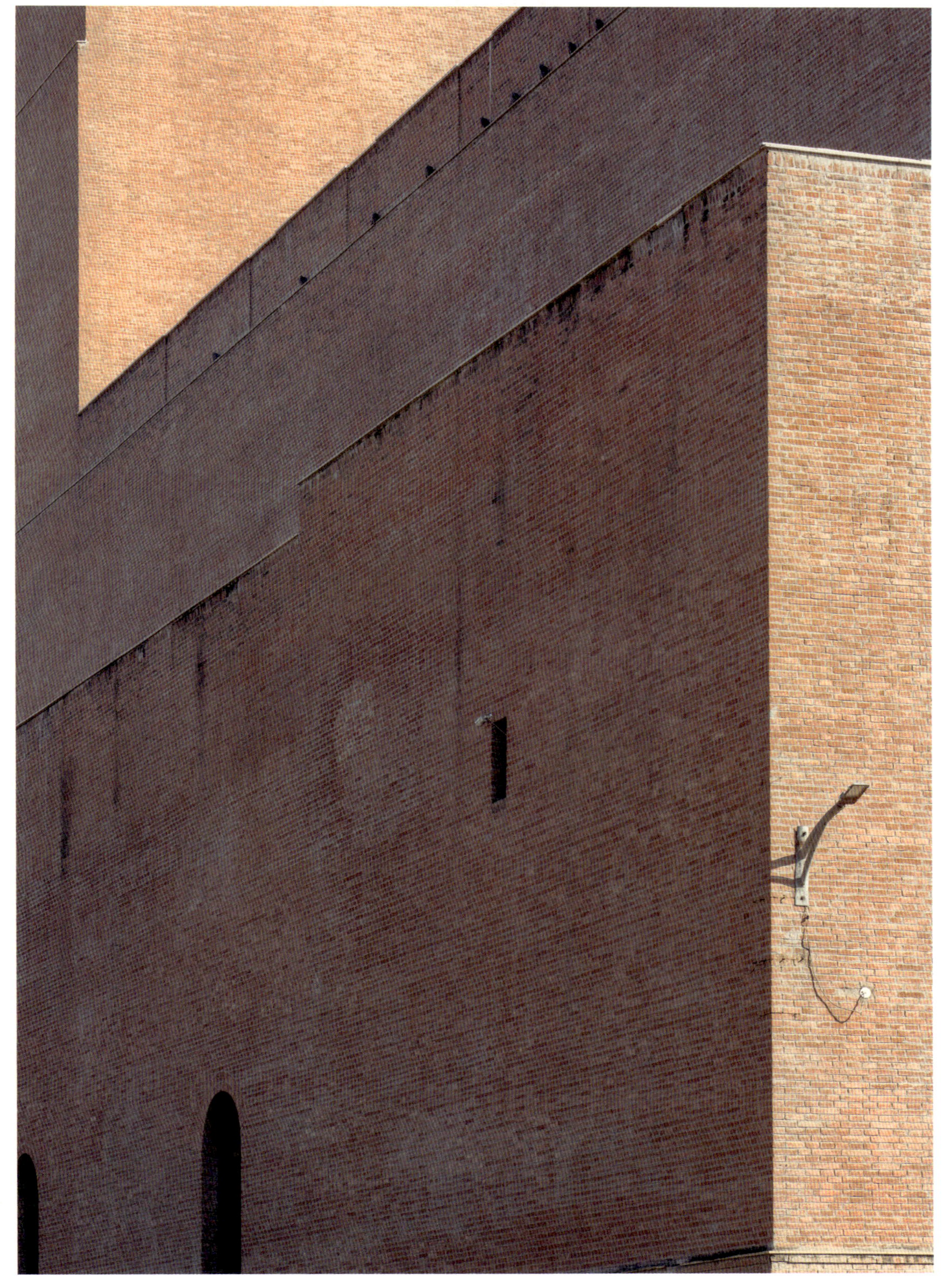

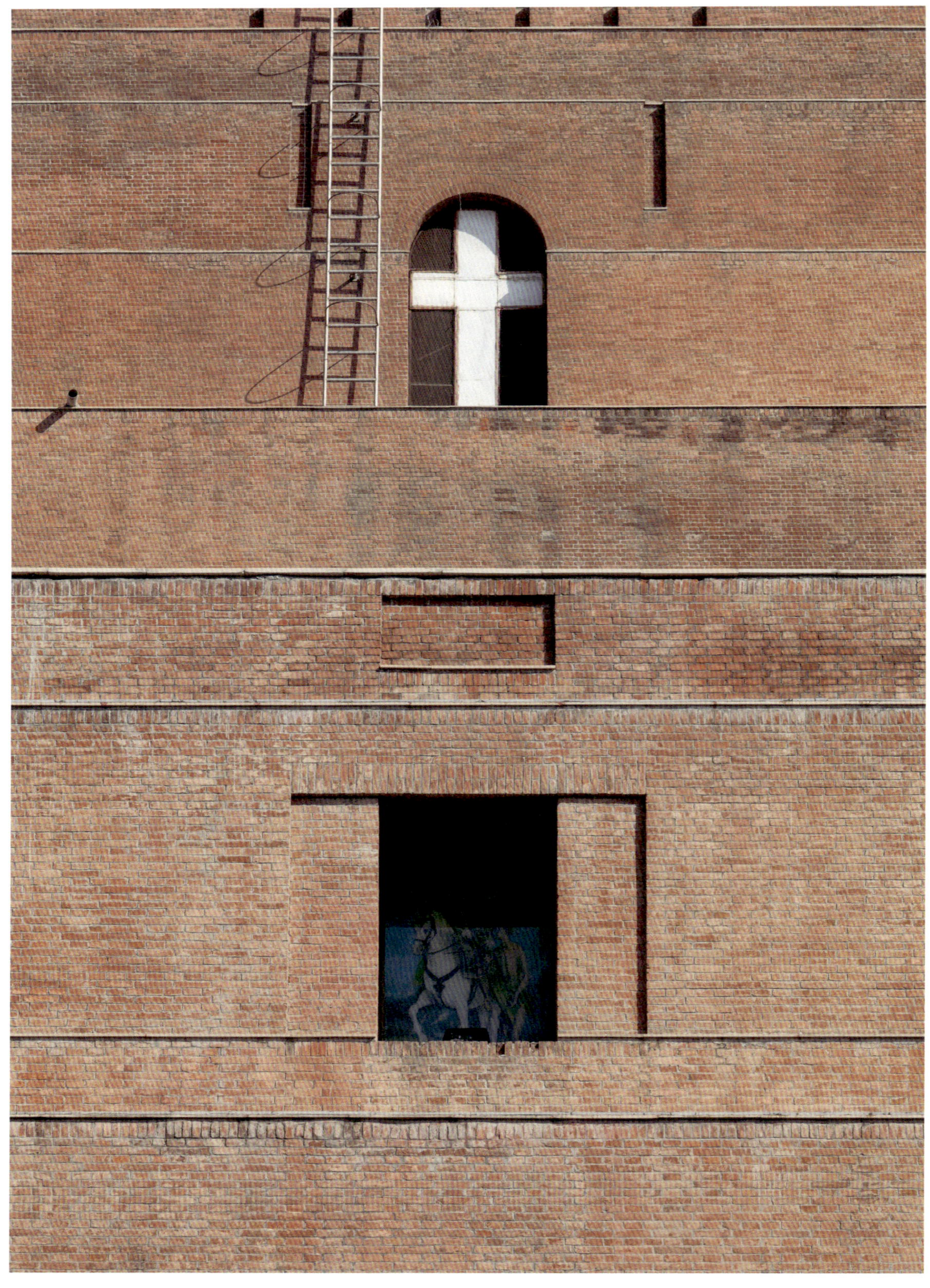

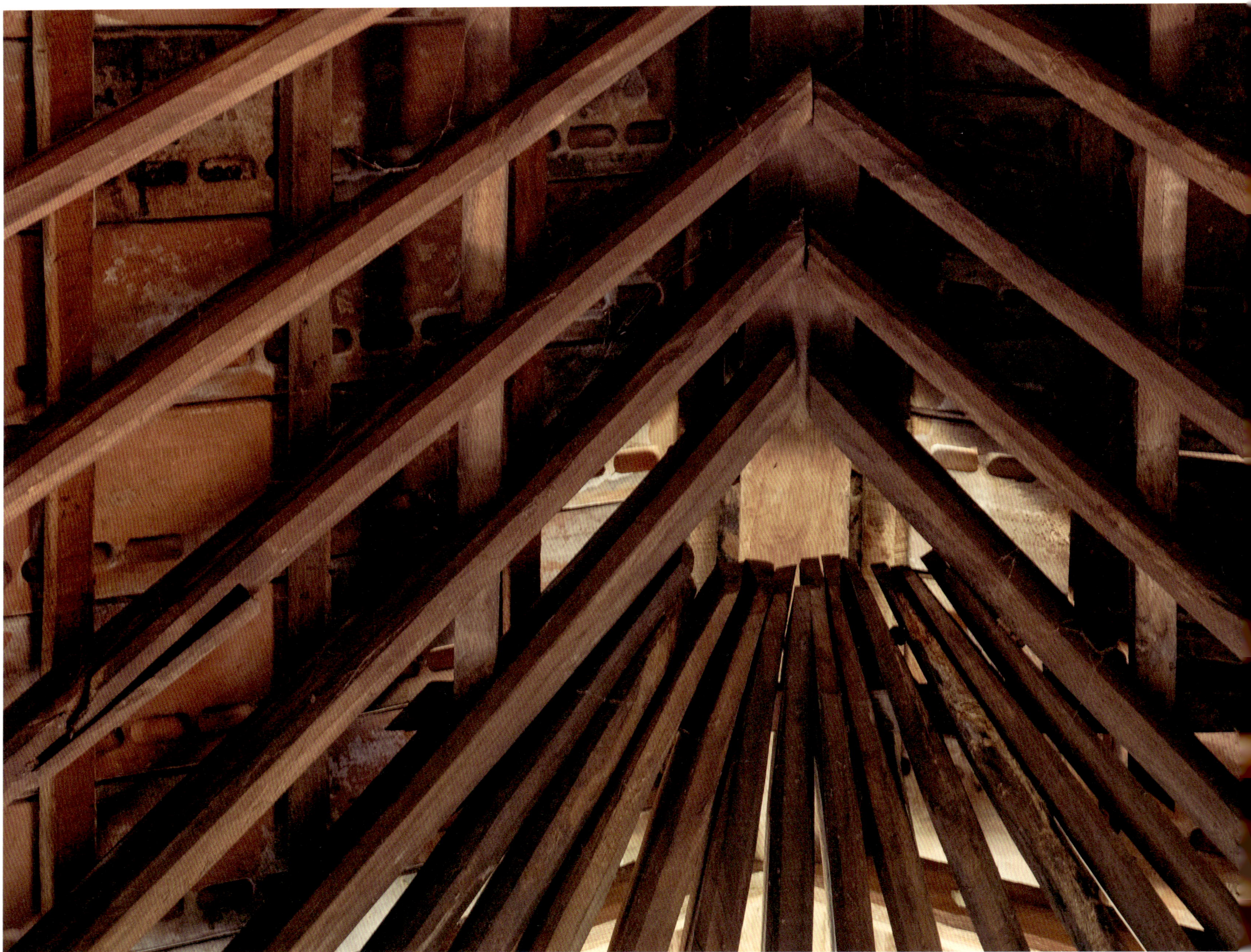

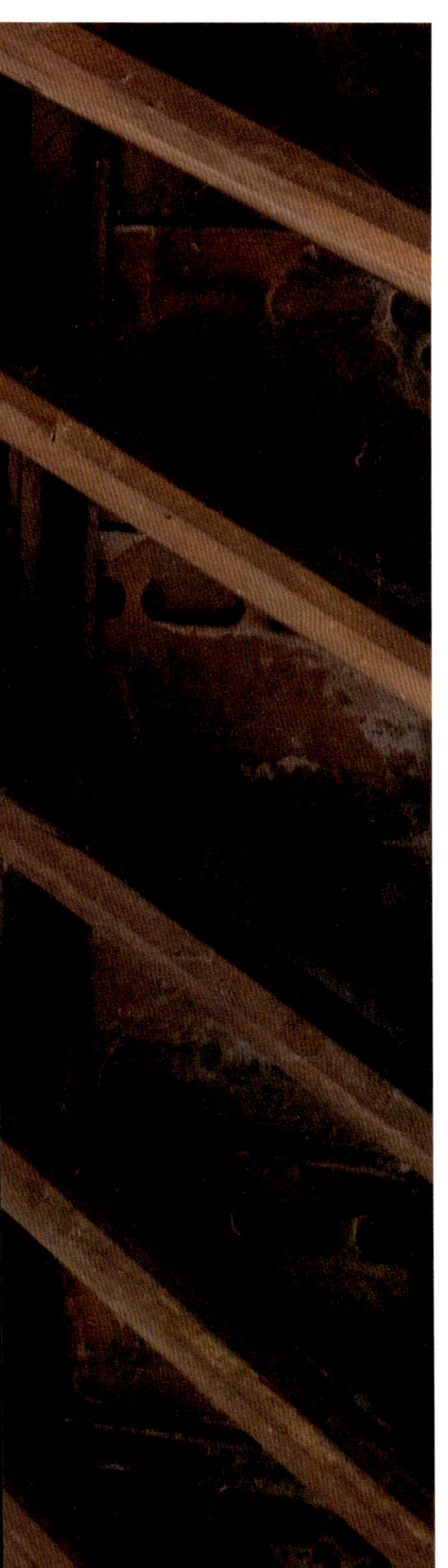

लकड़ी
काठ
लाकूड
लॅकड
લાકડુ
لکڑی
HOLZ
WOOD
കാ0
తడి
కలప
ಮರ
மரம்

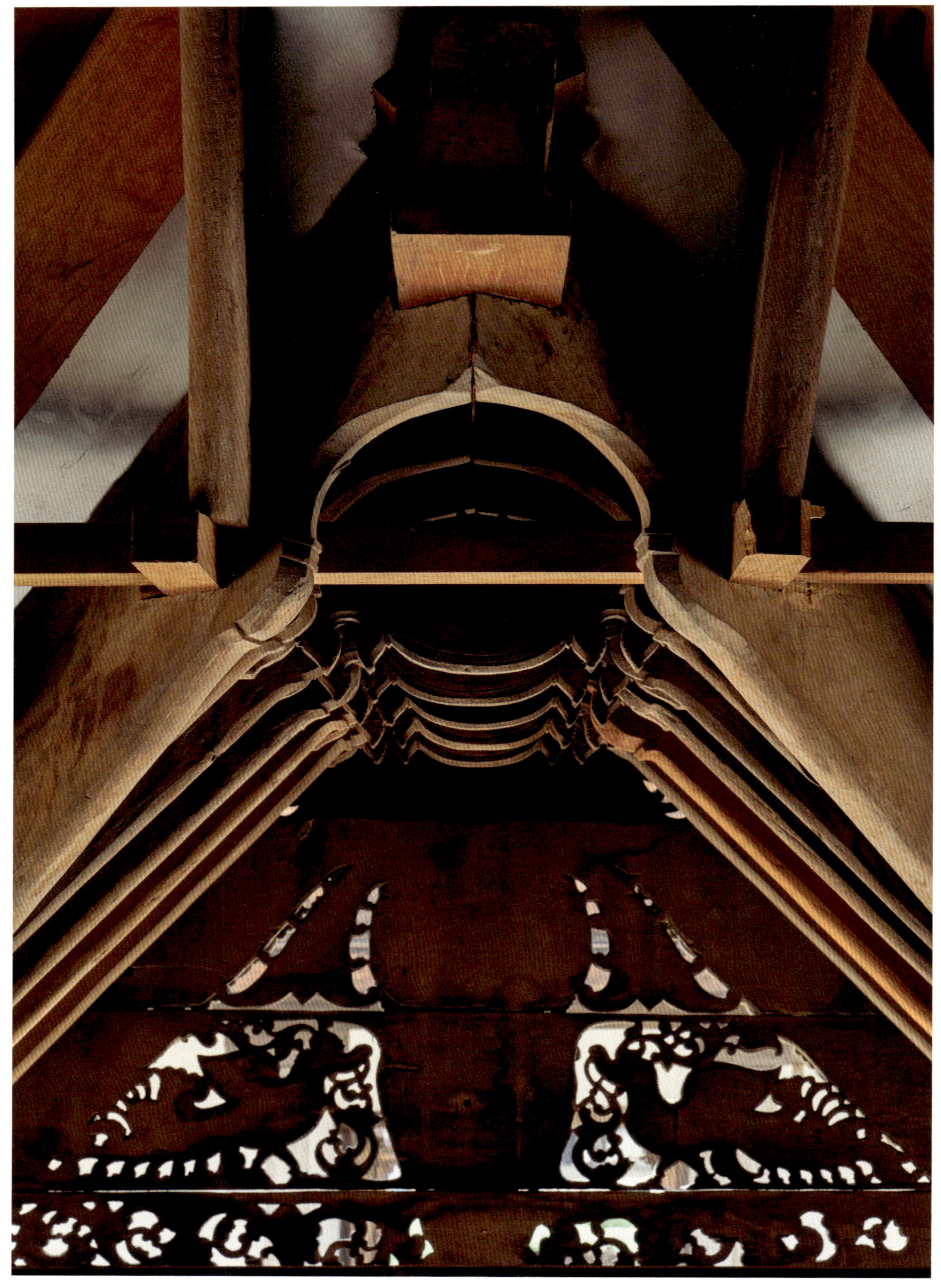

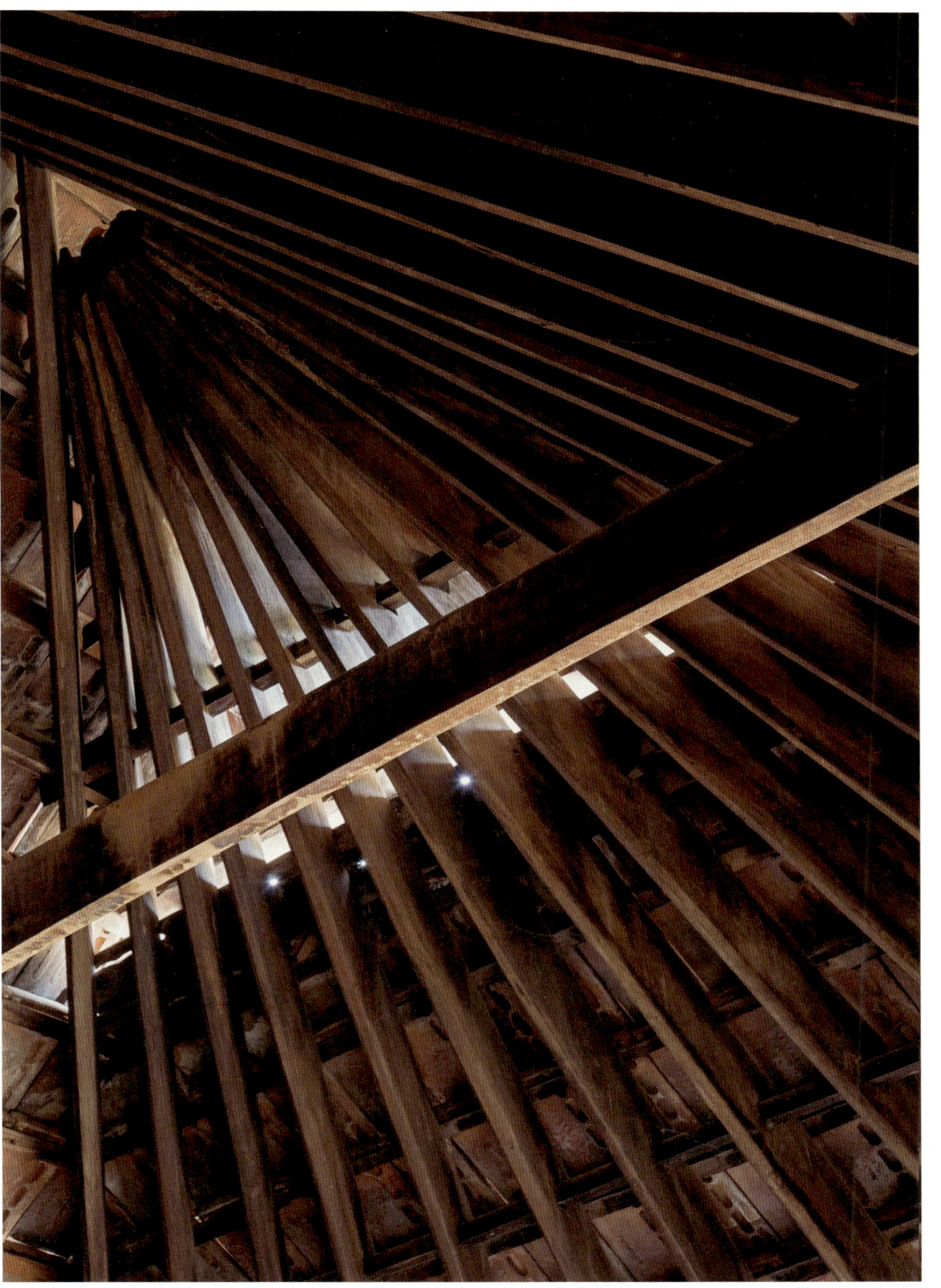

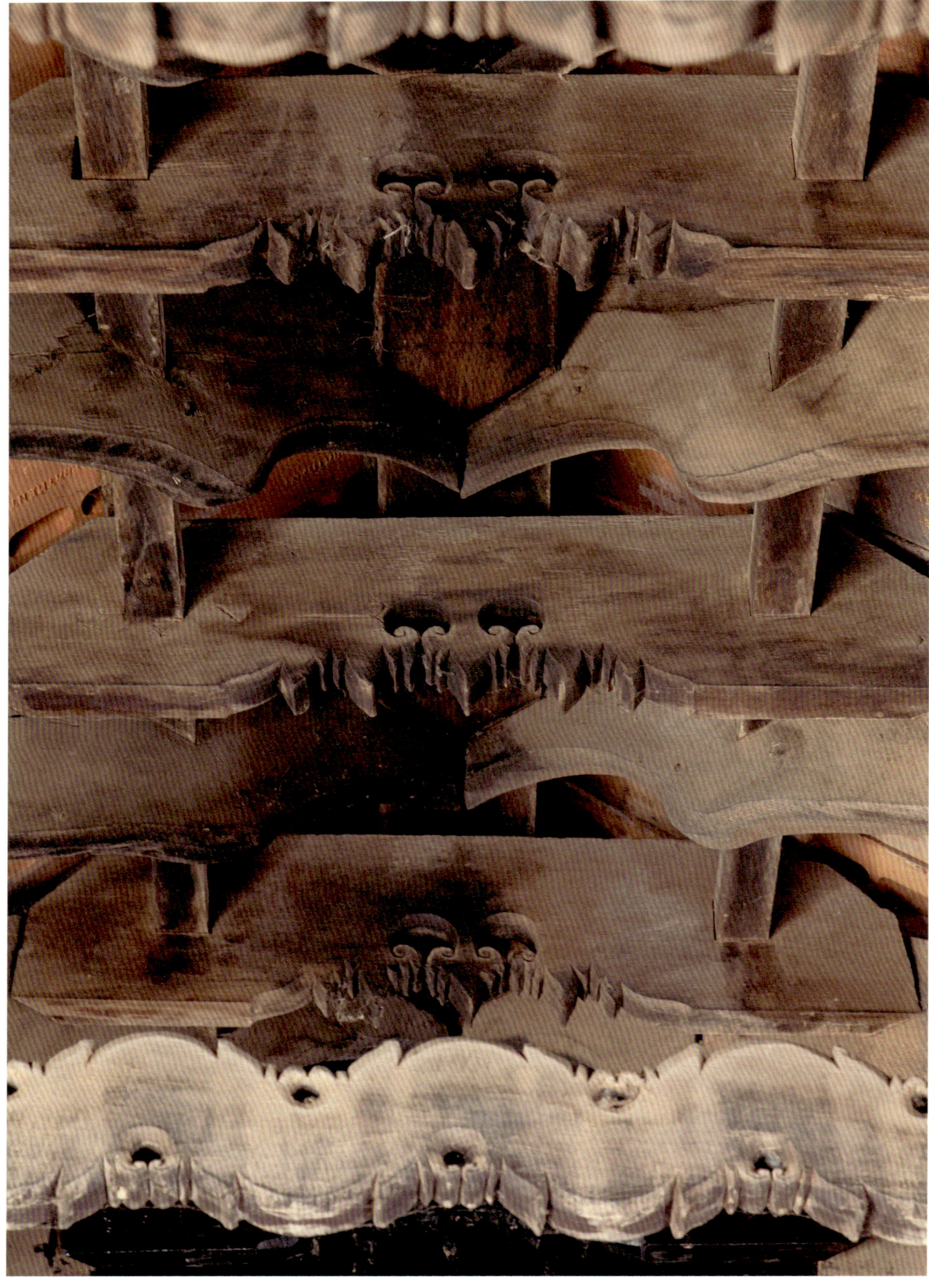

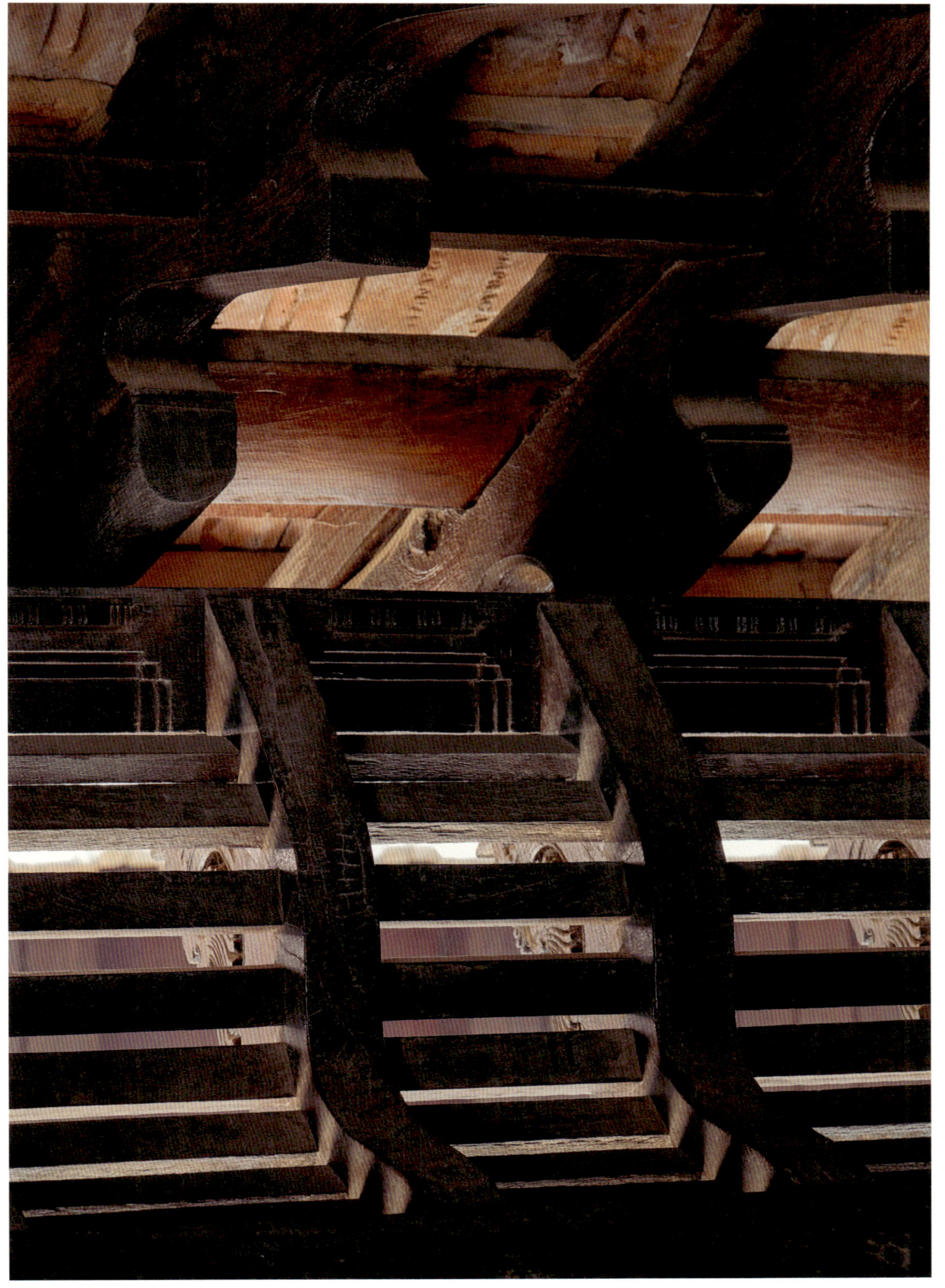

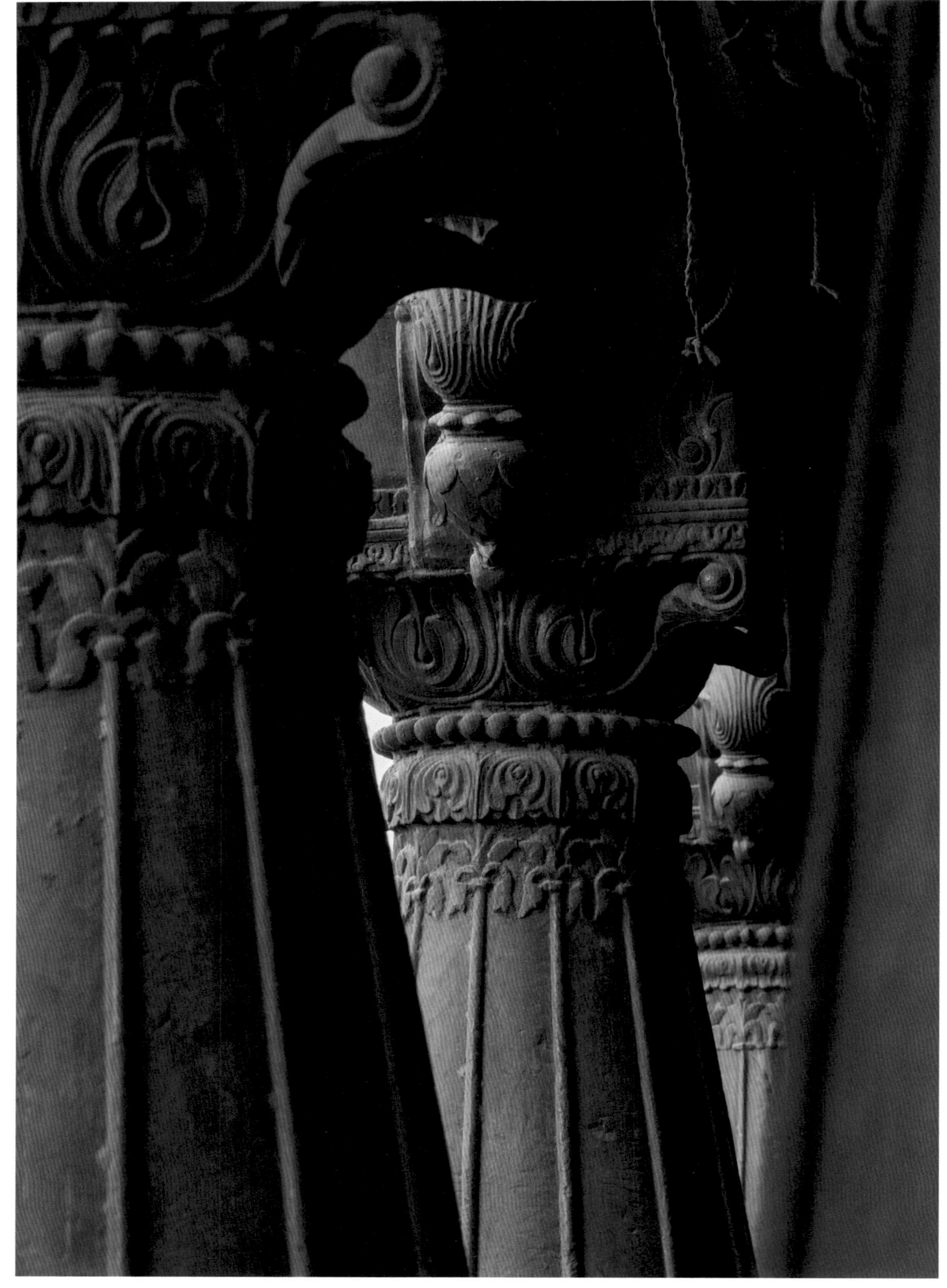

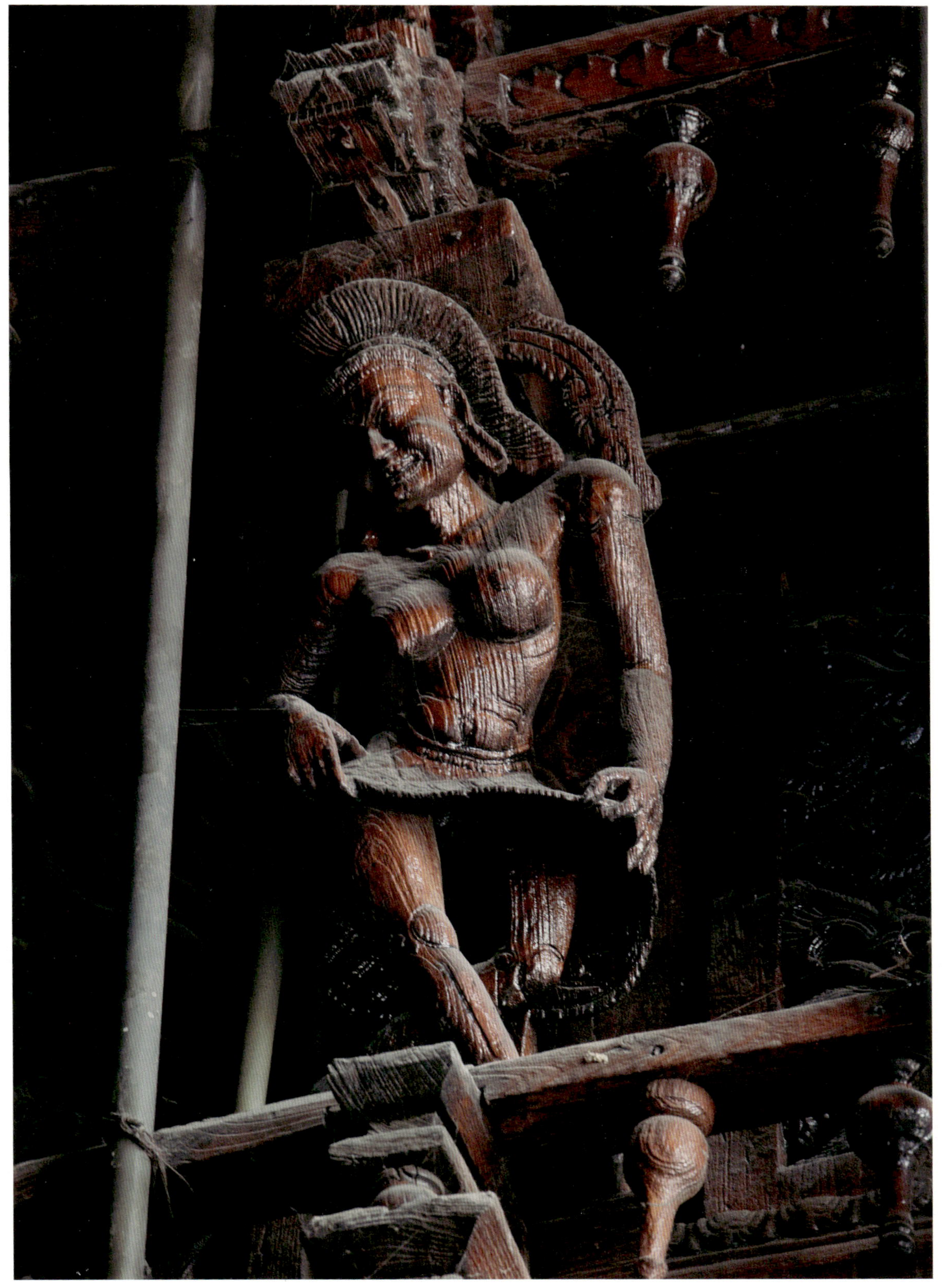

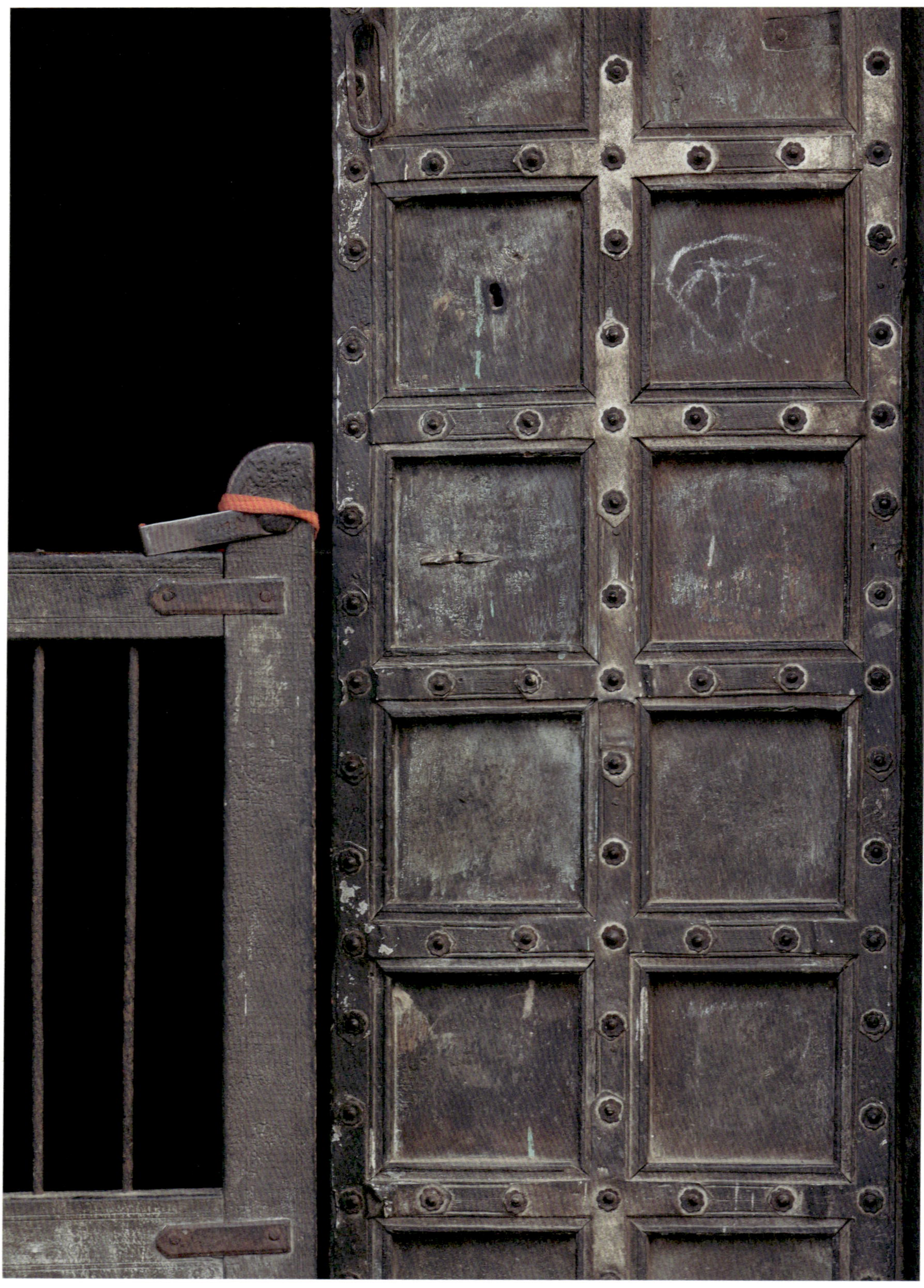

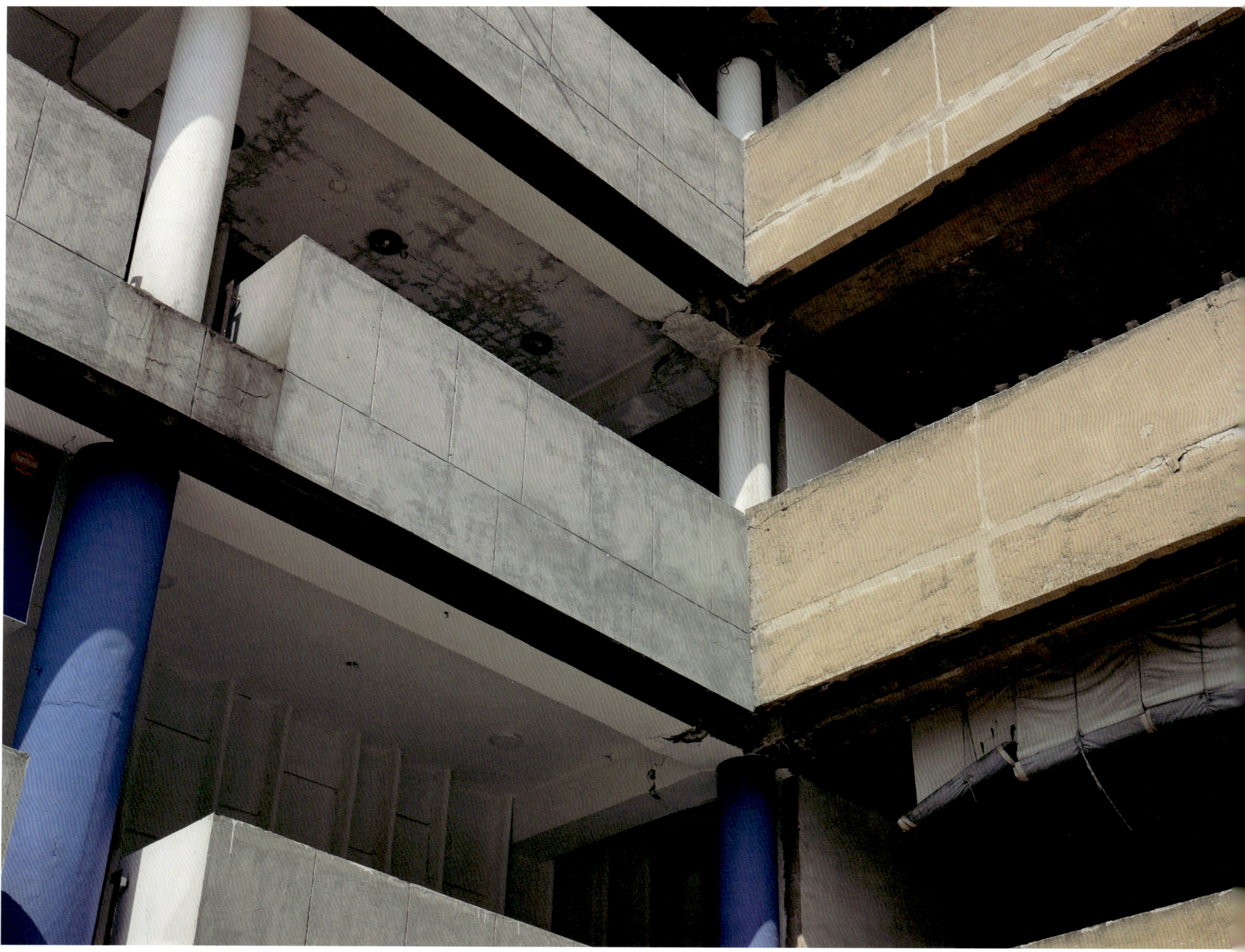

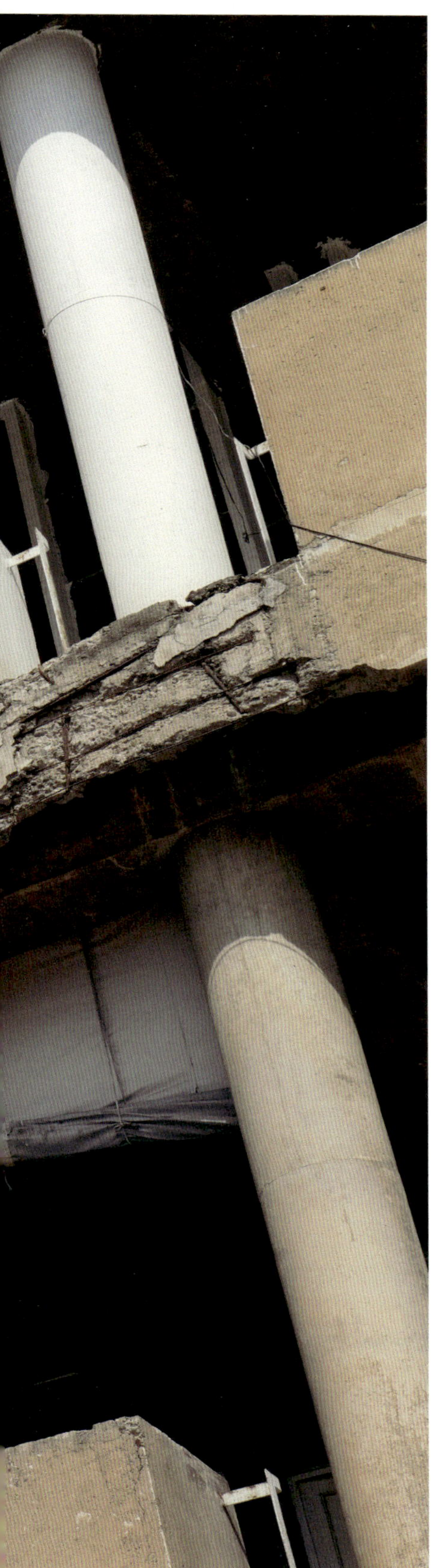

समय

সময়

વેળ

समां

ਸਮਯ

وقت

ZEIT

TIME

ସମୟ

സമയം

ಸಮಯಂ

ಸಮಯ

காலம்

Z

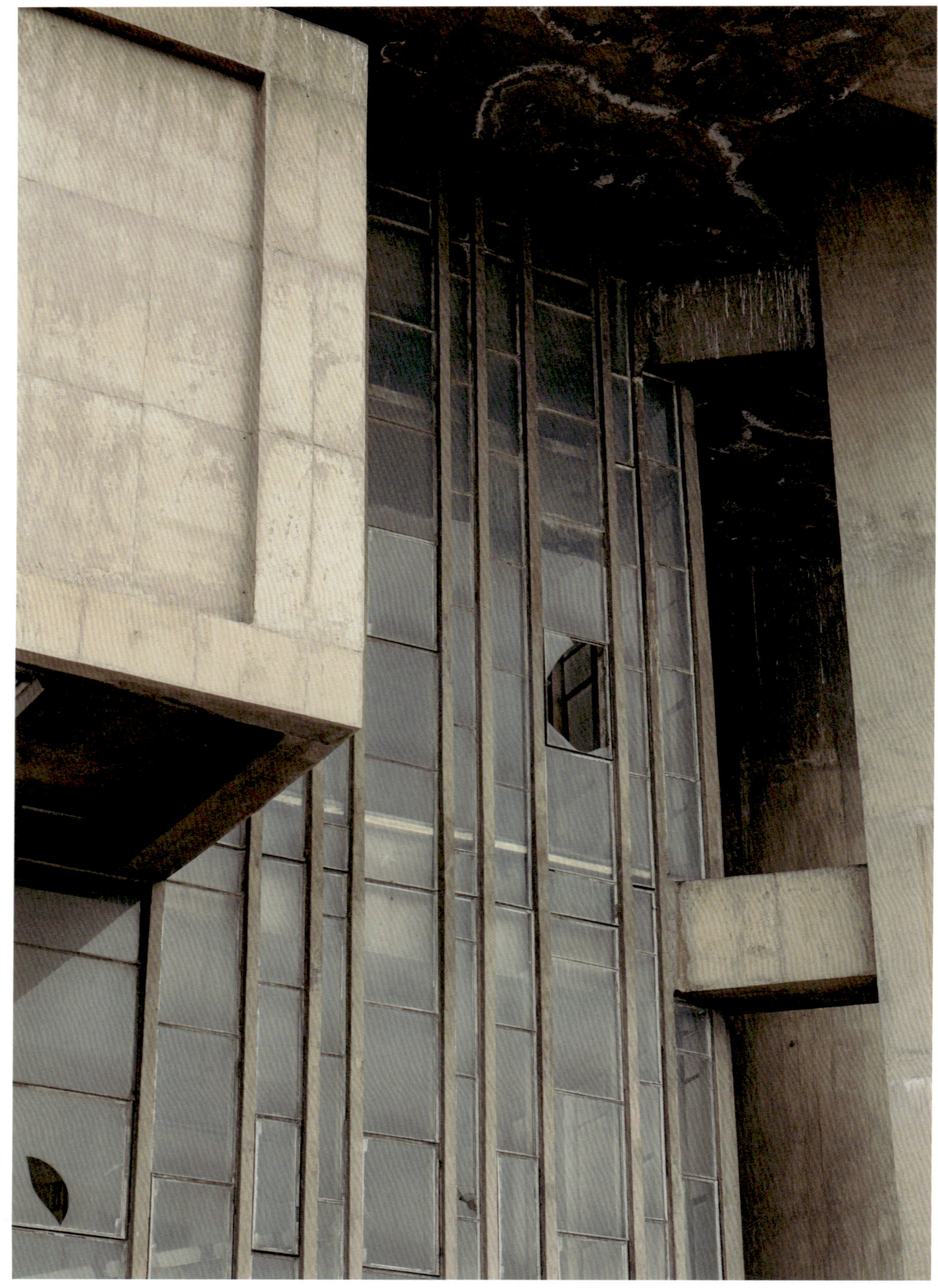

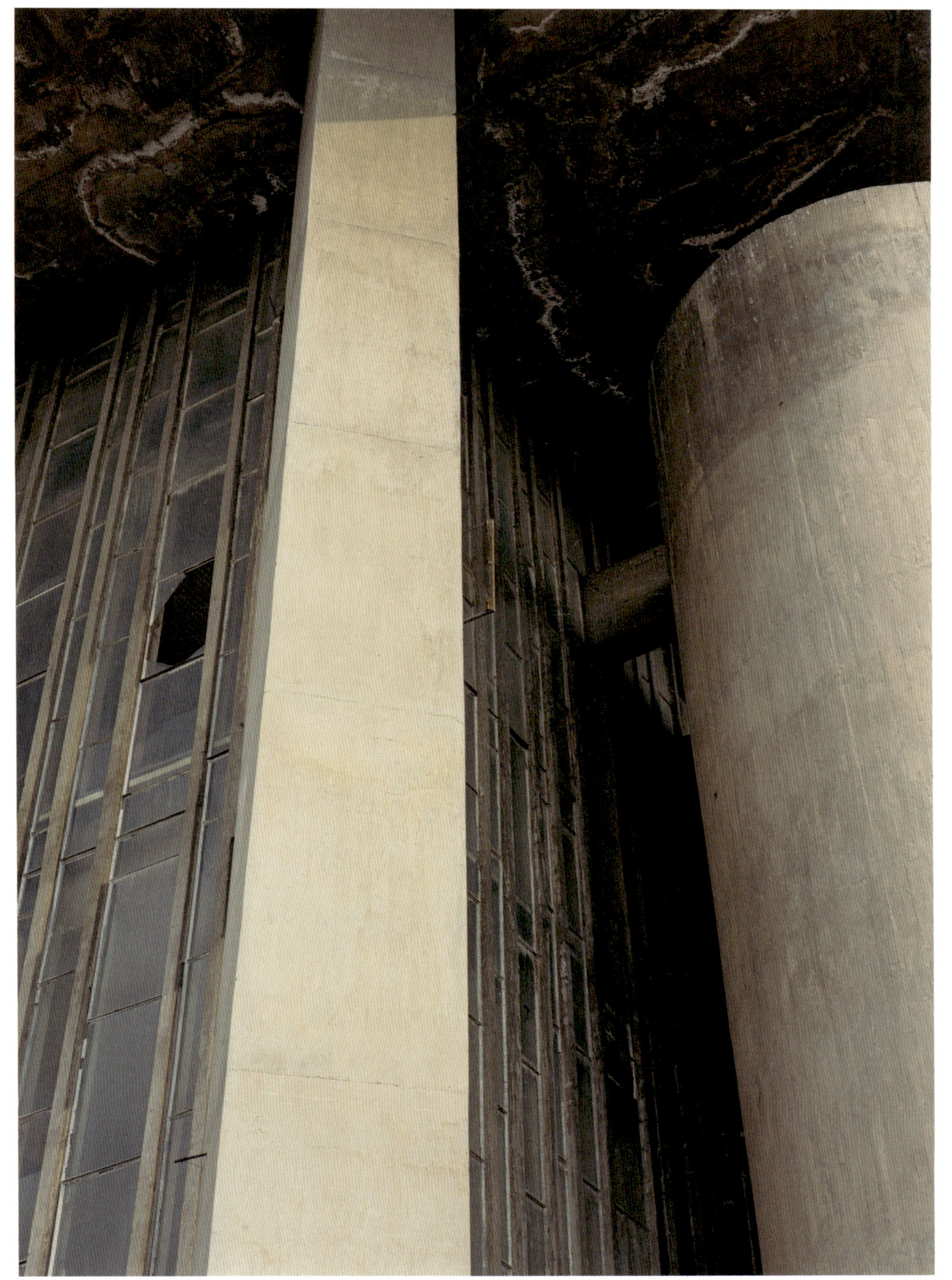

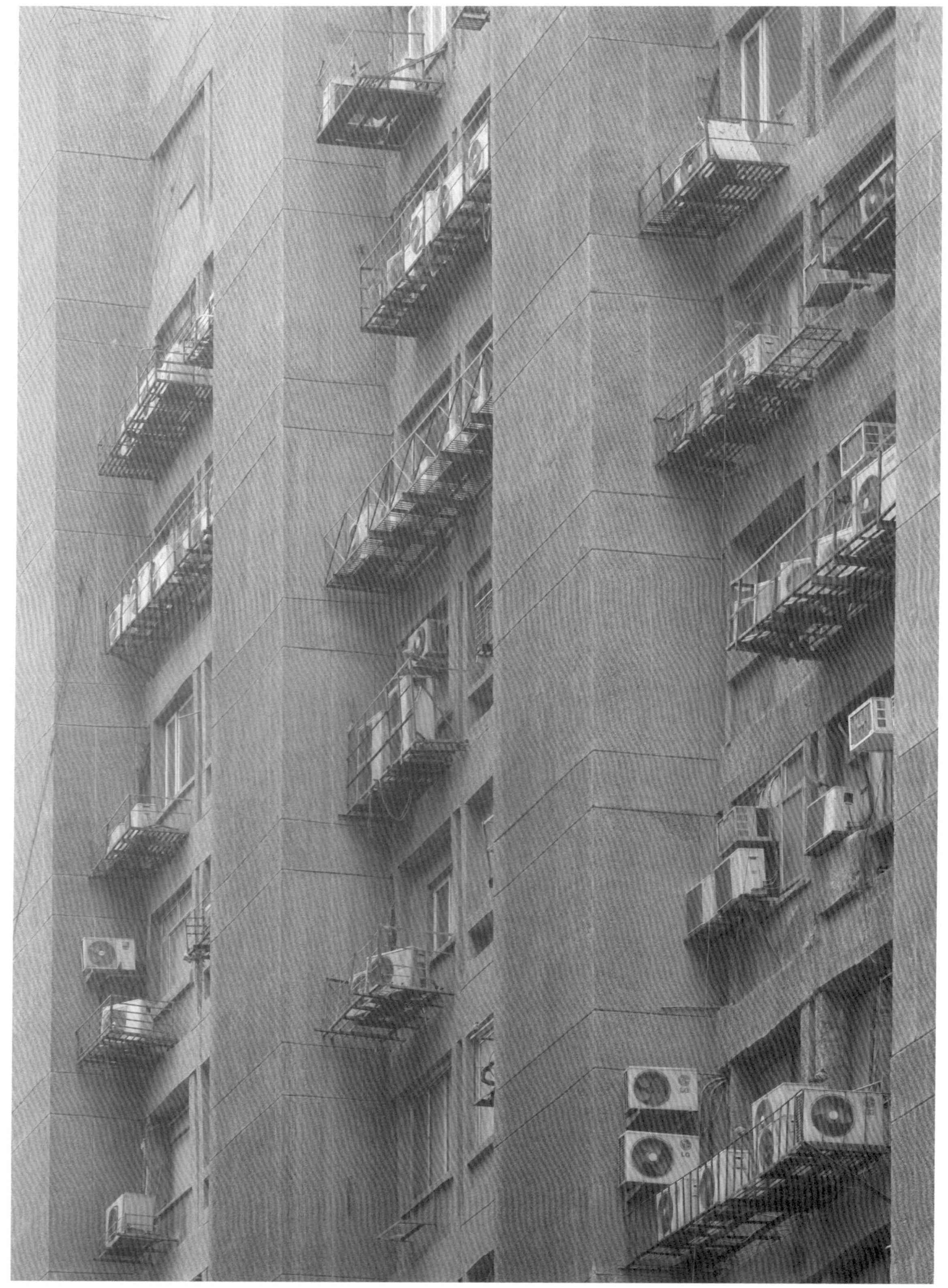

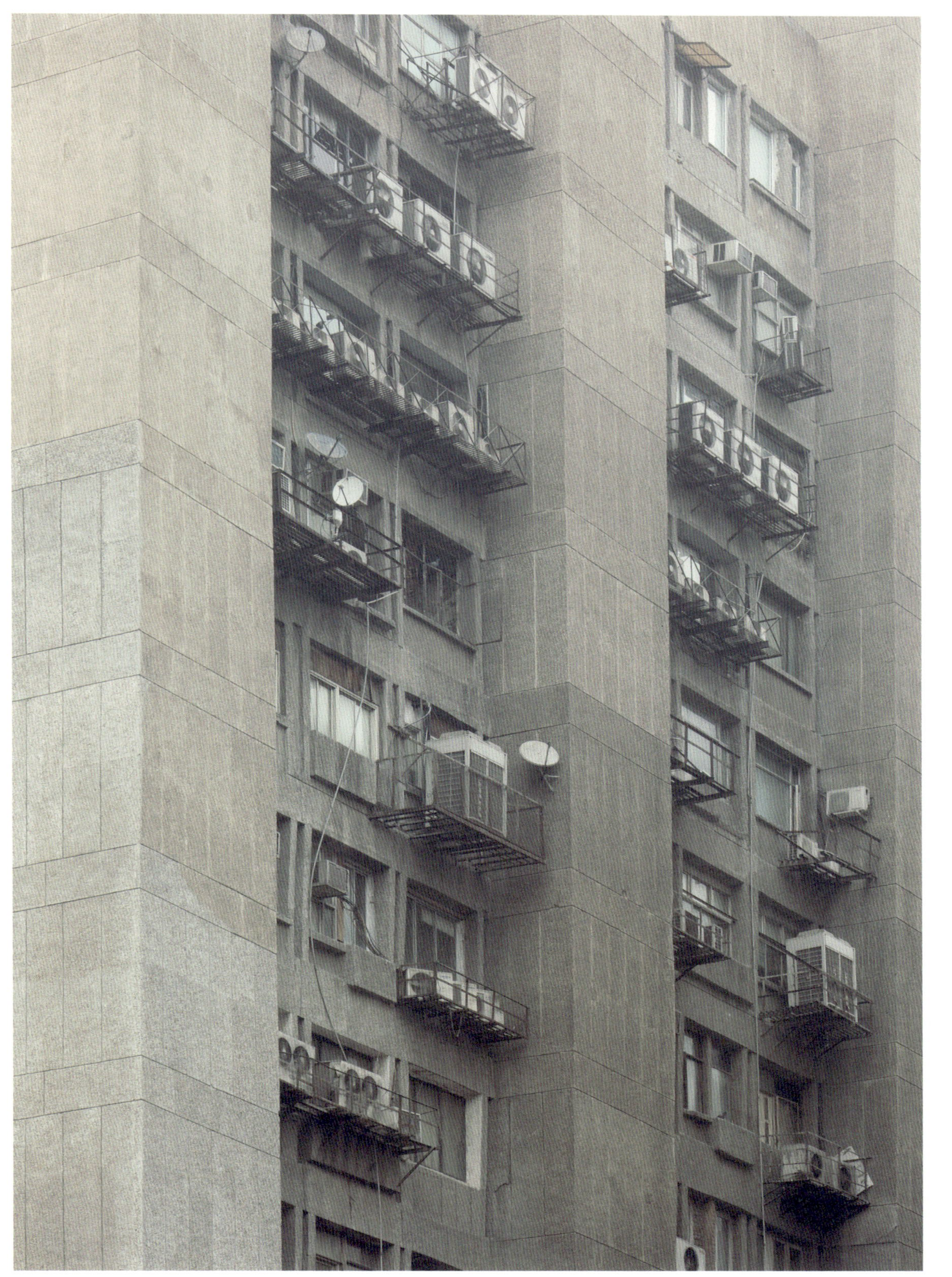

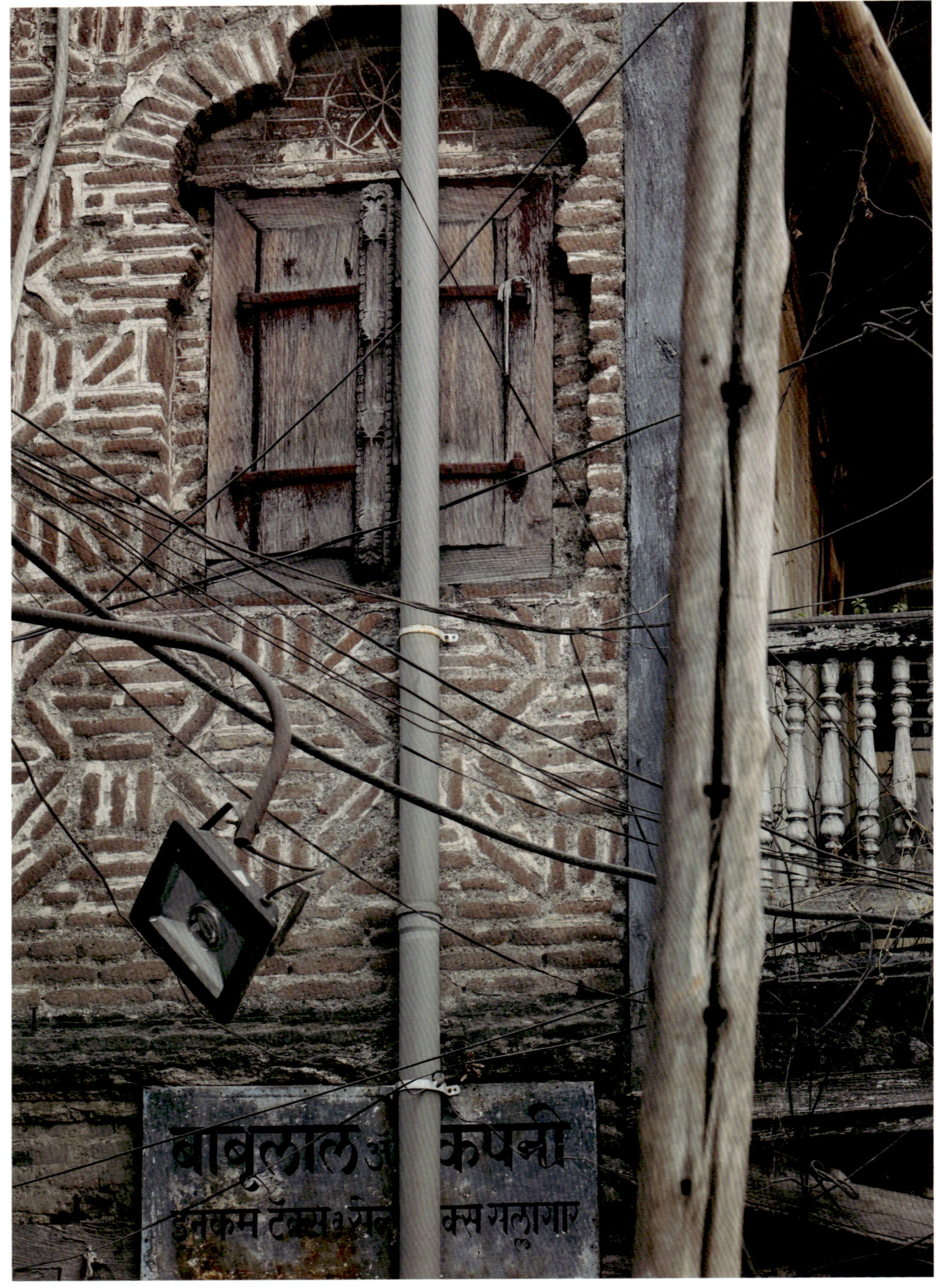

बाबुलाल ॲ कंपनी
इनकम टॅक्स ॲण्ड सेल्स टॅक्स सलागार

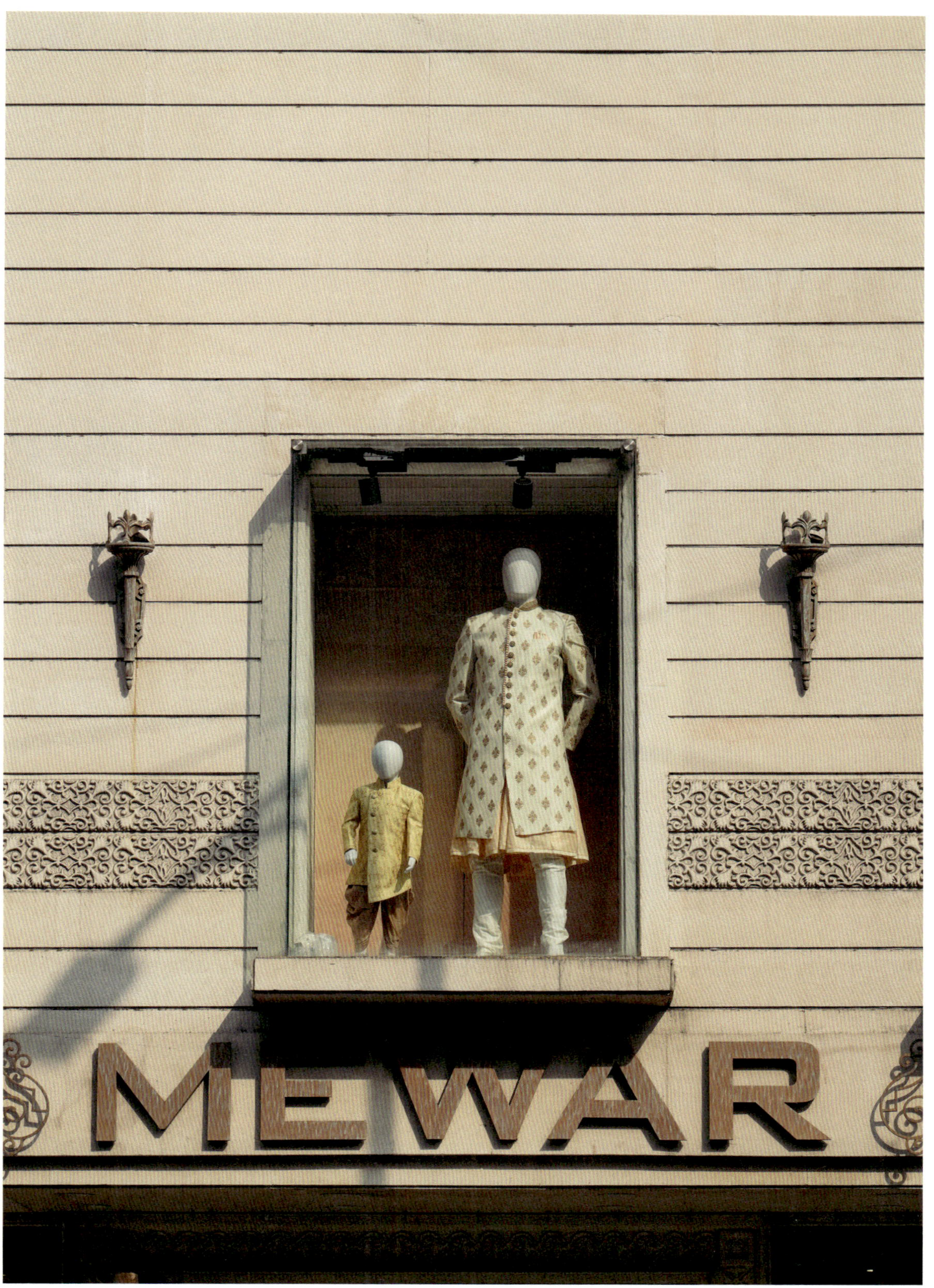

MEWAR

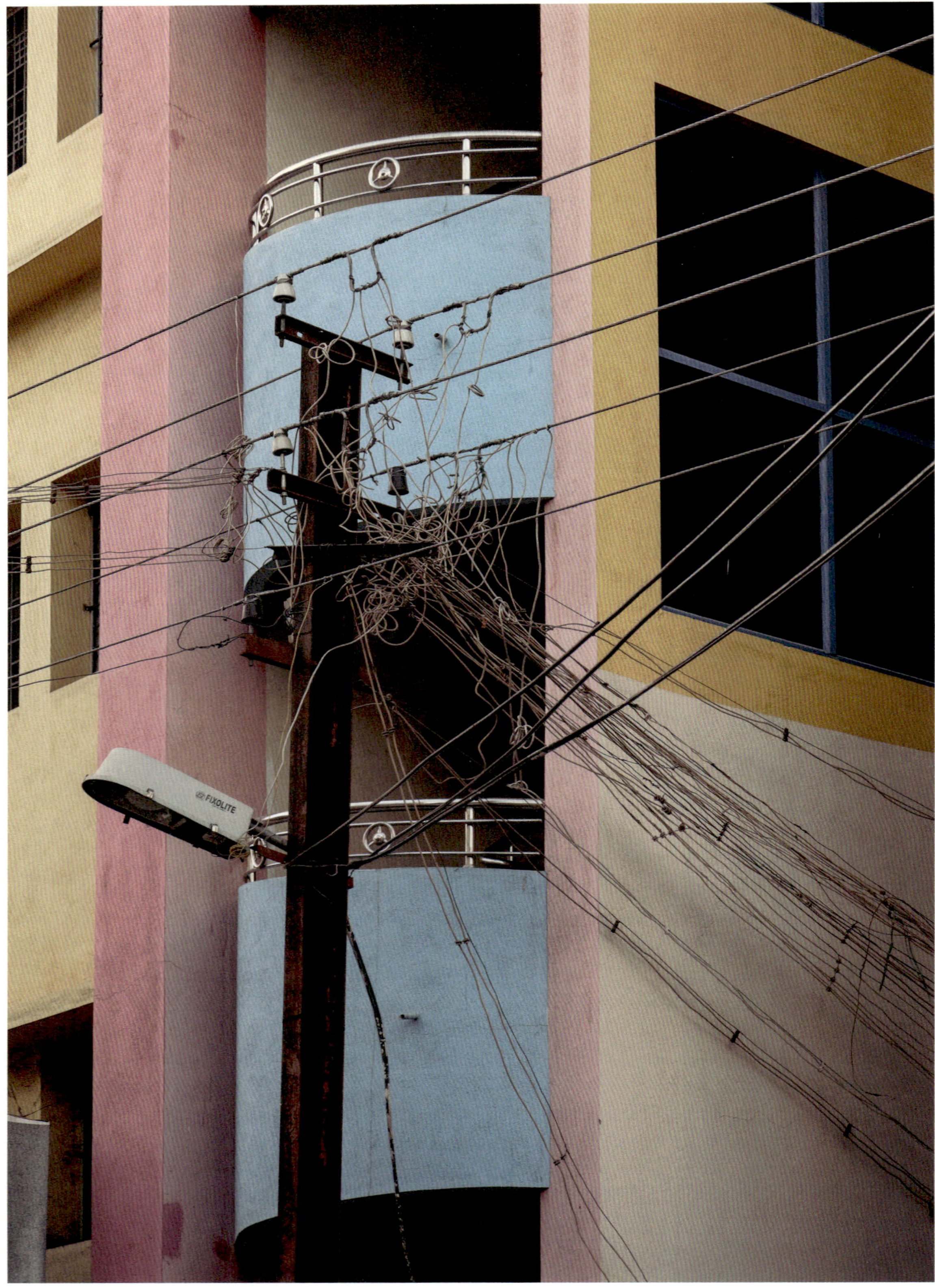

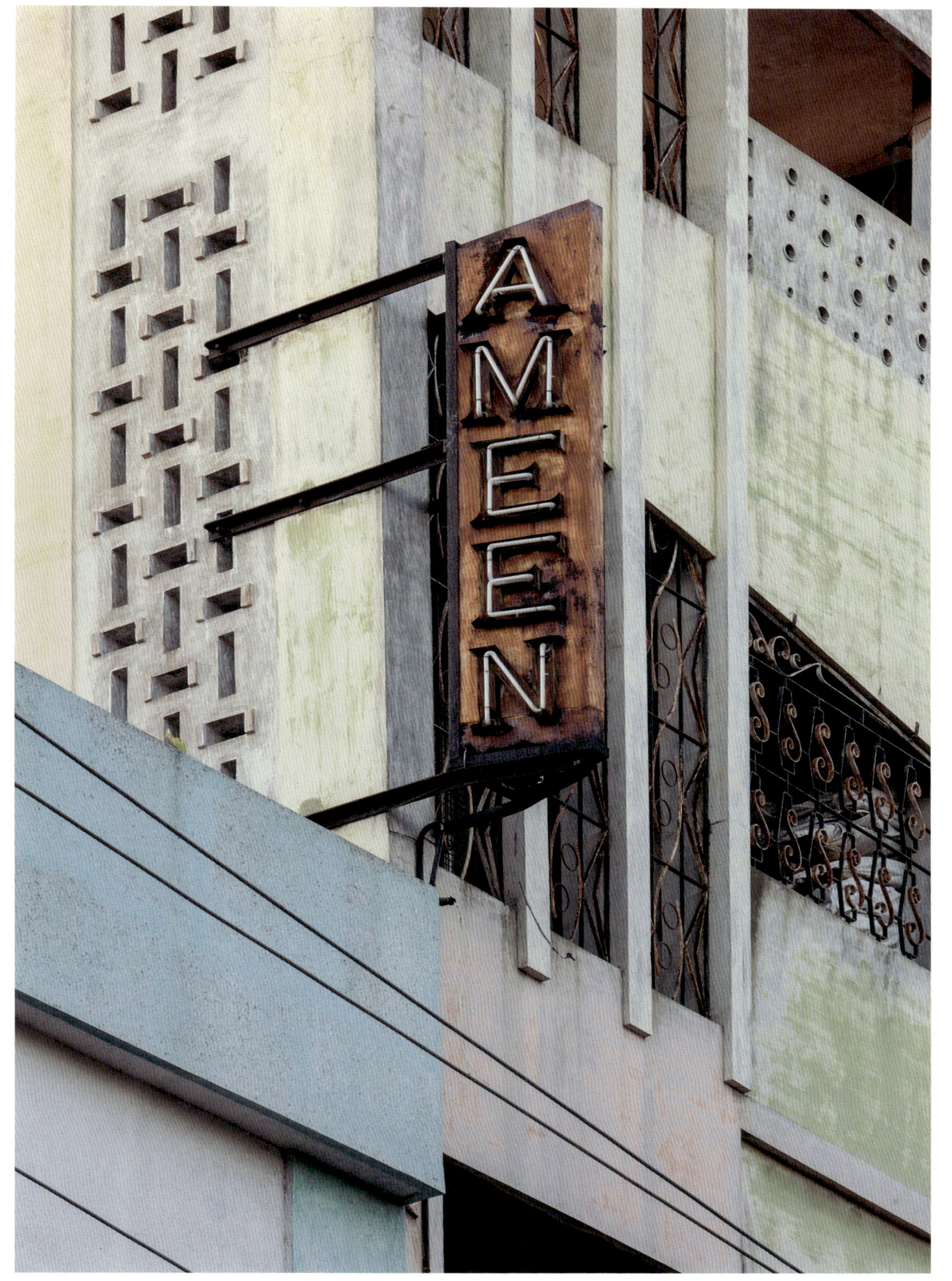

AMEEN

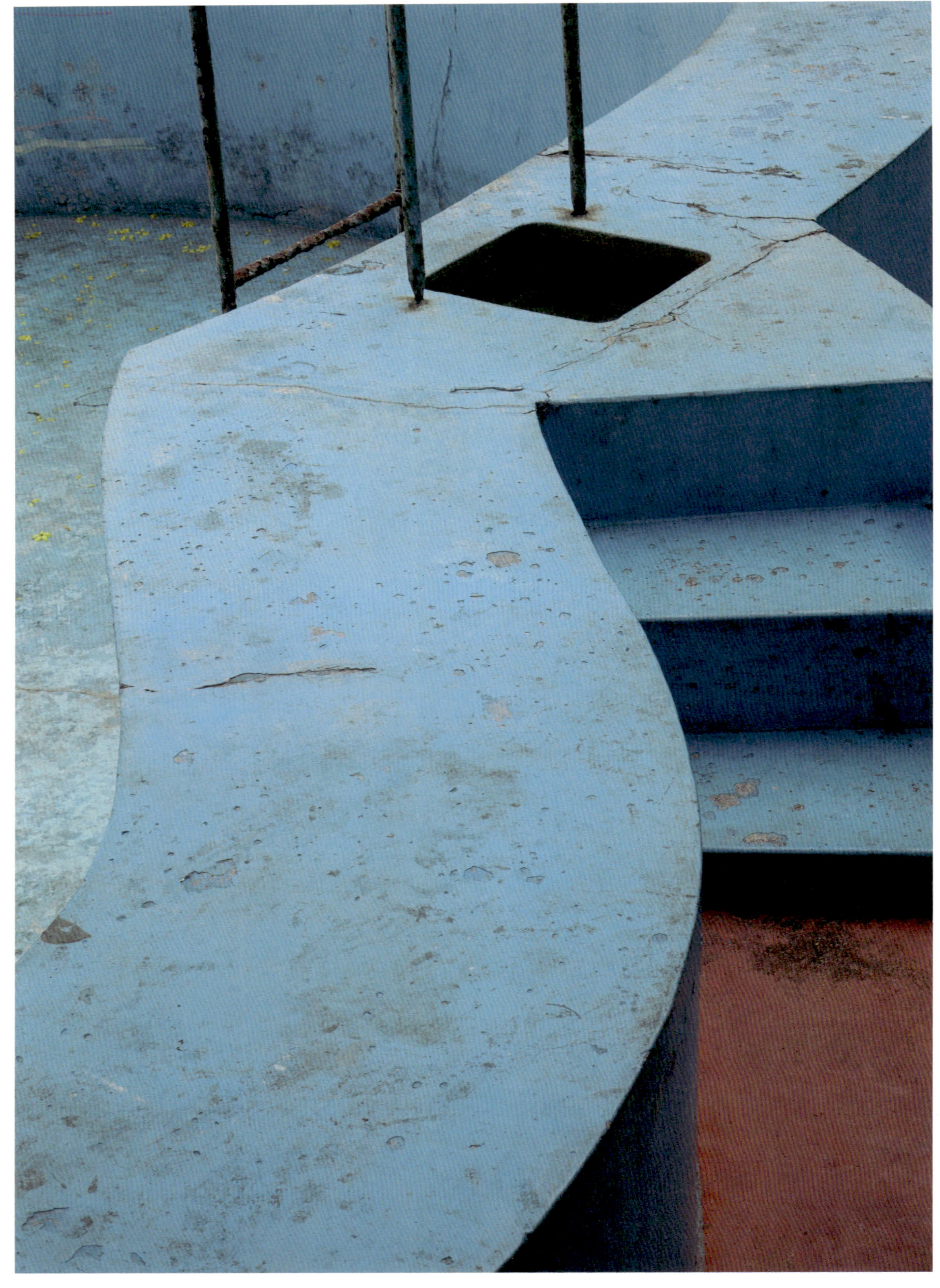

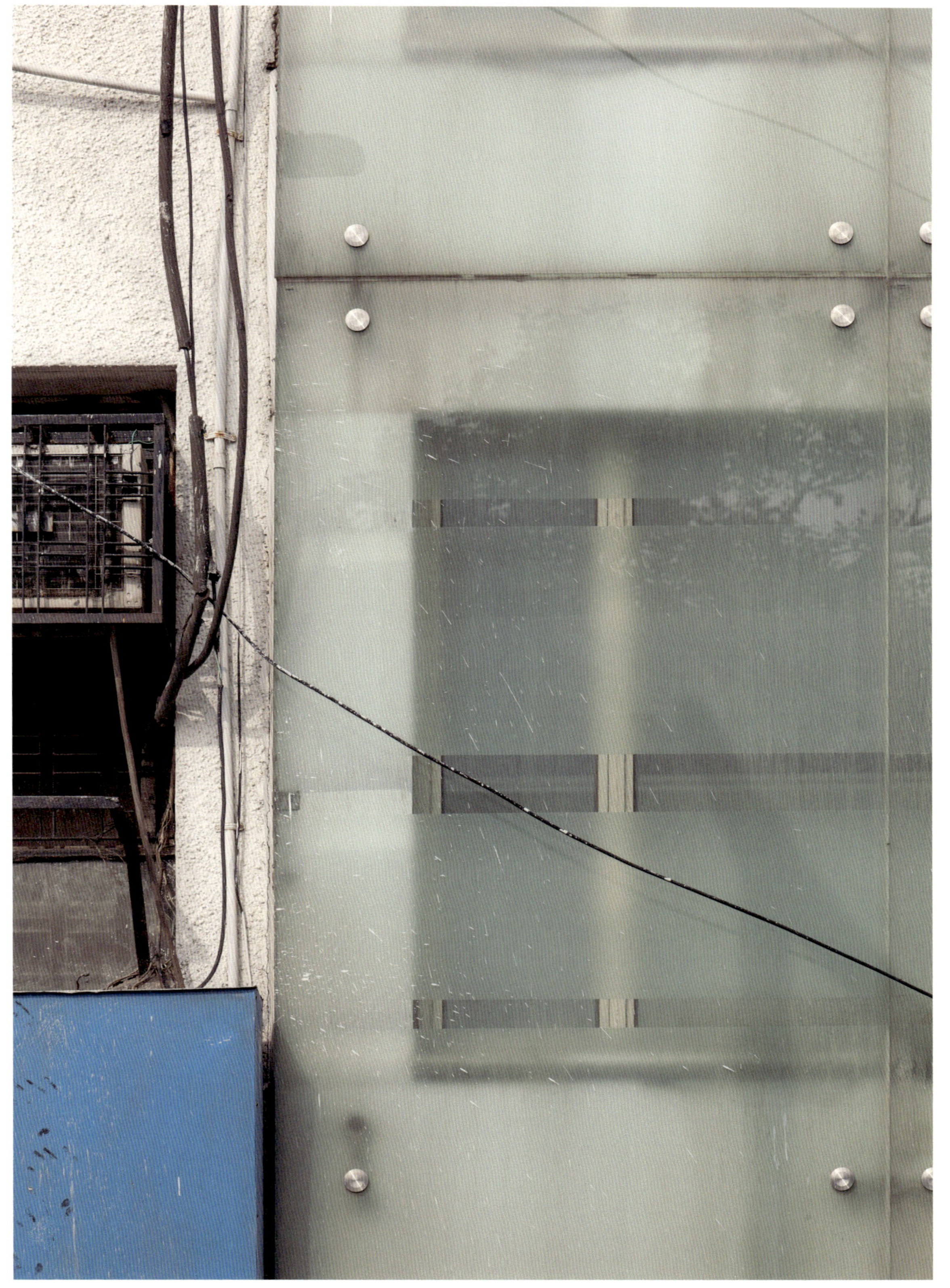

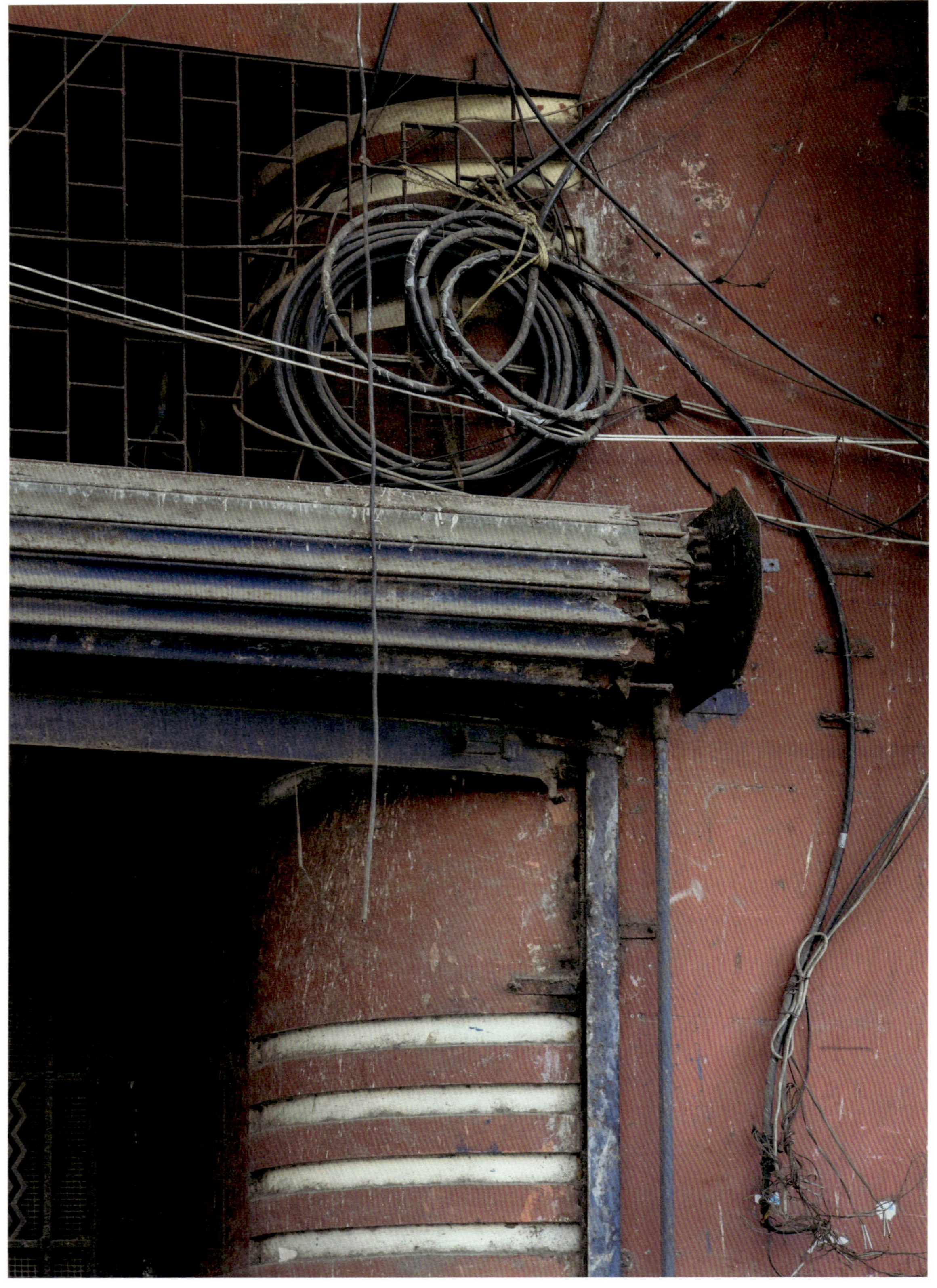

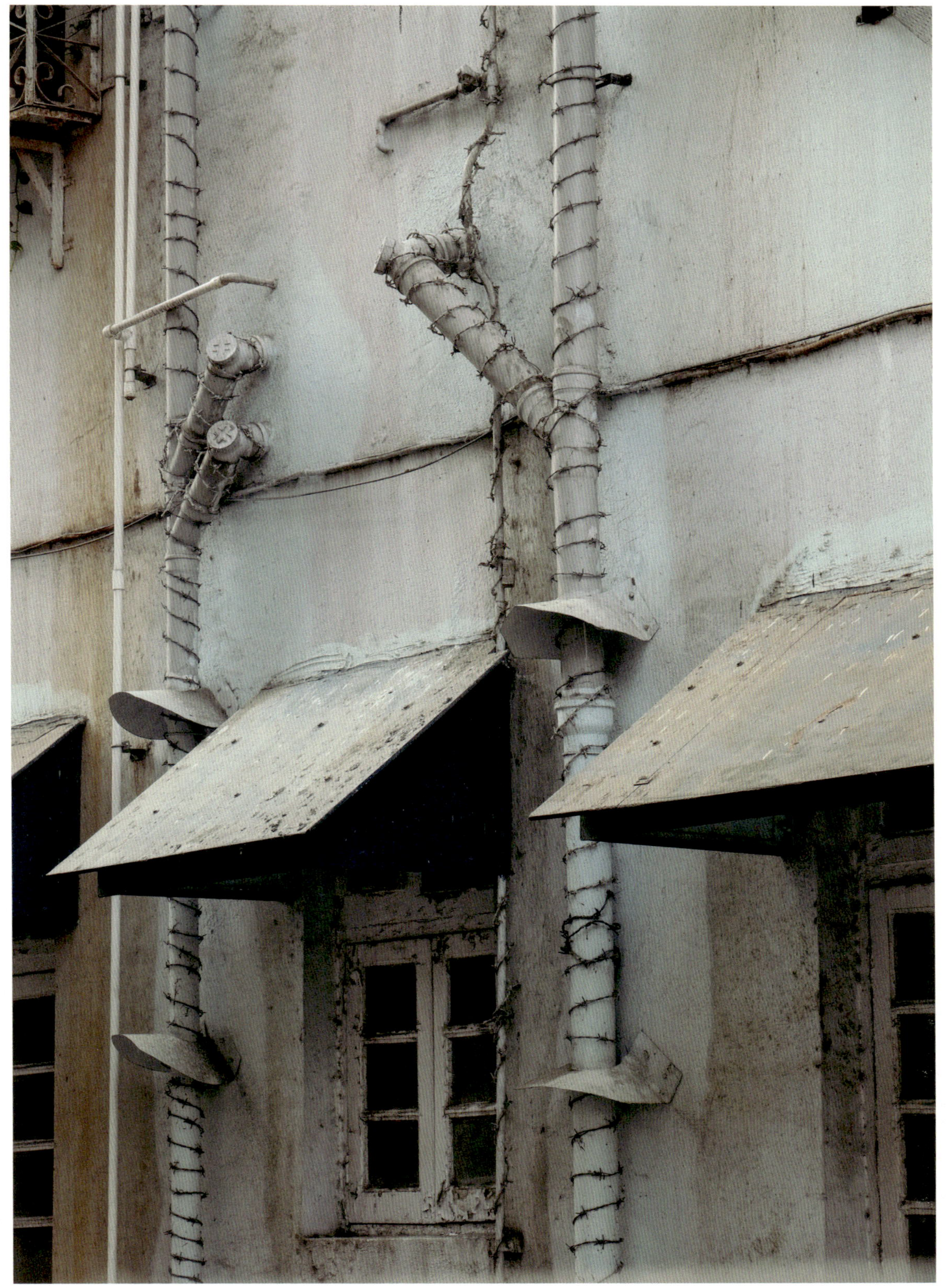

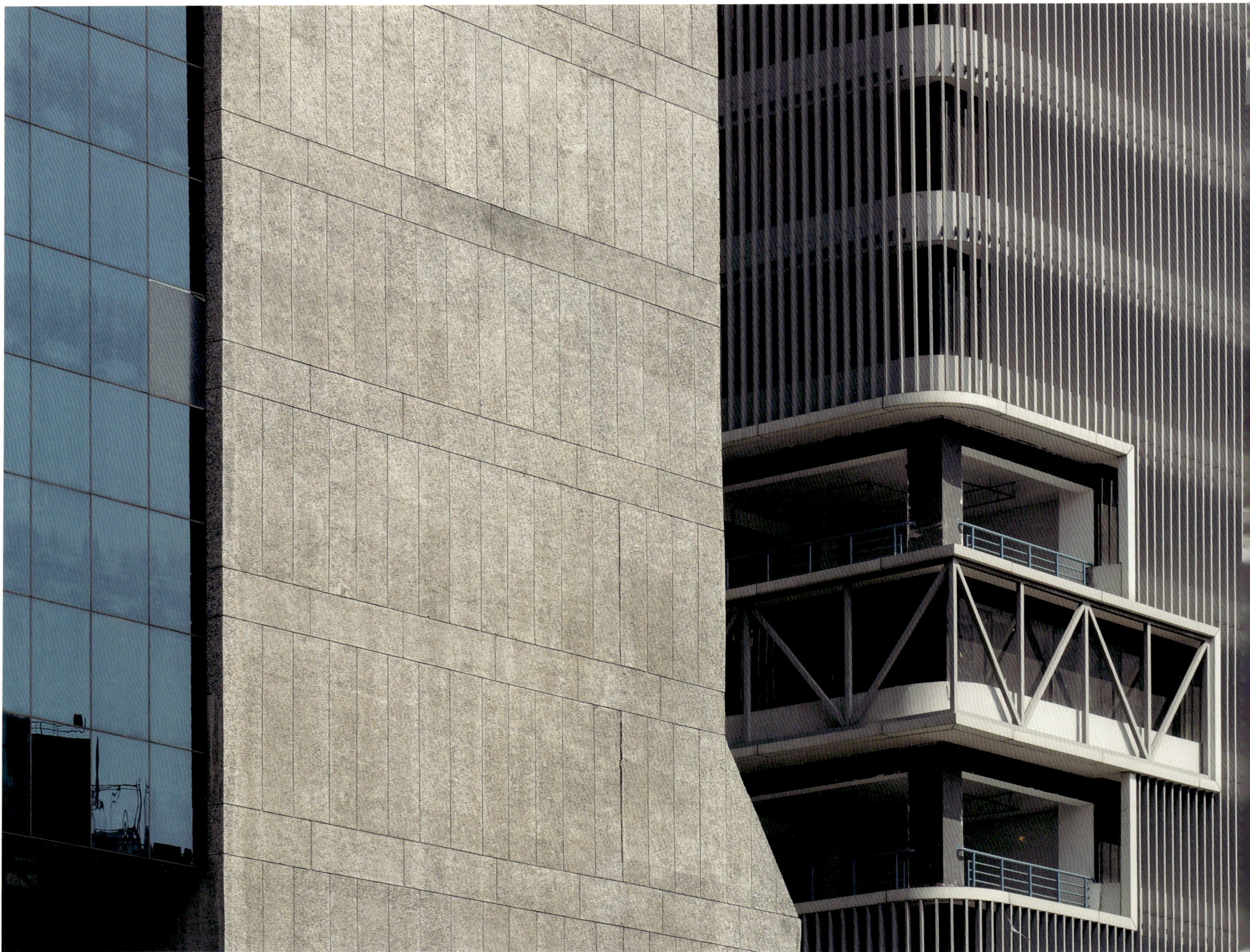

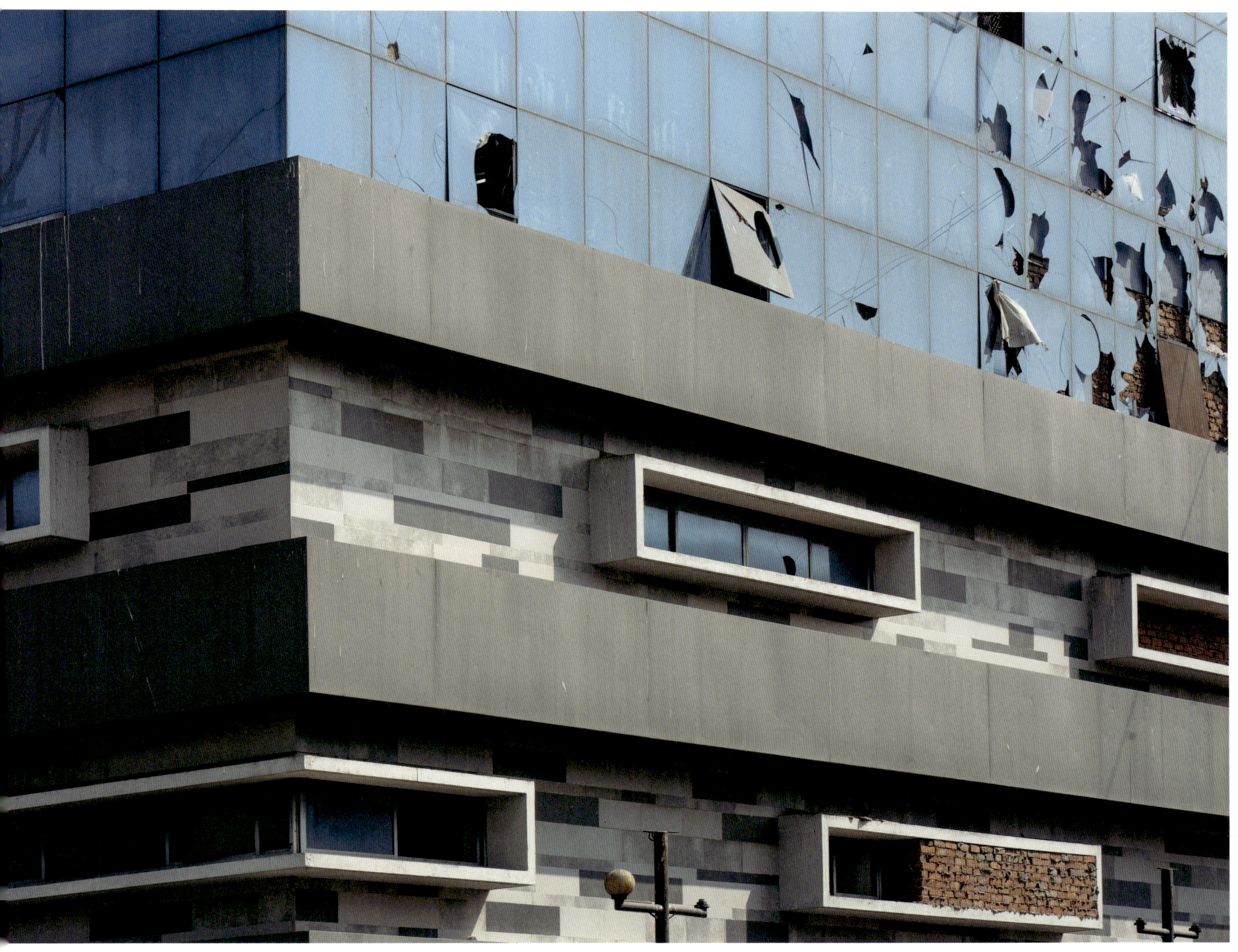

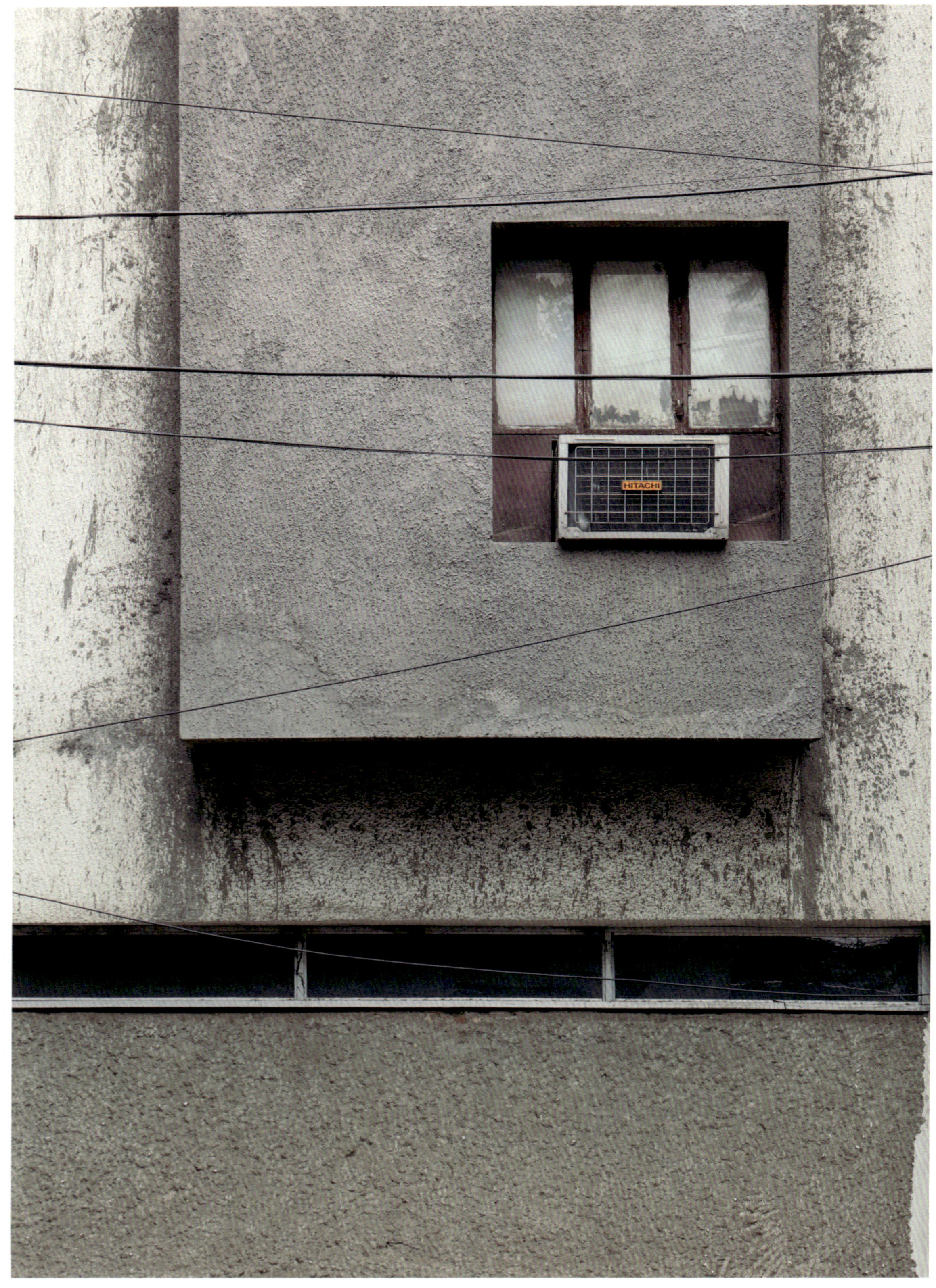

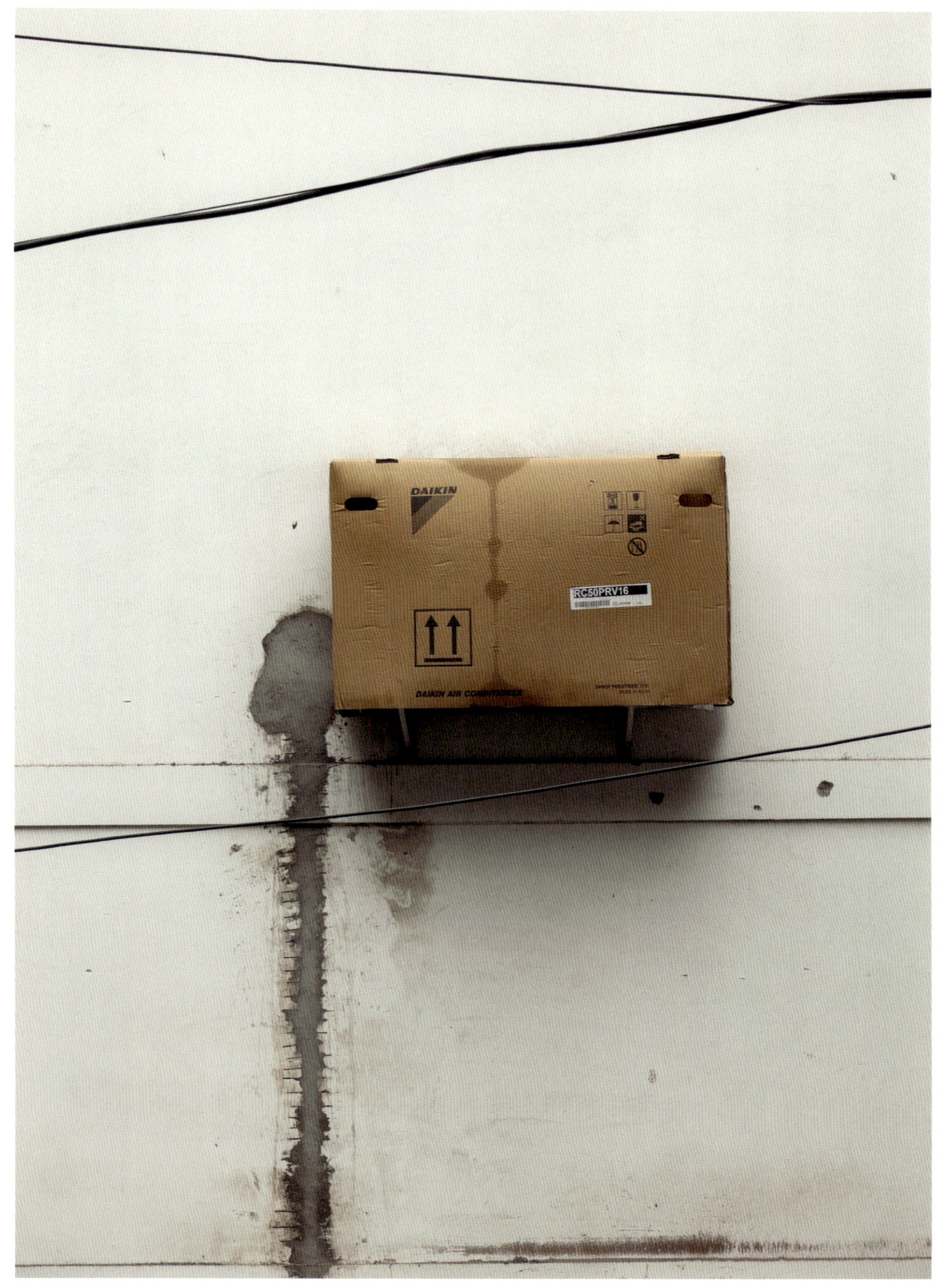

DAIKIN
RC50PRV16
DAIKIN AIR CONDITIONER

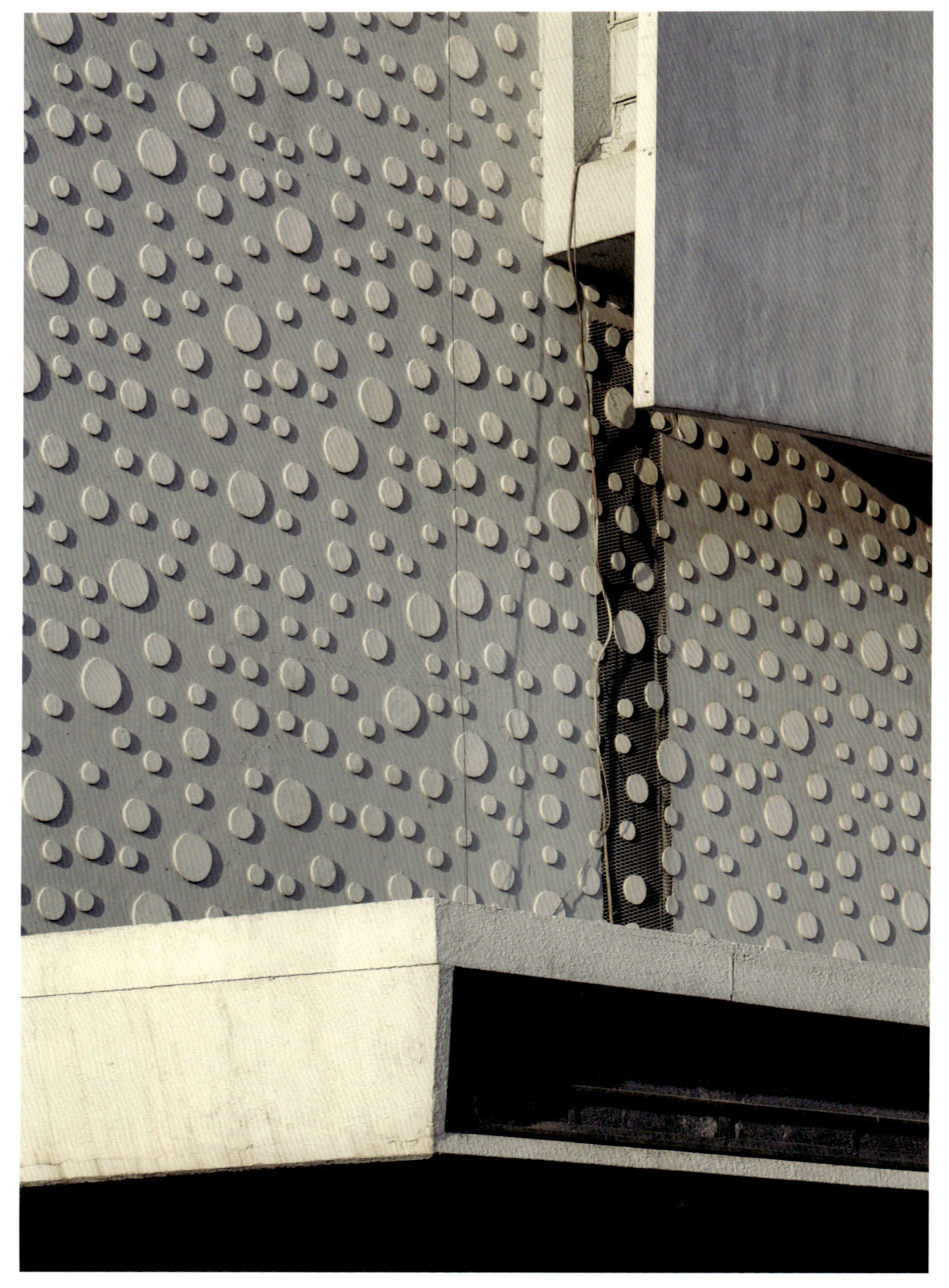

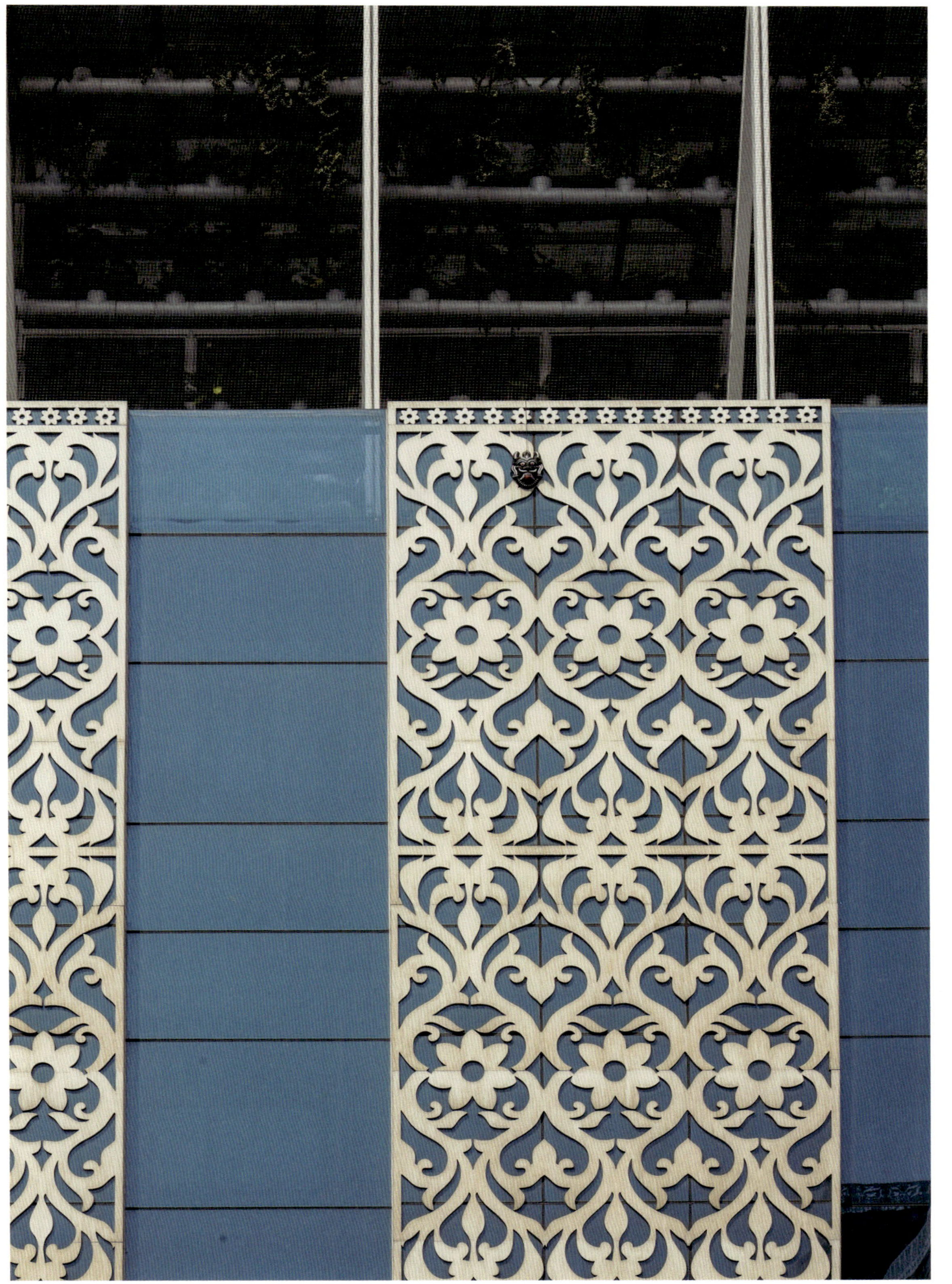

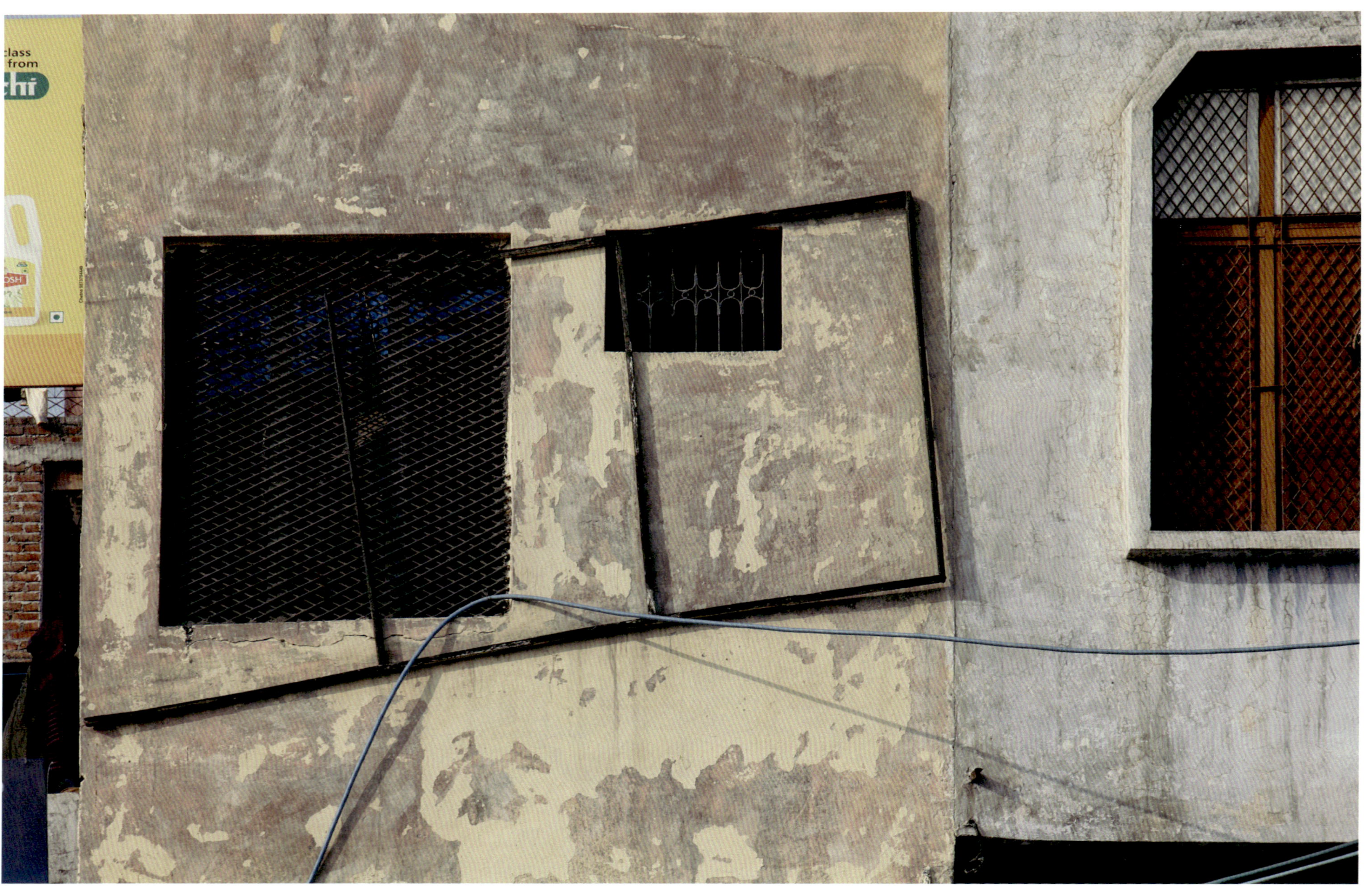
class
from
chi

मेरा घर
আমার বাড়ি
माझे घर
ਮੇਰਾ ਘਰ
મારું ઘર
میرا گھر
MEIN HAUS
MY HOUSE
ମୋ ଘର
എന്റെ വീട്
నా ఇల్లు
ನನ್ನ ಮನೆ
என் வீடு

H

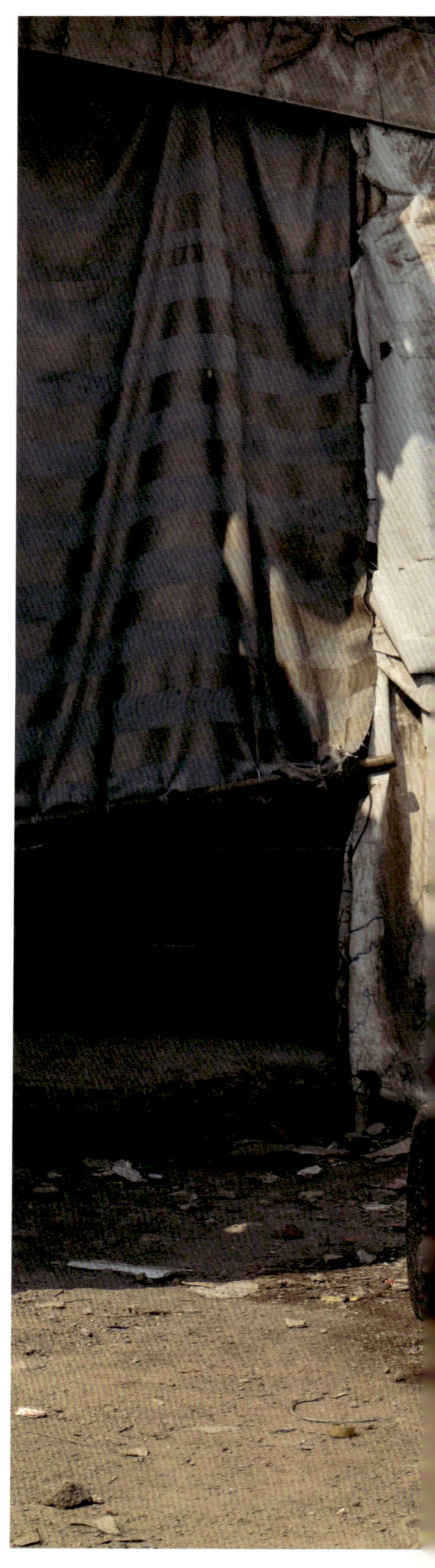

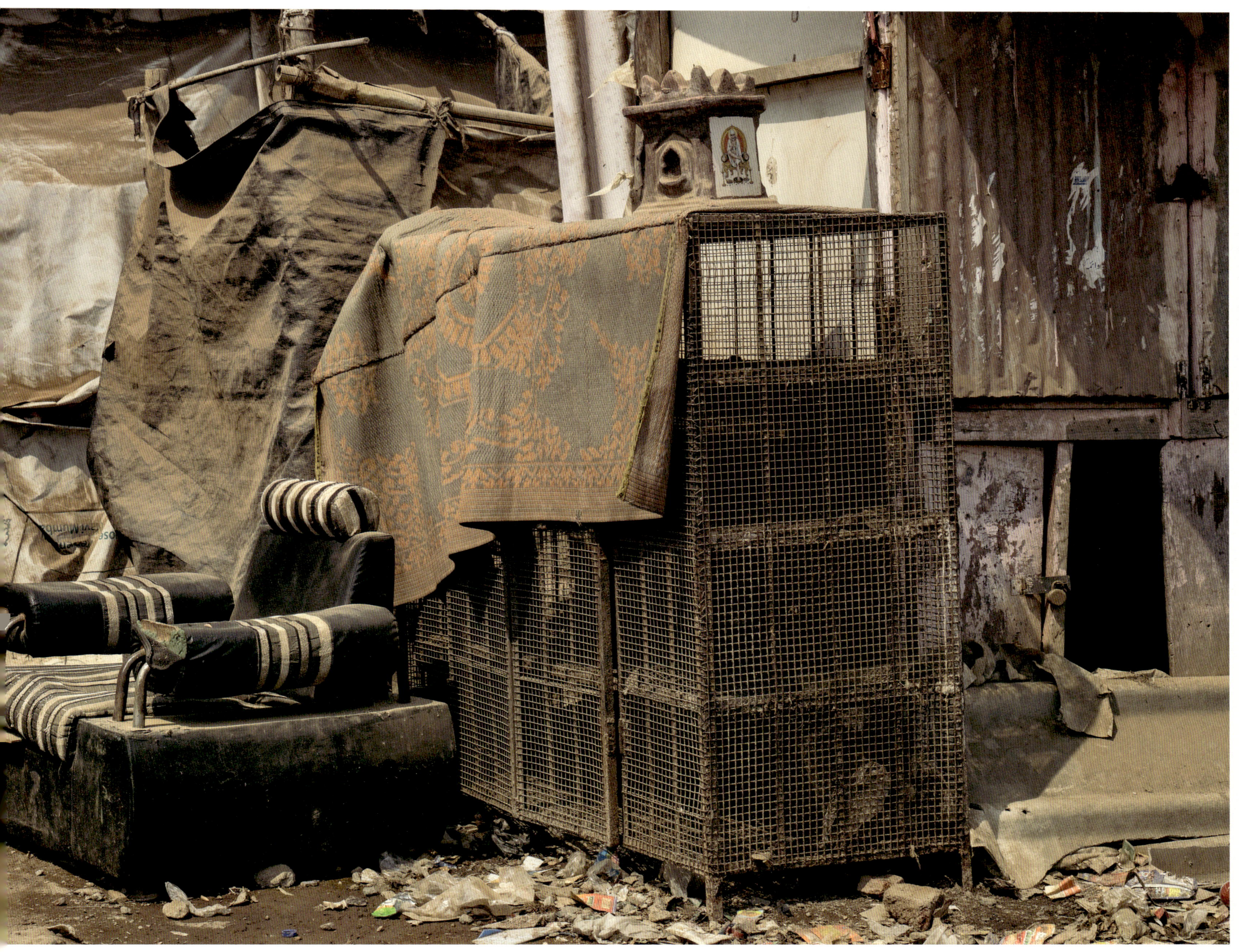

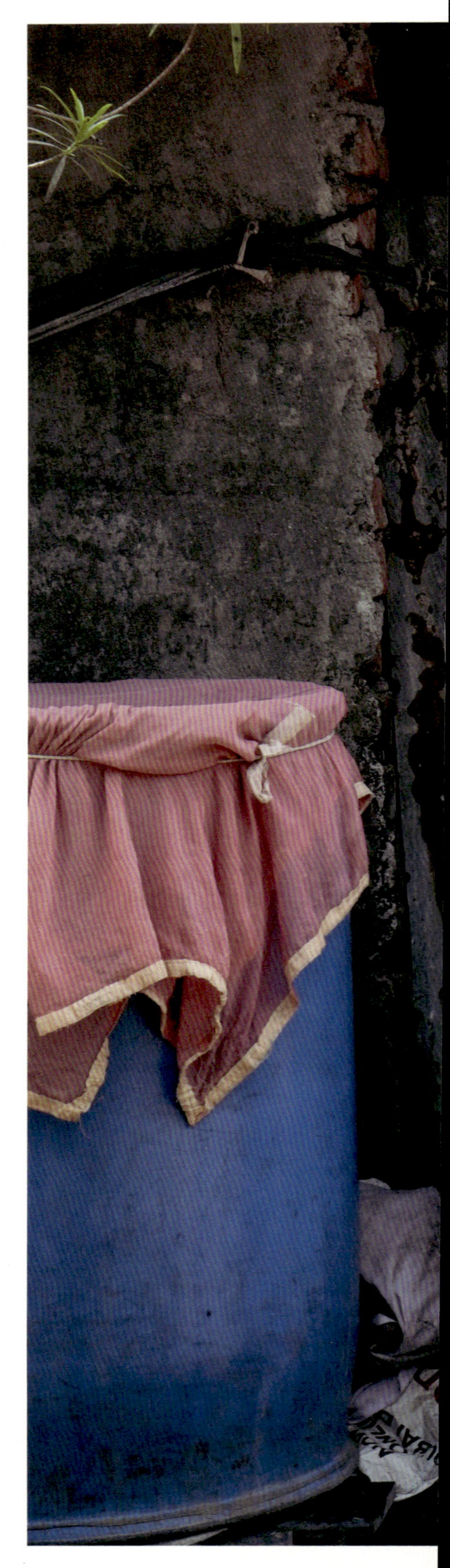

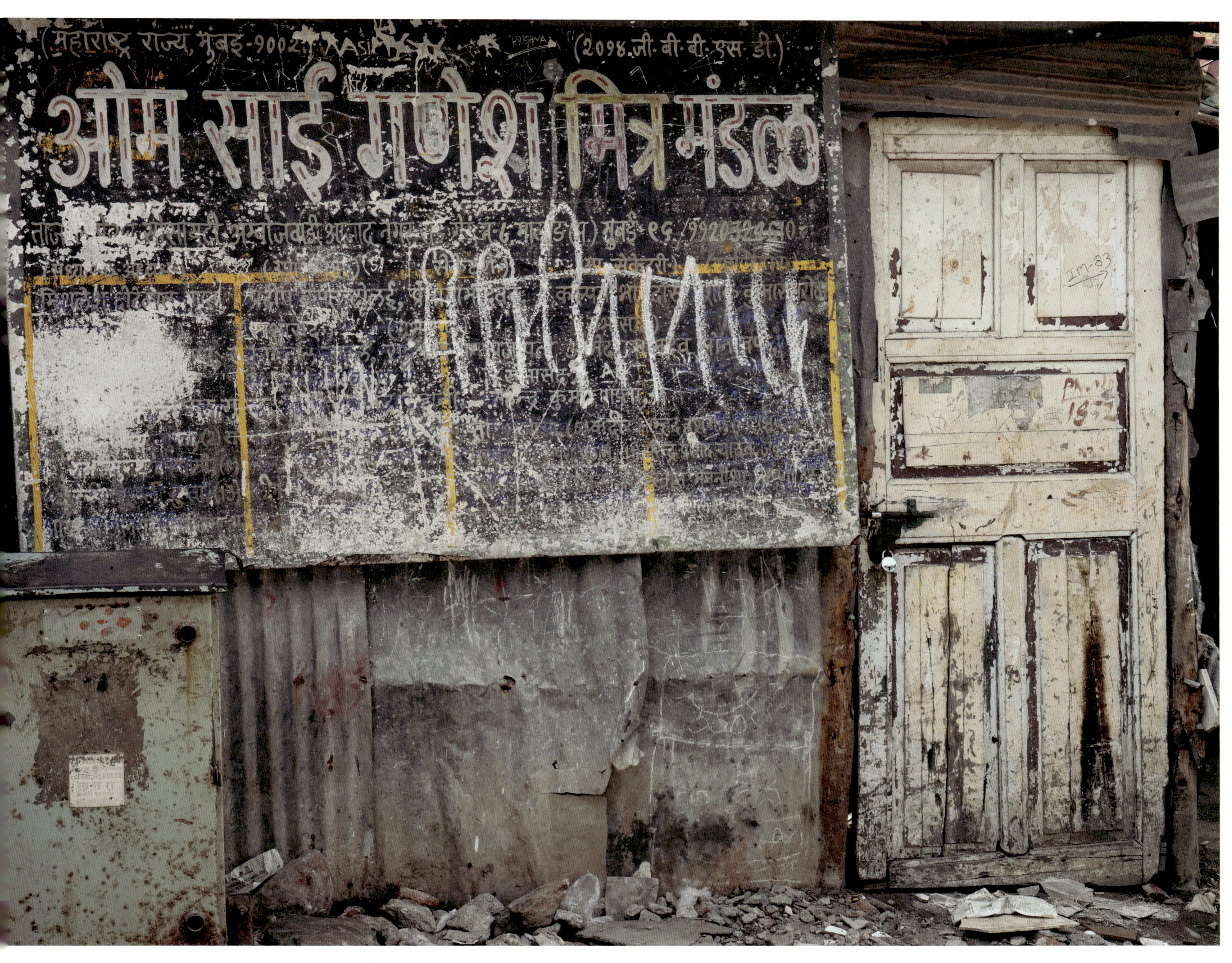
(महाराष्ट्र राज्य, मुंबई-९०० २) AAsi
(२०१४ जी. बी. बी. एस. डी.)
ओम साई गणेश मित्र मंडळ

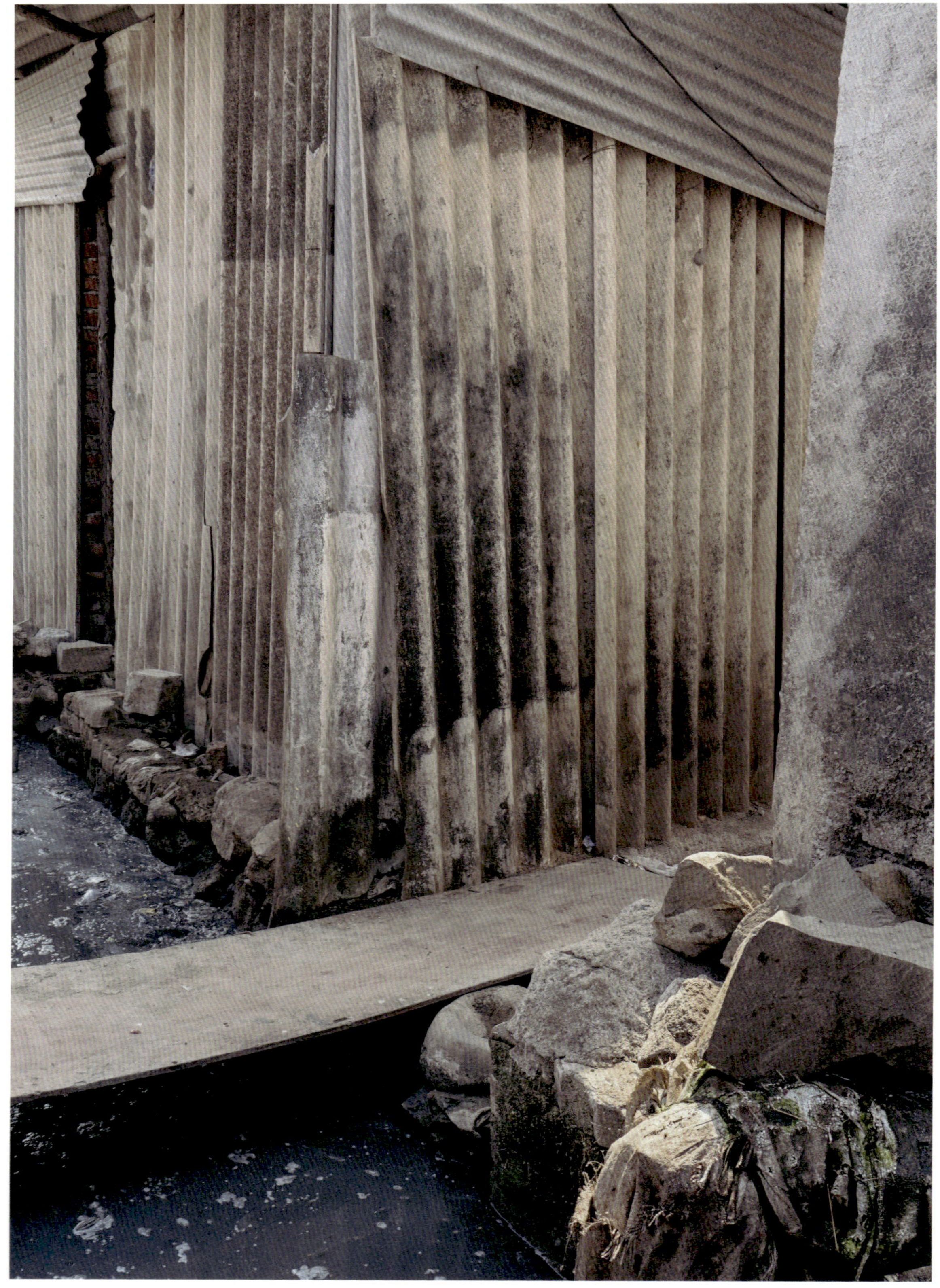

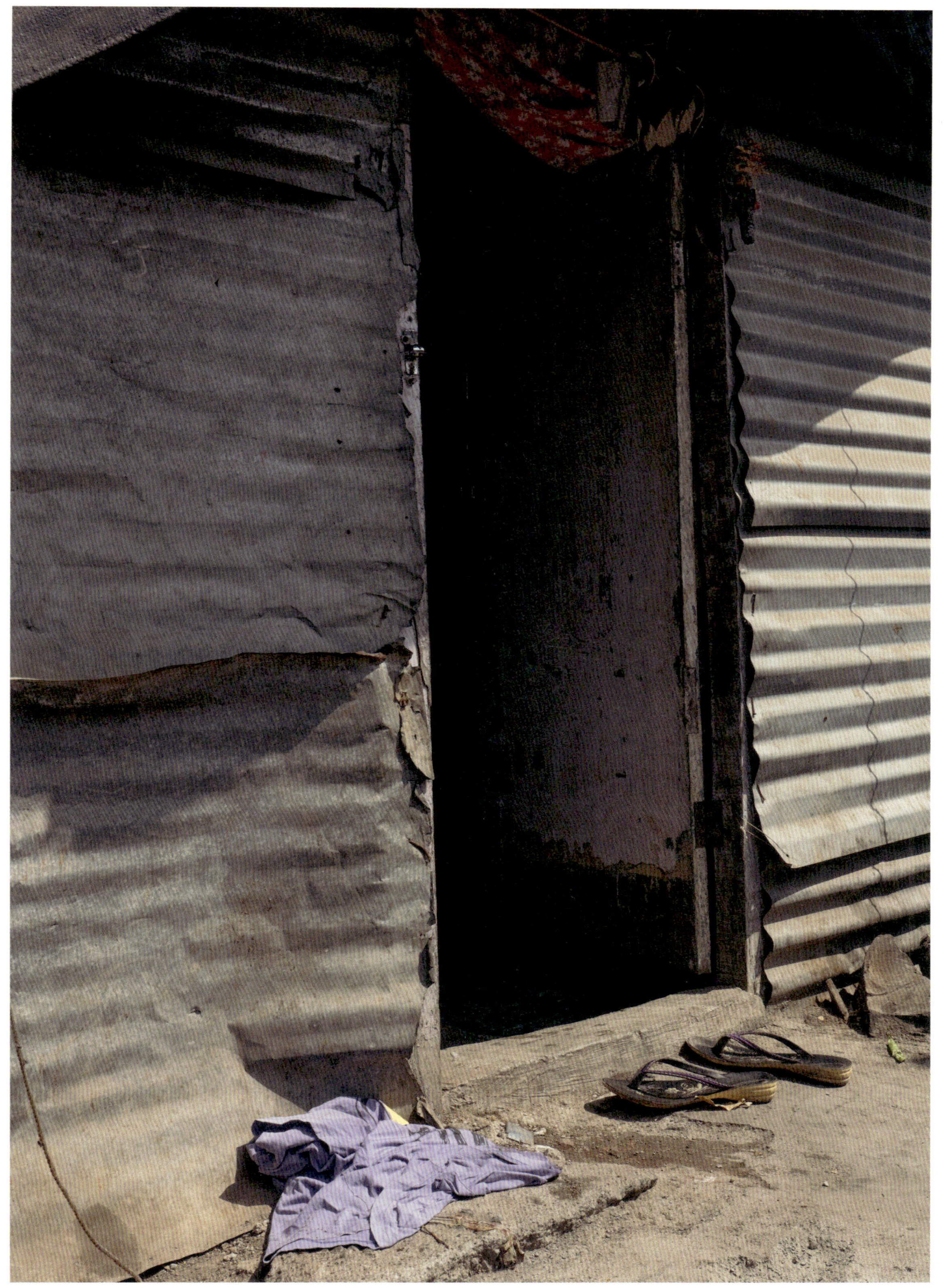

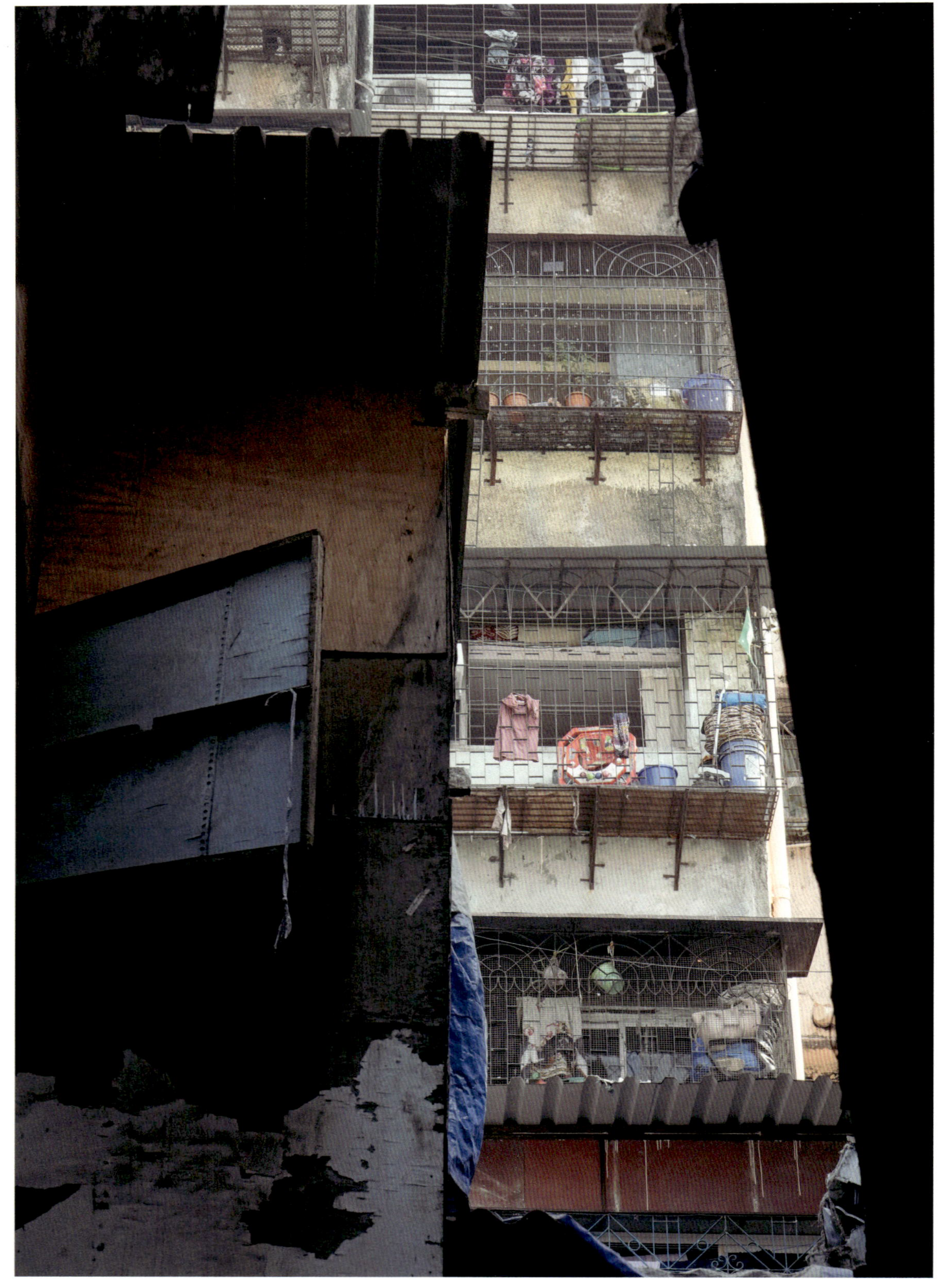

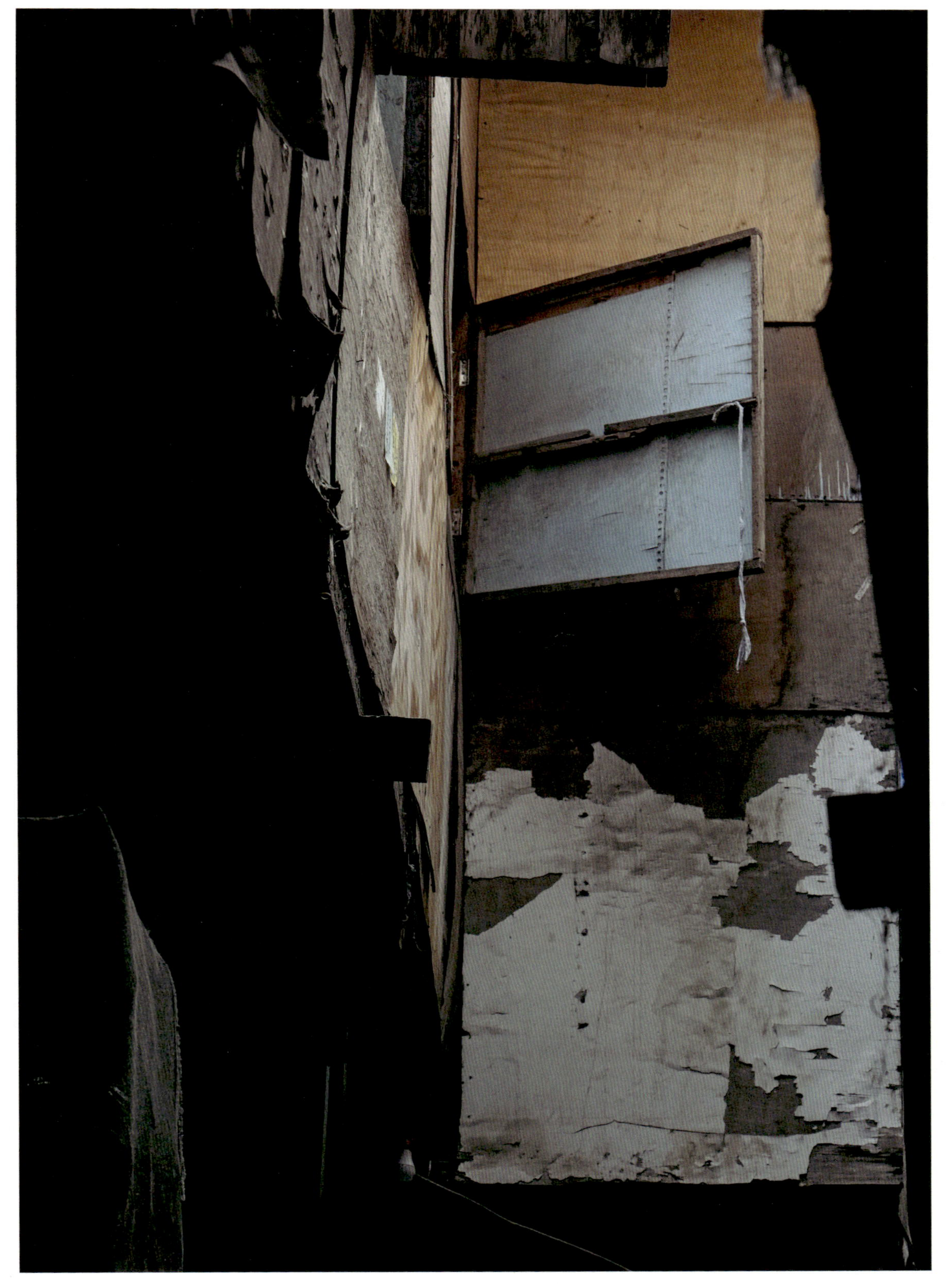

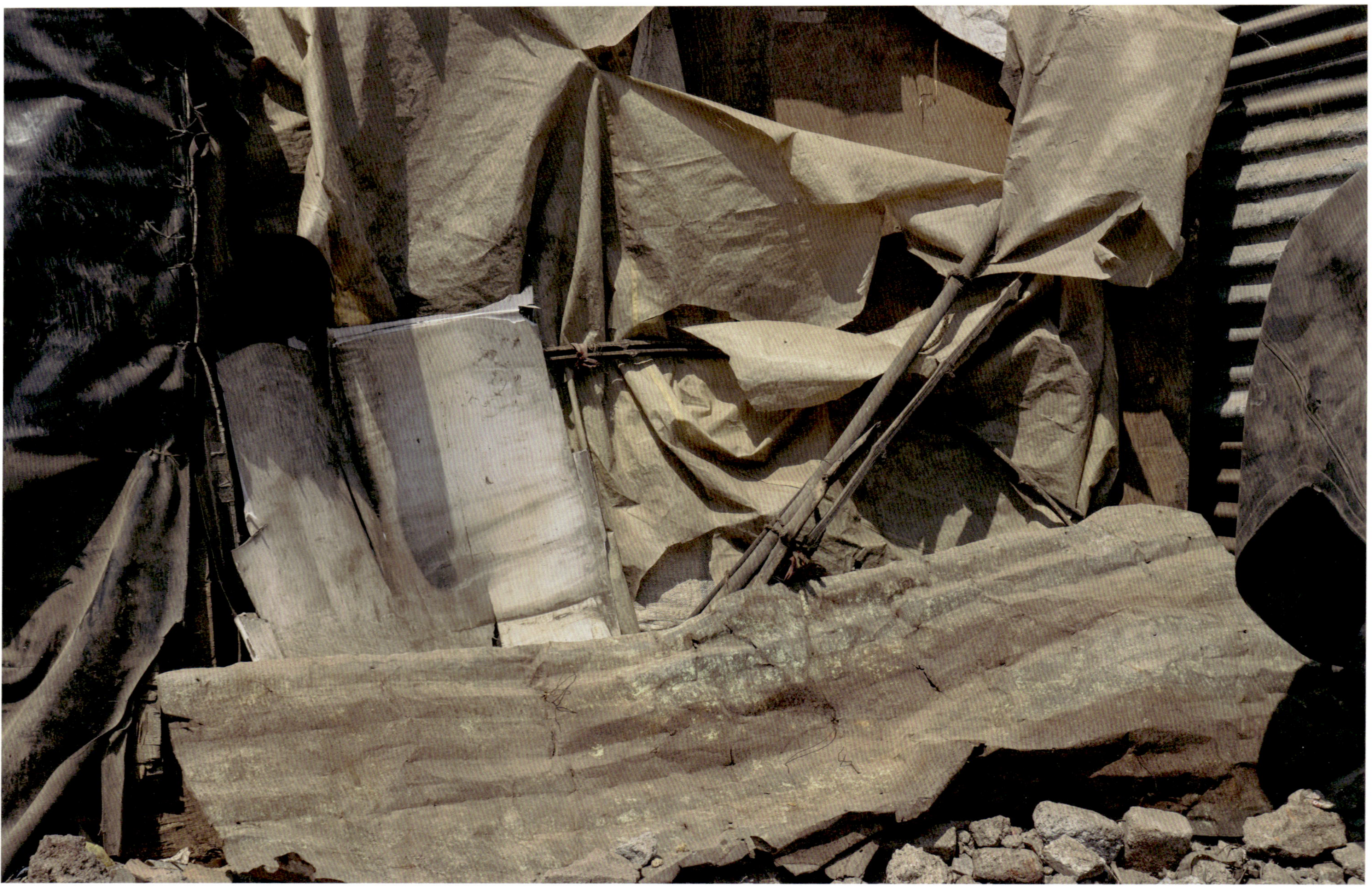

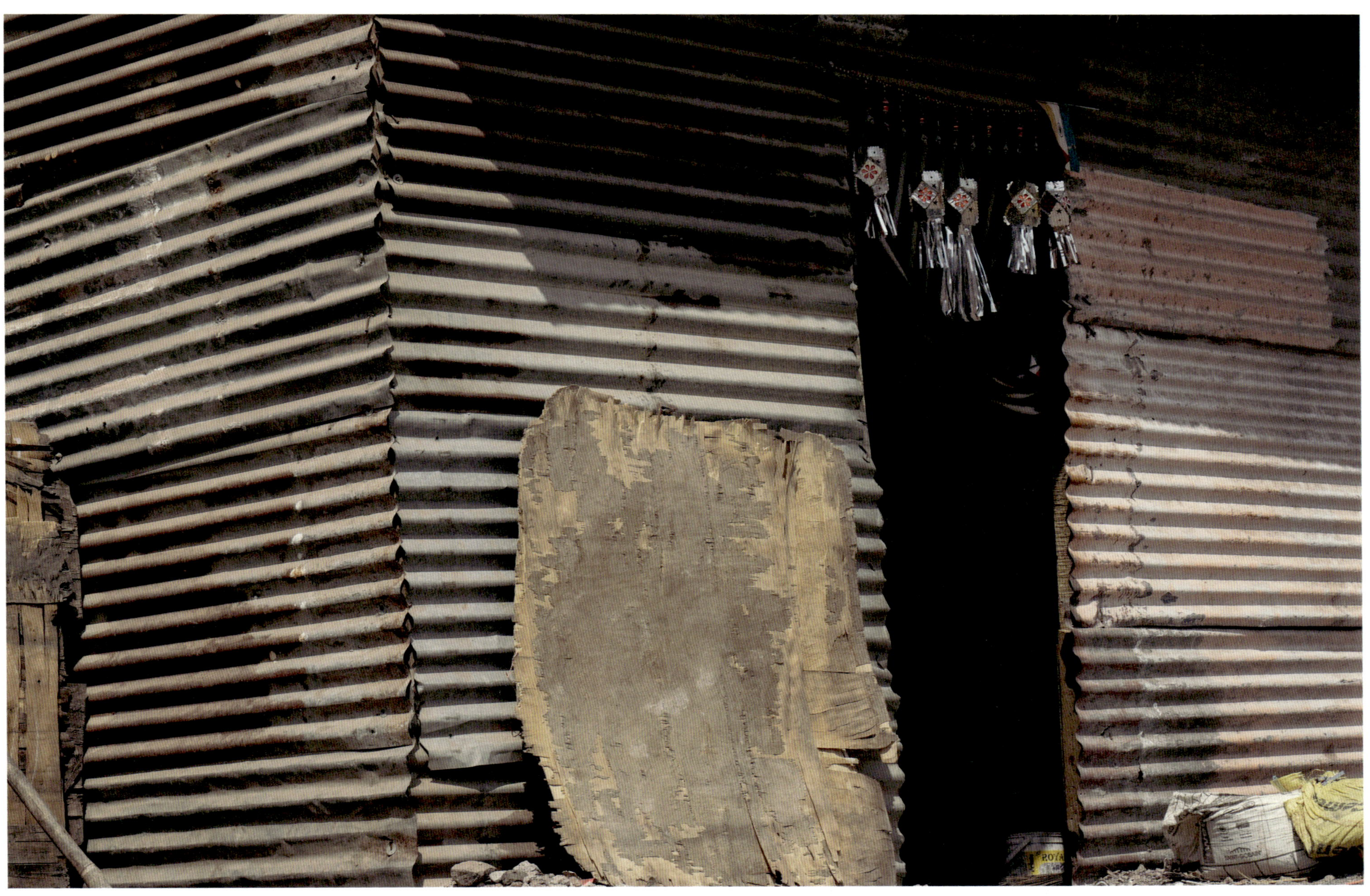

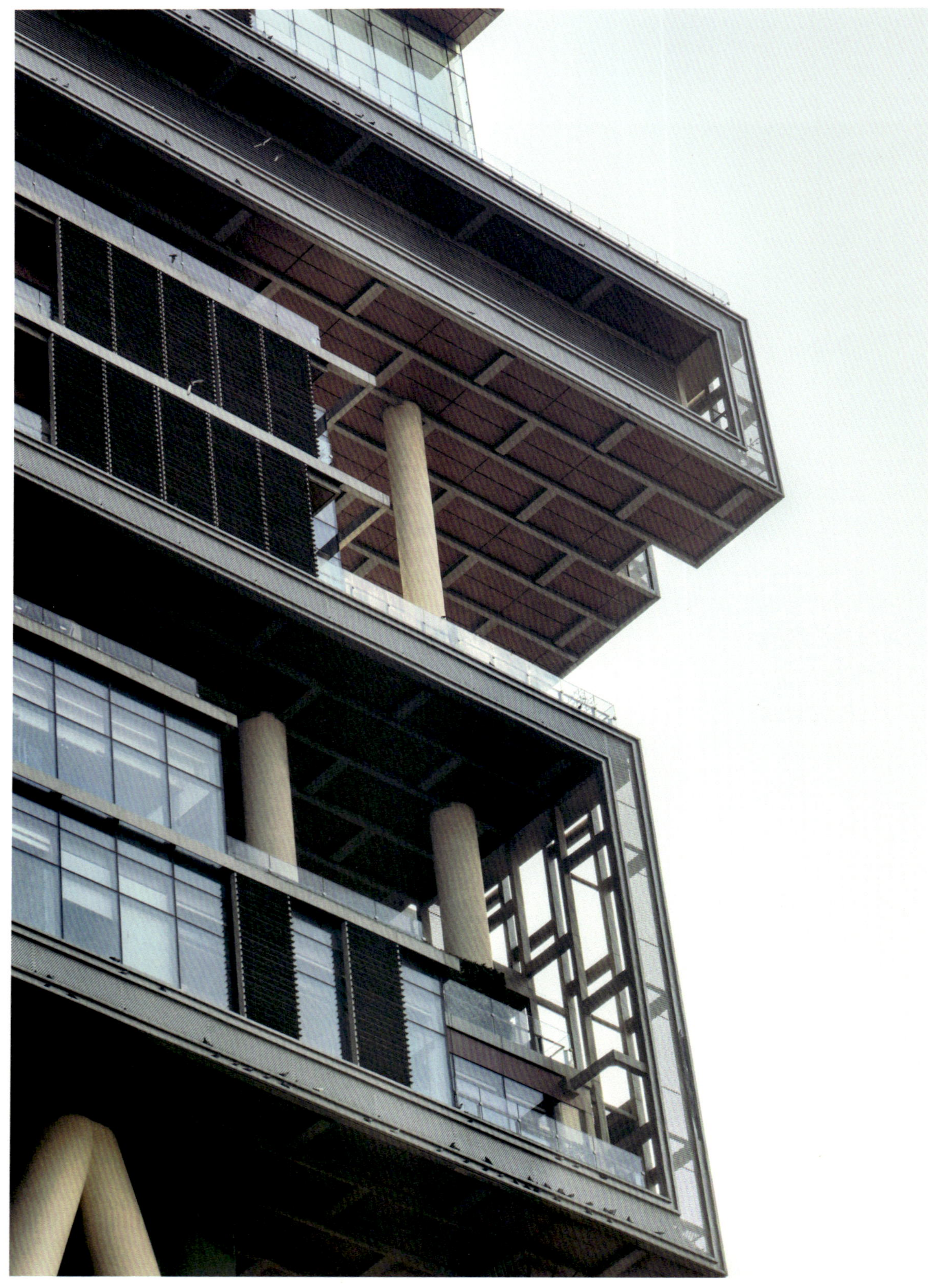

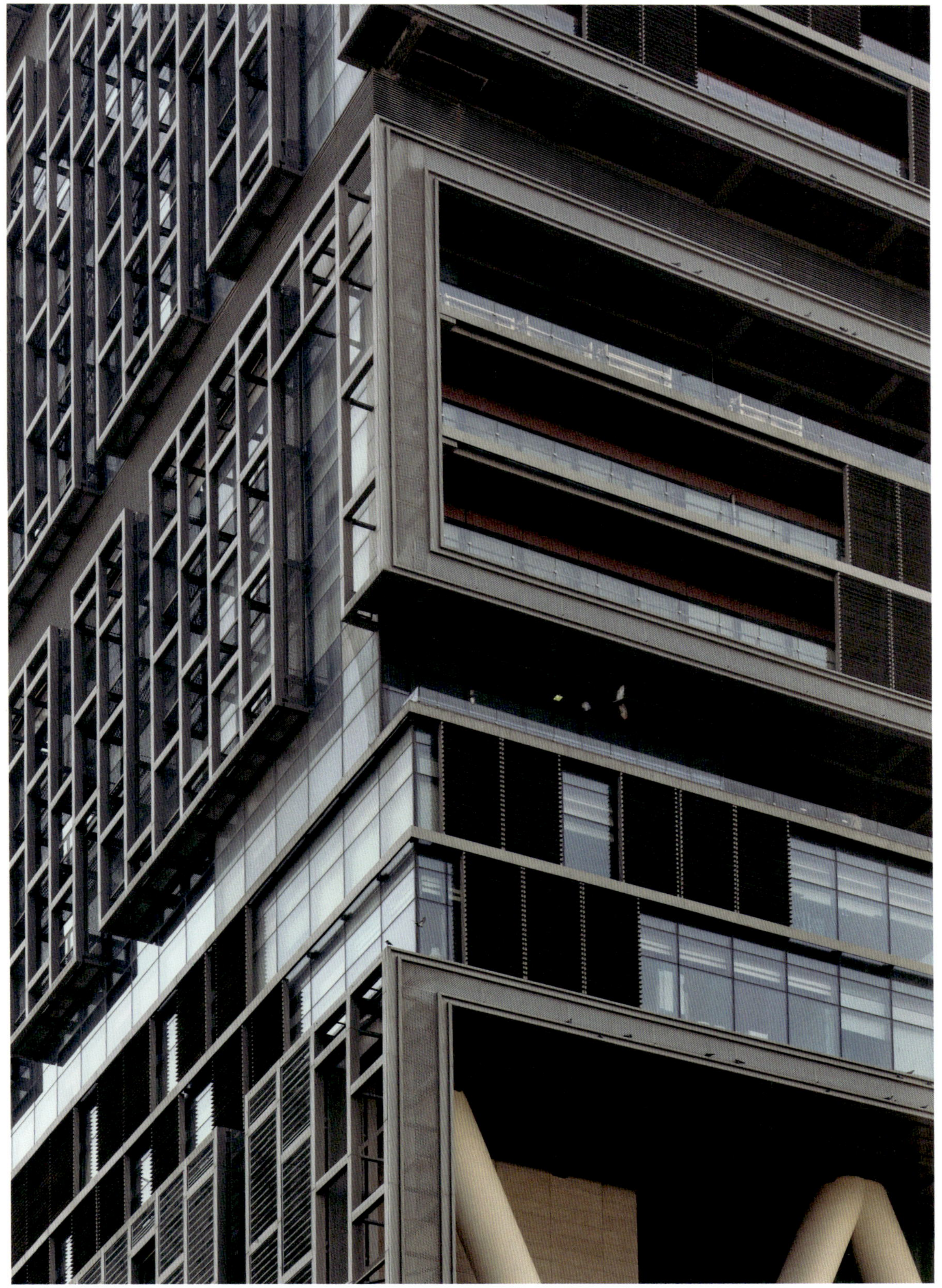

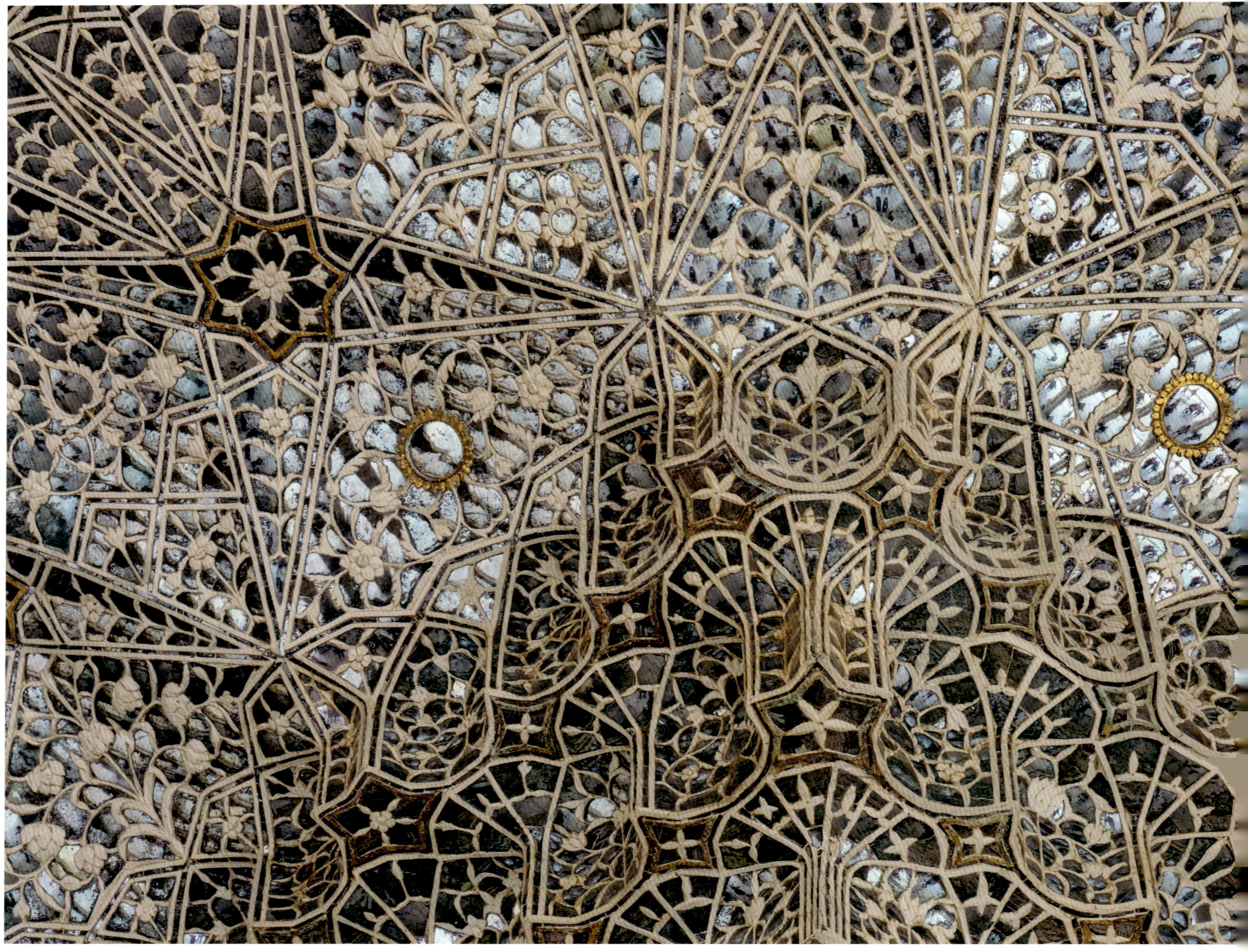

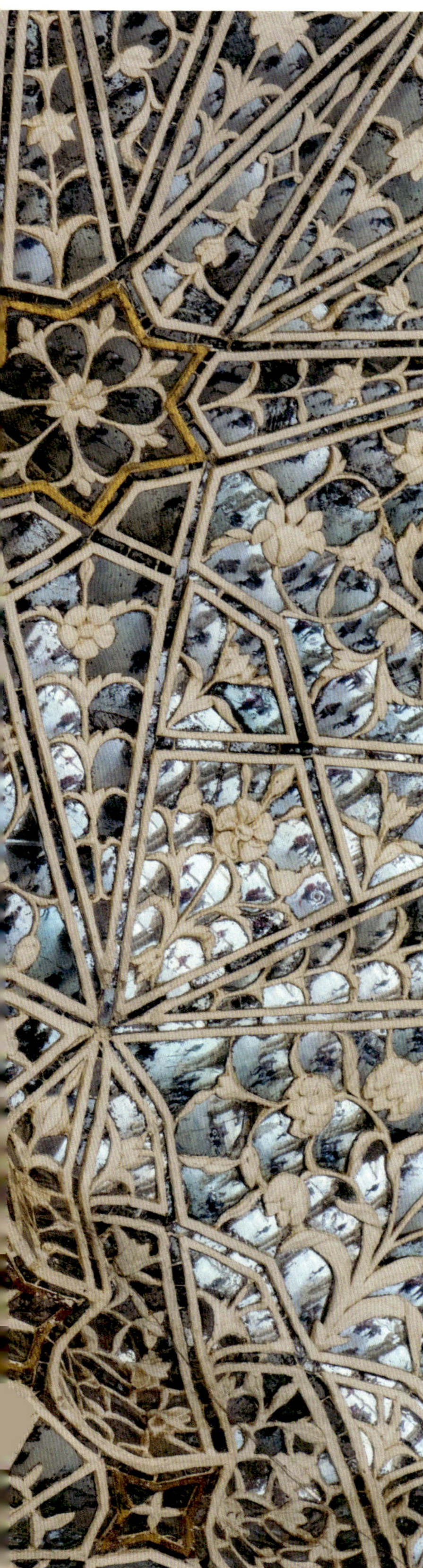

चमक
ঔজ্জ্বল্য
ચમક
ਚਮਕ
ચમક
چمک
GLANZ
LUSTER
ଚକ୍‍ଚକ୍
തിളക്കം
మెరుపు
ಹೊಳಪು
துளக்கம்

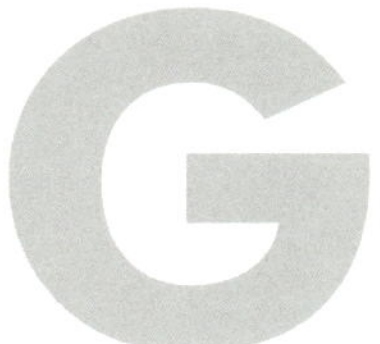

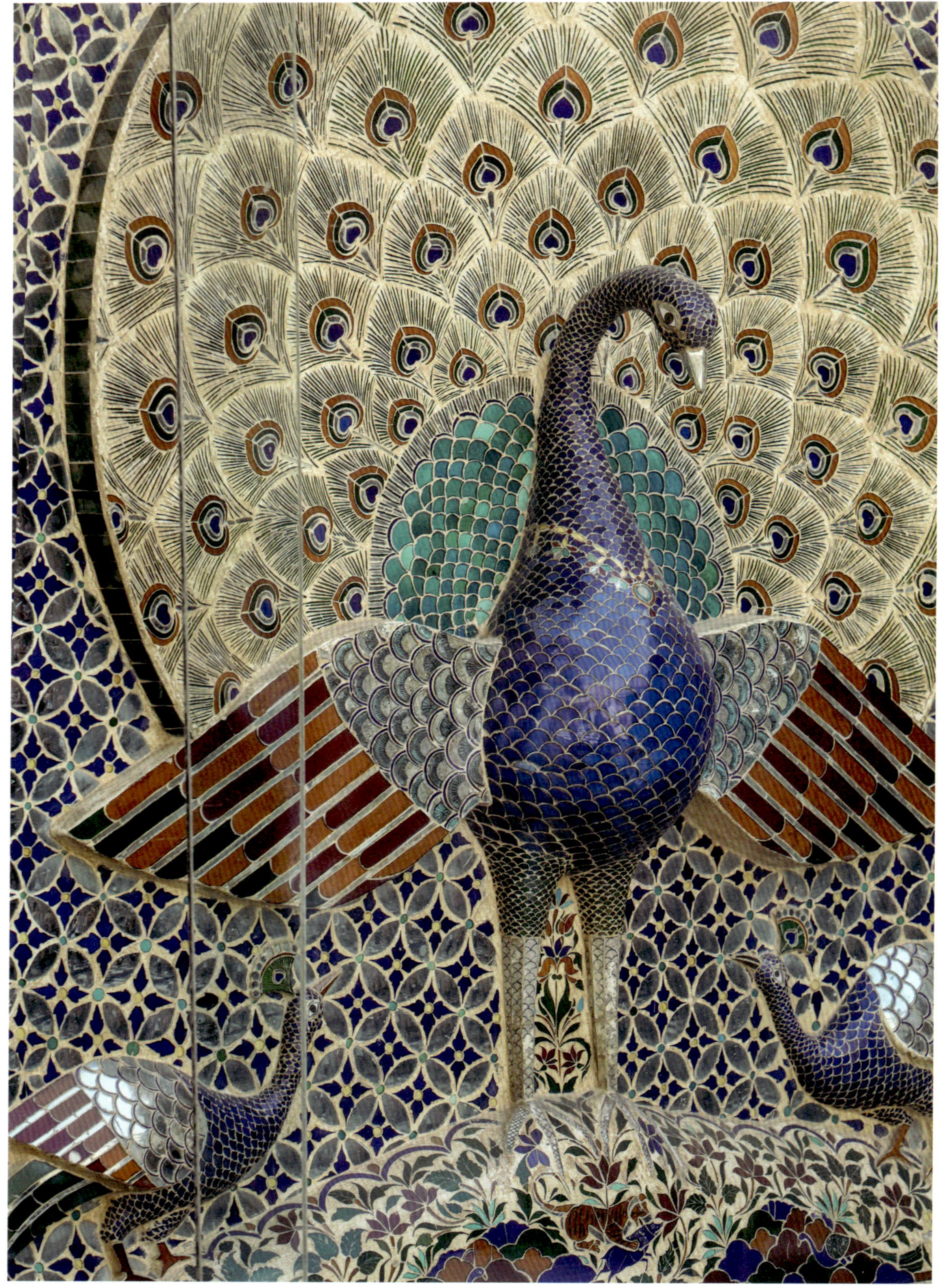

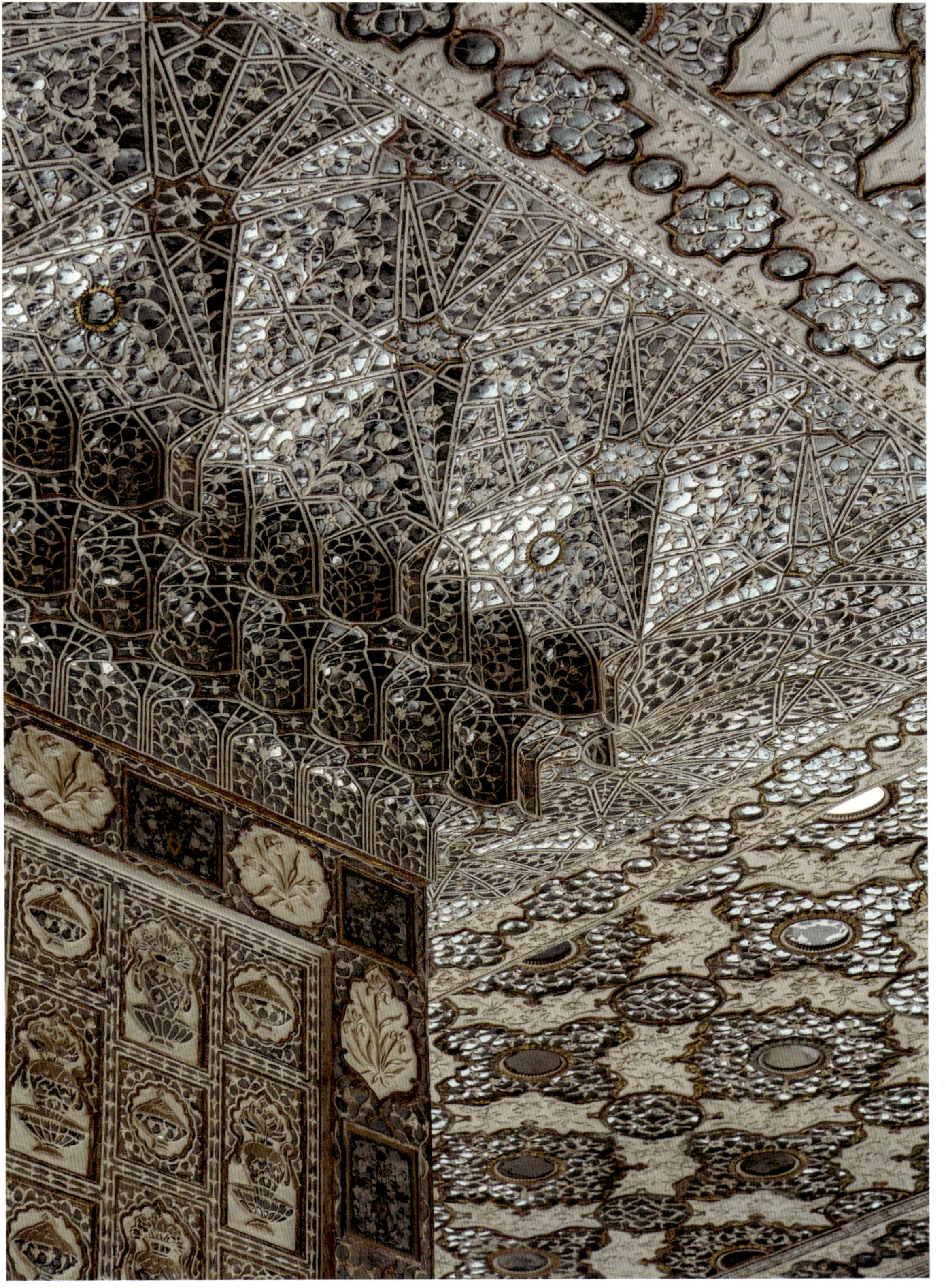

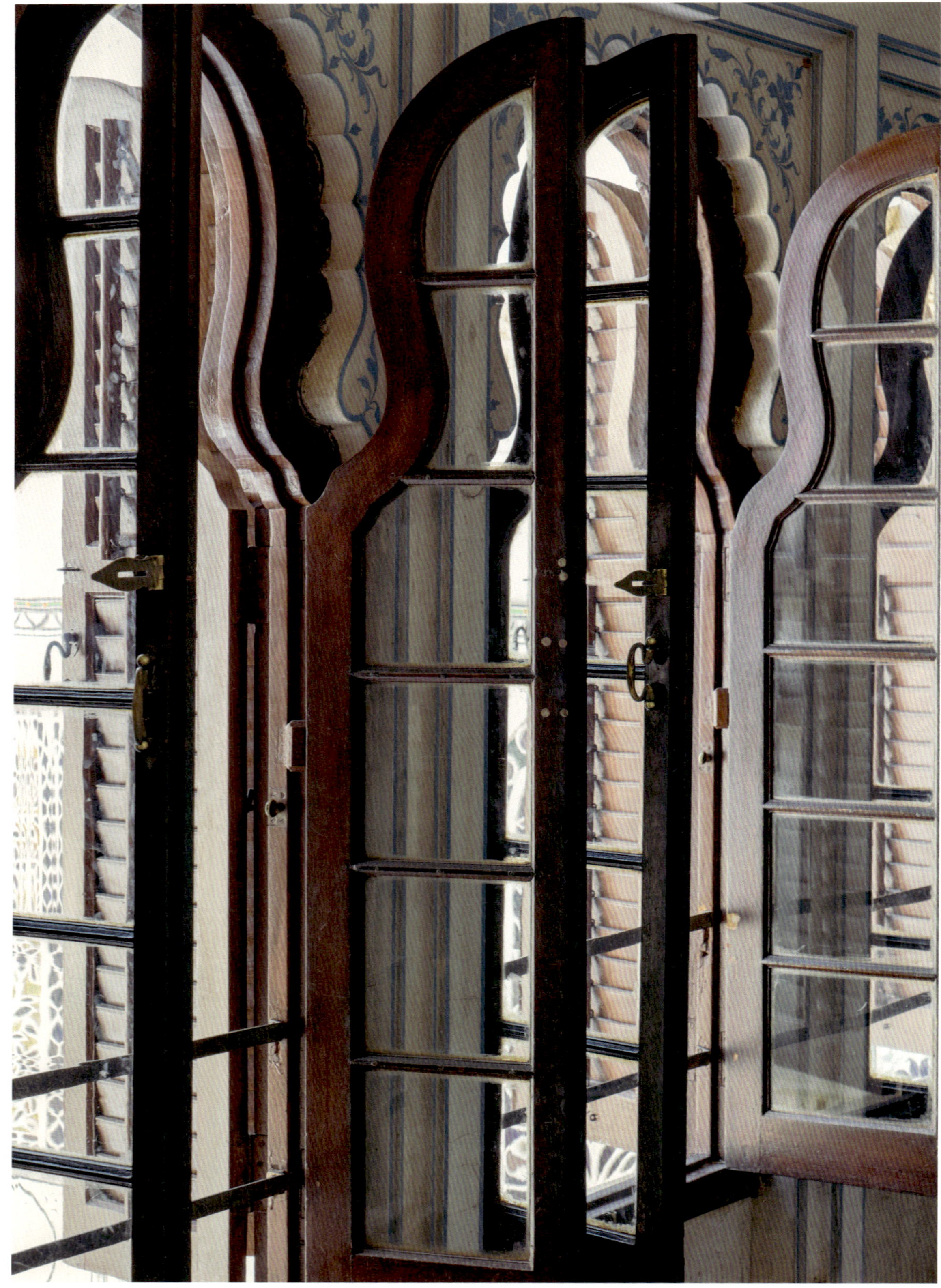

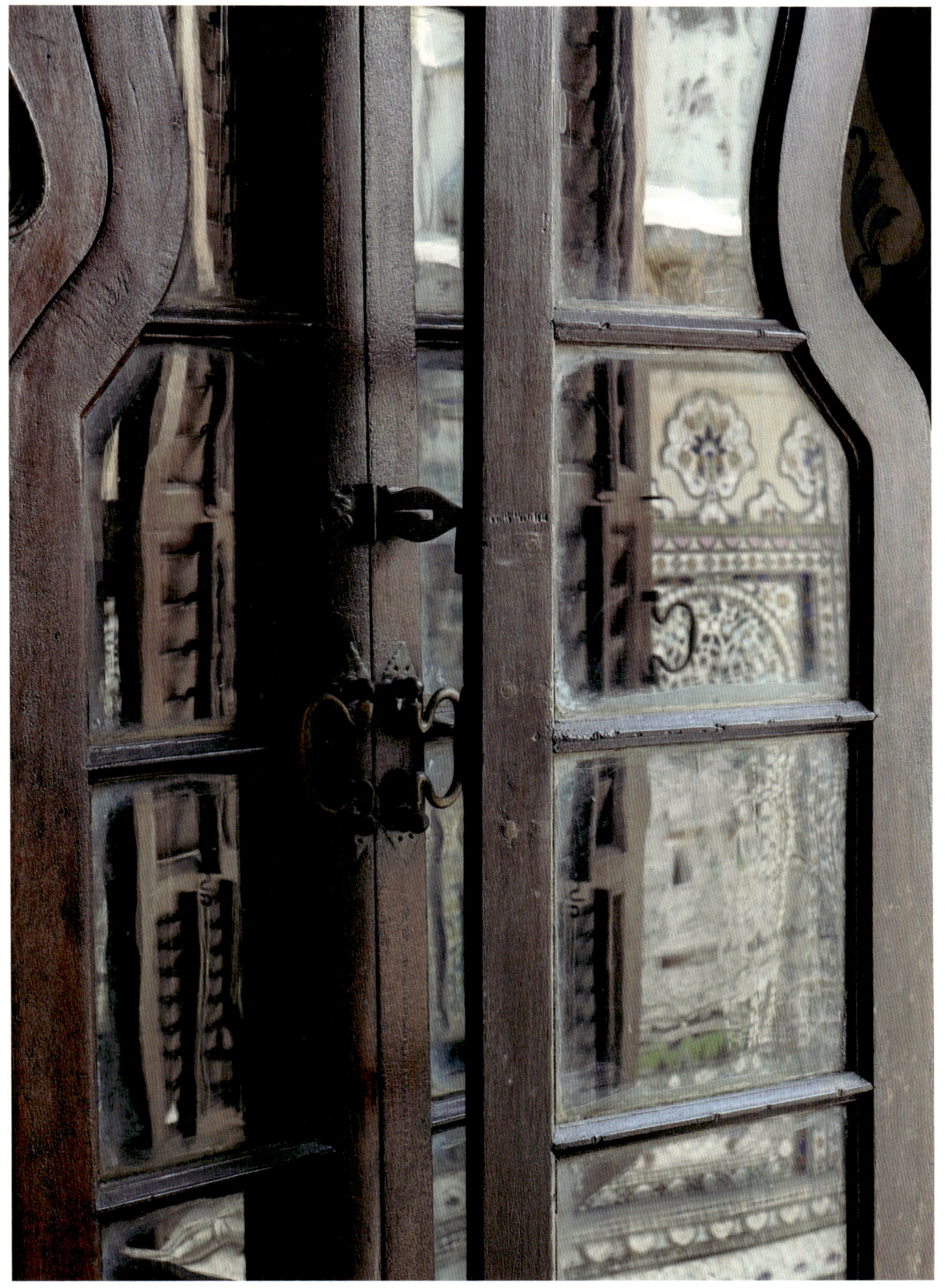

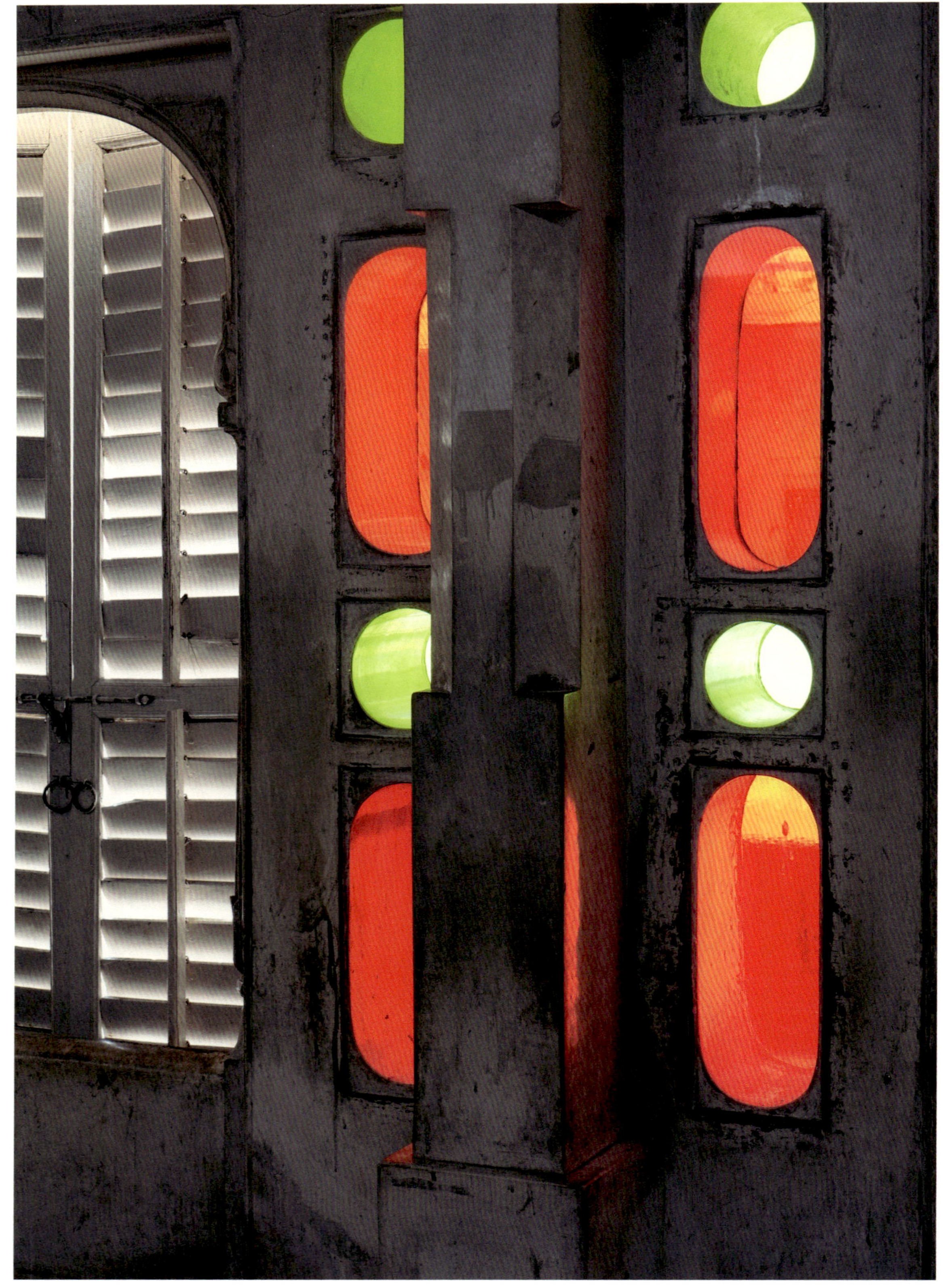

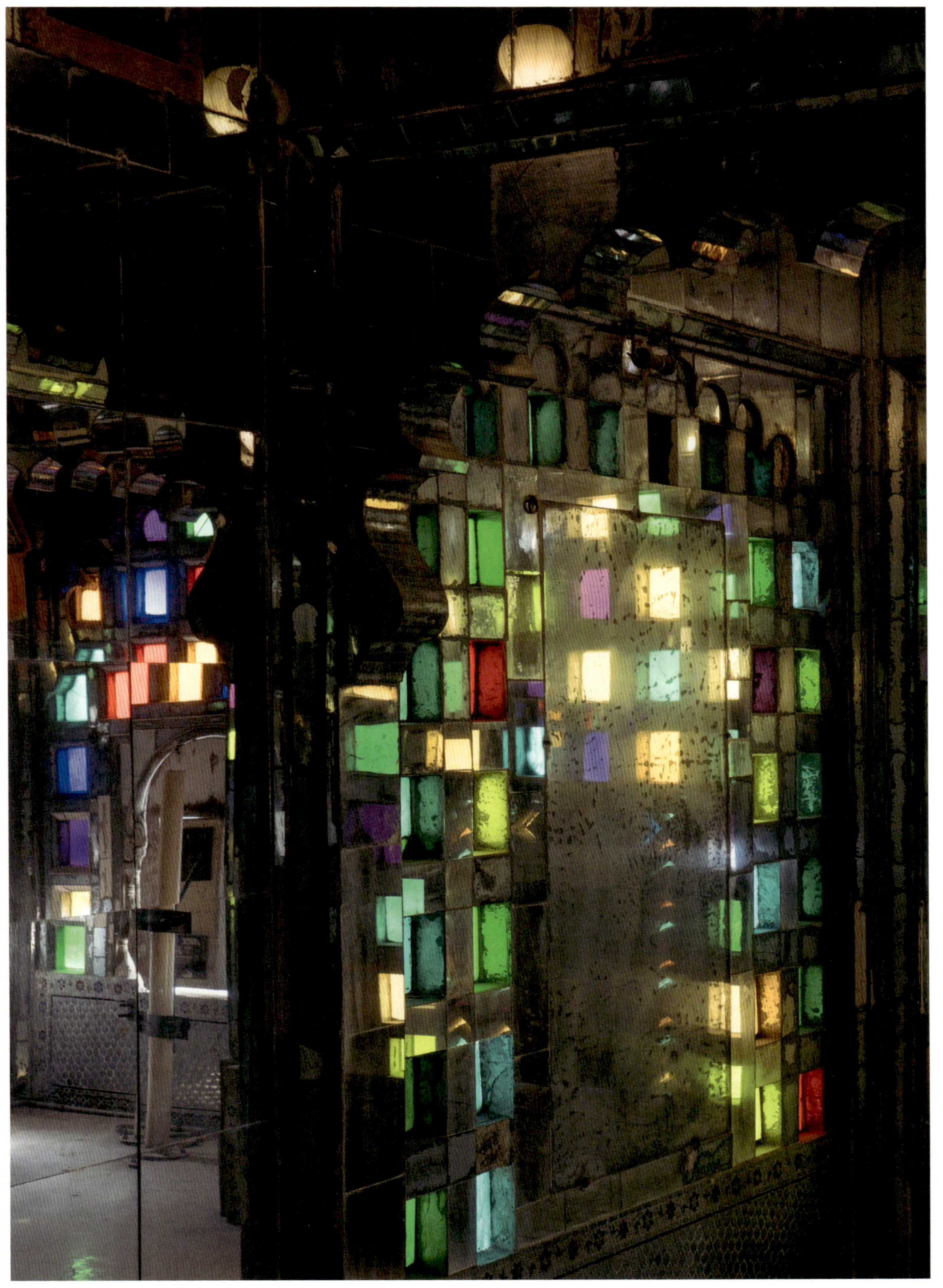

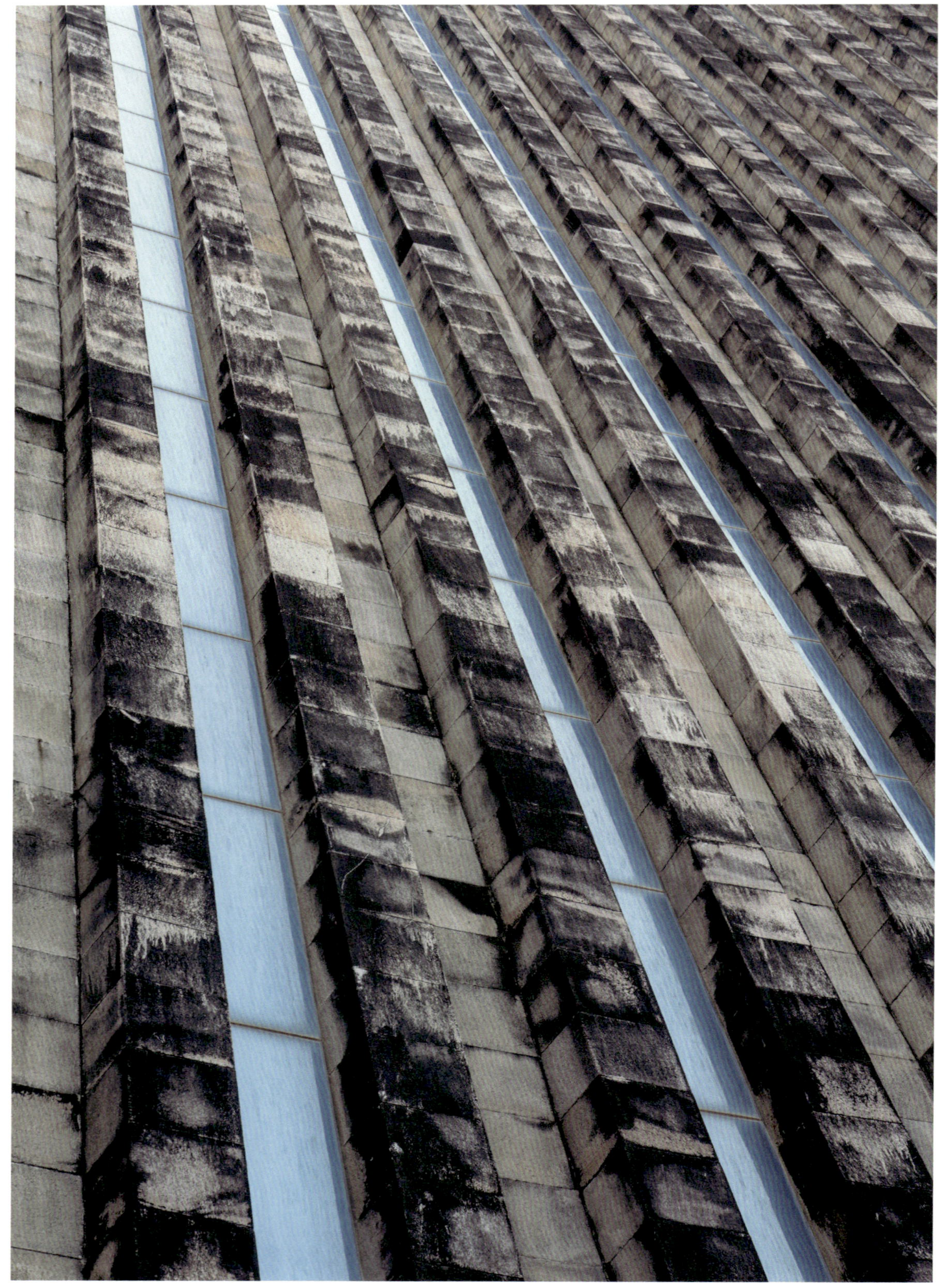

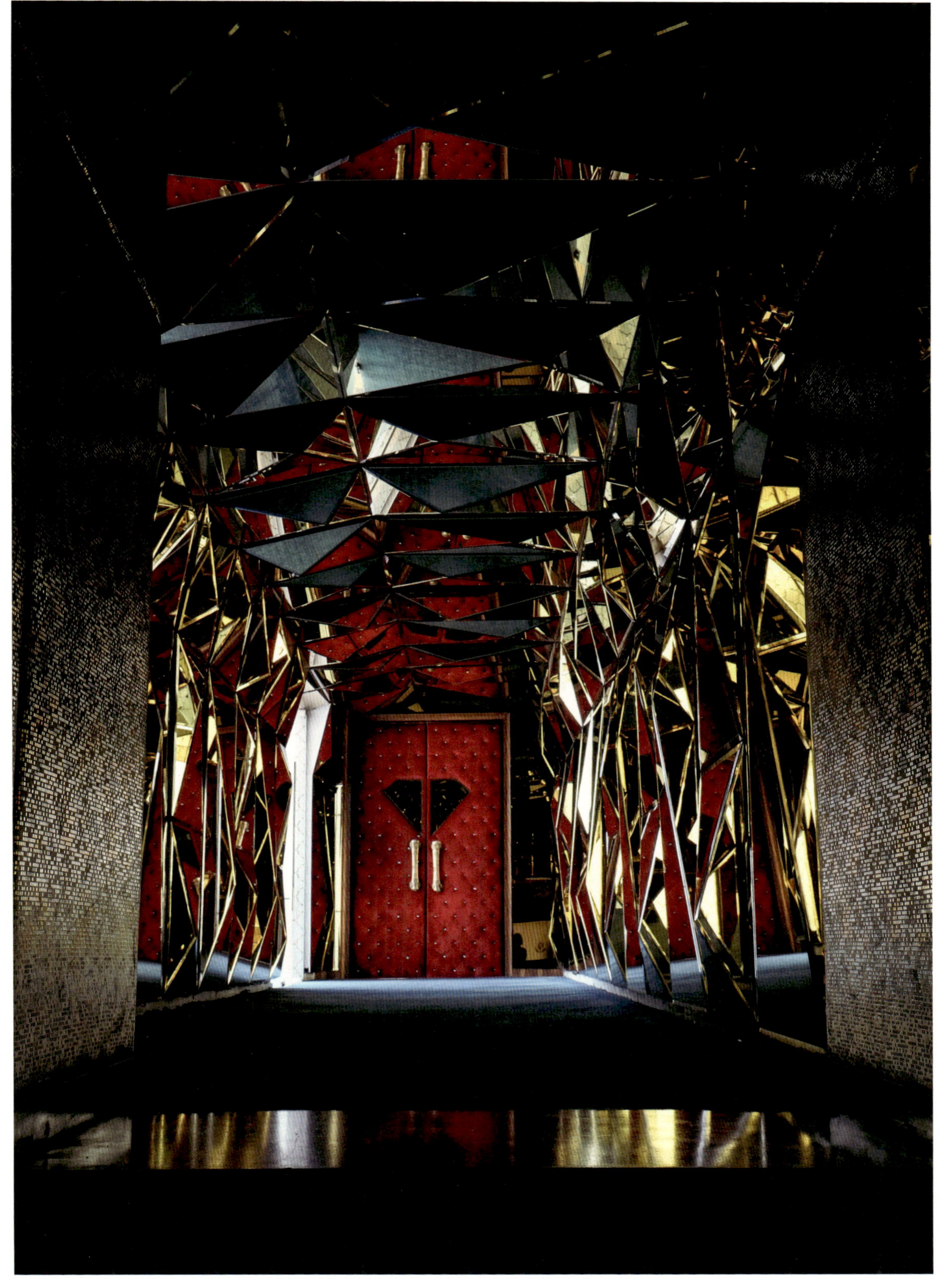

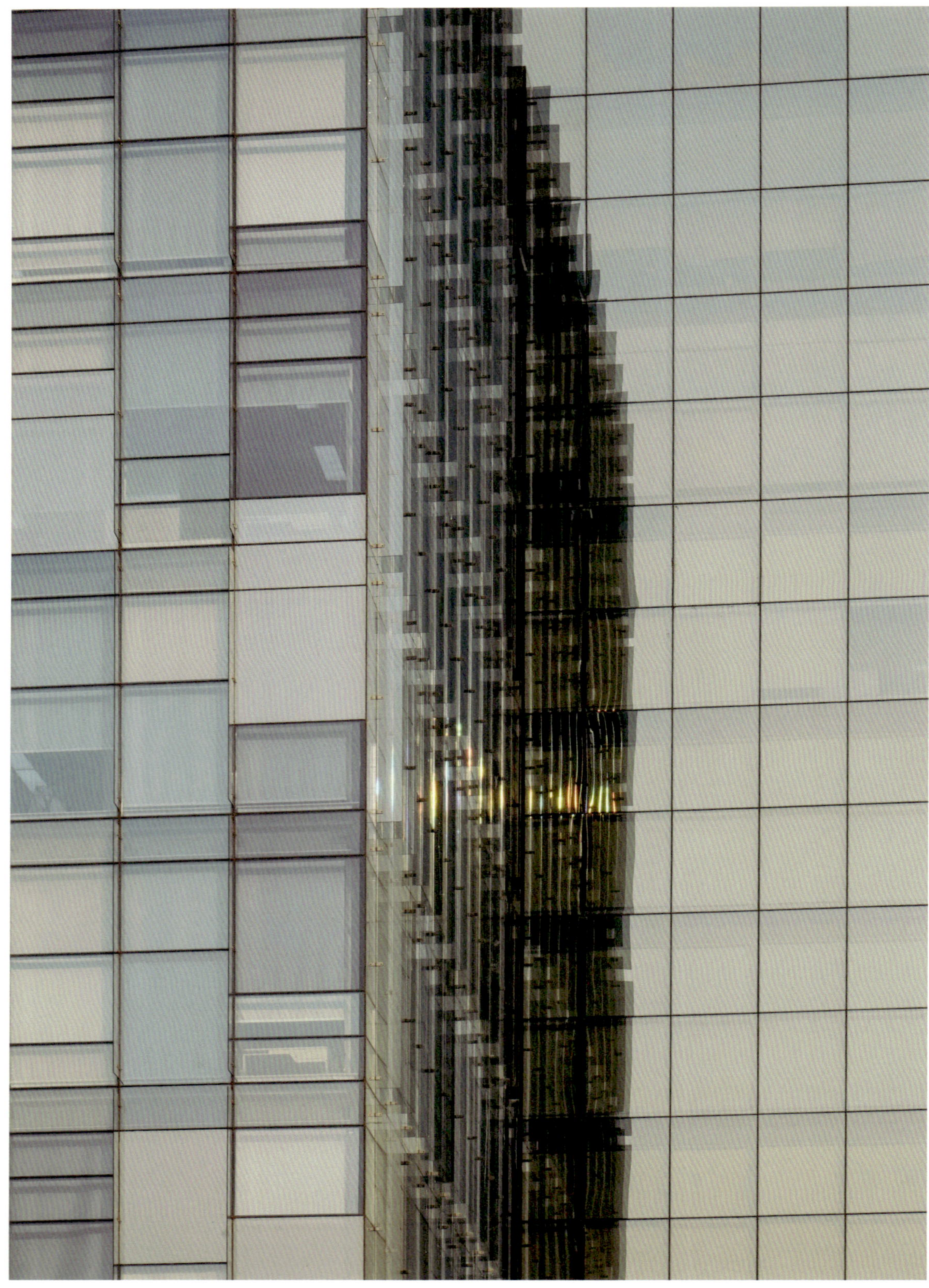

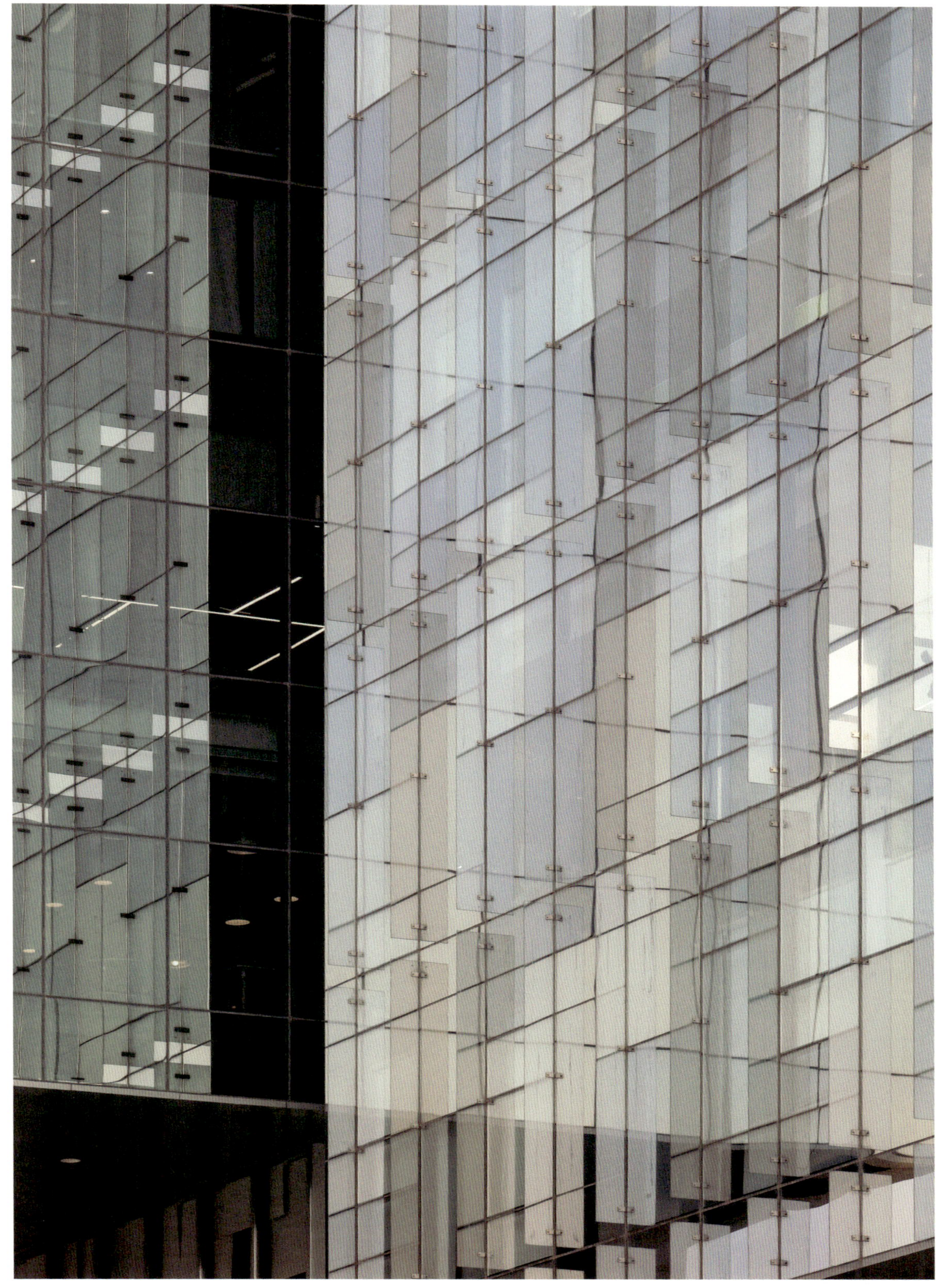

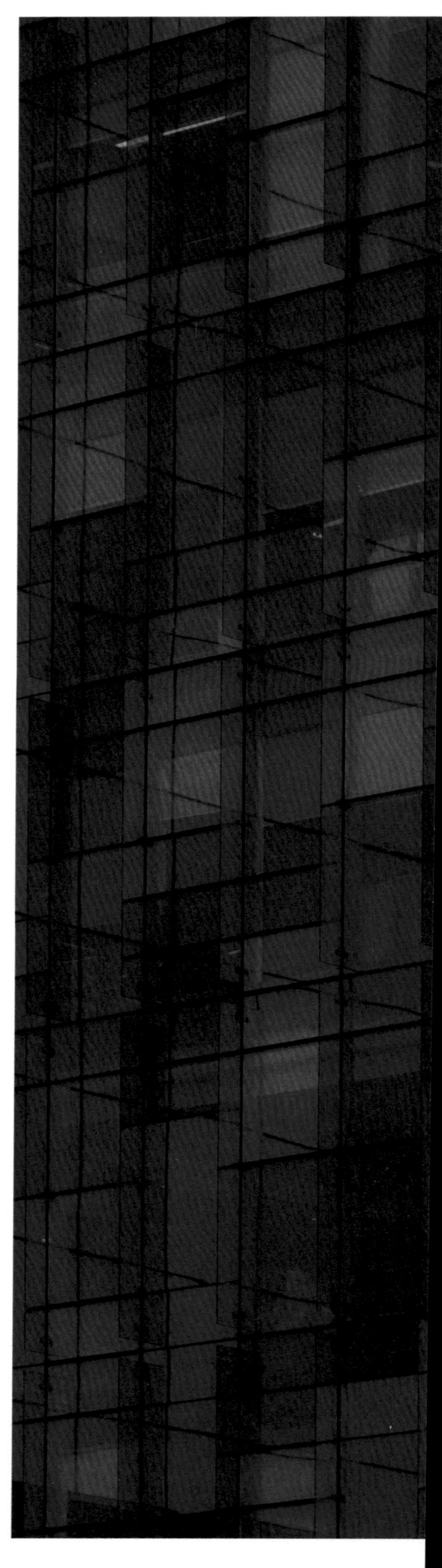

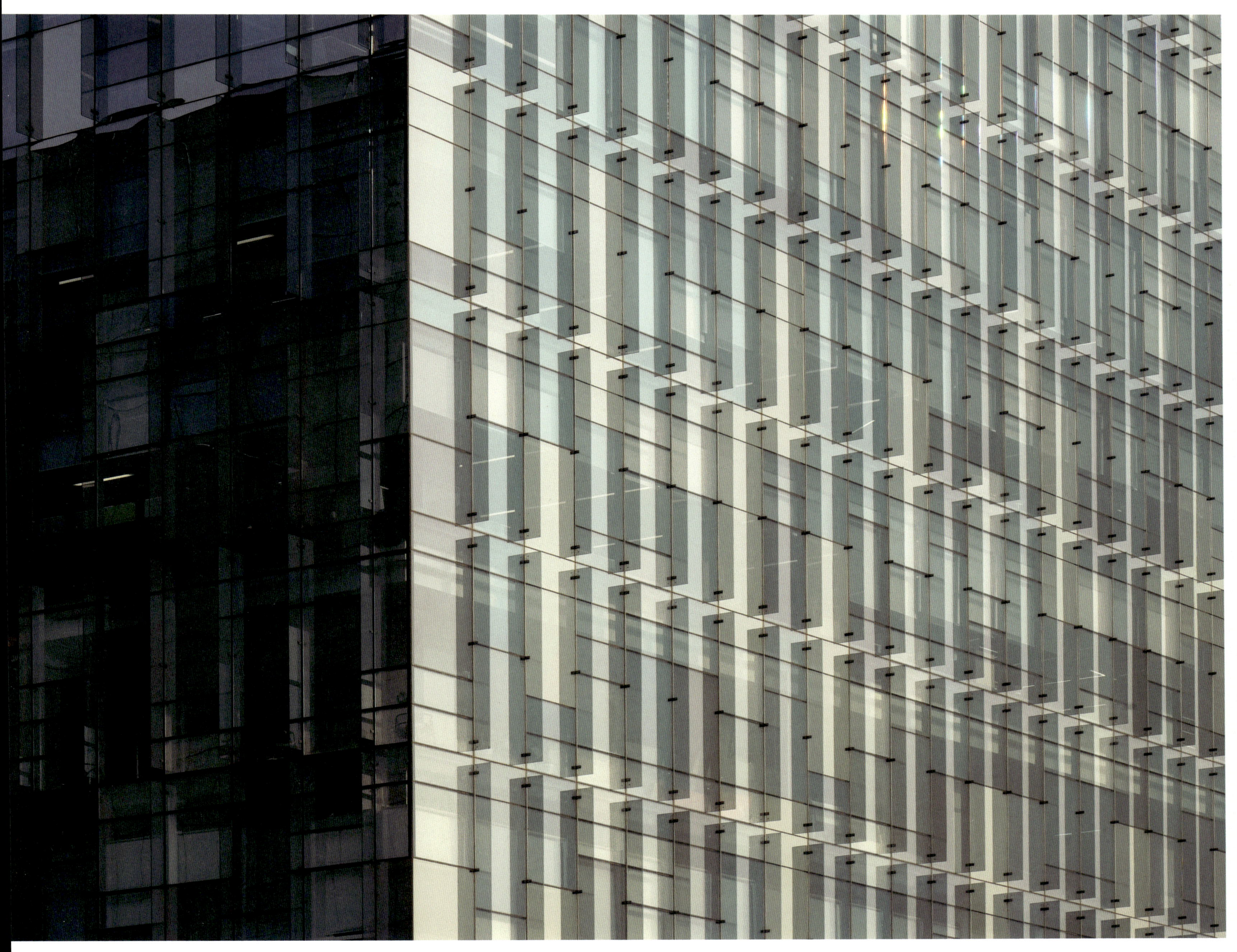

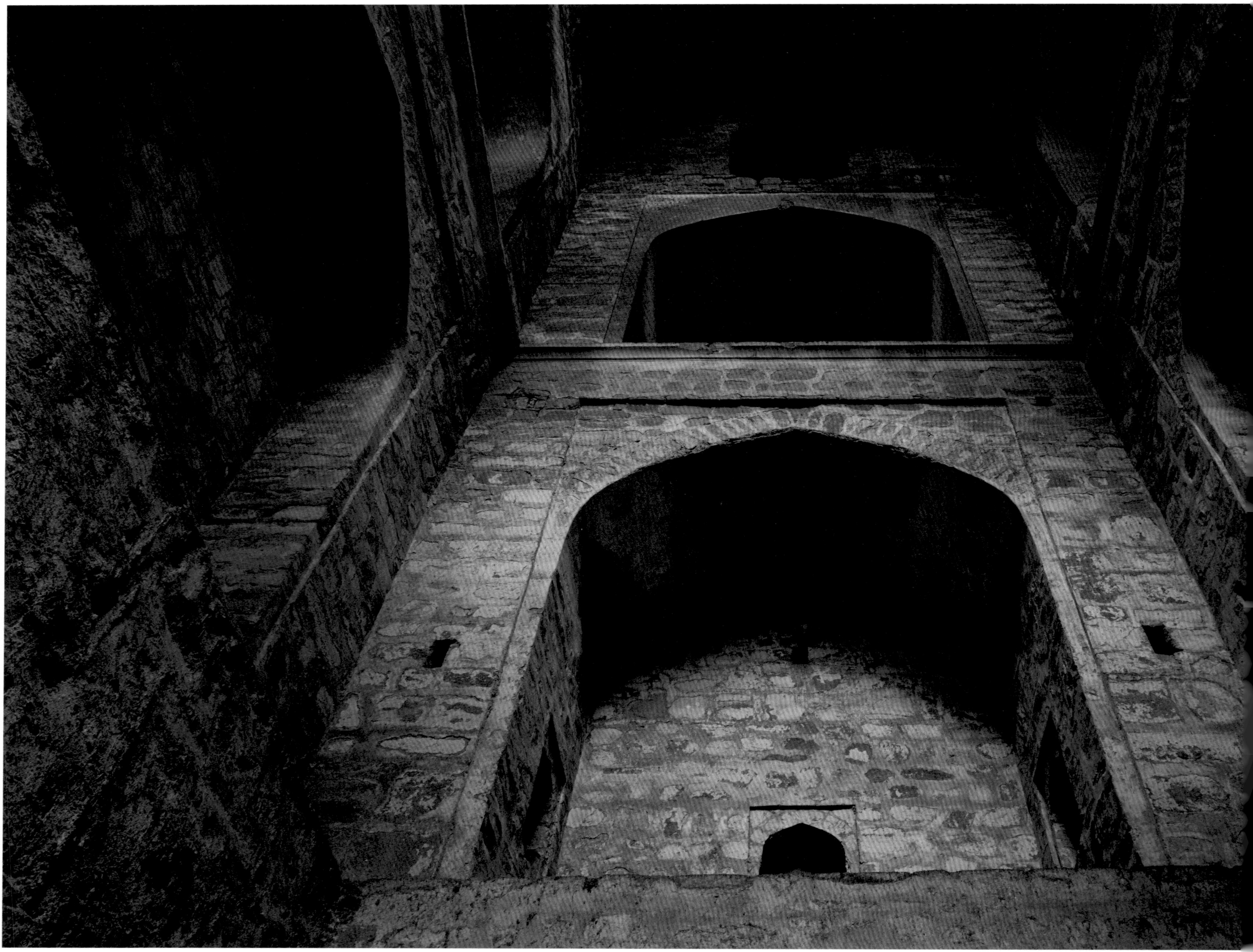

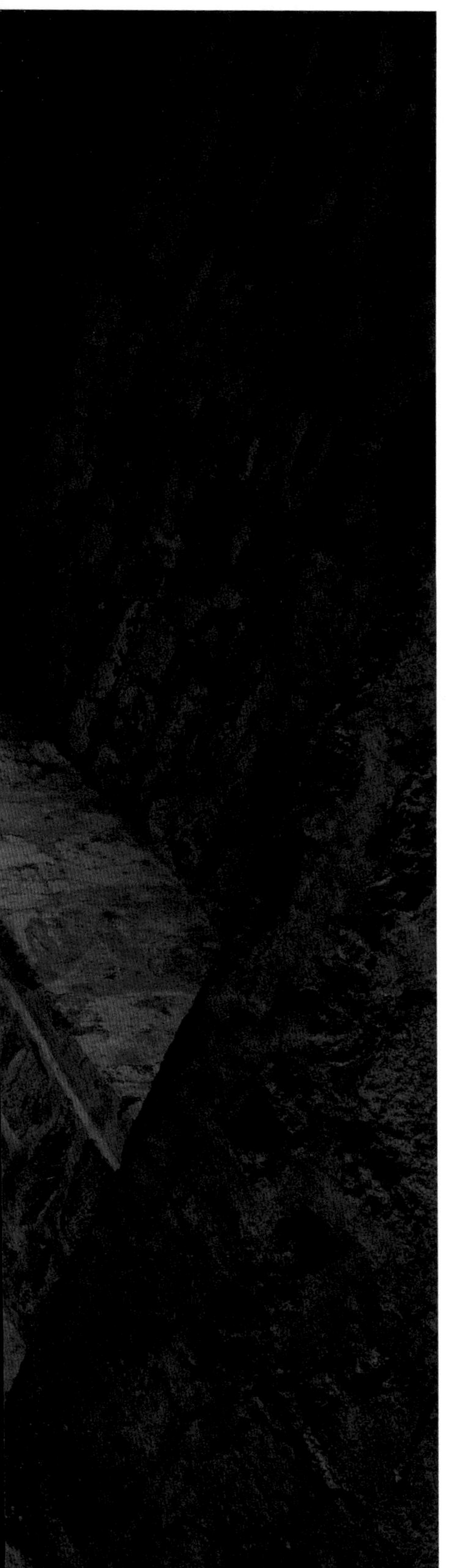

धरोहर
ঐতিহ্য
वारसा
ਵਿਰਸਾ
ધરોહર
ورثہ
ERBE
HERITAGE
ଐତିହ୍ୟ
പൈതൃകം
వారసత్వం
ಪರಂಪರೆ
மரபுரிமை

E

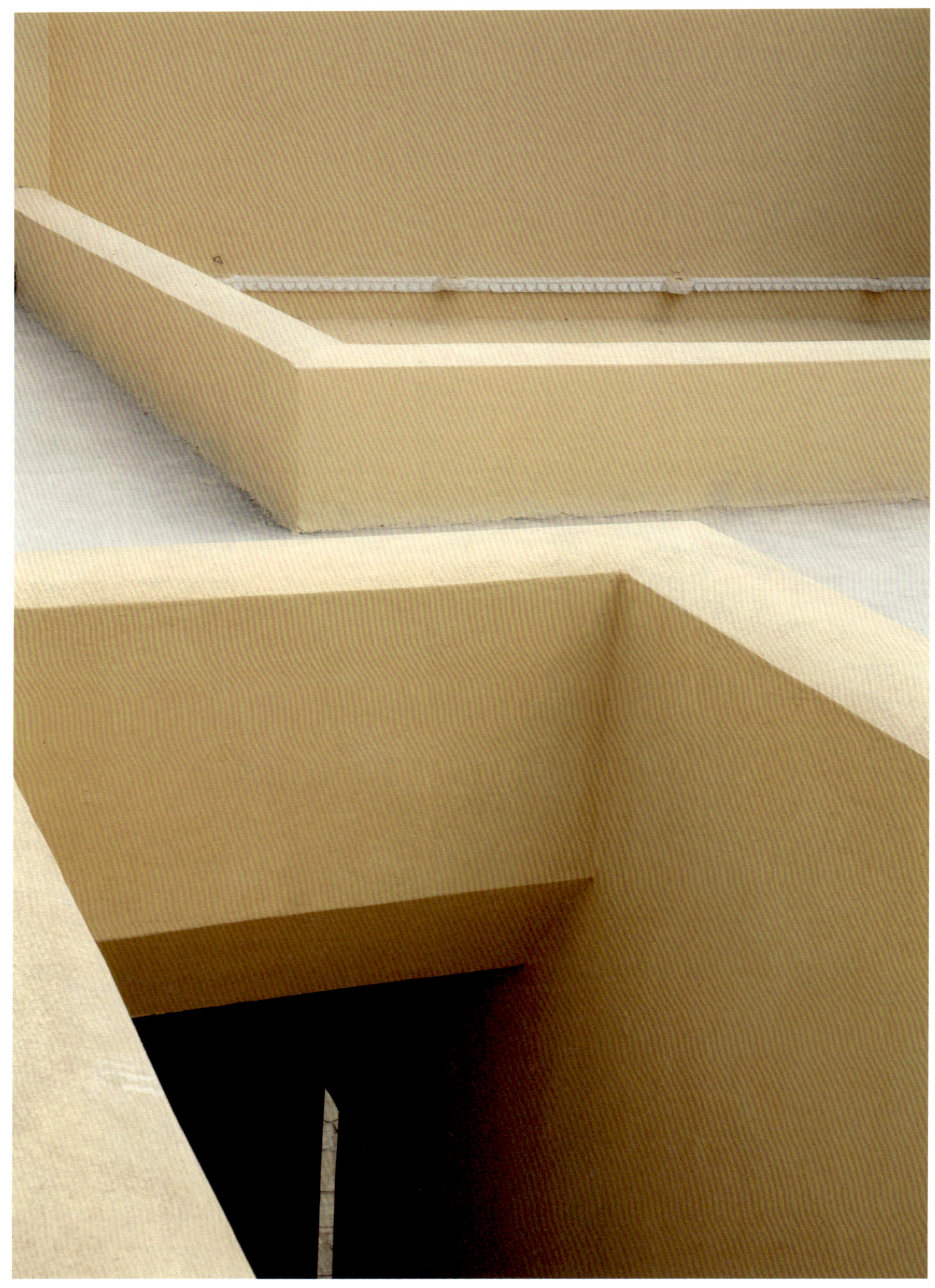

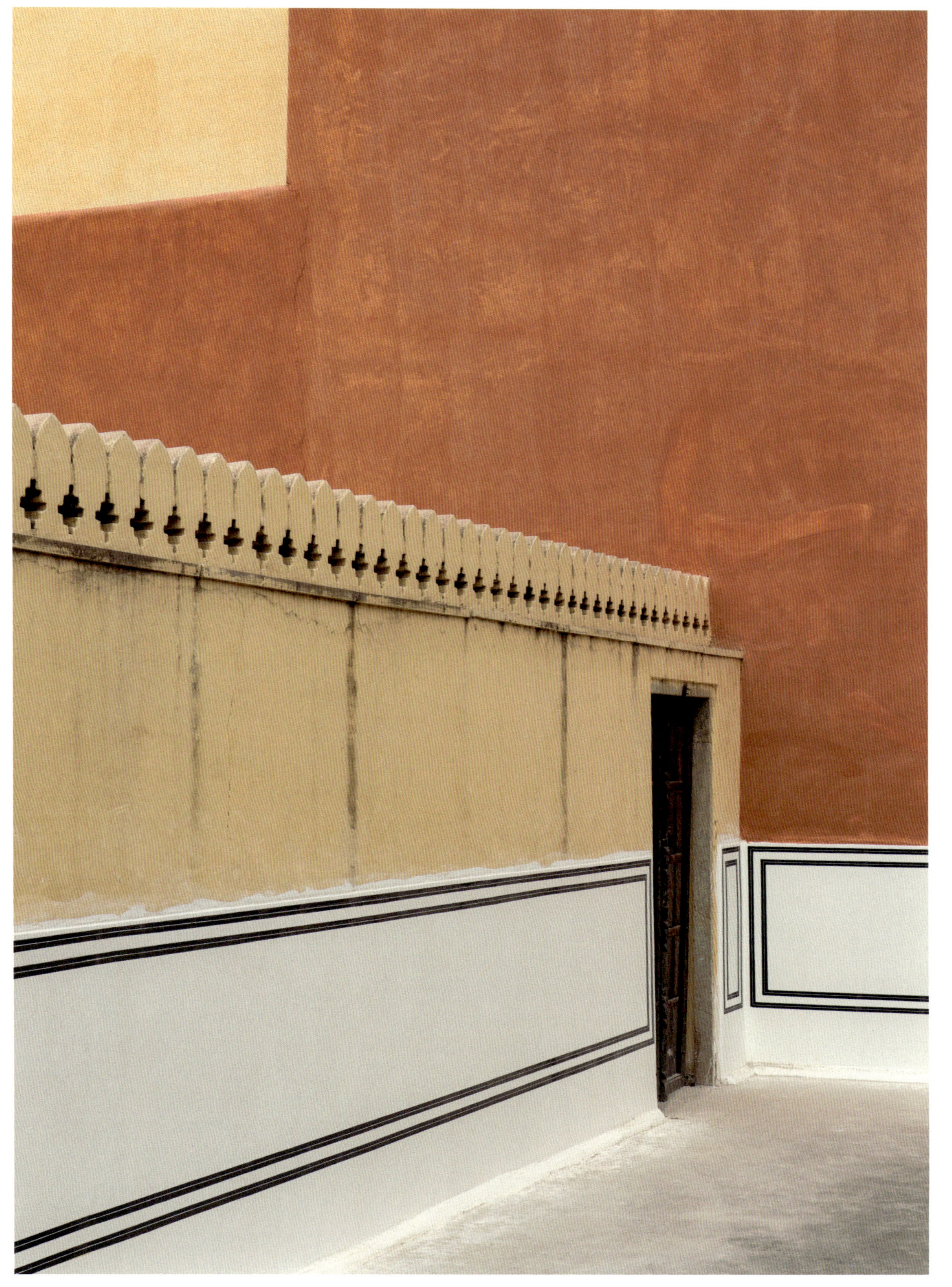

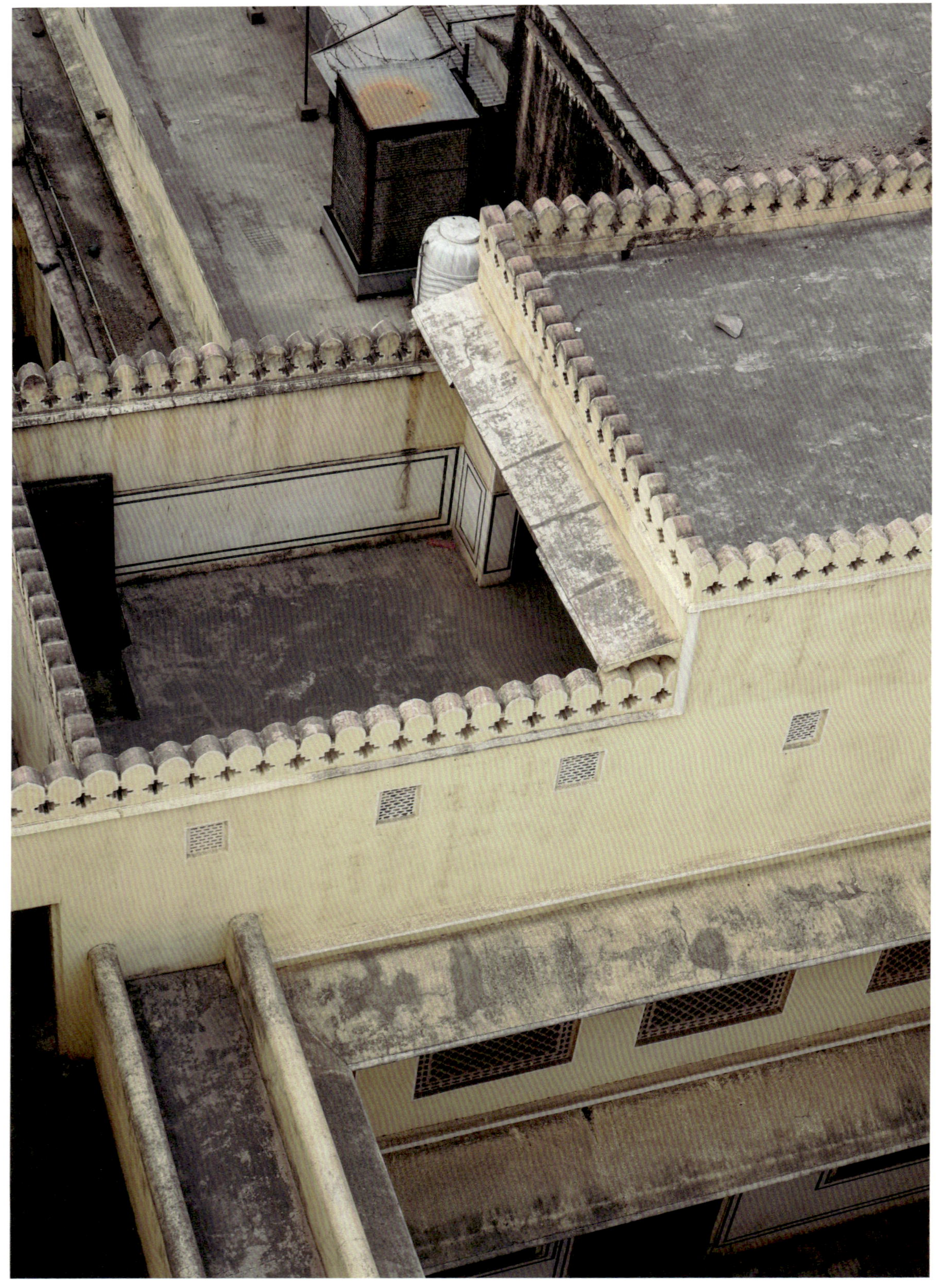

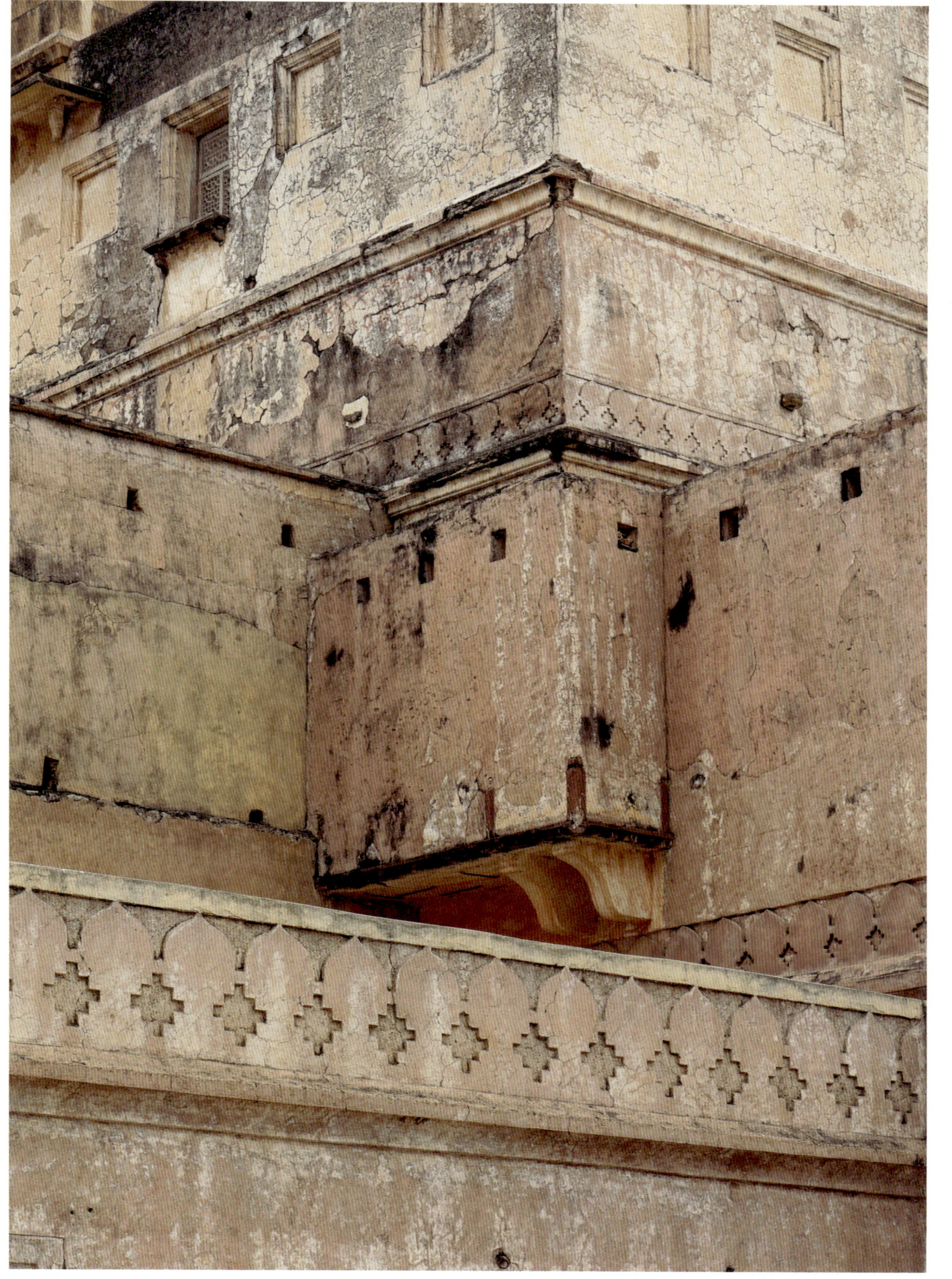

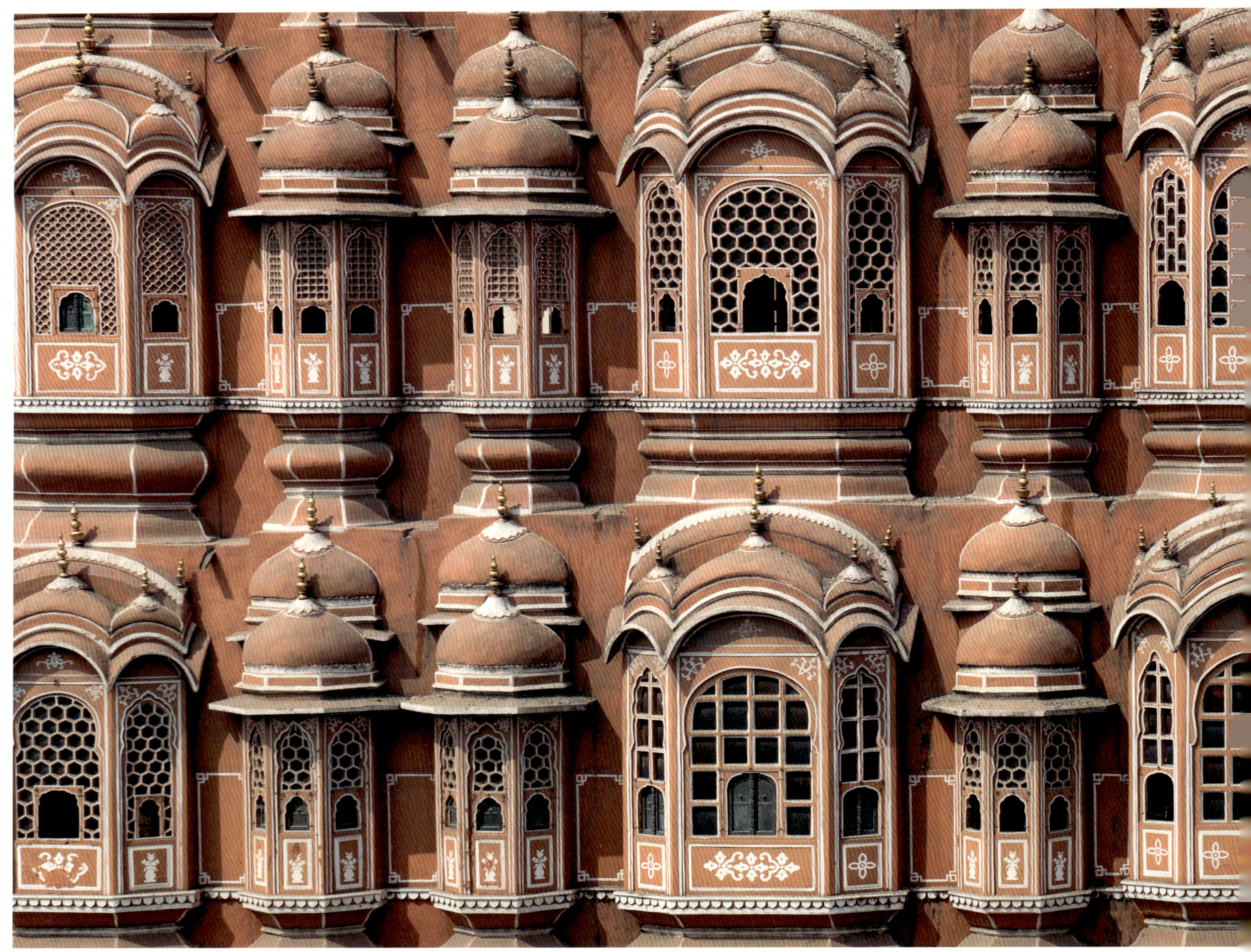

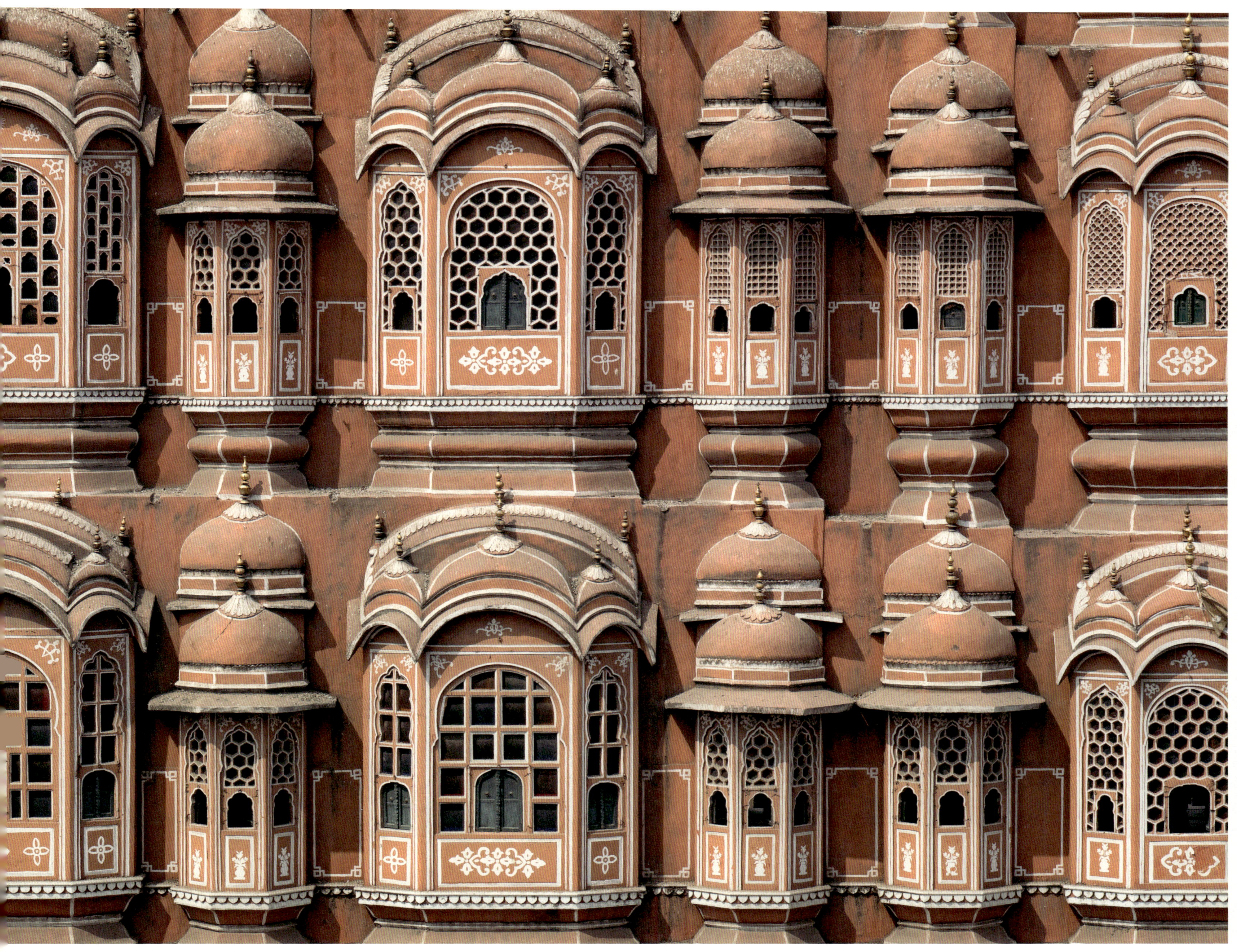

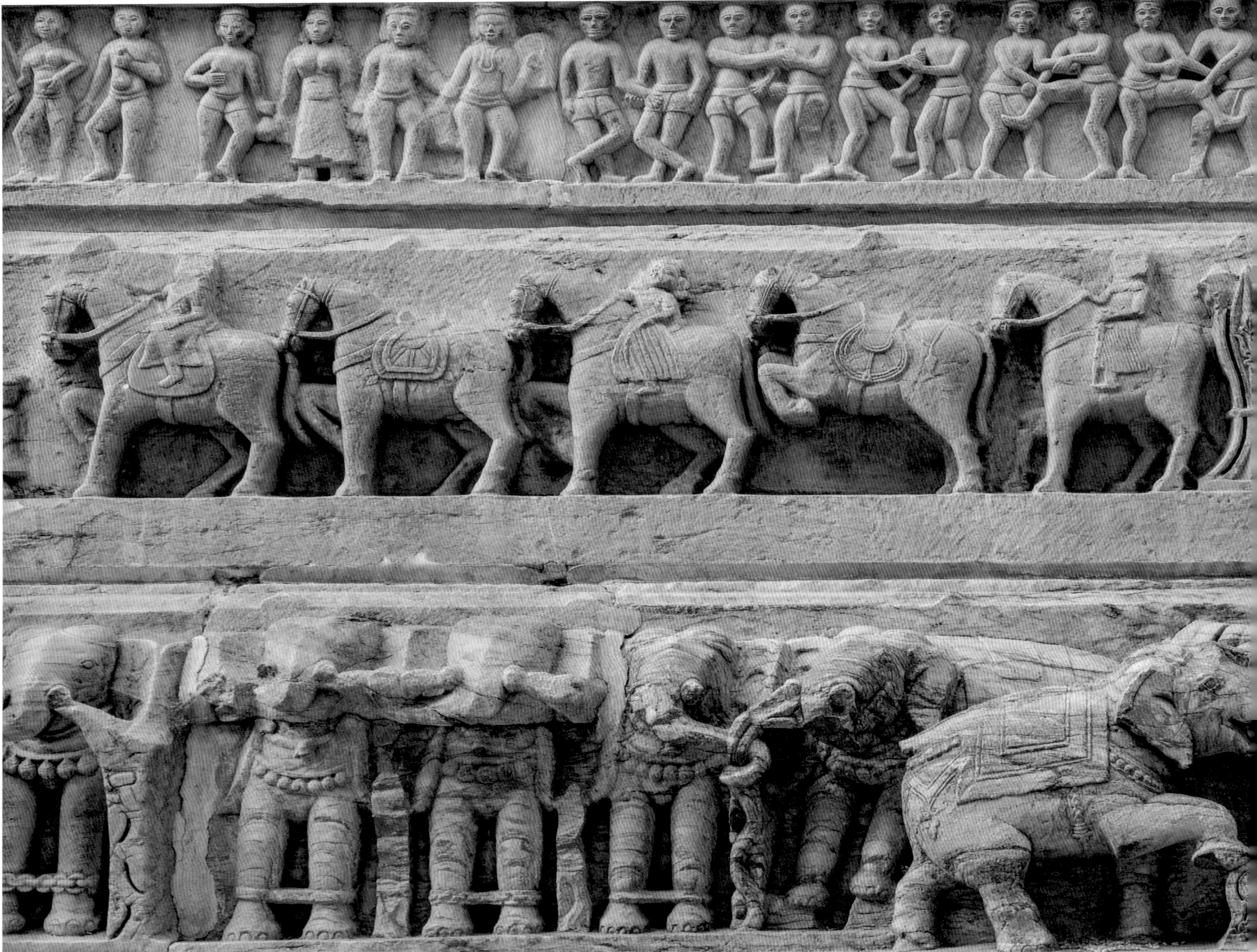

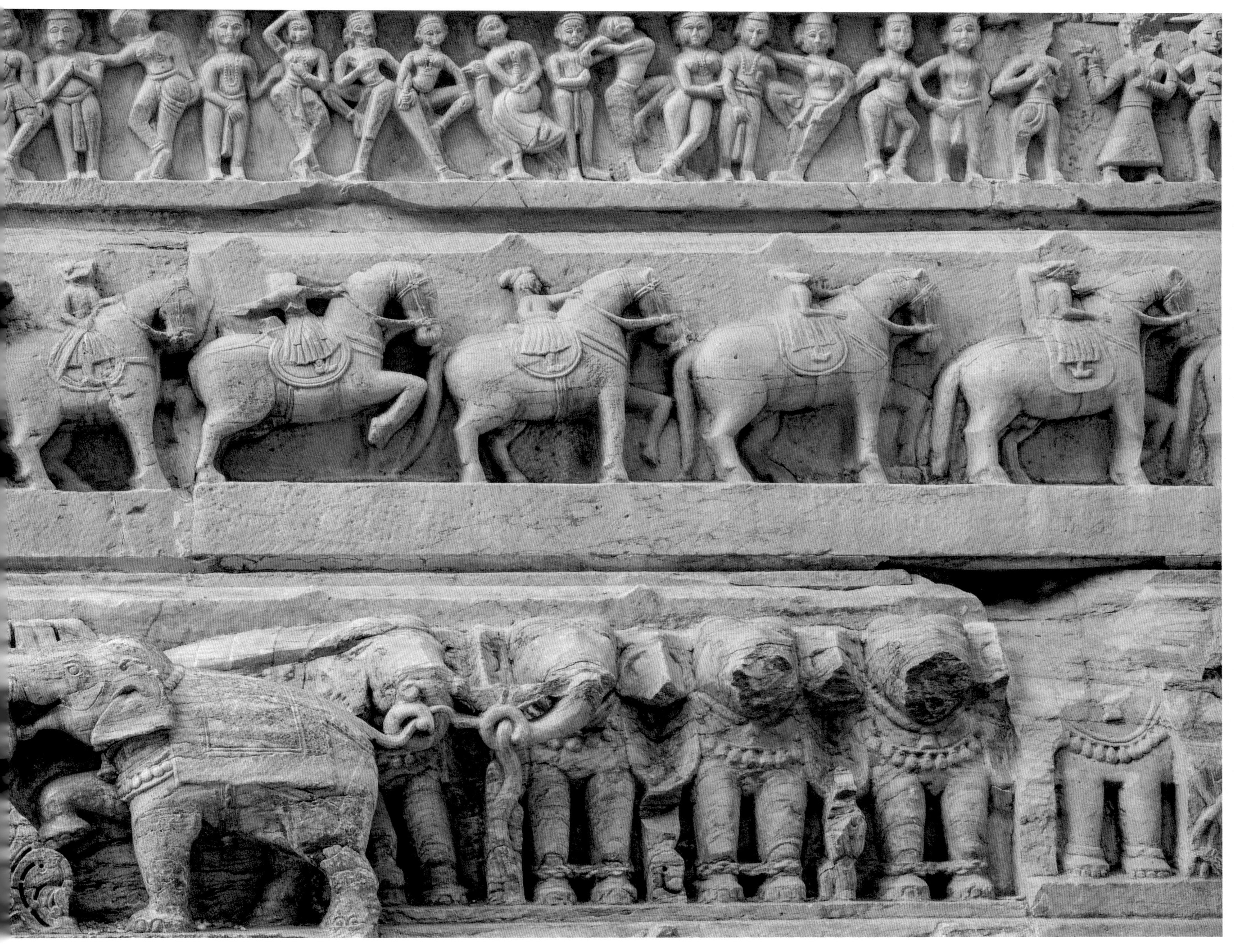

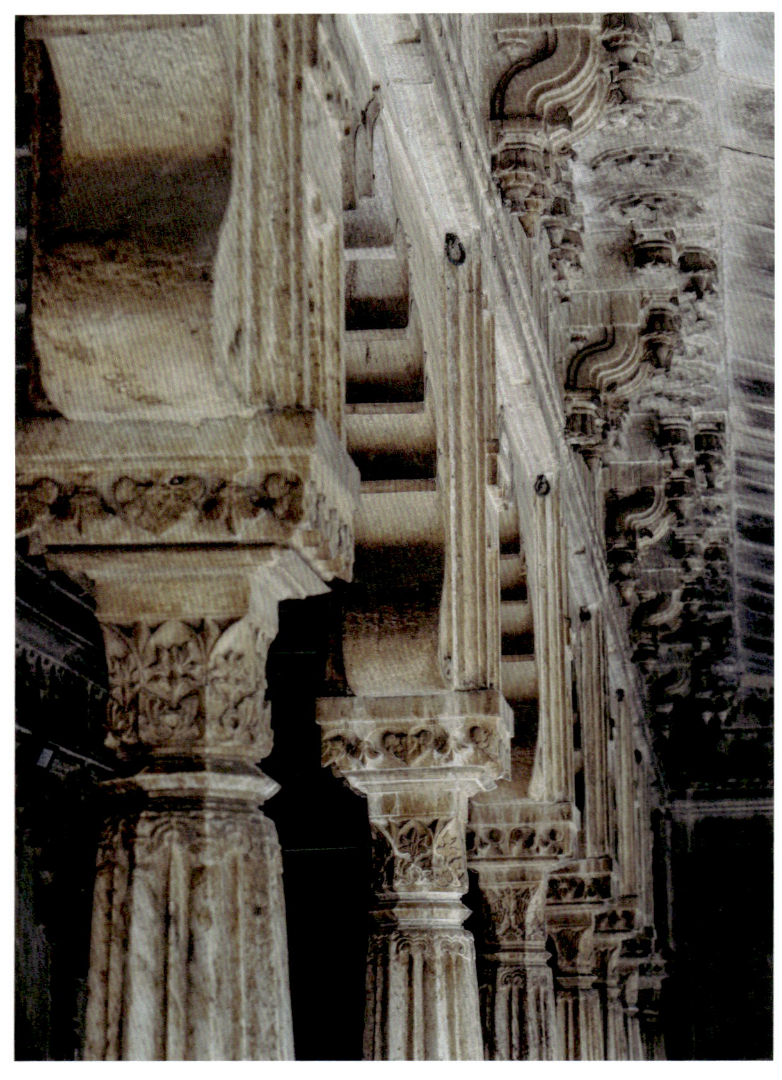

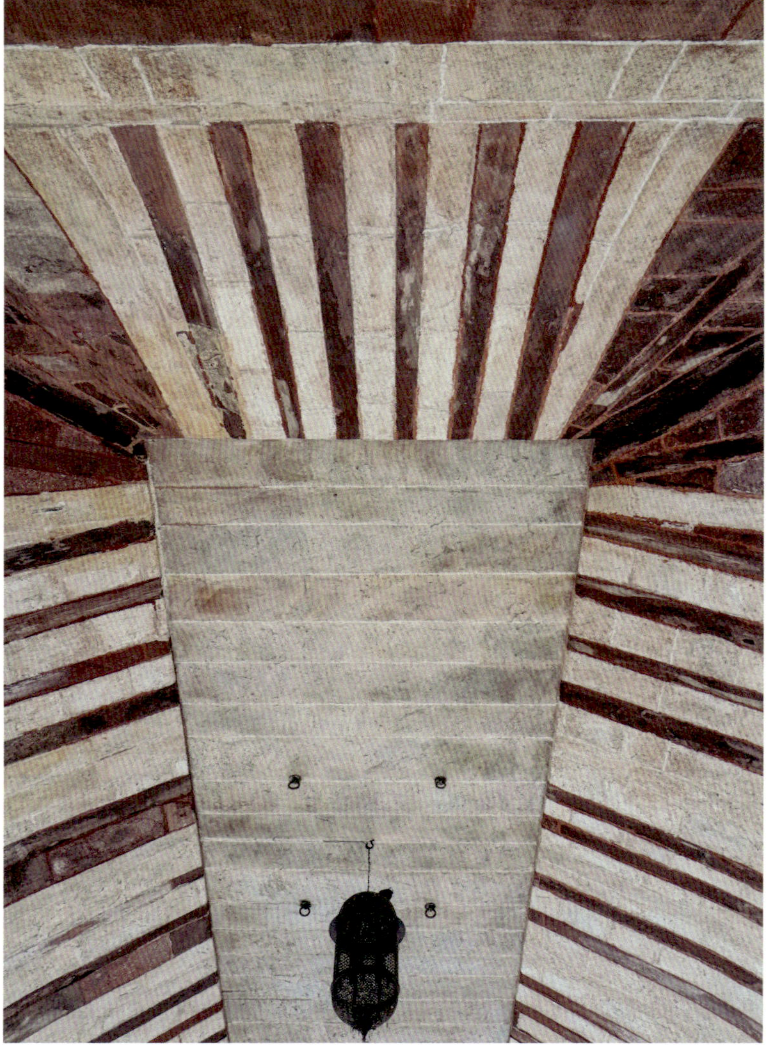

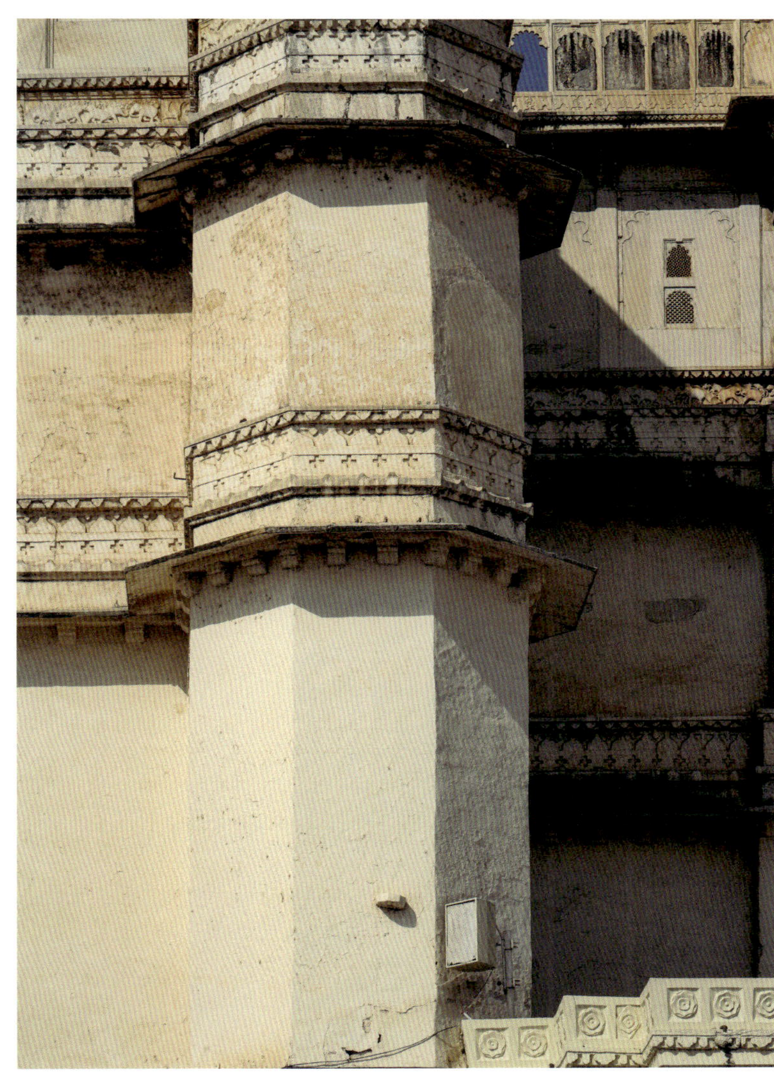

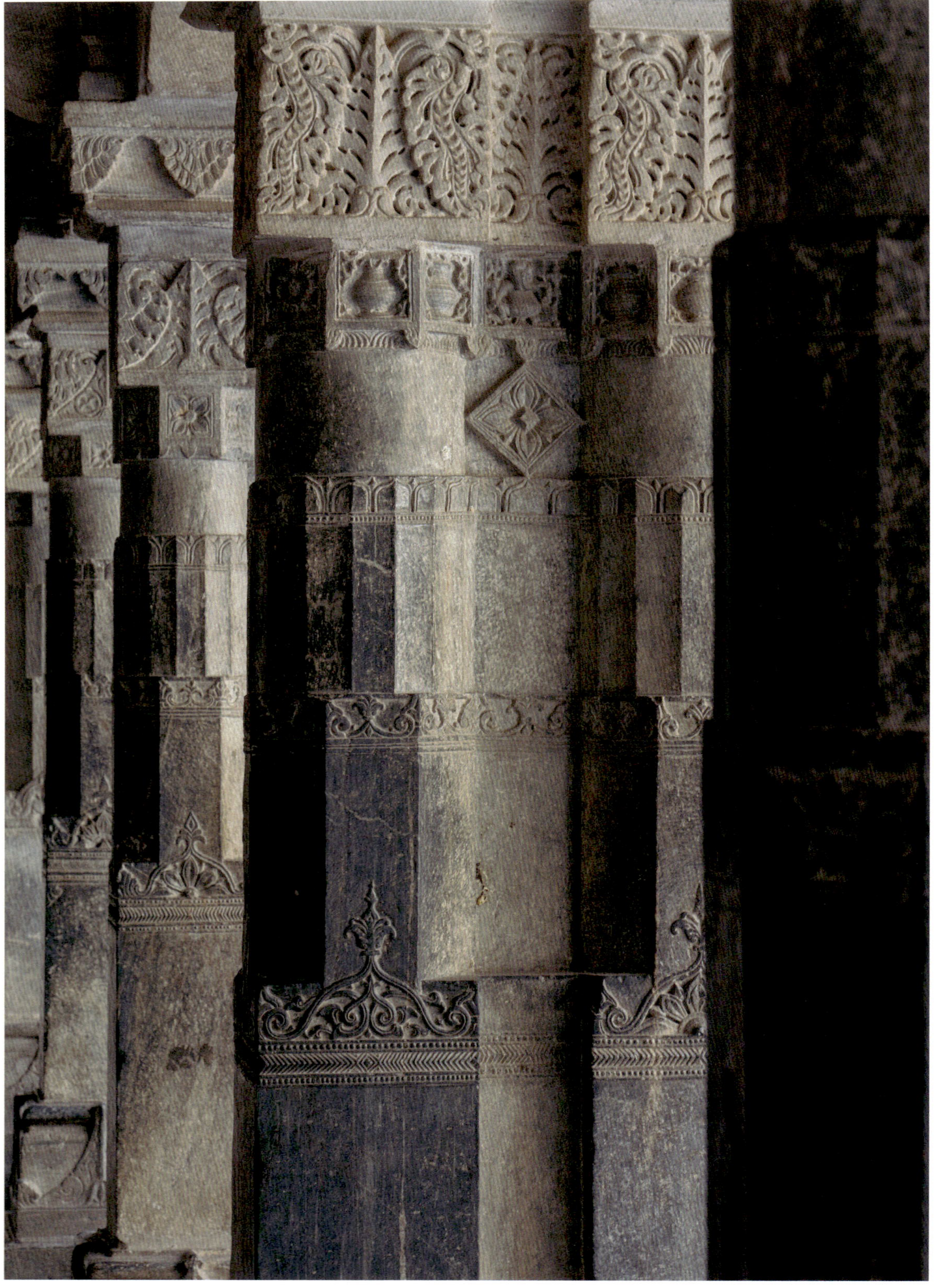

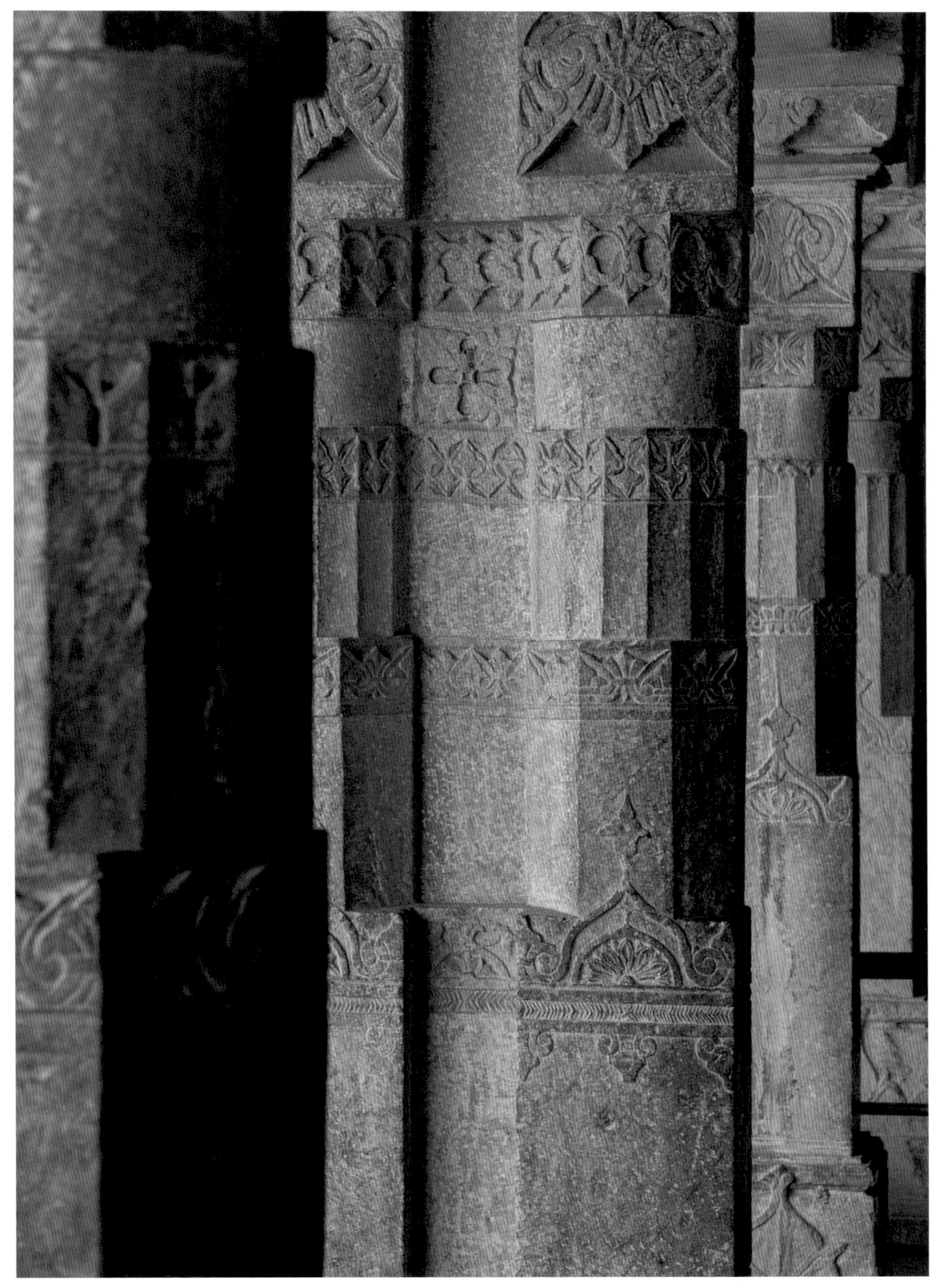

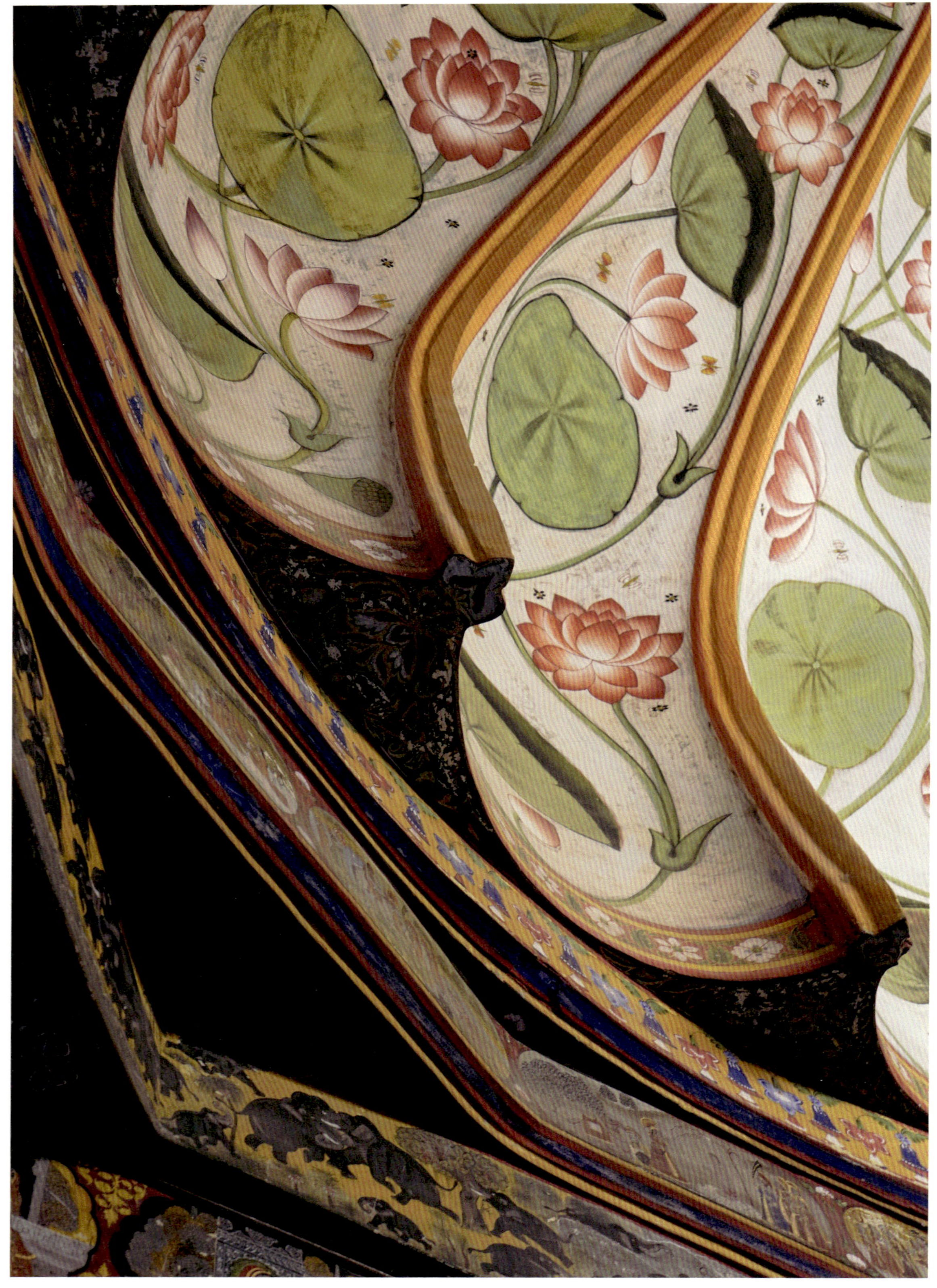

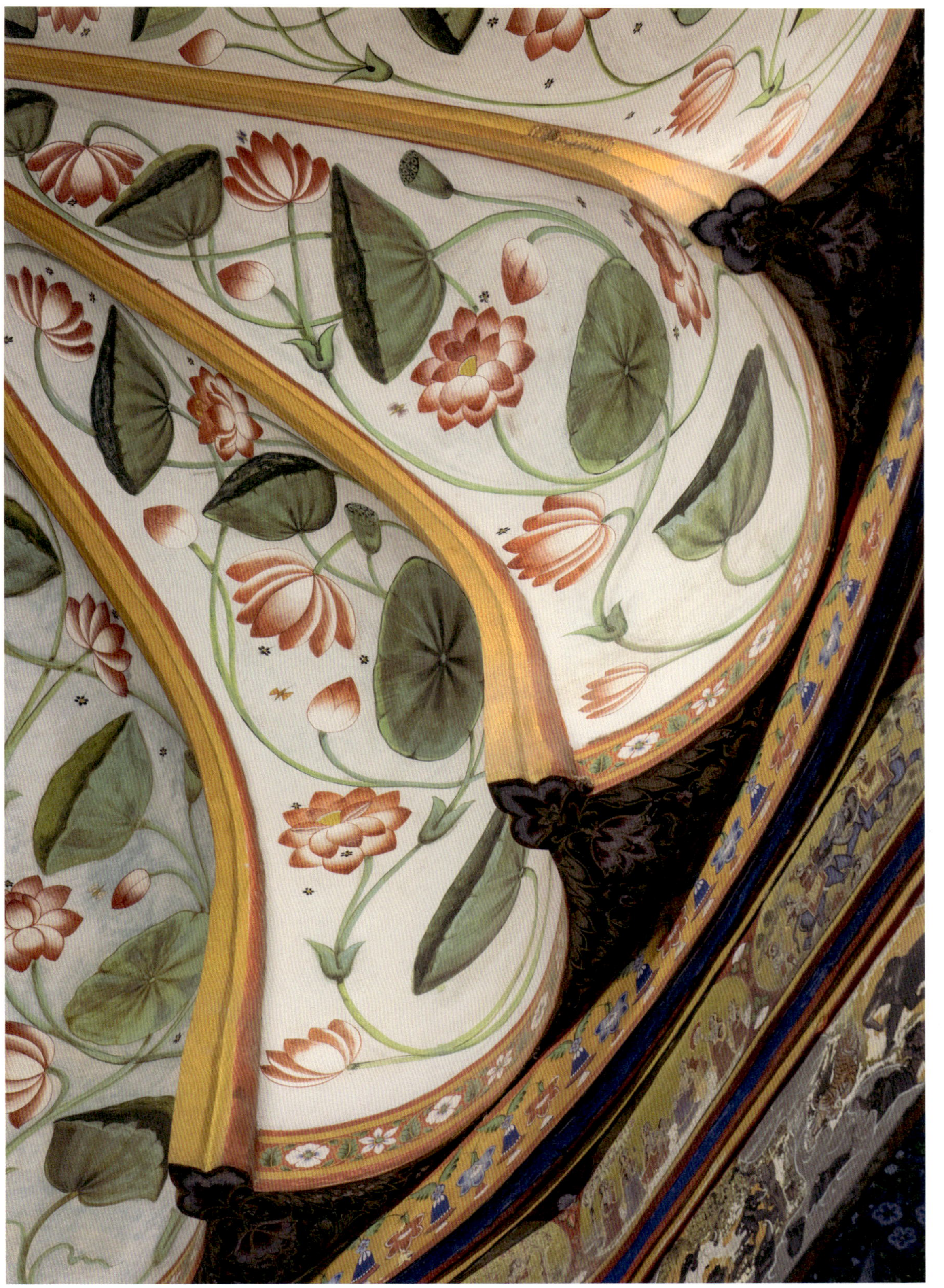

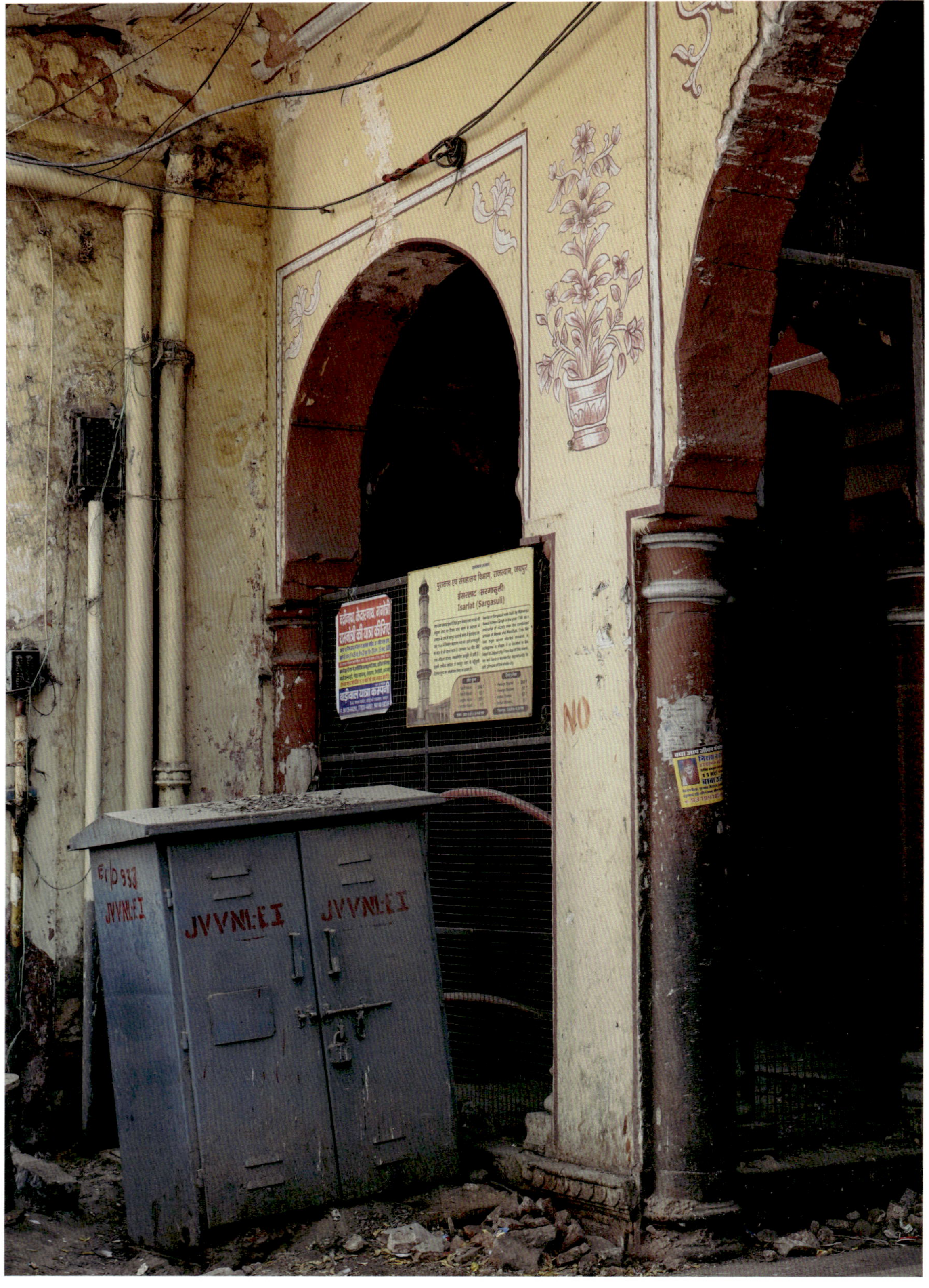

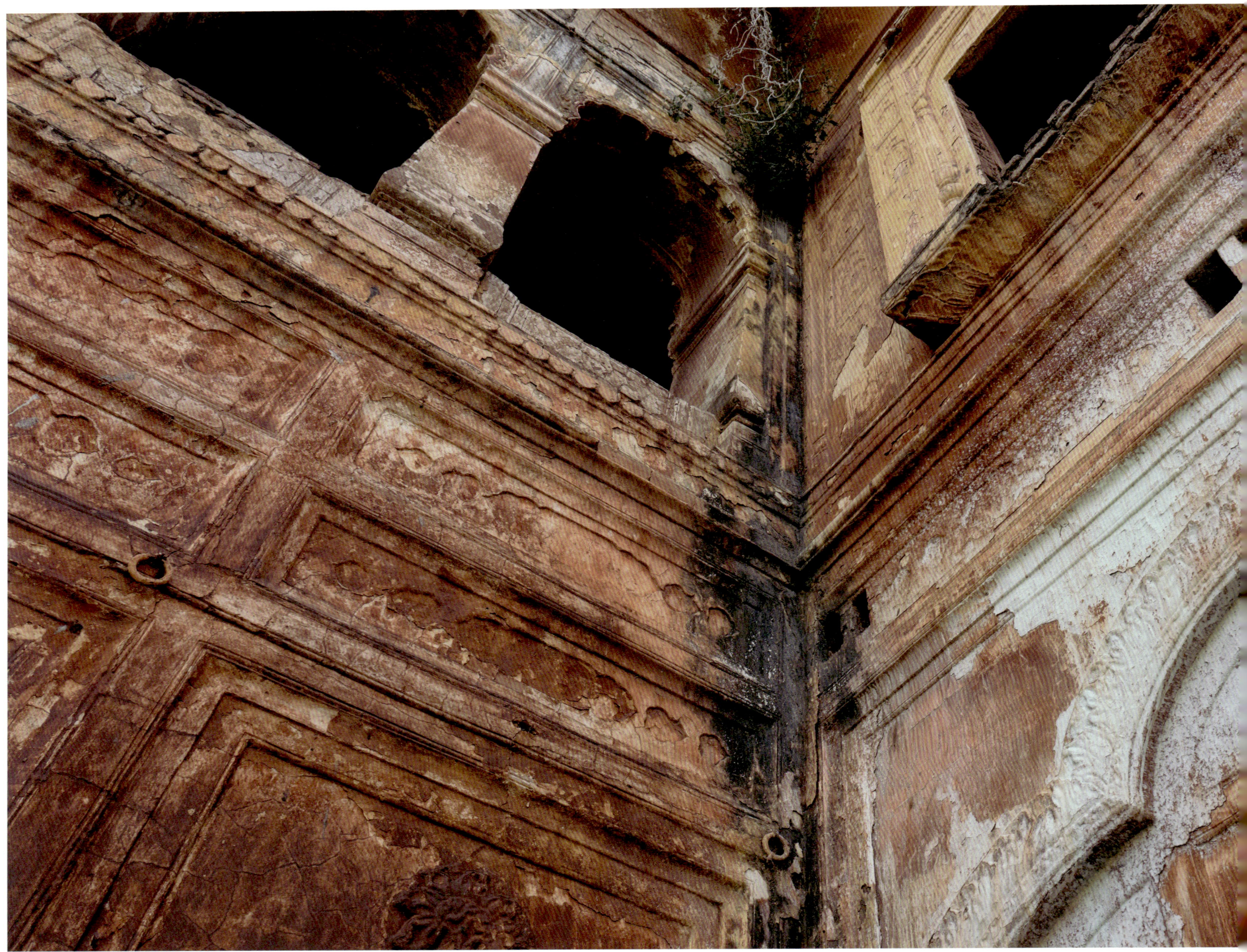

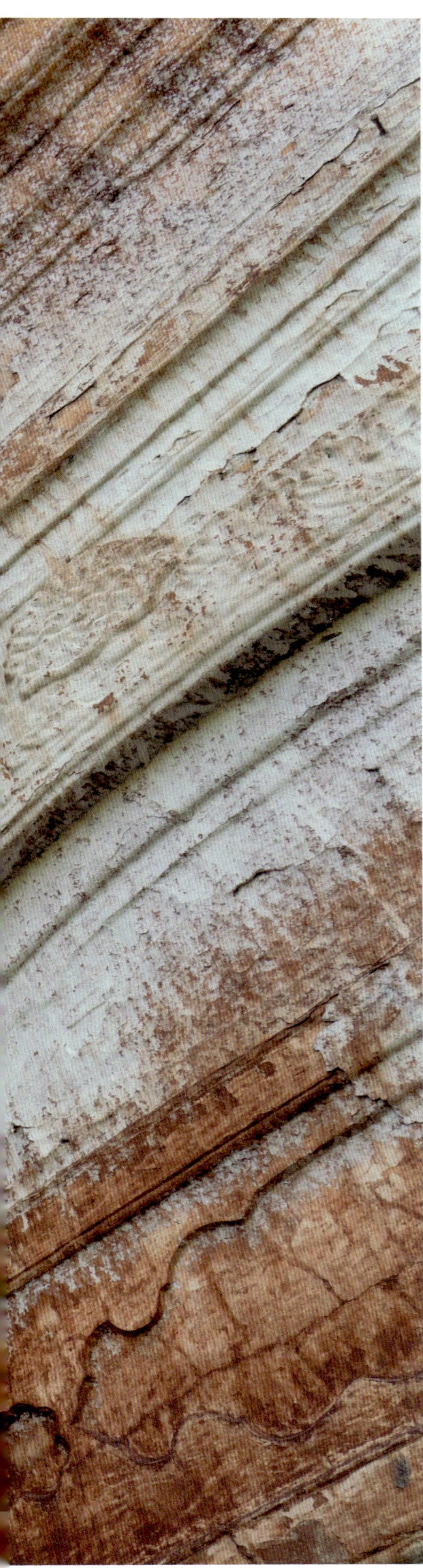

संकटग्रस्त
বিপন্ন
धोक्यात
ਖ਼ਤਰੇ ਵਿੱਚ
సంకటగ్రస్త
خطرے میں
BEDROHT
ENDANGERED
 সংকটগ্রস্ত
വംശനാശഭീഷണി നേരിടുന്നു
ప్రమాదంలో పడింది
ಅಪಾಯದಲ್ಲಿದೆ
சிதைவு ஆபத்து

B

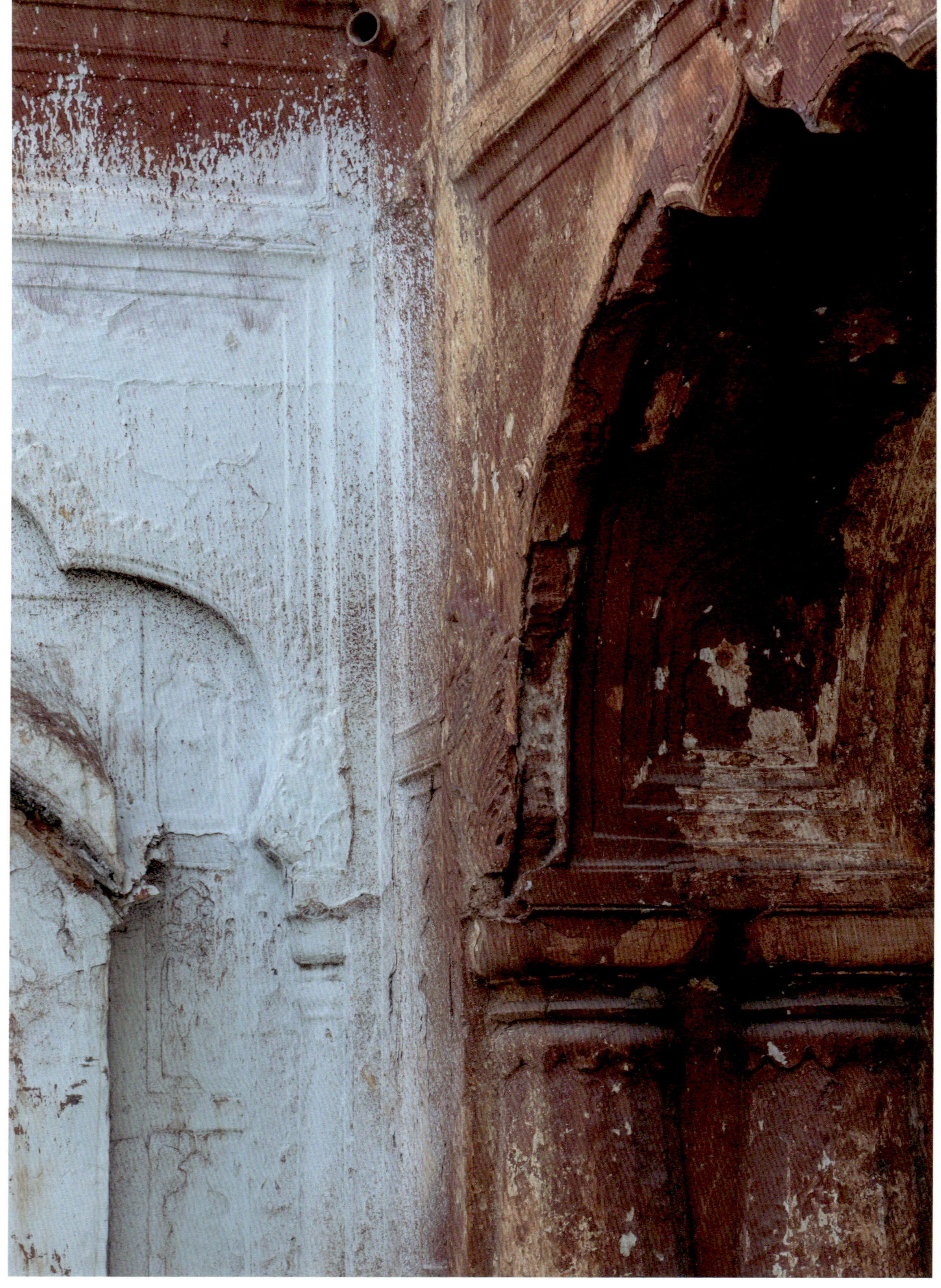

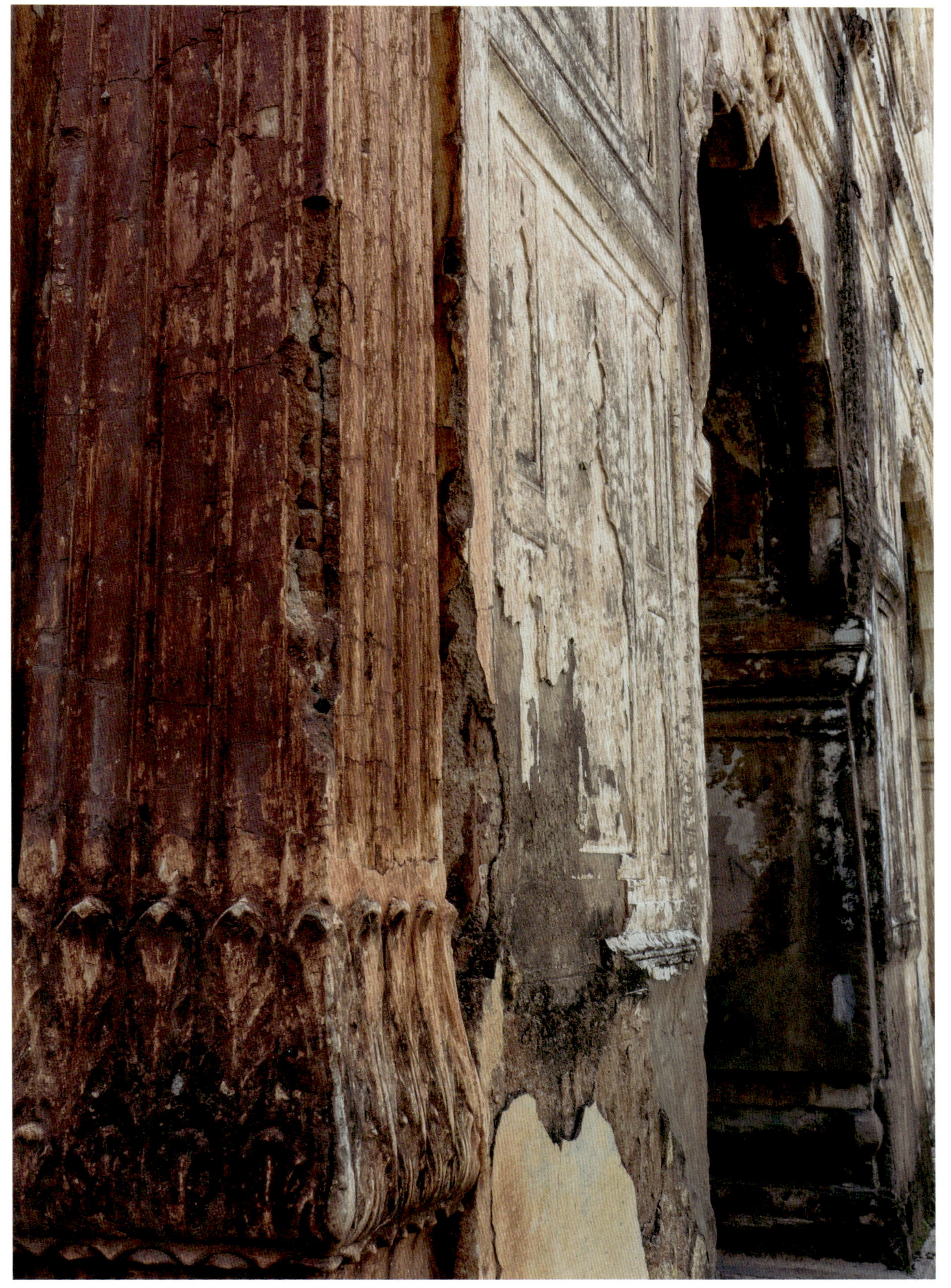

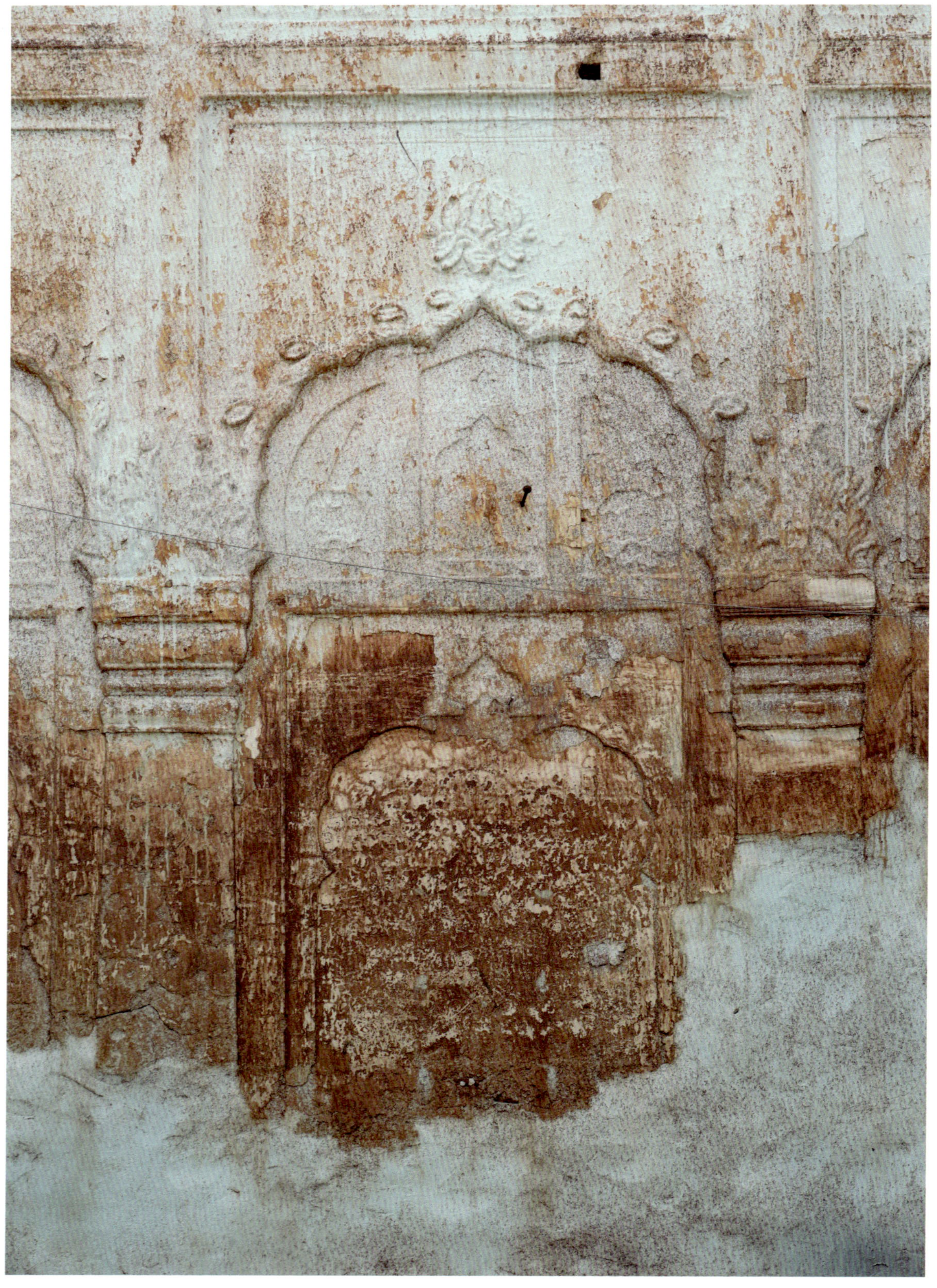

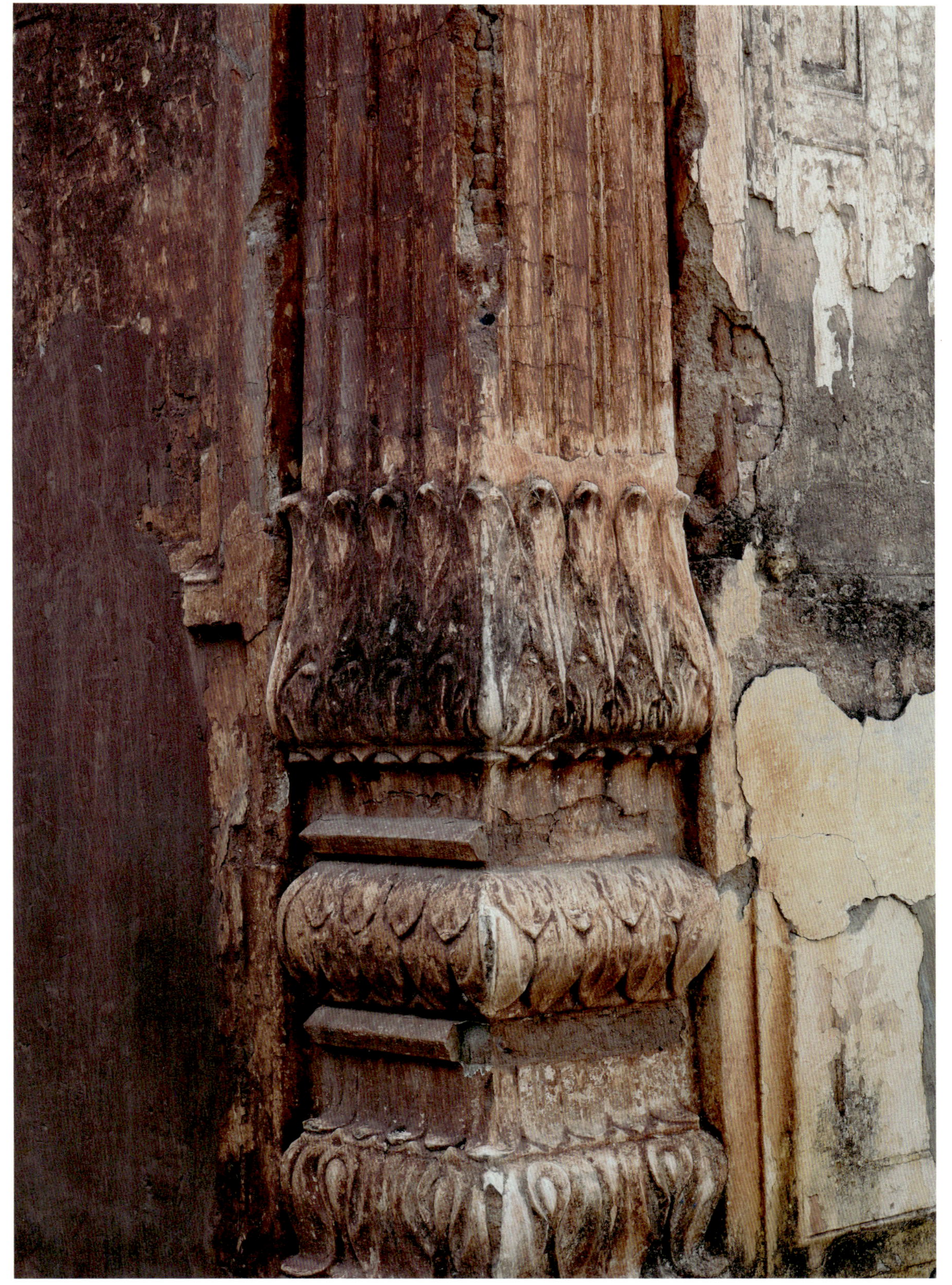

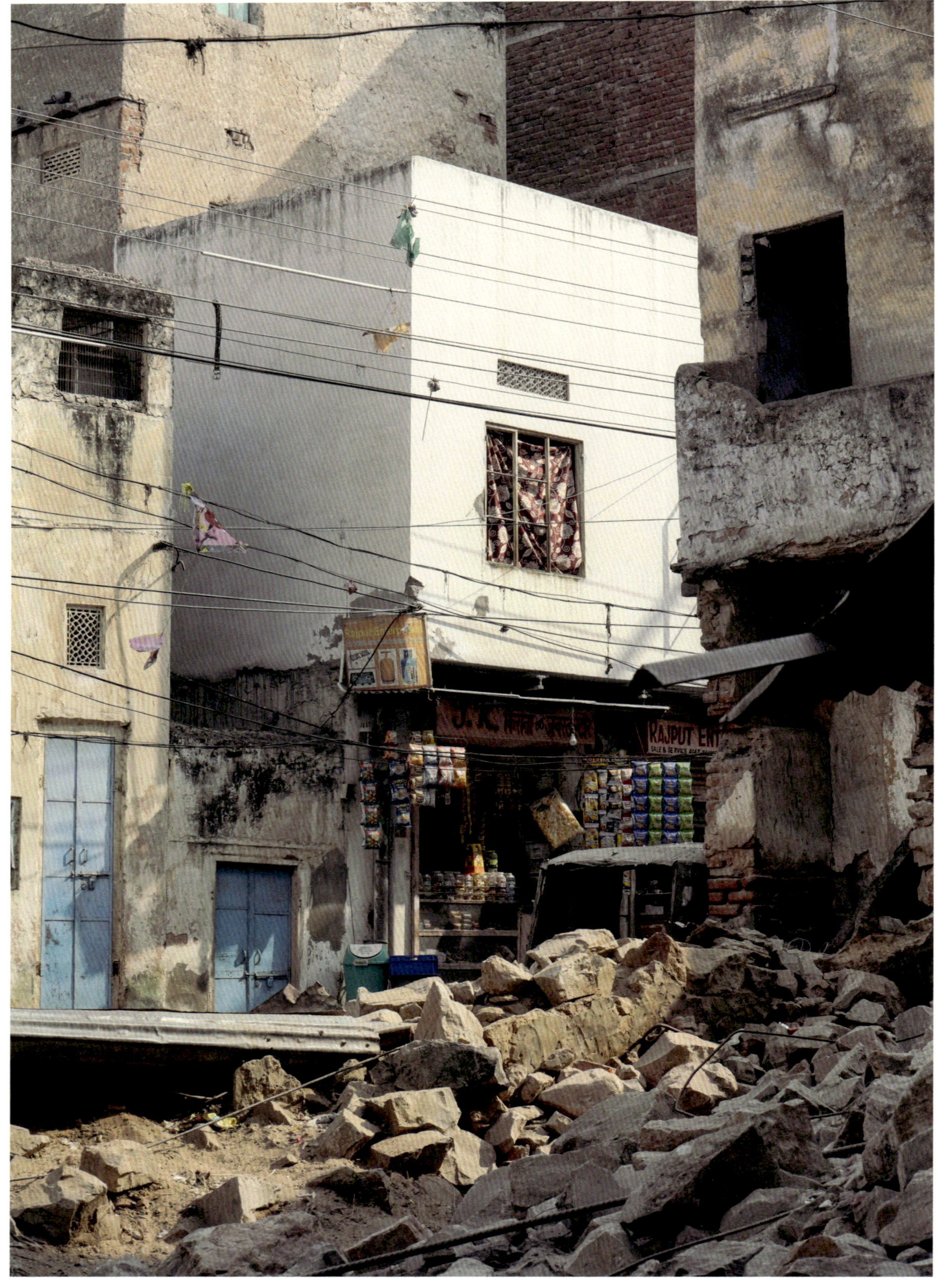

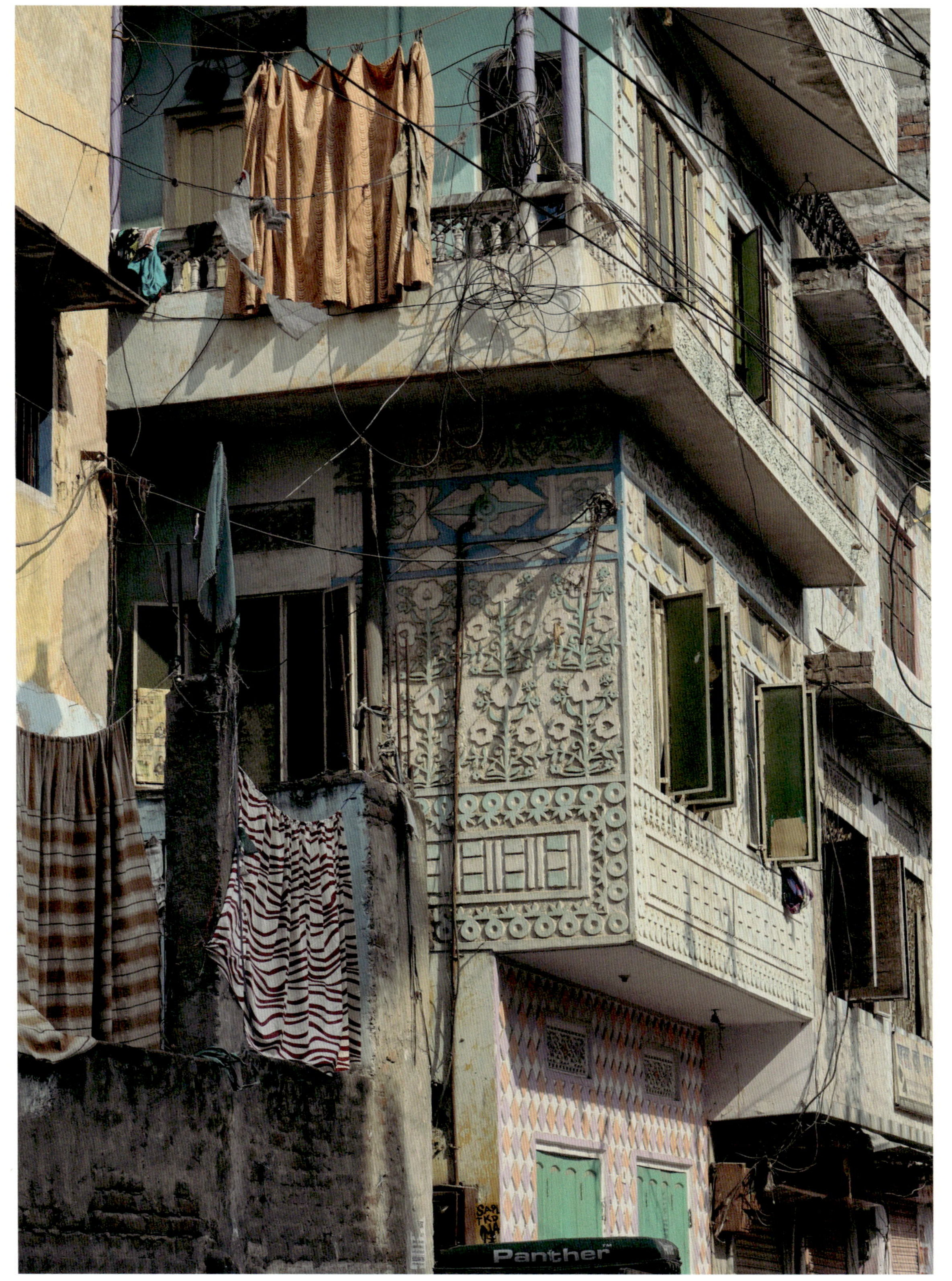

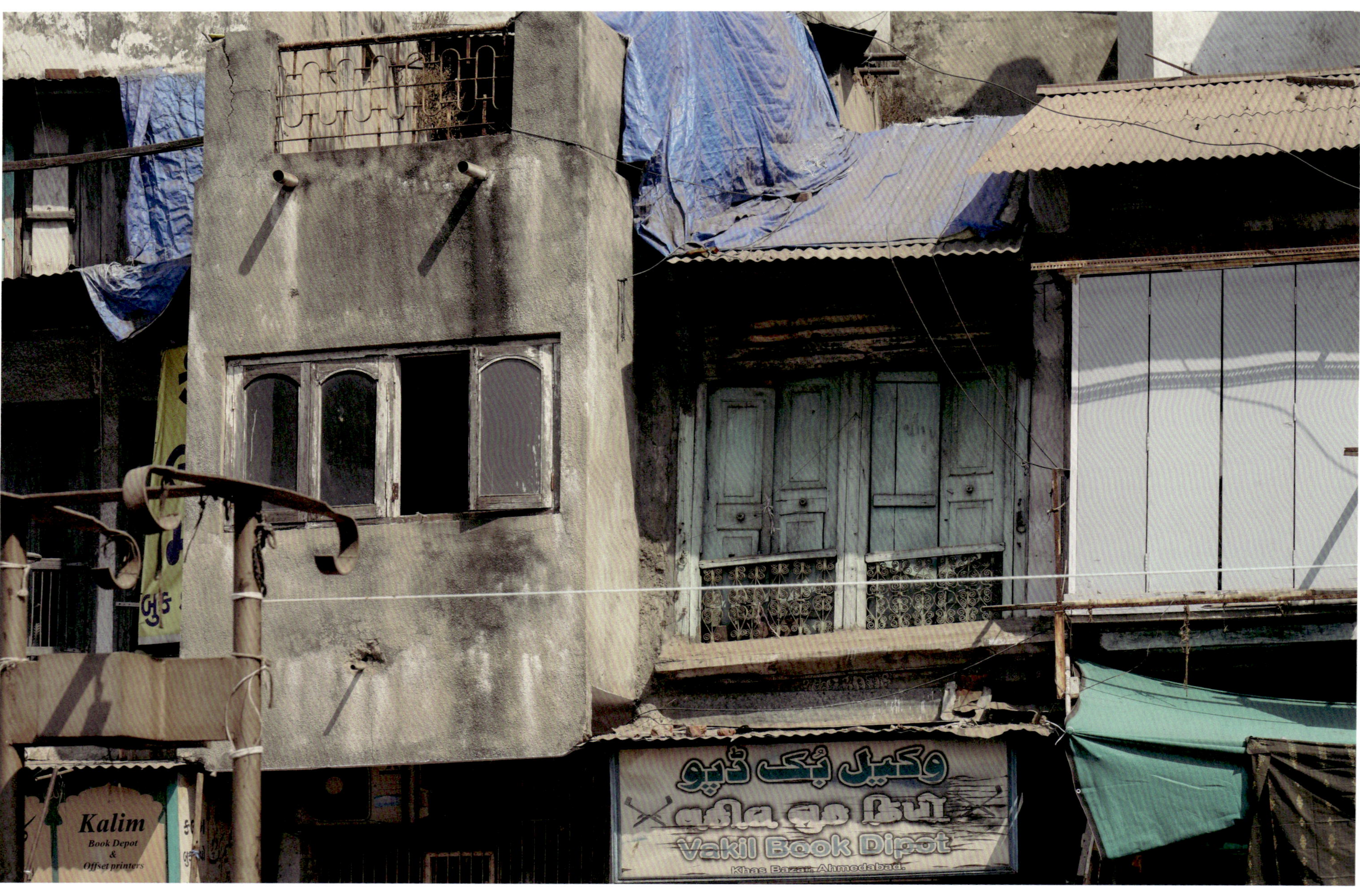

Kalim
Book Depot
&
Offset printers
وکیل بک ڈپو
Vakil Book Dipot
Khas Bazar Ahmedabad.

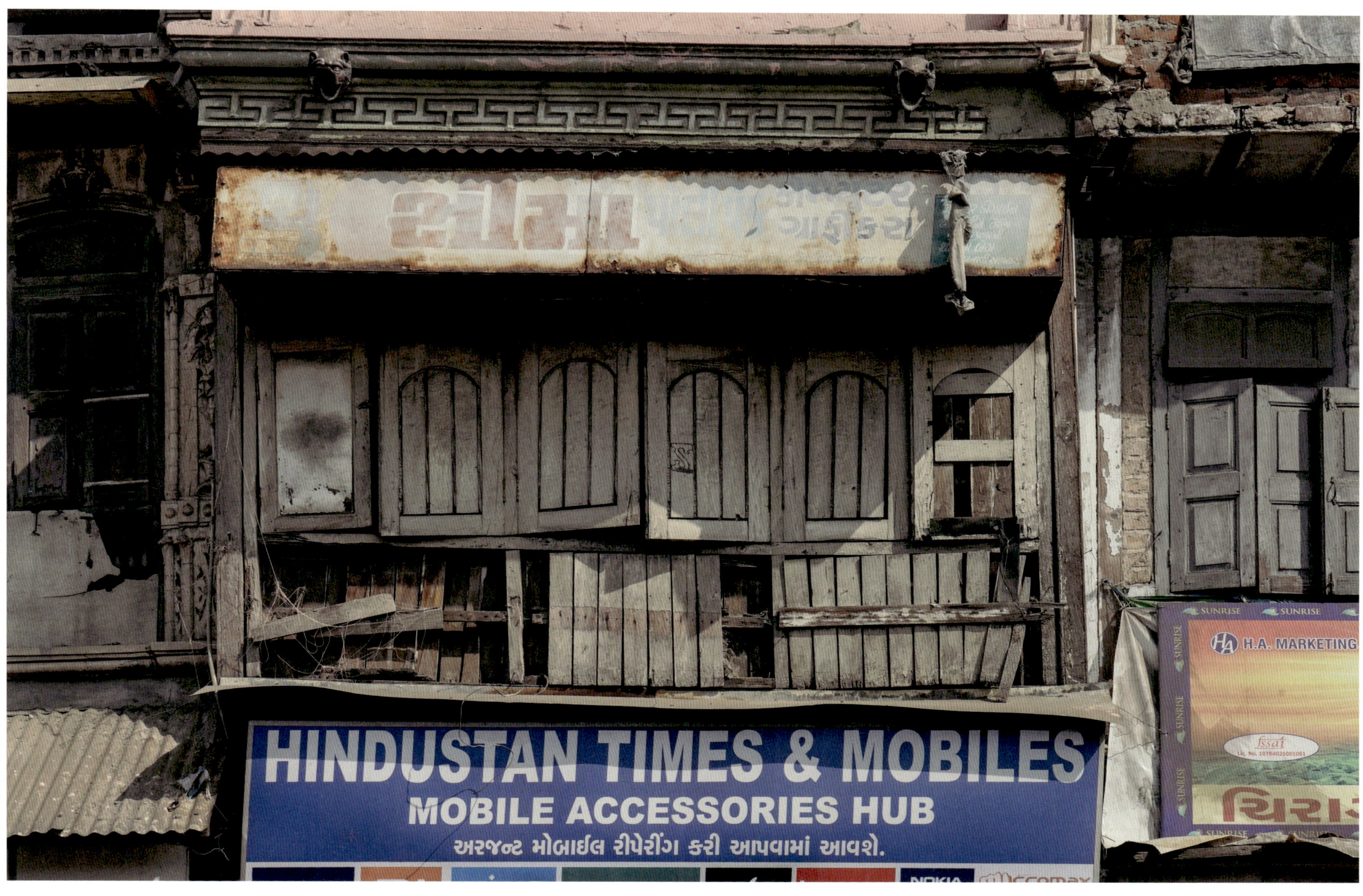
શ્રમજીવી ગ્રાહક
HINDUSTAN TIMES & MOBILES
MOBILE ACCESSORIES HUB
અરજન્ટ મોબાઈલ રીપેરીંગ કરી આપવામાં આવશે.
NOKIA
H.A. MARKETING
SUNRISE
ચિરાગ

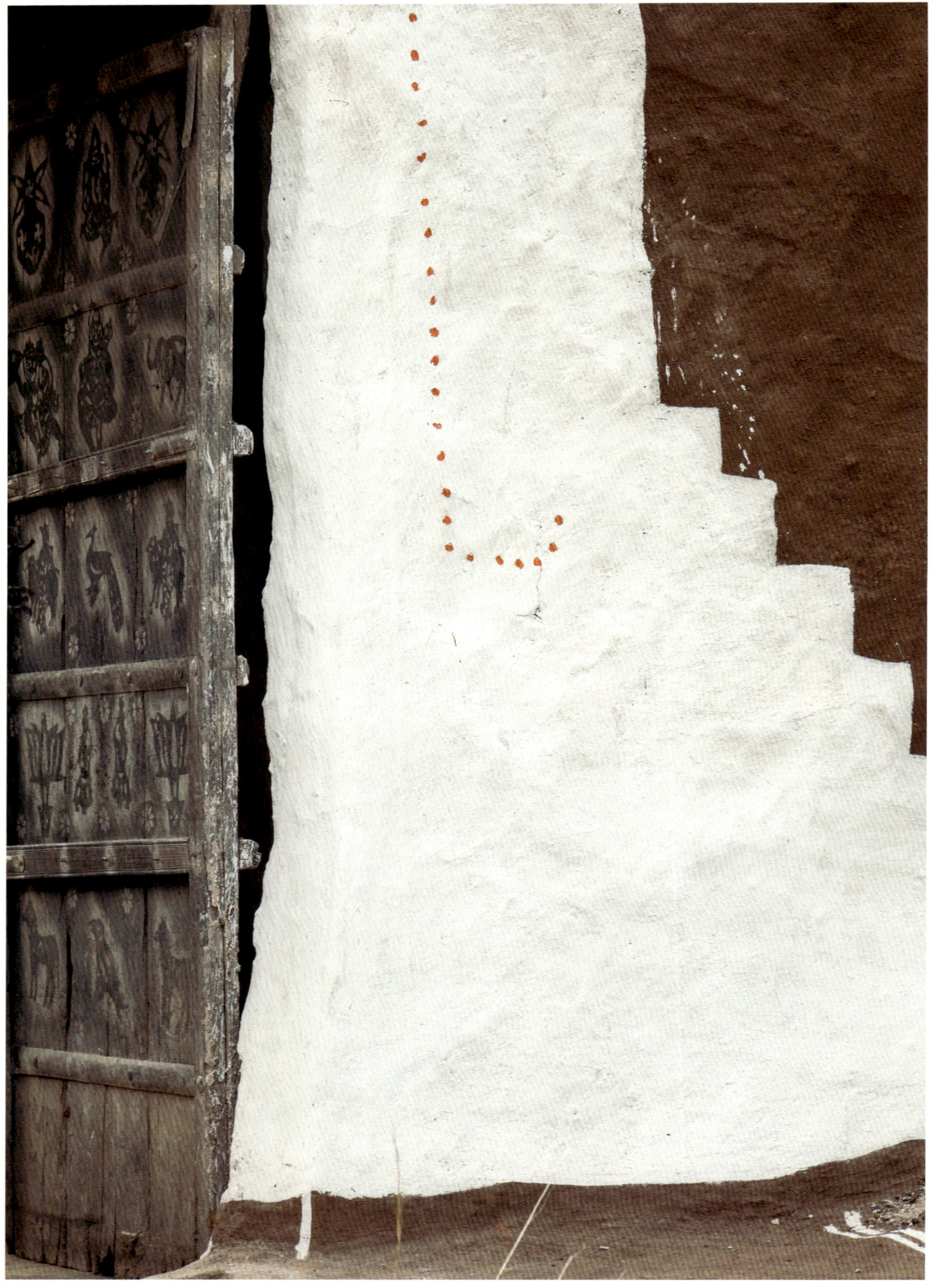

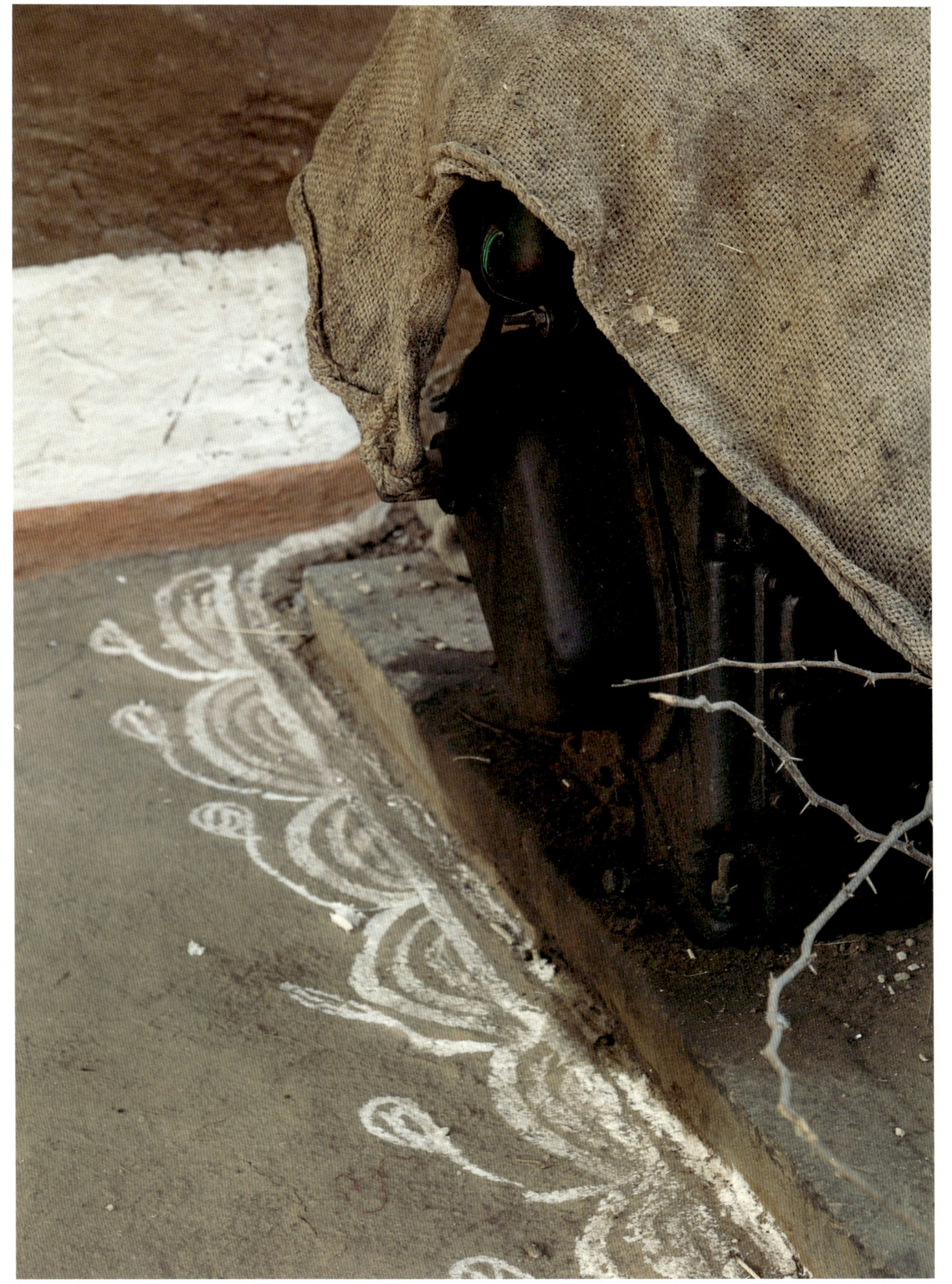

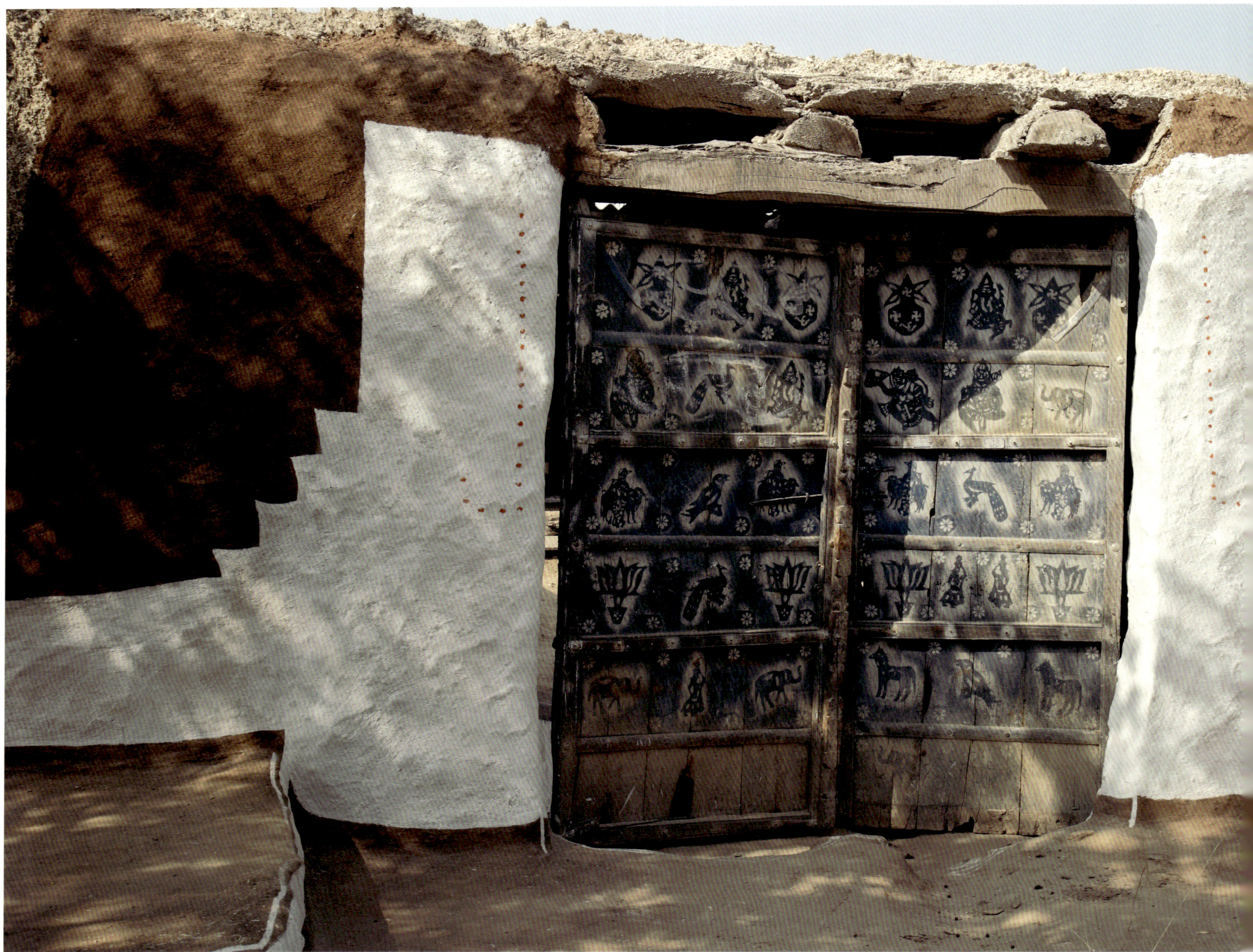

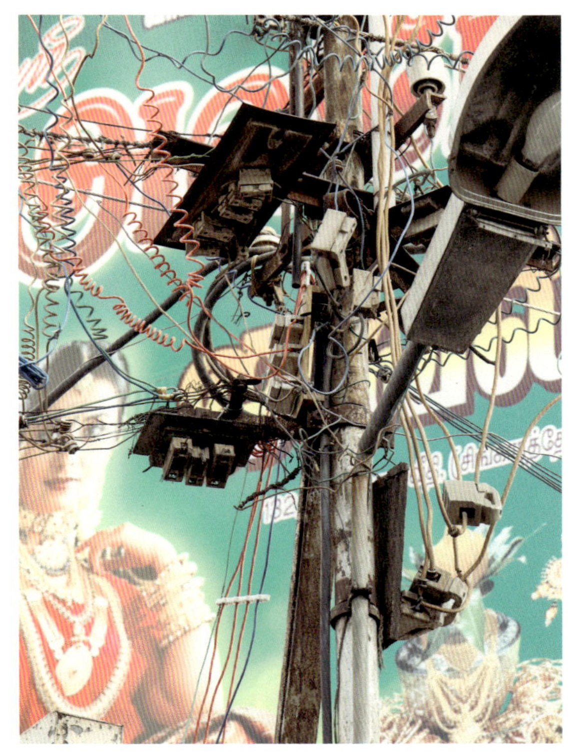

Rahaab Allana

Konstruktive Verschiebungen

Wenn man sich die Arbeiten von Nicolaus Schmidt ansieht, beginnt man über die Bedeutung einer trans- und intrakulturellen Geschichte nachzudenken – einer alternativen geopolitischen Vorstellung – und über ein mögliches, jedoch nahezu undefinierbares Indien. „Möglich", weil es weiterhin die synkretistische Verschmelzung verschiedener Praktiken verhandelt, und „undefinierbar", weil unsere heutige Zeit von einem unerhörten Drang zur Monokultur geprägt ist.

Schmidts kantige und scharfe Bildsprache, ein Stil, der durch die Kompositionsstrategie der nebeneinandergestellten Bilder betont wird, liefert einen kritischen Kommentar zum ständigen Grenzkonflikt zwischen vorstädtischem und städtischem Leben, ein beinahe dystopisches Gefühl, das sich in einer zeitlichen und räumlichen Verschmelzung konkretisiert. Es handelt sich darum, inwiefern unser reales und unser imaginäres Leben miteinander im Einklang sind und inwieweit Bilder diskursive Vorstellungen zu existenziellen Fragen provozieren können: Spiegeln die von uns bewohnten Orte unsere sich wandelnden Lebensumstände in der Welt wider? Wie verändert die Fotografie unsere Beziehung zur gebauten Umwelt, und wie kann sich unsere eigene Wahrnehmung von Orten ändern, um zu einem veränderten Verständnis der von uns bewohnten konstruierten Welt zu gelangen?

Auf den Doppelseiten prallen die Bilder aufeinander – kühne Untersuchungen der Psychologie von Fassade und Innenraum – und gleichzeitig verschmelzen sie miteinander durch Motiv und Horizontlinie. Prunk und der Reiz zahlreicher Bauten vergangener Dynastien sollte jeden Historiker, wenn nicht gar die aufmerksame Bevölkerung dazu zwingen, den Stellenwert und die dringende Notwendigkeit der Denkmalpflege zu überdenken, zumal in einer Zeit, in der das Streben nach einer vom sogenannten „neuen" Jahrtausend angetriebenen Ästhetik uns von diesen (über)lebenden Bauwerken von einst entfremdet. Viele der Bauten benötigen erneute Aufmerksamkeit und Konservierung, da sie heute durch staatlichen Missbrauch und öffentliche Vernachlässigung verfallen.

Die Arbeiten in diesem Buch fordern uns dazu heraus, die visuellen Felder zu erkunden, die sich ergeben, wenn die natürliche Architektur – die Landschaft –, die wir für völlig selbstverständlich halten, in elementare Texturen, Oberflächen, Strukturen und Beschaffenheiten zerfällt. Die abgebildete Stadt und die sie umgebende Landschaft werden zum Schauplatz einer solchen Dystopie und spiegeln in eindringlicher Detailgenauigkeit das innere und äußere Chaos, das durch undeutliche Spuren und diffuse Einschreibungen weiter gebrochen wird, welche unsere normativen Wahrnehmungsmuster und bequemen Bedeutungszuweisungen infrage stellen, ablenken, aufbrechen und widerlegen.

Und so erscheint diese Publikation zu einer Zeit, in der die Frage nach dem Überleben – selbst von Kunstgattung und Kanon als Grundpfeiler fortgesetzter kultureller Praktiken, ganz zu schweigen von unserer individuellen Lebensweise – auf dem Spiel steht. Sie ist angebracht, denn die Bilder führen uns zurück zur Debatte über den produktiven Umgang mit Lebensräumen und deren Integration, insbesondere wenn Belange der Ökologie und der essenziellen Gefährdung im Anthropozän intensiver berücksichtigt werden. Es geht um die Frage, wie wir uns den Erfordernissen des Augenblicks stellen und wesentliche Argumente zu den immer wieder aufkommenden Themen der Freizügigkeit, Historizität, Zeit, Religion und sogar der Identität liefern.

Ich beginne diesen kurzen Beitrag dort, wo das Buch endet, indem ich auf all das hinweise, was zurzeit in unserer soziokulturellen Gegenwart gefährdet ist. Mit jeder neuen Erscheinungsform von Ziegeln und Mörtel wird Seite für Seite deutlich, wie in der Gegenwart die subtilen Zwischentöne der Gemeinschaftskultur nun zu Wahrzeichen konfessioneller Auseinandersetzungen und ethnisch-religiöser Ausschreitungen werden. Betrachtet man historische Denkmäler eher als Marker für offene kulturelle Aushandlungsprozesse anstelle von Verfälschungen – von Ajanta bis zu den Moguln, mit so unterschiedlichen Einflüssen wie denen der Medici und dem

Looking at the works of Nicolaus Schmidt, one may give further thought to the meaning of a trans and intra-cultural history – an alternative geo-political imagination – arriving at a possible and somewhat elusive India. 'Possible' because it continues to negotiate the syncretic meld of practices, and 'elusive' because the present moment is defined by unconscionable drive for a monoculture.

Schmidt's angular and sharp imagery, a style accentuated through the compositional strategy of juxtaposed images, provides critical commentary on a continuing border conflict between suburban and urban living/lives, a near sense of dystopia visualised through a temporal and spatial melding. It ponders whether our living and imagined lives meet and how far images can provoke discursive notions around existential questions – do the places we inhabit reflect our changing states of being in the world? How does photography alter our relationship to the built environment, and how can we alter the perception of place in order to change our understanding of the constructed world we live in?

The images on either side both clash and fuse through subject and horizon line – bold investigations of the psychology of façade and interior. The ostentatiousness and appeal of bygone dynasties, many of which demand fresh attention and conservation as they dissipate in the hands of government misuse and public disuse today, would compel any historian, if not the discerning citizenry, to question the place and urgent need for heritage management at a time when the drive for a so-called 'new' millennium-propelled aesthetic is distancing us from these living/surviving edifices of yore. The works in this book ask us to scrutinise the visual fields that manifest when the natural architecture – the landscpe – we take completely for granted breaks down into elemental textures, surfaces, filaments and properties. The imaged city and its surrounding landscape become a theatre of such dystopia, mirroring inner and outer chaos through an insistent granularity, one that is further refracted through uncertain traces

and elusive inscriptions that deny, deflect, distort and refute our normative arcs of perception and convenient allocations of 'meaning'.

And hence this publication comes out at a time when the very question of survival – even of genre and canon as bedrocks of evolving practices, let alone our very own ways of living, are at stake. It is opportune because the images draw us back into debates about how to productively build and integrate within living environments, especially when questions of ecology and anthropocene ferocity are being considered more closely. It asks, how do we face the needs of a moment, and generate essential arguments around enfranchisement, historicity, time, religion, and indeed the every question of identitariansm, given they remain a constant refrain.

I begin this short article where the book ends, signposting all that is endangered in our current socio-cultural moment. With every manifestation of brick and mortar, page after page, what becomes stark is how in the present, the subtle intonations of communal culture are now becoming landmarks of religious strife and ethno-religious upsurge. If one only looks at historical monuments as markers of an open ended cultural commitment rather than collusion – from Ajanta to the Mughals, influences as varied from the Medici to the trade with Arabia – then a very different timeline comes to light, and shows us how the ability to adapt and generate a hybrid may help to override the misplaced desire for a national unilateral-cultural language and heritage. Furthermore, the drive for urbanity in the mid 20th century, on the heels of modernism, has been largely unstructured in most places around the world, especially in cities that have been overtaken and then overrun by rapid commerce and then demonetisation, more recently seen in the Indian economy. And as with every changing regime comes a desire for imprinting a new direction, one may begin to wonder how shifting temporalities, sensibilities, and even social shifts may be gauged through these images? The geometry of design, the very pleasure of seeing 'into' and 'out of' spaces; the desire for details to bring

Handel mit Arabien –, dann ergibt sich eine ganz andere Perspektive, die uns zeigt, wie die Fähigkeit zur Integration und zur Schaffung von etwas Hybridem dazu beitragen kann, den deplatzierten Wunsch nach der einen nationalen, einseitigen kulturellen Sprache und dem einen nationalen kulturellen Erbe zu überwinden. Darüber hinaus war die Verstädterung in der Folge der Moderne zur Mitte des 20. Jahrhunderts fast überall auf der Welt weitgehend unstrukturiert, vor allem in solchen Städten, die von der rasanten Entwicklung des Handels zunächst überholt und dann von der anschließenden Abwertung überrollt wurden, wie dies kürzlich in der indischen Wirtschaft geschah. Und da mit jedem Regimewechsel der Wunsch einhergeht, eine neue Richtung einzuschlagen, kann man sich fragen, wie sich verändernde Zeitumstände, Sensibilitäten und sogar soziale Verschiebungen durch diese Bilder erfasst werden können? Der geometrische Aufbau, das Vergnügen, „in" die Räume hinein- und „aus" den Räumen herauszuschauen, der Wunsch nach Details, die dem Bewusstsein neue Perspektiven

erschließen, ermöglicht eine sich steigernde Dynamik zwischen Vergangenheit und Gegenwart, eine fruchtbare Mischung aus Anthropometrie, Körperlichkeit, Design und Handwerk.

In dieser Publikation kann der Titel des Abschnitts „Glanz" daher auch auf die Liberalisierung der Wirtschaft und die Öffnung Indiens nach Westen in den 1990er-Jahren verweisen. Hier werden wir Zeuge, wie Elemente der Entfernung und der Nähe, des Sehens und des Verbergens, der Entblößung und des Voyeurismus zu komplexen Schnittstellen werden, an denen Architektur konzipiert und rezipiert wird. Die Stadt wird aus einer herausgezoomten Perspektive als erstrebenswert und entfremdend gesehen, als „Haus" und Zufluchtsort ebenso wie als Durchgangsort, als unzugänglicher oder unsicherer Raum, dessen hoch aufragende Strukturen den menschlichen Betrachter überragen. Das von Schmidt definierte „Haus" ist sowohl ein Ort des Wohnens als auch eine ständige Erinnerung an unsere eigene Vergänglichkeit. Es geht zum einen

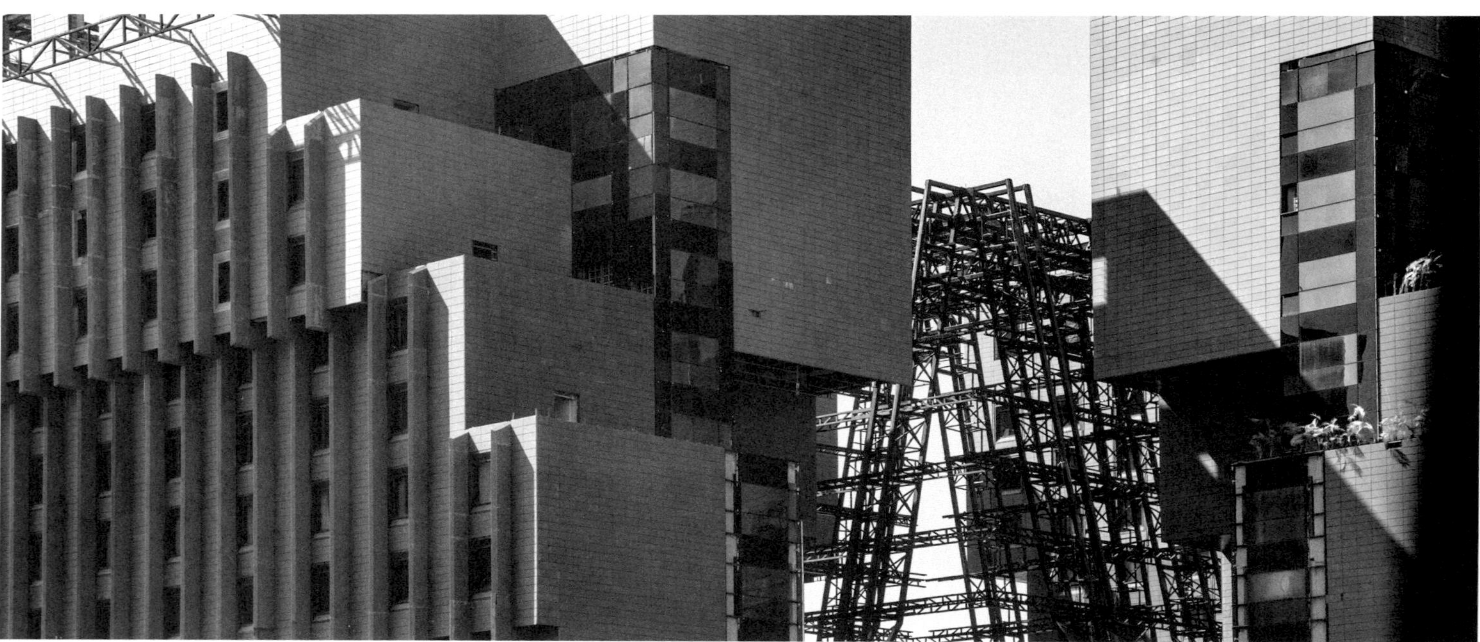

Bürogebäude, Pune, Maharashtra, Foto: 2011

out new contours of awareness, allows for an enlarging dynamic between past and present, a fruitful mix of anthropometry, corporeality, design and craft.

In this publication, the sectional title 'Lustre' can therefore also insinuate the coming of liberalisation to the economy, the opening out of India to the west following the 1990s. Here we witness ways in which elements of distance and nearness, sight and concealment, exposure and voyeurism, became complex nodes at play through which architecture was conceived and experienced. The city, from a zoomed-out perspective, is seen as aspirational and alienating, as much a 'home' and a refuge as a point of transit, an inaccessible or insecure space, with towering structures rising above the human observer. As much a place of dwelling as a constant reminder of our transitoriness, the 'Home' as defined by Schmidt is about how spaces are used by community but also what they become once their purpose is fulfilled; about how through obsoletion, an abandoned high rise or a shanty town may both make us think about the moment of transition, and how 'living' experiences are relative.

'Time' is then an endless passage, much like images ceaselessly passing us on screens every day. Behind them we may see a world layered by those populating spaces with new publics at different times, re-organising infrastructure based on a new ideology. Time, in these images, is a construct and a mechanism through which the present interacts with the past, and past finds resonance in the future. In the work of Schmidt we see this dimension improvised through images of abandoned spaces, and the very fragile nature of the constructed world, subservient to the organic nature of things, overtaken by decay, but also, one in which the human subject is an occupier. The different aesthetics, from deco to industrial, from commercial hubs to the individual dwelling places, from oddly placed windows or niches to showroom, are all reflective of a simultaneity, a parallel and a comparative that does not only help to fictionalise the present, but makes it self-aware.

The pages of this book present to us how accumulations of buildings create a 'built' environment that may or may not harmonise or align, in terms of both aesthetics and social usage, with the surrounding natural environment, and at times may be actively discordant, and perhaps even harshly extractive, in relation to nature. Architecture is a 'language', a system of communication expressed through a particular 'grammar', 'syntax' and 'idiom'. It is a psychological and social experience – buildings can radiate subtle and strong auras, have the potential to provoke and reinforce behaviour, and can quickly become and remain repositories of individual/collective emotions and ideas. Buildings and other architectural objects are so thoroughly encoded with value-systems and symbolic functions that they exert influence – they give rise to other buildings, and the arrangements of brick, stone, concrete, steel, glass, etc., along with their technological systems, are somehow attributed with vitality, causality, intentionality. Buildings overtly and subliminally influence the consciousness of those who experience them, and – whether in active use or not – can influence and shape identity.

This is also enabled through material presence, through the very granular substrata that makes a larger entity. Bricks take on circular patterns and arches, with wood we move into cross beams and supporting arches, even with a corporeal figure (possibly Yakshi) serving the functional/structural purpose of a bracket. In all, these sections are meant as about poetic and creative gesture, as a means to delineate how the 'decorative' can be functional and subtle, making us re-consider the personal experience of walking through, under, between buildings or built forms, understanding our own presence within a larger experience of bringing maker and viewer within a portal.

The mode of photography here oscillates between the awestruck gaze of a wonderer and the scrutiny of a researcher/ anthropologist. Schmidt's interest, also informed by his much earlier fine arts practice, a leaning towards historical writings and then art history, underscores his curiosity in evolving

Office buildings, Pune, Maharashtra, photo: 2011

darum, wie Räume gemeinschaftlich genutzt werden, zum anderen aber auch darum, was aus ihnen wird, wenn sie ihren Zweck erfüllt haben: wie ein verlassenes Hochhaus oder eine Barackensiedlung uns durch ihre Vergänglichkeit dazu bringen können, den Augenblick des Übergangs und die Relativität „lebendiger" Erfahrung zu reflektieren.

„Zeit" ist dann ein endloser Übergang, den Bildern vergleichbar, die täglich auf den Bildschirmen an uns vorbeiziehen. Dahinter können wir eine Welt sehen, die von denjenigen überlagert wird, welche die Räume zu unterschiedlichen Zeiten mit neuen Öffentlichkeiten bevölkern und die Infrastruktur auf der Grundlage neuer Ideologien reorganisieren. Die Zeit ist in diesen Bildern ein Konstrukt und ein Mechanismus, durch den die Gegenwart mit der Vergangenheit interagiert und die Vergangenheit ihren Widerhall in der Zukunft findet. Im Werk von Schmidt sehen wir diese Dimension in Bildern von verlassenen Räumen und der sehr fragilen Natur der gebauten Umwelt. Sie ist der organischen Natur der Dinge unterworfen und wird vom Verfall eingeholt, sie ist aber auch eine Welt, deren Bewohner das menschliche Subjekt ist. Die verschiedenen Ästhetiken, von Deco bis Industrial, von kommerziellen Zentren bis zu Einzelbehausungen, von seltsam platzierten Fenstern oder Nischen bis zu Ausstellungsräumen, reflektieren alle die Gleichzeitigkeit, die Parallelität und das Nebeneinander und tragen daher nicht nur dazu bei, die Gegenwart zu fiktionalisieren, sondern auch, sich ihrer bewusst zu werden.

Die Seiten dieses Buches zeigen uns, wie Anhäufungen von Gebäuden eine „konstruierte" Umwelt hervorbringen, die sowohl in Bezug auf die Ästhetik als auch auf die soziale Nutzung mit der sie umgebenden natürlichen Umwelt harmonieren oder nicht harmonieren kann, und die manchmal in Bezug auf die Natur aktiv disharmonisch und vielleicht sogar brutal zerstörerisch sein kann. Architektur ist eine „Sprache", ein Kommunikationssystem, das durch eine bestimmte „Grammatik", „Syntax" und „Idiomatik" zum Ausdruck kommt. Sie ist eine psychologische und soziale Erfahrung – Gebäude können

eine subtile oder starke Aura ausstrahlen, sie haben das Potenzial, Verhaltensweisen zu provozieren und zu verstärken, und sie können schnell zu Orten individueller oder kollektiver Gefühle und Gedanken werden und es bleiben. Gebäude und andere architektonische Objekte sind so grundlegend mit Wertesystemen und symbolischen Funktionen kodiert, dass sie ihre Umgebung beeinflussen – sie lassen andere Gebäude entstehen, und den Anordnungen von Ziegeln, Stein, Beton, Stahl, Glas usw. wird zusammen mit ihren technischen Systemen in gewisser Weise Vitalität, Kausalität und Intentionalität zugeschrieben. Gebäude beeinflussen offen und unterschwellig das Bewusstsein derjenigen, die sie erleben, und können – ob sie nun aktiv genutzt werden oder nicht – Identitäten beeinflussen und formen.

Dies wird ermöglicht durch die Präsenz des Materiellen und der einzelnen Details, die sich zu größeren strukturellen Einheiten zusammenfügen. „Ziegel" bilden kreisförmige Muster und Bögen, mit „Holz" gelangen wir zu Querbalken und Stützbögen, sogar eine figürliche Darstellung (möglicherweise Yakshi) erfüllt den funktionalen Zweck einer Stütze. Insgesamt geht es in diesen Abschnitten um eine poetische und kreative Geste als Darstellungsmittel, um zu zeigen, wie funktional und subtil das „Dekorative" sein kann. Es veranlasst uns, die persönliche Erfahrung des Gehens durch, unter und zwischen Gebäuden oder gebauten Formen neu zu überdenken und die eigene Präsenz innerhalb eines größeren Zusammenhangs zu verstehen, der Erzeuger und Betrachter in einem Forum zusammenführt.

Die Art der Fotografie oszilliert hier zwischen dem ehrfürchtigen Blick eines staunenden Bewunderers und dem prüfenden Blick eines Forschers/Anthropologen. Schmidts Interesse, das auch durch seine frühere Praxis in der bildenden Kunst, sein Interesse an Geschichte und Kunstgeschichte geprägt ist, unterstreicht seine Neugier auf die sich wandelnden Erscheinungsformen – von den Karla-Höhlen bis zum Jantar Mantar –, die den menschlichen Erfahrungshorizont über

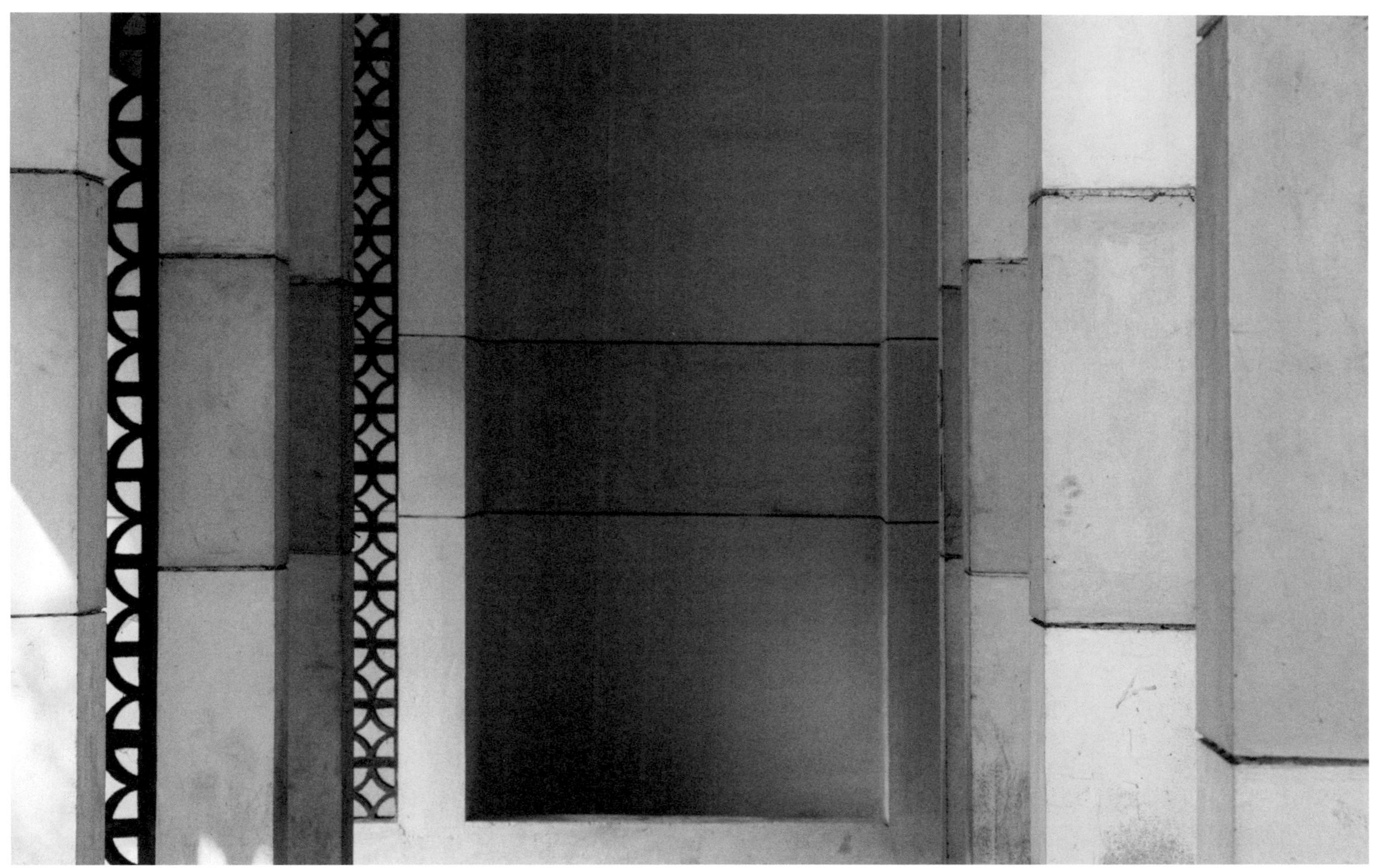

mannerisms – from the Karla caves to Jantar Mantar – stretched thresholds of encounter, bringing to light the very reality of the human desire to see beyond the ground experience – to elevate – perhaps a little beyond the 'human' vision, to a more holistic or ontological sense of presence, existence. What could then be the reason to create bold structures exploring the astronomical, through the Jantar Mantar in Delhi, but to give a sense of the otherworldly, the myth and uncanny other-reality of the universe in which we play a small part.

There are juxtapositions here, which also ask geo-political questions: about what India is in the present, and how its cultural legacy is going to be defined in time to come? What is the afterlife of modern architects like Corbusier, and does it go beyond the zeal of Nehru to re-organise the country through a meld of western and eastern influences and new material engagements? Is it possible to look at Buddhist, Jain, and Mughal architecture as part of integrated line of builders? Are these images a display of an array of thoughts about

Aspinwall House, Fort Kochi, Kerala, photo: 2015

das Irdische hinaus ausdehnen. Sie lassen den menschlichen Wunsch nach dem Überirdischen aufscheinen, um dabei vielleicht ein wenig über das „menschliche" Sehen hinauszugehen und sich zu einem ganzheitlicheren oder ontologischen Sinn der Existenz zu erheben. Welchen Grund könnte es denn geben, kühne Strukturen als Observatorien zur astronomischen Forschung zu schaffen, wie das Jantar Mantar in Delhi, wenn nicht den Sinn für das Jenseitige, den Mythos und die unheimliche andere Realität des Universums, in dem wir nur eine kleine Rolle spielen.

Es gibt in diesem Abschnitt Gegenüberstellungen, die auch geopolitische Fragen aufwerfen: Was ist das gegenwärtige Indien, und wie wird sein kulturelles Erbe in Zukunft definiert werden? Wie sieht das Nachwirken moderner Architekten wie Le Corbusier aus, und geht es über den Eifer Nehrus hinaus, das Land durch eine Verschmelzung westlicher und östlicher Einflüsse und Investitionen in neue Projekte zu reorganisieren? Ist es möglich, die buddhistische, die Jain- und die Mogul-Architektur als Teil einer integrierten Reihe von Architekten zu betrachten? Sind diese Bilder Ausdruck des Nachdenkens über die Schwierigkeit, verschiedene Strömungen innerhalb einer geografischen Einheit zusammenzubringen? Ist es möglich, diese Region als eine Zone der Vereinigung zu betrachten, oder ist es eine Zone von Konflikten, die von unterschiedlichen Ideologien, Religionen und Konfessionen ausgehen, oder haben die Architekten ihren ganz eigenen Sinn gefunden, indem sie versuchten, die Bedürfnisse eines Zeitalters durch einen eher konzeptionellen Ansatz zu vereinen?

D. N. Chaudhury war ein indischer Fotograf, der in den 70er-Jahren für den Indian Express arbeitete und schließlich eine Publikation über die Architektur Delhis herausbrachte, deren Ansatz man als „piktorialistisch" bezeichnen könnte. Er interessierte sich für die menschliche Figur innerhalb der gebauten Formen, für die Interaktion des einfachen Bürgers mit dem Raum und dafür, wie die Architektur die menschliche Figur hervorheben oder bagatellisieren kann. Schmidt hingegen sucht eine „dokumentarische" Haltung zu der Frage, was es bedeutet, sich an einem Ort zu befinden und, während man das Motiv beobachtet, zugleich von ihm beobachtet wird.

Man kann sich auch fragen, welche Perspektive andere Fotografen im Laufe der Zeit in dieser Region eingenommen haben. Lucien Hervé, dessen Schwarz-Weiß-Bilder von Chandigarh den Gewölben und Kuppeln eine jenseitige Wirkung verliehen, oder die neueren Arbeiten von Antonio Martinelli, der die Größe und das Wunder der hoch aufragenden brutalistischen Bauwerke aus der Ferne erkundet und sich dann mit einer detaillierten Dokumentation der Innenräume beschäftigt? Wie sieht es mit dem Vermächtnis von Werner Bischof aus, der die Tata-Steel-Industrieanlagen fotografierte, oder mit Madan Mahatta, der Architekten wie Raj Rewal und sogar Joseph Allen Stein in ihre Häuser folgte und ein Vokabular für modernistische Architektur in der Hauptstadt schuf?

In vielerlei Hinsicht geht es bei der Fotografie um Wiederkehr, Resonanz, Wiederaufgreifen, Erinnern und manchmal sogar Vergessen. Obwohl vieles von dem, was wir in diesen Bildern sehen, bereits in der Vergangenheit beobachtet wurde, erinnert uns das Kompendium einmal mehr daran, wie wichtig ein umfassenderer Ansatz für Indien ist – das Bedürfnis nach Ortsspezifität und Ortsbestimmung – und wie ungeklärt und offen für Interpretationen es bleibt; und dass kein Bemühen um einen ausgrenzenden Nationalismus in der Lage sein wird, die kreativen und konstruktiven Kräfte seiner unendlichen Lebendigkeit zu bremsen.

the difficulty of uniting multiple strains within one geographic entity? Is it possible to look at the region as the confluence or the conflict emanating from ideology, religion and belief, and have architects found their own meaning in trying to assemble the needs of an age through a more conceptual approach?

D. N. Chaudhury was an Indian photographer who worked for the Indian Express in the '70s, and eventually produced a publication on Delhi's architecture through what could be considered a pictorial approach. He was interested in the human figure within built forms, about interactions of the common citizen with space, how the architecture may accentuate or miniaturise a human figure. Schmidt on the other hand, seeks a 'documentary' stance on what it means to be situated in a place while observing and being observed by the subject.

One may further ask, what has been the perspective of other photographers over time in the region? Lucien Hervé, whose b/w images of Chandigarh created an otherworldly effect of the arches and domes; or in fact the more recent work of Antonio Martinelli, that explores the scale and wonder of towering brutalist edifices from a distance, and then engages with a detailed documentation of the interiors? How does one look at the legacy even of Werner Bischof, who took images of the Tata Steel industries, or in fact the very home grown, Madan Mahatta, who followed architects such as Raj Rewal and even Joseph Allen Stein to their very homes and created a vocabulary for modernist architecture in the capital?

In many ways, photography is about recurrence, resonance, revisiting, recollecting, and at times even forgetting. Though much of what we see in these images has been observed in the past, the very compendium is a reminder once again of larger approaches to India – the need for place specificity, placemaking – and how it remains unsettled yet open to interpretation; and that no gesture of a bracketed nationalism will be able to stem the creative and constructive forces of its unknown lifespan.

Vera Simone Bader **Die Synthese von Skulptur und Architektur in Indien**

Die Geschichte der indischen Kunst und Architektur und ihre Interpretation wurden seit Ende des 18. Jahrhunderts von europäischen Wissenschaftler:innen dominiert.[1] Es waren vor allem englische Archäolog:innen, die die Funde architektonischer und kunsthandwerklicher Zeugnisse beschrieben und analysierten und sie als Parameter für die westlichen Ideale nutzten. Im direkten Vergleich der Kulturen wurde so Indien als unkultiviert, gar barbarisch dargestellt, und die eigenen Wurzeln der Kulturgeschichte wurden positiv hervorgehoben. Bedeutende Philosophen wie Georg Friedrich Hegel (1770–1813) und John Ruskin (1819–1900) zementierten diese Sicht auf Jahrzehnte.[2] Ihre weitreichende Interpretation der ihnen fremden Kunst, Architektur, Philosophie und Religion beruhte auf den Maßstäben einer griechisch-römischen Kulturgeschichte. Eine systematischere Recherche erfolgte erst seit der Gründung des Archaeological Survey of India (ASI) im Jahr 1861. Unter der Kolonialverwaltung des Indologen Alexander Cunningham (1814–1893) begannen Archäolog:innen und Ethnolog:innen antiken Stätte zu entdecken, sie auszugraben und über die kulturelle Entwicklung des indischen Subkontinents wesentlich ausführlicher zu berichten.[3] Der vorurteilsbehaftete Blick sollte sich Anfang des 20. Jahrhunderts auch im Zuge einer kritischeren Haltung der aus Europa stammenden Wissenschaftler:innen gegenüber den eigenen Modernisierungsprozessen ändern.[4] Mit der Kritik an der fortschreitenden Industrialisierung wuchs das Interesse an nicht westlichen Kulturen, das sich etwa auch in der neuen Kunstrichtung des Primitivismus äußerte.

Kunsthistoriker:innen wie Ernst Binfield Havell (1861–1934) und Stella Kramrisch (1896–1993) begannen in dieser Zeit literarische und philosophische Quellen aus Indien zu lesen, die sie als Grundlagen für ein neues Kunst- und Kulturverständnis nutzten, eines, das, so erkannten sie, den europäischen Stilvorstellungen diametral gegenüberstand. Beide schufen eine Basis dafür, die Kunstobjekte aus der Sicht derer zu betrachten, für die sie geschaffen worden waren. Havell konnte als Leiter der kolonialen Kunstschule in Kalkutta auf die zeitgenössische Kunstproduktion Einfluss nehmen, indem er indische

statt europäische Lehrer:innen anstellte.[5] Kramrisch indes wurde aufgrund ihrer innovativen, die Spiritualität reflektierenden Perspektive von Rabindranath Tagore (1861–1941) als Professorin an die von ihm 1919 gegründete internationale Universität in Shantiniketan berufen.[6] Bis heute nutzen Architektur- und Kunsthistoriker:innen die umfassenden Recherchen beider Wissenschaftler:innen zur Architektur und Kunst Indiens als Grundlage für ihre Forschungen.

Wie sehr die europäische Perspektive die Interpretation der indischen Kunst und Kultur beeinflusst hat, thematisierten indische Philosoph:innen und Kunstschaffende vermehrt Ende des 19. Jahrhunderts – also vor allem während der englischen Kolonisierung; und noch zwölf Jahre nach der 1947 ausgerufenen Unabhängigkeit Indiens kritisierte Sri Aurobindo (1872–1950), dass nicht nur die europäischen, sondern auch zunehmend die indischen Forscher:innen – da sie von der englischen Schulerziehung stark beeinflusst seien – die elementare Bedeutung der Kunst Indiens missverstehen würden.[7] Sein Buch über die Grundlagen der indischen Kultur begann er nicht ohne Grund mit der provokanten Frage „Is India Civilized?"[8] Auch Jahrzehnte später sahen sich indische Wissenschaftler:innen immer wieder dazu gezwungen, auf die von den Europäer:innen initiierte Überlegenheitsdebatte einzugehen und ihre Sicht in Abgrenzung zur europäischen Perspektive und Forschung formulieren zu müssen. Diese Vorgehensweise hat sich erst in letzter Zeit durch postkoloniale Debatten und durch zusehends spezifischere Fragestellungen entschärfen können.[9]

Die Diskrepanz zwischen der externen und internen Perspektive lässt sich dennoch kaum vermeiden. Auch dieser Beitrag ist zunächst ein Blick aus europäischer Perspektive, abhängig von der kulturellen Prägung. So wird der Unterschied in der Wahrnehmung womöglich schon im gewählten Thema offenbar: Denn es soll im Folgenden um die Verbindung von Architektur und Skulptur gehen, eine Verbindung, die auch deshalb besonders auffällt, weil sie weniger spannungsgeladen als in ihrer formalen, handwerklichen und inhaltlichen Form symbiotisch

The Synthesis of Sculpture and Architecture in India

The history of Indian art and architecture and its interpretation have been dominated by European scholars since the end of the 18th century.[1] It was mainly English archaeologists who described and analysed the findings of architectural and craftwork evidence, and used them as parameters for Western ideals. In a direct comparison of cultures, India was thus portrayed as uncultivated, even barbaric, and Western roots in cultural history were emphasised in a positive manner. Important philosophers such as Georg Friedrich Hegel (1770–1813) and John Ruskin (1819–1900) reinforced this view for decades.[2] Their far-reaching interpretation of this "foreign" art, architecture, philosophy and religion was based on the standards of a Greco-Roman cultural history. A more systematic study did not occur until the founding of the Archaeological Survey of India (ASI) in 1861. Under the colonial administration of the Indologist Alexander Cunningham (1814–1893), archaeologists and ethnologists began to discover ancient sites, excavate them, and report in much greater detail on the cultural development of the Indian subcontinent.[3] The prejudiced view was to change at the beginning of the 20th century, in the course of a more critical attitude that scientists from Europe developed toward their own modernisation processes.[4] With the criticism of progressing industrialisation, the interest in non-Western cultures grew, which was also expressed in the new art movement of primitivism.

During this period, art historians such as Ernst Binfield Havell (1861–1934) and Stella Kramrisch (1896–1993) began reading literary and philosophical sources from India, using them as the basis for a new understanding of art and culture, one that they recognised was diametrically opposed to European notions of style. Both created a basis for viewing art objects from the perspective of those for whom they were created. Havell, as head of the colonial art school in Calcutta, was able to influence contemporary art production by hiring Indian rather than European teachers.[5] Meanwhile, because of her innovative perspective which reflected spirituality, Kramrisch was appointed professor by Rabindranath Tagore at the international university he founded in Shantiniketan in 1919.[6] To this day, architectural and art historians use the extensive research on the architecture and art of India done by both scholars as a basis for their own investigations.

The extent to which the European perspective influenced the interpretation of Indian art and culture was increasingly addressed by Indian philosophers and artists at the end of the 19th century, especially during English colonisation. Even 12 years after India's independence, proclaimed in 1947, Sri Aurobindo criticised that not only the European, but also increasingly the Indian researchers – since they were strongly influenced by the British educational system – misunderstood the fundamental meaning of India's art.[7] It was not without reason that he began his book on the foundations of Indian culture with the provocative question "Is India Civilized?"[8] Even decades later, Indian scholars have repeatedly been forced to respond to the European-initiated debate on superiority, and to formulate their views in differentiation to the European perspective and research. This approach has only recently been tempered thanks to postcolonial debate and noticeably more specific questions.[9]

Nevertheless, the discrepancy between the external and internal perspective can hardly be avoided. This article, too, is primarily a view from the European perspective, dependant upon the cultural imprint. Thus may the difference in perception already be apparent in the chosen theme: the following piece deals with the connection between architecture and sculpture, a connection that is particularly striking because it seems less charged with tension than symbiotic in its form, technique, and content. Also addressed in this context is the question as to what extent various foreign cultures that shaped the country for over 800 years influenced, or were influenced by, this relationship.

Architecture as Sculpture in Ancient India

The cultural history of India, which reaches far back into the 3rd millennium B.C., is based on a dizzying array of different views, mindsets and cults, which have produced a wealth of forms and

erscheint. Ebenfalls thematisiert wird in diesem Zusammenhang die Frage, inwiefern die verschiedenen fremden Kulturen, die das Land über 800 Jahre lang prägten, auf dieses Verhältnis Einfluss nahmen oder davon beeinflusst wurden.

Architektur als Skulptur in Altindien

Die indische Kulturgeschichte, die weit in das 3. Jahrtausend v. Chr. zurückreicht, basiert auf einer kaum zu überblickenden Anzahl verschiedenster Anschauungen, Geisteshaltungen und Kulte, die einen Reichtum an Formen und Farben, Themen und Motiven hervorgebracht haben. Die jeweiligen Lehren spiegeln sich im Aufbau der Architektur wider, wie sie etwa in den religiösen Gebäuden der Anhänger:innen des Buddhismus, des Jainismus und des Hinduismus sichtbar zu Tage treten. Ihre Form, Ausgestaltung und Struktur zeigen, dass es nicht allein darum ging, für das Auge ausgewogene Proportionen zu schaffen, sondern um die Berührung aller Sinne und das mögliche Eintauchen in einen meditativen Gemütszustand. Dafür gingen Architektur und Skulptur eine außergewöhnliche Verbindung ein.

Die Architektur der drei Religionen beruht im Aufbau auf einfachen geometrischen Formen mit kosmologischer Symbolkraft, wie es bereits die kreisrunden Stupas zeigen, die seit der Maurya-Zeit (vor allem von 273 bis 232 v. Chr.) als rituelle Zentren der Buddhist:innen überall im Land gebaut wurden.[10] Ihr Grundriss ist unter anderem auf Buddhas Lehre vom Rad zurückzuführen – eine der wichtigsten buddhistischen Grundideen. Obwohl der Stupa mehrere Reliquienschreine beherbergte, wurde er von den Gläubigen nicht betreten, sein gewölbter Baukörper nur umrundet, was die eigentliche Funktion von Architektur, nämlich eine Wechselbeziehung zwischen Mensch und Raum zu schaffen, veränderte. In der weiteren Entwicklung sollte der Stupa als Ausgangspunkt für immer vielfältigere Möglichkeiten der Raumlösung dienen. Er war so auch das Grundmaß für die Chaitya-Hallen, jene Gebetshallen,

die mit einem apsidialen Raum abschlossen wie etwa im Kloster Karla Caves (s. S. 10–17) im Bundesstaat Maharashtra. In diesen halbkreisförmigen Räumen standen verkleinerte Stupas als plastisch geformte Objekte und wandelten sich in dieser Form vollständig zur Skulptur im architektonischen Raum.

Die ersten religiösen Gebäude bestanden aus Lehm, Bambus und Holz. Sie konnten sich nicht erhalten, weswegen im Laufe der Jahre robustere Materialien wie gebrannte Ziegel und vor allem Stein verwendet wurden. Im Falle der buddhistischen Felsarchitektur, es soll über 1.500 Objekte allein im indischen Subkontinent geben, schlug man die Räume sogar in den Felsen hinein. Das ist insofern erstaunlich, als Architektur hier von innen heraus gedacht wurde.[11] Das heißt, die räumliche Gestaltung war entscheidend. Eine Fassade gab es nicht. Zum anderen musste der Architekt eher als Bildhauer denken und arbeiten, da er nicht konstruierte, sondern die Architektur tatsächlich aus dem Stein herauslöste.[12] Die symbiotische Verbindung von Architektur und Skulptur fand hier in erster Linie auf der Ebene der planerischen und handwerklichen Tätigkeit statt.

Intensiviert wurde der symbolische Gehalt beinahe 500 Jahre später für die hinduistischen Tempel, die ab 350 n. Chr. in der Zeit der Gupta-Dynastie entstanden. Als ihr Ausgangspunkt steht nicht der Kreis, sondern das Quadrat, das Vastu-Purusha-Mandala. Der Reichtum bestand weniger in der Grundform, sondern in seiner Anwendung als Raster.[13] Für die genauen Proportionen gab es strenge Vorschriften, in die über Jahrhunderte nur die Priesterarchitekten eingeweiht wurden. Ziel war es, die verschiedenen Bauteile eines Tempels in einer hierarchischen Raumanordnung festzulegen und darüber hinaus die gesamte Anlage in ein magisch-harmonisches Verhältnis zu Zeit und räumlicher Orientierung zu bringen. Das heißt, die religiösen Anschauungen wurden in eine plastische Form gebracht; die konstruktive Zweckmäßigkeit stand hinter der rituellen und magischen Wirkung zurück. Schließlich ging es nicht darum, ein Bauwerk zu schaffen, sondern eine monumentale Großplastik Gottes.

colours, themes and motifs. The respective teachings are reflected in the structure of the architecture, as they are visibly evident in the religious buildings of Buddhists, Jains, and Hindus, for example. The form, design and structure of the buildings show that it was not just a matter of creating balanced proportions for the eye, but of touching all the senses and possibly immersing one into a meditative state of mind. To achieve this, architecture and sculpture entered into an extraordinary union.

The architecture of the three religions is based on simple geometric forms with cosmological symbolic power, as shown by the circular stupas that have been built throughout the country as Buddhist ritual centers since the Maurya period (particularly from 273–232 B.C.).[10] Their layout can be traced back to Buddha's teaching of the wheel, among other things, and thus embodies one of the most important basic Buddhist ideas. Although the stupa housed several reliquaries, it was not entered by the faithful, its vaulted structure was only circled. This changed the underlying function of architecture, namely to create an interrelationship between people and space. In further development, the stupa was to serve as a starting point for ever more diverse possibilities for spatial solutions. It was also the basis for the Chaitya Halls, prayer halls that ended with an apsidal room, such as in the Karla Caves monastery (see p. 10–17) in the state of Maharashtra. Scaled-down stupas stood as objects in these semi-circular rooms, and in this way completely transformed into sculpture within architectural space.

The first religious buildings were made of mud, bamboo and wood. They were not durable, which is why, over the years, more robust materials such as baked bricks and especially stone were used. In the case of Buddhist rock-cut architecture (there are said to be more than 1.500 objects on the Indian subcontinent alone), rooms were even cut into solid rock. This is astonishing in that architecture here was imagined from the inside out.[11] That is, the spatial configuration was decisive. There was no façade. Also, the architect had to think and work more like a sculptor, since he did not construct, but rather extracted the architecture from the stone.[12] The

symbiotic connection between architecture and sculpture took place here primarily at the level of planning and craftsmanship.

The symbolic content was intensified almost 500 years later for the Hindu temples, which were created from 350 A.D. onward in the time of the Gupta dynasty. Their starting point is not the circle, but the square, the Vastu Purusha Mandala. The richness was not so much in the basic form, but in its application as a grid.[13] There were strict regulations for the exact proportions, which for centuries were only known to the priest-architects. The aim was to establish the various components of a temple within a hierarchical spatial arrangement and, moreover, to bring the entire complex into a magical-harmonic relationship with time and spatial orientation. That is, the religious views were put into three-dimensional form; structural practicality was second to ritual and magical effect. After all, the aim was not to create a building, but a monumental large-scale sculpture of God.

Hindu and Buddhist Building Decoration

In the Hindu temples as well as in the stupas, relics lay and lie in a cube-shaped container in the centre of the building (see photo p. 233). The entire structure of the building had to be subordinate to this centuries-old principle of order. The architectural structures' restriction to geometric forms did not limit the urge to decorate – quite the contrary. It seems that the immense wealth of decorative ornamentation and sculptural expression could unfold especially in contrast to this limitation.

In Buddhist sacred architecture, the architectural elements were increasingly adapted to practical use. For example, with respect to the stupas, posts and architraves were created at the new gates, and the walkways were now secured with balustrades.[14] These provided the surfaces on which architectural sculpture could unfold. At first, as can be seen at the temple of Bharati, carved ornamentation was mainly hard contours and immobile figures, which for the most part appear

Hinduistischer und buddhistischer Baudekor

In den Hindutempeln sowie den Stupas lagen und liegen die Reliquien in einem würfelförmigen Behältnis in der Mitte des Gebäudes (s. Foto rechts). Dessen gesamter Aufbau musste sich diesem durch die Jahrhunderte geltenden Ordnungsprinzip unterordnen. Die Beschränkung auf die geometrischen Formen im architektonischen Aufbau haben dem Drang zur Gestaltung keine Grenzen gesetzt – ganz im Gegenteil. Es scheint, als konnte sich der unüberschaubare Reichtum des dekorativen Schmucks und des plastischen Ausdrucks wohl gerade im Kontrast zu dieser Begrenztheit besonders entfalten.

In der buddhistischen Sakralarchitektur wurden die architektonischen Elemente immer weiter an die Nutzung angepasst. Bei den Stupas entstanden auf diese Weise an den neuen Toren Pfosten und Architrave und die Rundgänge wurden nun mit Balustraden gesichert.[14] Sie boten die Flächen, auf denen sich die Bauskulptur entfalten konnte. Zunächst entstanden, wie im Tempel von Bharati zu sehen ist, vorwiegend Ornamente mit hart geschnitzten Konturen und unbeweglichen Figuren, die zum großen Teil noch sehr flächenhaft wirken. Doch schon wenig später, bei der ebenfalls im 3. Jahrhundert vor Christus datierten Stupa in Sanchi begegnet man modellierten Plastiken, die sich sehr bewegungsbetont aus der Wand herausschälen, ohne die Verbindung zu ihr zu lösen. Schon hier wurden Pflanzen und Tiere äußerst lebendig gestaltet. Es sind keine statischen Erscheinungen, sondern teils äußerst humorvolle Darstellungen, die im Einklang mit der buddhistischen Religion stehen. Die Suche nach stilistischen Differenzen zu der Kunstproduktion der anderen Religionen erübrigt sich, da die Gläubigen immer die gleichen Handwerker für ihre Gebäude nutzten.[15] Die Unterschiede sind also rein inhaltlicher Natur.

An den hinduistischen Tempeln bekommen die figürlichen Darstellungen einen zusätzlichen Stellenwert, insofern jede Skulptur das Erscheinen einer Gottheit bedeutet. Sie gehören zum Körper der Wand, treten aus ihm auf der Oberfläche der Tempel hervor und sind zwischen Strebepfeilern und in den Zwischenräumen im Moment der Bewegung eingefangen.[16] Es ist eine Bewegung, die durch den modulierten Körper hervorgerufen wird und die gesamte Skulptur von Kopf bis Fuß betrifft. Für die Konstruktion haben sie keinerlei Bedeutung, müssen kein Gewicht tragen. Dafür sind sie in übereinanderliegenden Reihen angeordnet, aus denen sich ein tief verwobenes Netz aus Licht und Schatten entwickelt. Stella Kramrisch wies daraufhin, dass diese Skulpturen nicht nur die rituellen Bewegungen der Gläubigen widerspiegeln, sondern diese auch für die Bewegung konzipiert worden sind und daher in der Bewegung wahrgenommen werden müssen.[17] Folgt man dieser Betrachtung, vermischt sich die skulpturale Qualität mit der architektonischen Raumführung. Zu dieser engen Verbindung passt, dass die damaligen Baumeister auch immer Bildhauer und Steinmetze waren.

Indoislamische Formfindungen

Eine völlig neue Weltanschauung und mit ihr eine andere Form der Baukultur hielt ab dem 7. Jahrhundert n. Chr. Einzug, als der indische Subkontinent in weiten Teilen von muslimischen Eroberern beherrscht wurde. Auf den Ruinen hinduistischer und buddhistischer Tempel entstanden Moscheen, Grabmäler und Festungen, die mit kuppelförmigen Dächern und mit aus Spitzbögen bestehenden Wänden versehen waren.[18] Der vor allem aus Persien importierte Stil zeigte einen betont abstrakten Wesenszug, hervorgerufen durch einfache geometrische Formen. Von einer konzentrierten Reduzierung auf das Wesentliche kann dennoch nicht gesprochen werden. Denn die Nutzung unterschiedlicher Materialien wie Marmor und Sandstein, die starke Gliederung der Fassaden durch beispielsweise Nischen sowie eine Vielzahl an Ornamenten und arabischen Schriften auf den Wänden wirkte diesem monumentalen Eindruck entgegen.

Ein Austausch zwischen hinduistischen und muslimischen Kunsthandwerken fand von Anfang an statt und wird in der Forschungsliteratur etwa in der Konstruktion der Kuppeln

very flat. But in Sanchi just a short time later, also dated to the 3rd century B.C., one encounters shaped sculptures with great emphasis on movement, which seem to peel off of the wall without loosening their connection to it. Here, the design of plants and animals was already exquisitely animated. There are no static portrayals, but in part quite humorous representations, in accordance with the Buddhist religion. The search for stylistic differences in art production of the other religions is unnecessary, because the faithful of all religions used the same craftsmen for their buildings.[15] Thus, the differences are purely content-related.

At the Hindu temples, the figurative representations take on an additional significance, insofar as each sculpture signifies the appearance of a deity. They belong to the body of the wall, emerge from it on the surface of the temples and are captured between buttresses and in the interstices at the moment of movement.[16] It is a movement called forth by the modulated bodies, and affects the entire sculpture from head to toe. They are insignificant to the structure, they do not have to bear weight. Instead, they are arranged in superimposed rows, from which a deeply interwoven network of light and shadow develops. Stella Kramrisch pointed out that these sculptures

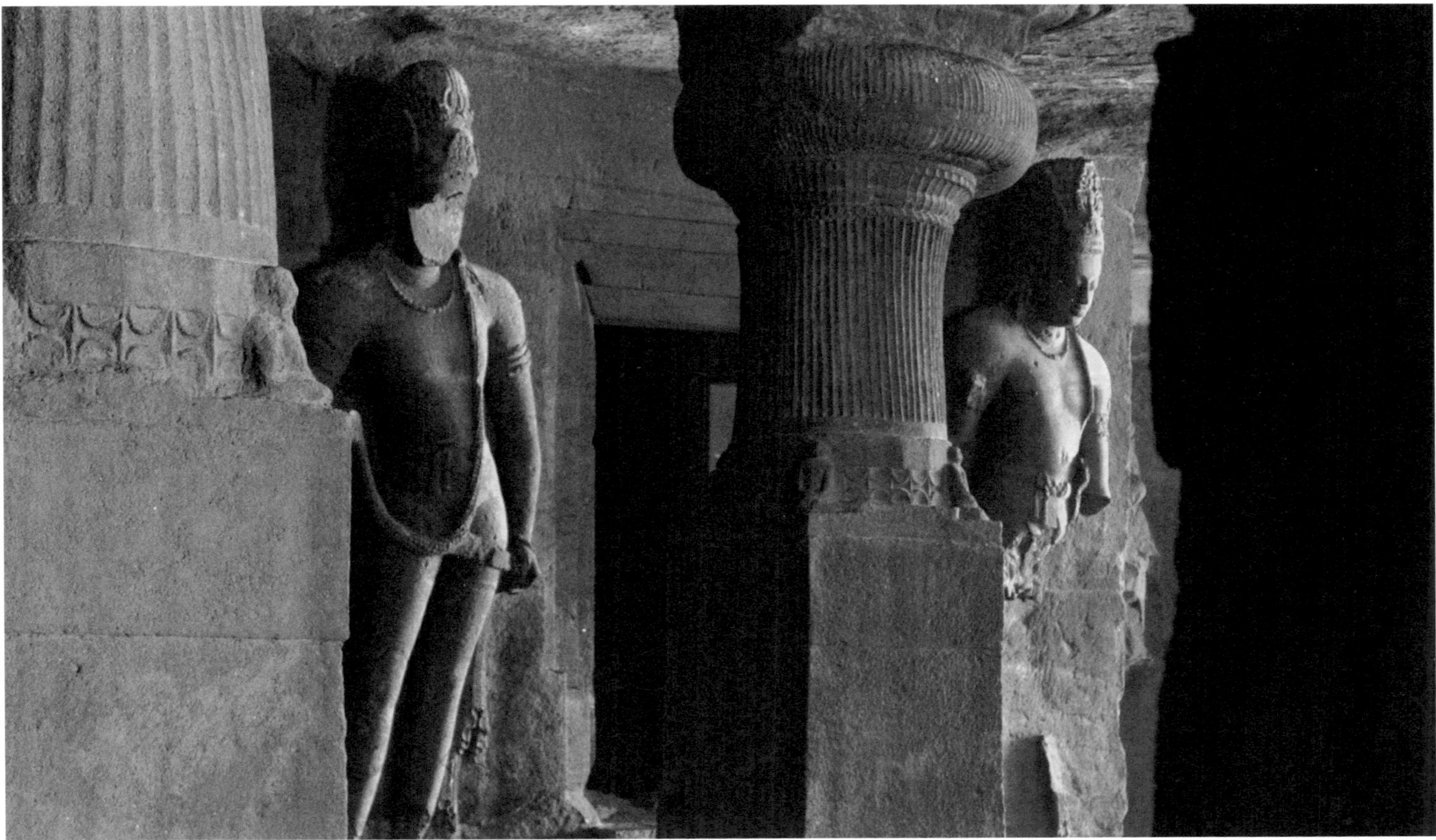

Gate guardians in front of the Shiva Linga shrine in the largest cave temple on the island of Elephanta, Maharashtra, photo: 2011

nachgewiesen. So wurden altindische Kragekonstruktionen mit modernsten Gewölbetechniken aus dem Iran kombiniert.[19] Auch die Wahl der Materialien führte dazu, dass die muslimischen Herrscher mit hinduistischen Handwerkern zusammenarbeiten mussten. Sicherlich war die Nutzung von Farbe nichts Ungewöhnliches für die Gebäudefassaden in islamischen Ländern wie etwa in Ägypten und Syrien.[20] In Indien konnte die Kontrastierung insofern gesteigert werden, als eine Materialvielfalt vorhanden war, wobei es vor allem die hinduistischen Handwerker waren, die beispielsweise die Modellierung des Steins und Eisens traditionell sehr gut beherrschten. Eine Verbindung zwischen den unterschiedlichen Kulturen lässt sich auch in der Ausgestaltung der Ornamente feststellen, die bei den Gebäuden im indischen Subkontinent wesentlich plastischer wirkten.[21] Zudem entstanden Pflanzenornamente, wie beim Taj Mahal (s. Foto unten), die trotz des islamischen Bilderverbots realistische Naturformen nachahmten. Die reiche Formenvielfalt vermittelte dem Besucher des Grabmals so schon im Diesseits einen Eindruck vom paradiesischen Garten.[22] Während später die einen vor allem aus Europa stammenden Wissenschaftler:innen die „oberflächliche Ornamentalkunst" als eine die Architektur verschleiernde Attitüde interpretieren sollten, erkannten die anderen darin einen fließenden Übergang zur großen Gesamtform, zum Unendlichen.

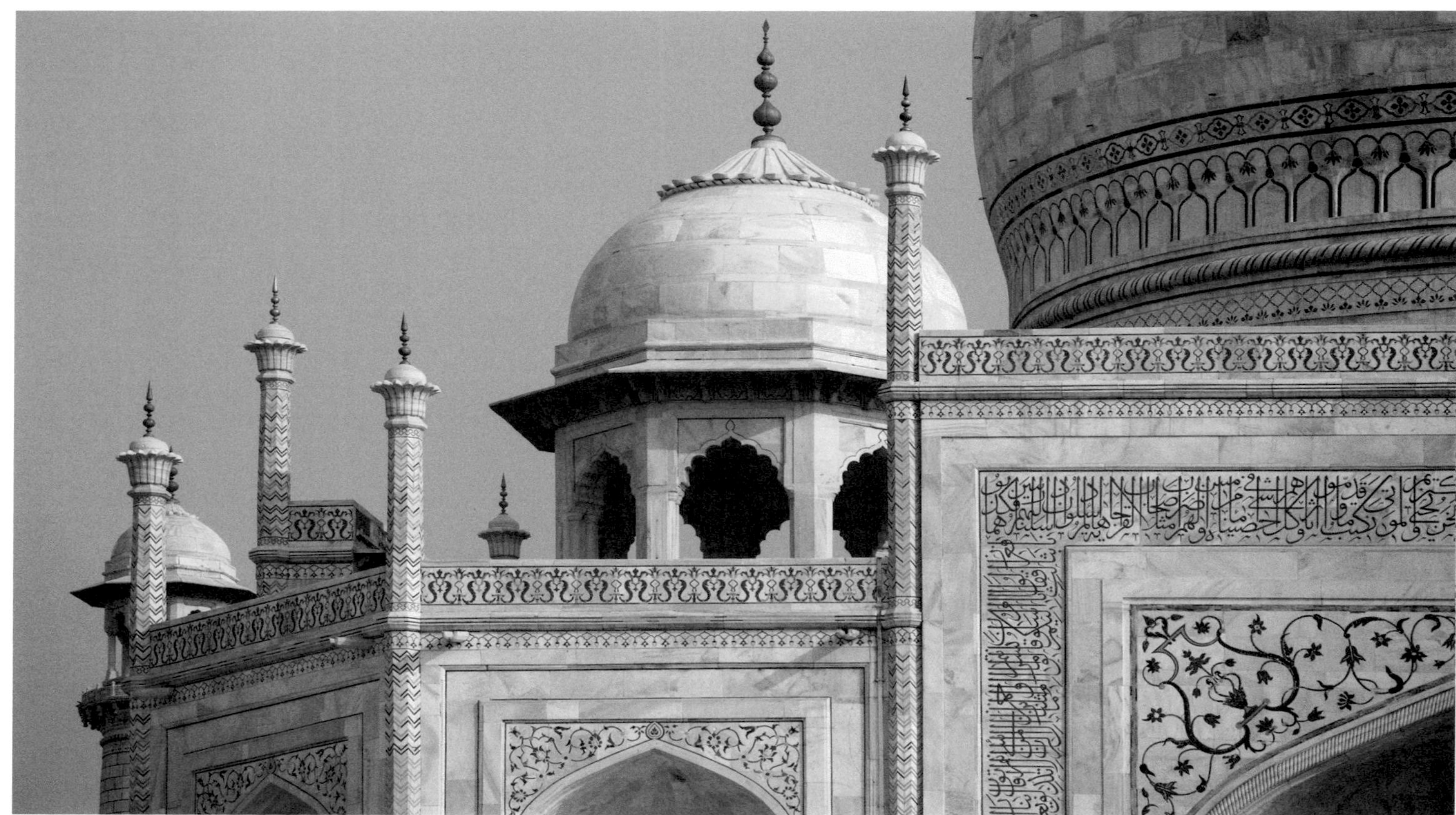

Ornamente am Taj Mahal, Foto: 2011

not only reflect the ritual movements of the faithful, but were also designed for movement and must therefore be perceived in motion.[17] If one follows this view, sculptural quality intermingles with the architectural spatial management. This close connection is matched by the fact that the master builders of the time were always sculptors and stonemasons, as well.

Indo-Islamic Design

A completely new worldview, and with it a different form of building culture, took hold from the 7th century A.D., when the Indian subcontinent was largely dominated by Muslim conquerors. Dome-shaped roofs and walls made of pointed arches were built on the ruins of Hindu and Buddhist temples, mosques, tombs, and fortresses.[18] The style, imported primarily from Persia, showed an emphatically abstract trait, evoked by simple geometric forms. Nevertheless, it cannot be said that there was a concentrated reduction to the essentials. This is because the use of different materials such as marble and sandstone, the strong division of the façade by means of niches, for example, as well as a multitude of ornaments and Arabic script on the walls counteracted this monumental impression.

An exchange between Hindu and Muslim artisans took place from the beginning, and is evidenced in the research literature on the construction of domes, for example. Thus, ancient Indian cantilever constructions were combined with the most modern vaulting techniques from Iran.[19] The choice of materials also meant that Muslim rulers had to work with Hindu craftsmen. Certainly, the use of colour was nothing unusual for building façades in Islamic countries such as Egypt and Syria.[20] India, though, was more distinct in part because a variety of materials was available, but mainly because of the Hindu craftsmen, who were traditionally very good at modelling stone and iron. A connection between the different cultures can also be seen in the design of the ornamentation, which appeared much more three-dimensional in the buildings of the Indian subcontinent.[21]

In addition, plant patterns were created, as at the Taj Mahal (see photo on the left), which imitated realistic natural forms despite the Islamic ban on images. The rich variety of forms thus conveyed to the visitor of the tomb an impression of a paradisiacal garden in the world of the living.[22] While some, mainly European, scholars later interpreted the "superficial ornamental art" as an attitude that obscured the architecture, others recognised in it a flowing transition to the grand overall form, to the infinite. For them, architecture and ornamentation merged in the purity of form. With their traditional sculptural view, the Hindu craftsmen were able to influence the ceiling construction, the lighting, the design of the walls, and thus the atmosphere of the entire complex.

The geometric forms, widespread since the beginning of Great Mughal rule, took on a separate and yet certainly constructive development under Maharaja Jai Singh II. (1681–1743).[23] In five different cities between 1724 and 1734, he erected astronomical instruments outdoors (see p. 42–58), each instrument scaled up a hundredfold. These spatial structures, at the time unique in their design and function, have accessible staircases, niches, and sometimes doors leading to a few interior rooms. The abstract structural forms appear primarily as large-scale sculptures that are accessible from the outside. It should not be forgotten that these so-called Jantar Mantar were created at a time when the fanciful Rococo style was taking hold in Europe. The expressiveness of basic geometric forms was not recognised in Europe until the 20th century, and was rediscovered by architects on the subcontinent at that time as well.

The European Influence

From the 15th century onwards, the European invaders (and later the British in particular), brought with them an architecture that, in its quest for grandeur, was intended above all to express power.[24] Although Hindu craftsmen were also employed at this time, the most they could demonstrate their skills

Für sie gingen Architektur und Ornamentik in der Reinheit der Form auf. Mit ihrer traditionell plastischen Auffassung konnten die hinduistischen Handwerker auf die Deckenkonstruktion, die Lichtführung, die Ausgestaltung der Wände und damit auch auf die Atmosphäre der gesamten Anlage Einfluss nehmen.

Eine gesonderte, aber auf diesen Vorstellungen durchaus aufbauende Entwicklung nahmen die seit dem Beginn der Großmogulherrschaft verbreiteten geometrischen Formen unter Maharaja Jai Singh II. (1681–1743).[23] Er ließ zwischen 1724 und 1734 in fünf verschiedenen Städten im Freien astronomische Instrumente in hundertfacher Vergrößerung errichten (s. S. 42–58). Diese räumlichen Gebilde, die in ihrer Gestalt und Funktion bis dahin einzigartig waren, verfügen über begehbare Treppen, Nischen und manchmal auch Türen, die zu einigen wenigen Innenräumen führen. Die abstrakten Bauformen erscheinen vor allem als großformatige Plastiken, die von außen begehbar sind. Es darf nicht vergessen werden, dass diese sogenannten Jantar Mantar in einem Moment entstanden, als in Europa das verspielte Rokoko Einzug hielt. Die Ausdrucksstärke der geometrischen Grundformen wurde in Europa erst im 20. Jahrhundert erkannt und auch auf dem Subkontinent von den Architekten in dieser Zeit wiederentdeckt.

Der europäische Einfluss

Ab dem 15. Jahrhundert brachten die europäischen, später allen voran die britischen Invasoren eine Architektur mit, die in ihrem Streben nach Größe vor allem Macht ausdrücken sollte.[24] Zwar kamen auch hier hinduistische Handwerker zum Einsatz, aber ihre Fertigkeiten konnten sie höchstens im Schnitzwerk der Inneneinrichtungen unter Beweis stellen. Unter portugiesischer Okkupation, die noch bis zur zweiten Hälfte des 18. Jahrhunderts andauern sollte, entstanden so Fassaden, die mit einer ungewöhnlichen Mischung aus europäischen Stilelementen überzogen waren. Der Bauschmuck blieb eine reine Applizierung an die architektonischen Elemente. Das

änderte sich selbst unter den Briten nicht, auch wenn sie Stilelemente vor allem der indoislamischen Architektur in die Fassadenkomposition integrierten oder Anleihen, wenn auch wesentlich sparsamer, bei der hinduistischen Tempelarchitektur suchten.[25] So wurden Ende des 19. Jahrhunderts öffentliche Bauten den europäischen Vorstellungen von Stilen folgend mit Zwiebelkuppeln und Zackenbögen ausgestattet, ein Vorgehen, das sich als reiner Formalismus entlarvte. Denn auf die Gestaltung des Inneren hatte der fremde Bauschmuck keinerlei Auswirkung. Die Unabhängigkeitsbewegung sollte dieses Stiltreiben mit veränderten Akteuren fortsetzen. Heute umhüllen Großkonzerne genauso wie private Wohnungsbesitzer ihre Gebäude mit Ornamenten und klassischen Zierraten.

Moderne und zeitgenössische Architektur in Indien

Mit der britischen Kolonialherrschaft kamen im 20. Jahrhundert neue Baustoffe und Technologien nach Indien. Neben der historisierenden Architektur gelangten so auch moderne architektonische Auffassungen auf den Subkontinent, wie der Art déco, der als Baustil aufgegriffen wurde (s. S. 76–77). Zeitgleich mit dem politischen Umschwung, den die indische Unabhängigkeit 1947 bedingte, orientierten sich private Unternehmen wie die politische Führung Indiens vor allem an den Ideen der modernen internationalen Architekt:innen; die wenige Jahrzehnte vorher entstandenen pompösen britischen Regierungsbauten in Neu-Delhi waren kein Vorbild.[26]

Die neue Regierung unter Jawaharlal Nehru (1889–1964) und mit ihr die damals agierenden indischen Architekt:innen orientierten sich bei der Suche nach einer modernen Architektursprache für die Vision eines industrialisierten Indiens unter anderem an den ornamentfreien, monumentalen Gebäuden von Le Corbusier (1887–1965) und Louis Kahn (1901–1974).[27] Die international anerkannten Architekten hatten die Möglichkeit, in Indien bedeutende private und öffentliche Bauwerke sowie große Infrastrukturprojekte zu verwirklichen und schufen

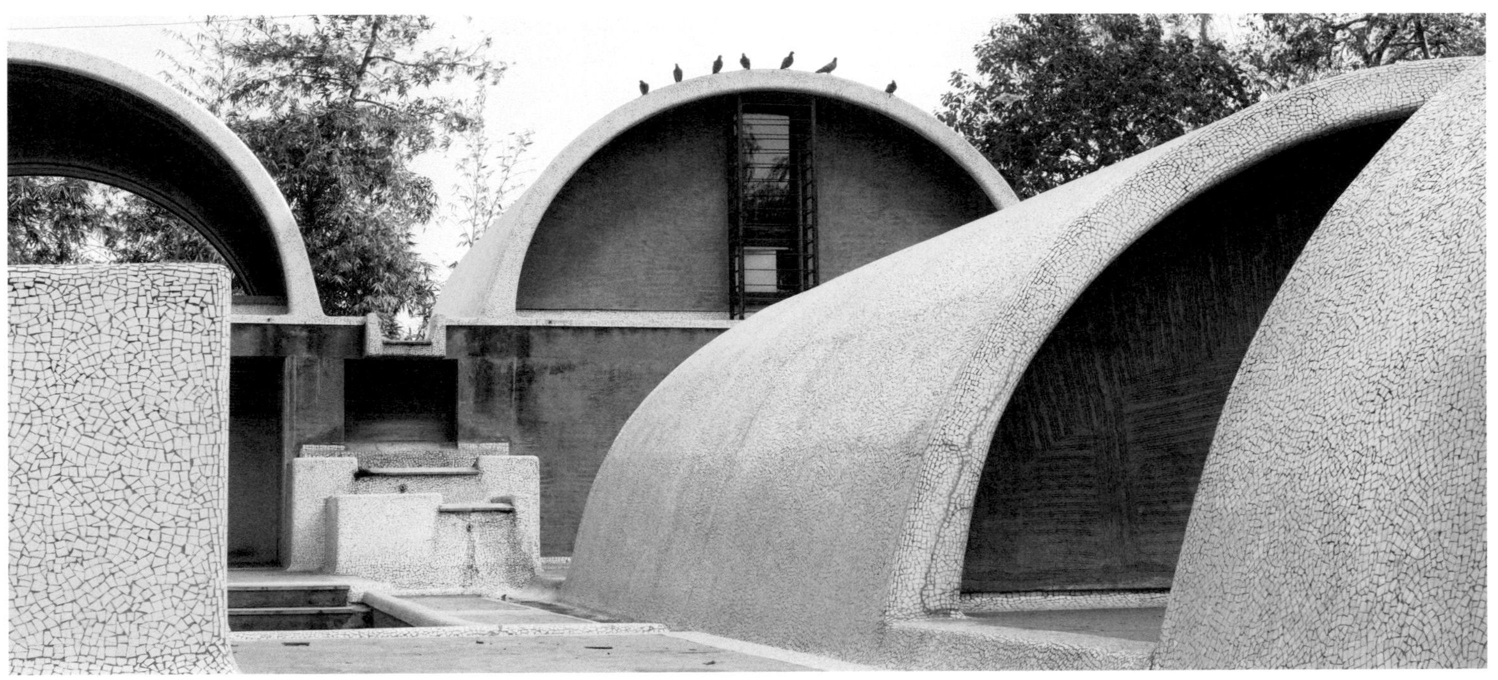

was in the carving of the interiors. Under Portuguese occupation, which was to last until the second half of the 18th century, façades were thus created that were covered with an unusual mixture of European style elements. The building decoration remained a mere application on the architectural elements. This did not change even under the British, although they integrated stylistic elements from Indo-Islamic architecture, and much more sparingly from Hindu temple architecture in composing façades.[25] Thus at the end of the 19th century, public buildings represented European perceptions of styles and were equipped with onion domes and serrated arches, an approach that was exposed as pure formalism. This was because the foreign architectural decoration had no effect whatsoever on the design of the interior. The independence movement was to continue this direction in style with new actors. Today, large corporations as well as private homeowners cover their buildings with ornaments and classical decorations.

Modern and Contemporary Architecture in India

New building materials and technologies came to India in the 20th century with British colonial rule. In addition to historicizing architecture, modern architectural concepts also arrived on the subcontinent, such as Art déco, which was adopted as an architectural style (see p. 42–58). Coinciding with the political upheaval brought about by Indian independence in 1947, private companies as well as India's political leadership looked primarily to the ideas of modern international architects; the pompous British government buildings in New Delhi built a few decades earlier were no example to follow.[26]

In their search for a modern architectural language for the vision of an industrialised India, the new government under Jawaharlal Nehru (1889–1964), and with it the Indian architects active at the time, looked to the ornament-free, monumental

Roof design of the Sangath (Balkrishna Doshi office building) Ahmedabad, photo: 2020

auch aufgrund ungewohnter Freiheiten Entwürfe mit eindeutig skulpturalem Charakter. Schon seit den 1940er-Jahren hatte sich Le Corbusier (s. S. 80–91) vermehrt mit der Bildhauerei auseinandergesetzt, die ihm half, über die zeitgenössischen Ingenieursleistungen hinaus eine Vielfalt an architektonischen Formen zu entwickeln. In Indien gestaltete er nun aus Beton Konturen und Flächen zu plastischen Konstruktionen. Skulpturale Formen charakterisierten auch Louis Kahns Architektur (s. S. 116–123). Nicht nur geometrische Körper wie Kugeln, Zylinder und Würfel tauchen in seinen Bauten immer wieder auf. Überhaupt war die Symbolhaftigkeit aus Geometrie und Struktur die Basis für seine kompositorischen Prinzipien. Damit entwickelten beide Architekten eindrucksvolle Konstruktionen und boten ein Modell an, wie die traditionellen Verbindungen in moderne Materialien und Formen transformiert werden können.

Allen voran Achyut Kanvinde (1916–2002), Charles Correa (1930–2015), Balkrishna Doshi (*1927) und Aditya Prakash (1924–2008) pflegten enge Kontakte zu den beiden Architekten und waren beeindruckt von ihrer universalistischen Haltung zu Raum, Form, Licht und Farbe. In zahlreichen ihrer Projekte lässt sich ein ebensolches Selbstbewusstsein für eine große Geste der modernen Formen finden. Als reine Nachahmung einer westlichen Architekturhaltung lassen sich ihre Gebäude jedoch nicht interpretieren, sahen sie darin doch keine ausreichende Antwort auf ihre Lebensrealität und -kultur. Sie begannen, mit herkömmlichen Baustoffen zu arbeiten, den soziokulturellen und klimatischen Kontext miteinzubeziehen, spirituelle Bezugsebenen zu suchen, und schufen so Räume, die auch ein Interesse für kosmische und religiöse Symbole zeigen. Balkrishna Doshi (s. S. 96–100) schuf beispielsweise monumentale Bauwerke aus Stahlbeton, wie die Premabhai Hall im Zentrum von Ahmedabad, die er innen mit einem System aus unterschiedlichen Wegen, Zugängen und Plätzen versah, wobei er sich an den Strukturen von traditionellen Hindutempeln genauso wie von indoislamischen Mogulstädten orientierte.[28] Für den Entwurf seines eigenen Büros, Sangath, befasste er

sich noch einmal gesondert mit der architektonischen Form und ihrer Bedeutung und überdachte die offenen und geschlossenen Räume, die fließend ineinander übergehen mit nubischen Gewölben (s. Foto S. 237), denen er auf seinen vielen Reisen begegnet war. Zudem wurde das Gebäude extra tiefer gelegt, damit es sich harmonisch mit der parkähnlichen Umgebung verbindet. Auch in Charles Correas Gebäuden, wie dem Mahatma-Gandhi-Museum in Ahmedabad – jenem Ort, der an den gewaltlosen Kampf für die politische Selbstbestimmung Indiens erinnert – ist diese Verbindung zwischen Tradition und Moderne in der Entwurfsidee, in der Konstruktion, im Material und in der Ausstattung deutlich nachzuspüren. Angelehnt an das Vastu-Purusha-Mandala basieren die aus Backstein und Sichtbeton bestehenden offenen Strukturen auf quadratischen Modulen, die um einen zentralen Innenhof angeordnet sind. Mit den Räumen, die fast ohne Wände auskommen und zur Stadt sowie zum Fluss hin geöffnet sind, konnte er die architektonische Komposition, ihre abstrakte Gestaltung um eine spirituelle Dimension erweitern.

Dieses Aufbrechen von architektonischer Masse und damit von Monumentalität zeigt sich auch an vielen weiteren Bauprojekten des Architekten, wie etwa dem Jeevan-Bharati-Gebäude in Neu-Delhi (s. S. 110–115). Hier entschied Correa sich gegen einen massiv wirkenden Block; stattdessen entwarf er große kubische Elemente aus Glas und Stein, die nur von einer leichten Metallstruktur zusammengehalten erscheinen. Bei dem Kanchanjunga-Hochhaus in Mumbai zerlegte er ebenfalls die starre monolithische Form durch kleine Fenster und große Terrassen und verlieh dem Gebäude mit den unterschiedlich proportionierten Öffnungen einen lebendigen Ausdruck. Über Architektur und Plastizität sagte Charles Correa in einem Interview: „All great architecture is great sculpture, but it is sculpture used by human beings."[29] Für ihn war neben der Plastizität in der Architektur auch ihr Gebrauchswert entscheidend. Er schuf zusammen mit seinen Kollegen damit eine moderne zeitgenössische Architektur, die in einer jahrtausendealten Vergangenheit verwurzelt ist.

buildings of Le Corbusier (1887–1965) and Louis Kahn (1901–1974)[27], among others. The internationally recognised architects had the opportunity to implement significant private and public buildings as well as large infrastructure projects in India, and due to the unusual amount of freedom, also created designs with a clearly sculptural character. Le Corbusier (see p. 80–91) had been increasingly involved with sculpture since the 1940s, which helped him to develop a variety of architectural forms beyond contemporary engineering achievements. In India, he now used concrete to shape contours and surfaces into three-dimensional constructions. Sculptural forms also characterised Louis Kahn's architecture (see p. 116–123). Not only geometric bodies such as spheres, cylinders, and cubes recur in his buildings. In general, the symbolism of geometry and structure was the basis for his compositional principles. Thus, both architects developed impressive structures and offered a model of how traditional combinations can be transformed by modern materials and forms.

In particular, Achyut Kanvinde (1916–2002), Charles Correa (1930–2015), Balkrishna Doshi (*1927) and Aditya Prakash (1924–2008) maintained close contacts with the two architects, and were impressed by their universalist attitude toward space, form, light and colour. In many of their projects one can find a similar assertiveness for a grand gesture of modern forms. However, their buildings cannot be interpreted as a mere imitation of a Western architectural attitude, since they did not see in this a sufficient response to the reality and culture of their lives. They began to work with conventional building materials, to include the socio-cultural and climatic context, to seek spiritual levels of reference, and thus created spaces that also show an interest in cosmic and religious symbols. For example, Balkrishna Doshi (see p. 96–100) created monumental buildings of reinforced concrete, such as Premabhai Hall in the centre of Ahmedabad, to which he added an indoor system of different paths, entrances and squares, taking his cue from the structures of traditional Hindu temples, as well as Indo-Islamic Mughal cities.[28] For the design of his own office, Sangath, he

again dealt with architectural form separately from its meaning, roofing over the open and closed spaces that flow into one another with Nubian vaults (see photo p. 237) he had encountered on his many travels. In addition, the building was specially lowered so that it blends harmoniously with the park-like surroundings. In Charles Correa's buildings, such as the Mahatma Gandhi Museum in Ahmedabad – the place that commemorates the non-violent struggle for political self-determination in India – this connection between tradition and modernity can also be felt clearly in the design concept, in the construction, in the materials, and in the furnishings. Inspired by the Vastu Purusha Mandala, the wide open brick and exposed concrete structures are based on square modules arranged around a central courtyard. With the spaces almost without walls and open to the city as well as the river, he was able to add a spiritual dimension to the architectural composition and its abstract design.

This breaking down of architectural mass and thus of monumentality is also evident in many of the architect's other building projects, such as the Jeewan Bharti building in New Delhi (see p. 110–115). Here Correa decided against a massive-looking block, instead designing large cubic elements of glass and stone that appear held together only by a light metal structure. In the case of the Kanchanjunga high-rise in Mumbai, he dissected the rigid monolithic form with small windows and large terraces, giving the building with its differently proportioned openings an image of vitality. On architecture and plasticity, Charles Correa said in an interview, "All great architecture is great sculpture, but it is sculpture used by human beings."[29] For him, in addition to plasticity in the architecture, its utility value was also crucial. Together with his colleagues, he thus created a modern, contemporary architecture rooted in a millennia-old past.

ANMERKUNGEN

1   Siehe hierzu und zum Folgenden: Rajesh Singh: The Writings of
    Stella Kramrisch with Reference to Indian Art History: The Issues
    of Object, Method and Language within the Grand Narrative, in:
    East and West, Bd. 53, Nr. 1/4, Dez. 2003, S. 127–148, hier: S.129 f.
2   Pramod Chandra: The Sculpture of India 3000 B.C. – 1300 A.D. (Aus-
    stellungskatalog der National Gallery of Art, 5. Mai bis 2. September
    1985), Washington 1985, S. 17 f.
3   Siehe: Singh, S. 129 f.
4   Auch James Fergusson, der viele Jahre in Indien verbrachte und
    ausführlich über die Architektur des Subkontinents berichtete,
    schrieb Ende des 19. Jahrhunderts noch: "It cannot, of course,
    be for one moment contended that India ever reached the intellec-
    tual supremacy of Greece, or the moral greatness of Rome; but,
    though on a lower step of the ladder, her arts are more original and
    more varied, and her forms of civilisation present an ever-chan-
    ging variety […]." James Fergusson: History of Indian and Eastern
    Architecture, 1876, S. 4.
5   Regina Bittner, Kathrin Rhomberg: Das Bauhaus in Kalkutta. Welt-
    kunst seit 1922. Zur Aktualität der Ausstellung, in: Das Bauhaus
    in Kalkutta. Eine Begegnung kosmopolitischer Avantgarden (Aus-
    stellungskatalog des Bauhauses in Dessau, 27. März bis 30. Juni
    2013), Ostfildern 2013, S. 65–84, hier: S. 72.
6   Ebd., S. 68.
7   Sri Aurobino: The Foundations of Indian Culture (erste Auflage 1959),
    Trust 1968, S. 9.
8   Ebd., S. 1–44.
9   Siehe: Singh, S. 133.
10 Hierzu und zum Folgenden: Christopher Tadgell: The History of
    Architecture in India. From the Dawn of Civilization to the End of
    the Raj (erste Ausgabe 1990), New York 2002, S. 19 f. Siehe auch:
    Andreas Volwahsen: Indien: Bauten der Hindus, Buddhisten und
    Jains, München 1968, S. 20 und S. 89 f.
11 Siehe: Tadgell: S. 25 f.
12 Siehe: Volwahsen (1968), S. 96 f.

13 Hierzu und zum Folgenden: Ebd., S. 3 f. und S. 43 f.
14 Hierzu und zum Folgenden: Pramod, S. 24 f.
15 Ebd., S. 20 f.
16 Hierzu und zum Folgenden: Stella Kramrisch: The Images of the
    Temple, in: Dies.: The Hindu Temple, Bd. 2, University of Calcutta
    1946, S. 299-361, hier: S. 299 f.
17 Ebd.
18 Vincent A. Smith: Indoislamische Architekturstile, in: Ders.: Die Kunst
    Indiens, S. 377–404.
19 Klaus Fischer, Michael Jansen, Jan Pieper: Architektur des indi-
    schen Subkontinents, Darmstadt 1987, S. 219 f.
20 Dietrich Brandenburg: Der Taj Mahal in Agra. Eine Studie zur Baukunst
    des Islam in Indien, Berlin 1969, S. 77.
21 Ernst Havell: Indian Architecture is Psychology, Structure, and
    History from the first Muhammadan Invasion to the Present Day,
    London 1913.
22 Siehe: Brandenburg, S. 105.
23 Hierzu und zum Folgenden: Andreas Volwahsen: Islamisches Indien,
    München 1969, S. 150.
24 Klaus-Peter Gast: Moderne Traditionen. Zeitgenössische Architektur
    in Indien, Basel / Boston / Berlin 2007, S. 7.
25 Hierzu und zum Folgenden: Andreas Volwahsen: Imperial Delhi:
    The British Capital of the Indian Empire, München 2002.
26 Siehe: Gast, S. 9.
27 Ebd.
28 Mateo Kries, Khushnu Panthaki Hoof, Jolanthe Kugler: Balkrishna
    Doshi. Architecture for the People (Ausstellungskatalog Vitra
    Design Museum, 30. März bis 8. September 2019), Weil am Rhein
    2019, S. 167.
29 Charles Correa, zitiert nach: Rob Wilson im Interview mit Charles
    Correa. Rob Wilson: a Usable Art, in: Uncube, Nr. 11, 2013, S. 17: *https://
    www.uncubemagazine.com/sixcms/detail.php?id=9567961&artic
    leid=art-1370856698109-4d61f277-3d27-40c5-afc7-2a79534aa937#!/
    page17*. (Zuletzt aufgerufen: 20.09.2021.)

NOTES

1. See for this and the following: Rajesh Singh: The Writings of Stella Kramrisch with Reference to Indian Art History: The Issues of Object, Method and Language within the Grand Narrative, in: East and West, Vol. 53, No. 1/4, Dec. 2003, p. 127–148, here: p. 129 et seq.
2. Pramod Chandra: The Sculpture of India 3000 B.C. – 1300 A.D. (Exhibition catalog, National Gallery of Art, 5 May to 2 September 1985), Washington 1985, p. 17 et seq.
3. See: Singh, p. 129 et seq.
4. Even James Fergusson, who spent many years in India and reported extensively on the architecture of the subcontinent, wrote at the end of the 19th century: "It cannot, of course, be for one moment contended that India ever reached the intellectual supremacy of Greece, or the moral greatness of Rome; but, though on a lower step of the ladder, her arts are more original and more varied, and her forms of civilisation present an ever-changing variety […]." James Fergusson: History of Indian and Eastern Architecture, 1876, p. 4.
5. Regina Bittner, Kathrin Rhomberg: Das Bauhaus in Kalkutta. Weltkunst seit 1922. Zur Aktualität der Ausstellung, in: Das Bauhaus in Kalkutta. Eine Begegnung kosmopolitischer Avantgarden (Exhibition catalog, Bauhaus in Dessau, 27 March to 30 June 2013), Ostfildern 2013, pp. 65–84, here: p. 72.
6. Ibid., p. 68.
7. Sri Aurobino: The Foundations of Indian Culture (first edition 1959), Trust 1968, p. 9.
8. Ibid., pp. 1–44.
9. See: Singh, p. 133.
10. See for this and the following: Christopher Tadgell: The History of Architecture in India. From the Dawn of Civilization to the End of the Raj (first edition 1990), New York 2002, p. 19 et seq. See also: Andreas Volwahsen: Indien: Bauten der Hindus, Buddhisten und Jains, Munich 1968, p. 20 and p. 89 et seq.
11. See: Tadgell: p. 25 et seq.
12. See: Volwahsen (1968), p. 96 et seq.
13. See for this and the following: Ibid., p. 3 et seq. and p. 43 et seq.
14. See for this and the following: Pramod, p. 24 et seq.
15. Ibid., p. 20 et seq.
16. See for this and the following: Stella Kramrisch: The Images of the Temple, in: id. The Hindu Temple, Vol. 2, University of Calcutta 1946, pp. 299-361, here: p. 299 et seq.
17. Ibid.
18. Vincent A. Smith: Indoislamische Architekturstile, in: id.: Die Kunst Indiens, pp. 377–404.
19. Klaus Fischer, Michael Jansen, Jan Pieper: Architektur des indischen Subkontinents, Darmstadt 1987, p. 219 et seq.
20. Dietrich Brandenburg: Der Taj Mahal in Agra. Eine Studie zur Baukunst des Islam in Indien, Berlin 1969, p. 77.
21. Ernst Havell: Indian Architecture is Psychology, Structure, and History from the first Muhammadan Invasion to the Present Day, London 1913.
22. See: Brandenburg, p. 105.
23. See for this and the following: Andreas Volwahsen: Islamisches Indien, Munich 1969, p. 150.
24. Klaus-Peter Gast: Moderne Traditionen. Zeitgenössische Architektur in Indien, Basel / Boston / Berlin 2007, p. 7.
25. See for this and the following: Andreas Volwahsen: Imperial Delhi: The British Capital of the Indian Empire, Munich 2002.
26. See: Gast, p. 9.
27. Ibid.
28. Mateo Kries, Khushnu Panthaki Hoof, Jolanthe Kugler: Balkrishna Doshi. Architecture for the People (Exhibition catalog, Vitra Design Museum, 30 March to 8 September 2019), Weil am Rhein 2019, p. 167.
29. Charles Correa, zitiert nach: In conversation with Charles Correa. Rob Wilson: a Usable Art, in: Uncube, No. 11, 2013, p. 17: https://www.uncubemagazine.com/sixcms/detail.php?id=9567961&articleid=art-1370856698109-4d61f277-3d27-40c5-afc7-2a79534aa937#!/page17. (Last accessed: 20 Sept. 2021.)

Spurensuche – ein Interview

Im Dezember 2021 hat Prof. Dr. Claude W. Sui, Seniorkurator im Forum für internationale Fotografie und Abteilungsleiter für Kunst- und Kulturgeschichte an den Reiss-Engelhorn-Museen in Mannheim, mit Nicolaus Schmidt über das Projekt INDIA TECTON gesprochen.

Claude W. Sui: Sie haben wie ein Spurensucher architektonische Details von Hindutempeln, Bauten aus der Mogulzeit bis zur Architektur der Moderne und der Gegenwart Indiens fotografisch festgehalten. Die Baukörper werden bei Ihnen nicht in ihrer Gesamtheit, sondern immer nur partiell und in Ausschnitten gezeigt: zum Bau gehörende Skulpturen, Lichtöffnungen, Fensterbögen, Säulenverläufe, Wandornamente.

Erlauben Sie, bevor Fragen gestellt werden, eine kleine Reflexion auf die Hindutempel und die Mogularchitektur: Der geeignete Ort für einen Hindutempel *(Mandir, im Sanskrit:* मंदिर, *mandira = „Haus [einer Gottheit]")* wurde oft in der Nähe von Wasser und Gärten in einer lieblichen und friedlichen Gegend ausgerichtet. Diese harmonischen Orte wurden laut alter Sanskrit-Texte in Tempelhandbüchern mit dem Hinweis empfohlen, dass dies die Orte sind, an denen Götter spielen und sich gern aufhalten. Deshalb ist ein wesentliches Merkmal des inneren Heiligtums die Garbha Griha oder Womb-Kammer, wo das Bild einer Gottheit *(Murti)* untergebracht ist. Das kann zum Beispiel Vishnu sein oder Shiva, Ganesha oder eine andere Gottheit. Dieser Ort fungiert als die Verbindung zwischen dem Menschen und dem Göttlichen, um seinen Fortschritt zu spiritueller Erkenntnis und Wahrheit zu unterstützen, zum ewigen Nichts *(Purusha)*.

Der Grundriss eines Hindutempels folgt einem geometrischen Entwurf (s. Artikel von Vera Simone Bader). Der Pilger wird mit mathematisch strukturierten Räumen, einem Netzwerk von Kunst, Säulen mit Schnitzereien und Statuen empfangen, die die vier wichtigen und notwendigen Prinzipien des menschlichen Lebens darstellen und feiern: das Streben nach Wohlstand, Reichtum *(Artha)*, das Streben nach Verlangen und weltlichem Genuss *(Kama)*, das Streben nach Tugend und einer ethischen Lebensführung, die sich an das Gesetz hält *(Dharma)*, sowie das Streben nach spiritueller Selbsterkenntnis und Wahrheit, Befreiung von Besitz und weltlicher Illusion *(Moksha)*.

Im 16., 17. und 18. Jahrhundert entstand unter der Mogulherrschaft auf dem indischen Subkontinent eine indoislamische Architektur. Es verschmolzen verschiedene Stile früherer muslimischer Dynastien in Indien zu einer Mischung aus islamischer, persischer, türkischer und indischer Architektur. Diese Gebäude weisen in ihrer Struktur einheitliche Muster auf, wie große bauchige Kuppeln, schlanke Minarette an den Ecken, massive Hallen, große gewölbte Tore und zarte Ornamentik.

Meine ersten Fragen an Sie: Wie ist überhaupt die Idee zu diesem Projekt entstanden? Warum haben Sie den indischen Subkontinent für Ihr Vorhaben ausgewählt?

Nicolaus Schmidt: Mein Projekt hat eine lange Vorgeschichte. Bis 1988 war ich Vorsitzender von terre des hommes Deutschland, damals hatten wir mit unseren indischen Mitarbeiter:innen über eine Neuausrichtung der Projektarbeit in Indien diskutiert. 20 Jahre später traf ich den Koordinator George Chirappurathu wieder, und er schlug mir vor, endlich Indien kennenzulernen und dort die Projektarbeit zu fotografieren. Hieraus entstanden beginnend mit der ersten Reise 2011 später das Buch und die Ausstellung INDIA • WOMEN. Bevor ich damals das erste Sozialprojekt besucht hatte, fotografierte ich schon an meinem dritten Tag in Indien den Stupa (s. S. 16–17) in der großen Chatiya-Halle in Karla Caves. Das Ergebnis war für mich spektakulär. Ich war vom gesamten Felsenkloster beeindruckt, und meine Fotografien in der „Apsis" der Chatiya schienen mir etwas Besonderes zu sein. Als ich in Delhi schließlich das Jantar Mantar besuchte, geriet ich in einen Rausch, einen Fotorausch. Meine touristischen Vorstellungen von indischer Formensprache in der Architektur waren über den Haufen geworfen worden. Damals wusste ich allerdings noch nicht, ob und was ich daraus machen sollte. Zunächst standen für mich Frauen und Mädchen in Indien im

Search for Evidence – an Interview

In December 2021, Prof. Dr. Claude W. Sui, Senior Curator at the Forum for International Photography and Head of Department for Art and Cultural History at the Reiss-Engelhorn Museums in Mannheim, spoke with Nicolaus Schmidt about the INDIA TECTON project.

Claude W. Sui: Like a tracker, you have photographically captured architectural details of Hindu temples, buildings from the Mughal period to modern architecture, and contemporary India. The buildings are never shown in their entirety, but only partially in sections, i.e. the buildings' sculptures, light openings, window arches, columns, and wall ornamentation.

Before we begin, allow me a brief reflection on Hindu temples and Mughal architecture: the suitable place for a Hindu temple *(mandir, in Sanskrit:* मंदिर, *mandira = "house [of a deity]"* was often positioned near water and gardens, in a lovely and peaceful area. These harmonious places, according to ancient Sanskrit texts, were recommended in temple manuals with the indication that these are the places where gods play and like to stay. Therefore, an essential feature of the inner sanctum is the Garbha Griha or Womb Chamber, where the image of a deity *(murti)* is housed. This can be Vishnu, for example, or Shiva, Ganesha, or some other deity. This place acts as the link between humans and the divine, to support their progress toward spiritual knowledge and truth, toward the eternal nothingness *(Purusha).*

The floor plan of a Hindu temple follows a geometric design (see article by Vera Simone Bader). The pilgrim is welcomed by mathematically structured spaces, a network of art, columns with carvings, and statues, all of which represent and celebrate the four important and necessary principles of human life: the pursuit of prosperity, wealth *(artha),* the pursuit of desire and worldly pleasure *(kama),* the pursuit of virtue and an ethical way of life that adheres to the law (dharma), and the pursuit of spiritual self-knowledge and truth, liberation from possessions and worldly illusion *(moksha).*

An Indo-Islamic architecture emerged on the Indian subcontinent under Mughal rule in the 16th, 17th, and 18th centuries. It fused various styles of earlier Muslim dynasties in India into a mixture of Islamic, Persian, Turkish, and Indian architecture. These buildings have uniform patterns in their structure, such as large bulbous domes, slender minarets at the corners, massive halls, large arched gateways, and delicate ornamentation.

My first questions to you: How did the idea for this project come about in the first place? Why did you choose the Indian subcontinent for your project?

Nicolaus Schmidt: My project has a long history. Until 1988, I was the chairman of terre des hommes Germany. At that time, we had discussed a reorientation of the project work in India with our Indian colleagues. 20 years later, I met the coordinator George Chirappurathu again, and he suggested that I finally get to know India and photograph the work there. From this, starting with the first trip in 2011, the book and exhibition INDIA • WOMEN later emerged. On my third day in India, before I had even visited the first social project, I photographed the stupa (see pp. 16–17) in the big Chatiya Hall in Karla Caves. The result was spectacular for me. I was impressed by the entire rock-cut monastery, and my photographs in the "apse" of the Chatiya seemed special. When I finally visited the Jantar Mantar in Delhi, I went into a frenzy, a photo frenzy. My touristic idea of the Indian language of design in architecture had been thrown overboard. At that time however, I did not yet know what, if anything, I should make of it. For the time being, and until 2015, women and girls in India were the focus of my photographic work. But parallel to that, on every trip I photographed buildings or artifacts on the street, even in remote villages.

Claude W. Sui: Since this book is also about the sacred buildings in your photos, have you previously studied the religion, philosophy, and architectural theory of this country?

Mittelpunkt meiner fotografischen Arbeit bis 2015. Auf allen Reisen, auch in abgelegene Dörfer, habe ich dabei parallel immer auch Bauwerke oder Artefakte auf der Straße fotografiert.

Claude W. Sui: Da es sich in diesem Buch auch um sakrale Bauten in Ihren Bildern handelt, haben Sie sich vorher mit der Religion, Philosophie und der Architekturtheorie dieses Landes auseinandergesetzt?

Nicolaus Schmidt: Mir ist aufgefallen, welche große Rolle Religionen für die Menschen in Indien spielen. Deshalb habe ich mich mit den wichtigsten beschäftigt, aber natürlich nur im Sinne eines Grundverständnisses. Als Fotograf kann ich dies nur bis zu einem gewissen Grad machen, als historisch denkender Mensch gehört ein solches Verstehen und Fragen immer dazu. Architektur spielte für mich in meinem Umfeld schon immer eine große Rolle, im Studium hatte ich immerhin ein paar Vorlesungen gehört. Deshalb faszinierte mich Indien schon auf der ersten Reise besonders. Ich habe noch nie zuvor ein solches Spektrum von Epochen, Stilen und Einflüssen in einem Land gesehen – aber Indien ist ja auch ein Subkontinent. Mein Hauptinteresse bei diesem Projekt war allerdings ein fotografisches. Die Bilder aus Karla Caves oder der Jantar Mantar in Delhi (ab S. 42), Jaipur (ab S. 48) und Varanasi (ab S. 46) stehen hierfür. Dann kam das Interesse an der indischen Architektur- und Kulturgeschichte hinzu. Im Ergebnis ist dieses Buch deshalb ein Hybrid zwischen Fotobuch und kultur- und architekturgeschichtlicher Bestandsaufnahme.

Claude W. Sui: Könnten Sie sich vorstellen, dieses fotografische Architekturprojekt als Konzept in anderen Ländern zu wiederholen, und wenn ja, in welchen Gegenden dieser Erde?

Nicolaus Schmidt: Reizvoll wäre dies schon, mir fallen da Iran oder Japan ein. Ich orientiere mich jetzt jedoch völlig um. Ich möchte möglichst wenig Flugreisen unternehmen, mein CO_2-Konto ist schon arg überzogen. Schon seit einigen Jahren arbeite ich mit einem ähnlichen fotografischen Ansatz an meinem Projekt NATURA VIVA, in dem es um konzentrierte

Blicke auf Rinden alter Bäume oder auf Pflanzen wie Agaven geht. Diese Fotografien zeigen in ihrem Bildraum jeweils eine eigene Welt. Eine Welt, an der Passanten achtlos vorbeigehen. Der Einfluss von Zeit, Zeitspuren und Alterung sind hier wie bei INDIA TECTON wichtige Faktoren.

Claude W. Sui: Würden Sie sich als Architekturfotograf im herkömmlichen, traditionellen Sinn bezeichnen?

Nicolaus Schmidt: Nein, das Etikett passt nicht. So sehr mich Architektur auch interessiert, so hat beim Fotografieren doch mein künstlerisches Interesse das größte Gewicht, das Suchen nach einer spannungsgeladenen Komposition oder einem besonderen Einblick. Bevor ich mich wieder der Fotografie zugewandt habe, war ich im Bereich Malerei und Installation aktiv. Das schlägt jetzt immer noch durch.

Claude W. Sui: Sie haben nicht nur sakrale Bauten, sondern auch das berühmte astronomische Observatorium mit der Sonnenuhr in Jantar Mantar sowie auch funktionale, weltliche Gebäude fotografiert. Welche Bauten erwiesen sich für Sie als größere Herausforderung?

Nicolaus Schmidt: Bei den sakralen Bauten lag das eigentliche Problem darin, dass ich des Öfteren mit meiner Kamera im Inneren nicht fotografieren durfte, obwohl um mich herum Hunderte Besucher Tausende Fotos mit ihrem Handy knipsten. Dies war frustierend. Ich erinnere mich an den unglaublichen Kanthimathi-Tempel in Tirunelveli (Tamil Nadu). Wir kamen uns vor wie in einem Fritz-Lang-Film mit einem überbordenden Bühnenbild, riesige Säle und Fluchten, wunderbares Kunsthandwerk. Diese Bilder habe ich jetzt nur im Kopf. Die größte Herausforderung war aber das Fotografieren der Slum-Behausungen (ab S. 160) in Pune und Mumbai – im Rahmen meines Konzeptes. Frühere Aufnahmen von den Reisen in den Jahren 2013 und 2015 waren entweder nicht prägnant genug oder sie ästhetisierten das Elend. Ob mir die Bilder jetzt gelungen sind, mögen andere beurteilen.

Nicolaus Schmidt: I noticed what a great role religions play for the people in India. Therefore, I have engaged with the most important ones, but of course only in the sense of a basic understanding. As a photographer I can only do this to a certain extent, as a historically-thinking person such understanding and questioning is always a factor. Architecture has always played a major role for me in my environment, I even attended a few lectures during my studies. That's why I was particularly fascinated by India on my very first trip. I have never seen such a spectrum of eras, styles and influences in one country before - but then India is a subcontinent. My main interest in this project, however, was a photographic one. The pictures from Karla Caves or the Jantar Mantar in Delhi (from p. 42), Jaipur (from p. 48) and Varanasi (from p. 46) represent this. Then came my interest in Indian architectural and cultural history. As a result, this work is a hybrid between a photo book and a survey of the cultural and architectural history.

Claude W. Sui: Could you imagine repeating this concept of photographic-architectural project in other countries, and if so, in which areas of the world?

Nicolaus Schmidt: This would be appealing, and Iran or Japan come to mind. However, I am now completely reorienting myself. I would like to travel as little as possible by air, my CO_2 account is already badly overdrawn. For several years now, I have been working with a similar photographic approach on my NATURA VIVA project, which involves concentrated views of the bark of old trees or of plants such as agaves. These photographs each show a world of their own in their pictorial space. A world that goes unnoticed by careless passers-by. The influence of time, marks that time leaves behind, and aging are important factors here as in INDIA TECTON.

Claude W. Sui: Would you describe yourself as an architectural photographer in the conventional, traditional sense?

Nicolaus Schmidt: No, that label doesn't fit. As much as I'm interested in architecture, it's my artistic interest that carries the most weight when it comes to photography, the search for an exciting composition or a special insight. Before I returned to photography, I was active in painting and installation. That still shows.

Claude W. Sui: You have photographed not only sacred buildings, but also the famous astronomical observatory with the sundial in Jantar Mantar, as well as functional, secular structures. Which buildings proved to be more challenging for you?

Nicolaus Schmidt: The real problem with the sacred buildings was that I was often not allowed to take photos inside with my camera, even though hundreds of visitors around me were snapping thousands of photos with their mobiles. This was frustrating. I remember the incredible Kanthimathi temple in Tirunelveli (Tamil Nadu). We felt like we were in a Fritz Lang movie with an extravagant set, huge halls and rows, wonderful craftsmanship. Now I only have these images in my head. But the biggest challenge, as part of my concept, was photographing the slum dwellings (from p. 160) in Pune and Mumbai. Earlier shots (from the trips in 2013 and 2015) were either not incisive enough or they aestheticised the squalor. Others can judge whether or not I succeeded with the current images.

Claude W. Sui: Your photographs have something of an anthology of architectural elements. Would you consider yourself to be a kind of detective, a saver of evidence?

Nicolaus Schmidt: When I start something new, I always act unintentionally. During the subsequent review and consideration of whether something could come out of it, such thoughts then actually come into play. In the last sequence of the photo section you will find images of buildings that are partially in ruins, even though they are considered part of a world heritage site, like the commercial buildings in the old city of Ahmedabad. Bahadurgarh Fort in Patiala even belongs

Claude W. Sui: Ihre Aufnahmen haben etwas von einer Anthologie architektonischer Elemente. Würden Sie sich als eine Art Spurensucher und Spurensicherer ansehen?

Nicolaus Schmidt: Wenn ich etwas neu beginne, handle ich immer unbewusst. Bei der nachträglichen Sichtung und Überlegung, ob daraus etwas entstehen könnte, kommen dann tatsächlich solche Überlegungen hinzu. In der letzten Sequenz des Bildteils finden Sie Fotografien von Gebäuden, die halb verfallen sind, obwohl sie wie die Geschäftshäuser in der Altstadt von Ahmedabad als Teil eines Weltkulturerbes gelten. Das Fort Bahadurgarh in Patiala gehört sogar der indischen Bundesregierung, und trotzdem verfällt es in großen Teilen. Hier habe ich Spuren der Geschichte gesucht und zumindest im Bild festgehalten. Diesen Ansatz des Festhaltens von etwas Besonderem habe ich übrigens schon in früheren Projekten, wo es meist um Menschen, um soziale Gruppen ging, verfolgt. Der ikonische, multiethnische und riesige Friseurladen am Astor Place in New York existiert heute nicht mehr in dem besonderen visuellen Overkill, wie ich ihn 2010 fotografiert habe. Ich habe damals etwas dokumentiert, was es heute so nicht mehr gibt. In New York dachte ich nicht an diesen Aspekt meines Fotografierens, in Indien dagegen war er ein Teil meiner Überlegungen.

Claude W. Sui: Warum haben Sie überwiegend eher den architektonischen Ausschnitt anstatt den gesamten Baukörper fotografiert? Ist sozusagen für Sie der Mikrokosmos ein Komplement zum Makrokosmos beziehungsweise steht das Detail pars pro toto für den Gesamtbaukomplex?

Nicolaus Schmidt: Mir ging es um die fotografische Verdichtung dessen, was ich vor Ort gesehen habe. Für einen Architekturführer wären Gesamtansichten wichtig gewesen, mein Ansatz ist ein anderer. Mir geht es um die Essenz und die Gestaltungsprinzipien und -elemente, die in diesen Bauwerken und Artefakten zum Tragen kommen. Ich suche nach der spirituellen Idee, nach der DNA in den Bauwerken. Hinzu kommt ein Denken in Hinblick auf eine Ausstellung: Hier sollen unterschiedliche Bilder an der Wand über ihre Strukturelemente miteinander kommunizieren. Der Mikrokosmos erweist sich dafür als sehr ergiebig und beredt.

Claude W. Sui: Inwieweit spielen das Licht wie auch der Blickwinkel und Ausschnitt bei Ihrer Arbeit eine wesentliche Rolle?

Nicolaus Schmidt: Mit dem Blickwinkel und dem Bildausschnitt haben Sie zwei wesentliche Gestaltungsmittel angesprochen, mit denen ich arbeite. Für mich heißt dies, einen Ort überhaupt erst einmal kennenzulernen und die geeigneten Standpunkte zu finden, damit ich mit den Aufnahmen hinterher auch zufrieden bin. Oft muss ich mich in eine Situation hineintasten. Manchmal gelingt es schnell und spontan wie im Kunstmuseum Chandigarh von Le Corbusier, wo ich eigentlich immer nur nach oben an die Decke geschaut habe. Dort spielt sich das eigentliche Theater ab – Le Corbusier als Raumkünstler, als Erfinder unglaublicher Kompositionen und Materialkontraste. Dies alles nützt nichts, wenn das Licht nicht stimmt. Deshalb habe ich manche Orte zu verschiedenen Tageszeiten aufgesucht. Ich wollte einfach das optimale Licht. Mit Kunstlicht arbeite ich grundsätzlich nicht. Erst jetzt, in den letzten zehn Jahren, ist mir klar geworden, dass das alte Wort der Lichtbildnerei das Arbeiten in der Fotografie auf den Punkt gebracht hat.

Claude W. Sui: Welche künstlerische, fotografische Erfahrung oder Lebenserfahrung konnten Sie aus dem Projekt gewinnen?

Nicolaus Schmidt: Für mich waren die menschlichen Begegnungen das Wichtigste. Die Unterhaltung mit einem Sikh-Taxifahrer in Delhi, mit dessen Hilfe ich in der Gurudwara Bangla Sahib einige Aufnahmen machen konnte. Oder die Begegnung mit dem 94-jährigen Architekten Bakrishna Doshi, der überaus wach mein Projekt kommentiert hat. Mich hat die Freundlichkeit der Menschen beeindruckt, das Selbstbewusstsein auch der Slum-Bewohner, denen ich mein Vorhaben erklärt habe – mit Ausnahme eines Slum-Lords im Mumbai. Ich danke meinen Freundinnen und Freunden in Pune und Neu-Delhi für die großartige Hilfe. Ohne Sie wäre dieses Projekt so nicht zustande gekommen.

to the Indian federal government, and yet large parts of it have fallen into disrepair. Here I looked for traces of history and at least was able to capture them in the picture. I had actually already pursued this approach of capturing something special in earlier projects, where it was mostly about people, about social groups. The iconic, multi-ethnic and huge barbershop on Astor Place in New York no longer exists in the particular visual overkill that I photographed in 2010. I was documenting something then that no longer exists today. In New York I didn't think about this aspect of my photography, but in India it was part of my considerations.

Claude W. Sui: Why did you predominantly photograph the architectural detail rather than the entire building? Is the microcosm, so to speak, a complement to the macrocosm for you, or does the detail stand pars pro toto for the entire building complex?

Nicolaus Schmidt: I was interested in the photographic condensation of what I saw on site. For an architectural guide, overall views would have been important; my approach is different. I am concerned with the essence and the design principles and elements that come into play in these buildings and artifacts. I look for the spiritual idea, for the DNA in the buildings. In addition, there is thinking in terms of an exhibition: here, different pictures on the wall should communicate with each other via their structural elements. For this, the microcosm proves to be very productive and eloquent.

Claude W. Sui: To what extent does the light, as well as the angle and detail, play an essential role in your work?

Nicolaus Schmidt: Bringing up the angle and the image detail, you have addressed two essential design tools with which I work. For me, this means getting to know a location in the first place, and finding the appropriate viewpoints so that I'm also satisfied with the shots afterwards. Often I have to feel my way into a situation. Sometimes it succeeds quickly and spontaneously, as in Le Corbusier's Chandigarh Art Museum, where I actually only ever looked up at the ceiling. That's where the real theatre takes place – Le Corbusier as a spatial artist, as an inventor of incredible compositions and material contrasts. All this is of no use if the light is not right. That's why I visited some places at different times of day. I simply wanted the optimal light. As a matter of principle, I don't work with artificial light. It's only now, in the last ten years, that I've come to realise that the old German word "Lichtbildnerei" ("light sculpture") sums up what it means to work in photography.

Claude W. Sui: What artistic, photographic or life experience did you gain from the project?

Nicolaus Schmidt: For me, the human encounters were the most important. The conversation with a Sikh cab driver in Delhi, with whose help I was able to take some photos in the Gurudwara Bangla Sahib. Or meeting the 94-year-old architect Bakrishna Doshi, who commented on my project in an extremely astute manner. I was impressed by the friendliness of the people, the self-confidence even of the slum dwellers to whom I explained my project – with the exception of a slumlord in Mumbai. I thank my friends in Pune and New Delhi for their great help. Without you, this project would not have come about like it did.

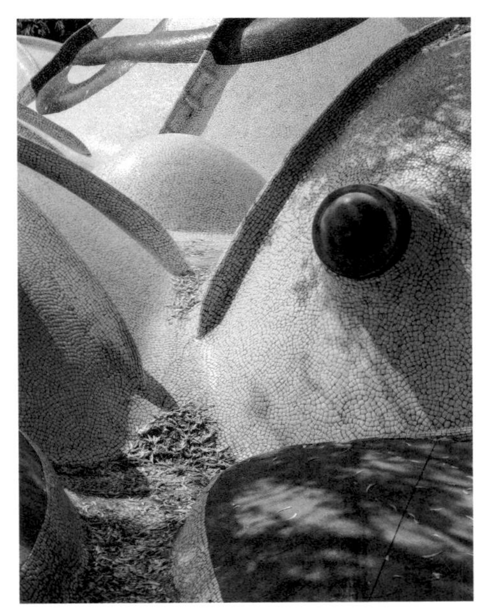

Die Autoren | About the Authors

Nicolaus Schmidt studierte Kunst und Geschichte an der HFBK und an der Universität Hamburg. Er war Gründer der *rosa,* einer der ersten deutschen Zeitschriften der Schwulenbewegung, und später Vorsitzender von terre des hommes Deutschland. Zu seinen künstlerischen Arbeiten zählen: die Cerro-Rico-Kunstaktion 1982 in Hamburg und die Arbeit mit Morphogrammen ab 1990. Seit 2002 liegt sein Schwerpunkt auf der Fotografie. Er stellte unter anderem aus in Basel, Berlin, Hamburg, Ho-Chi-Minh-Stadt, Neu-Delhi, New York und Valencia. Dies ist sein achtes Buch und das zweite über Indien. Er lebt in Berlin.

Rahaab Allana ist Kurator der Alkazi Foundation for the Arts, Fellow der Royal Asiatic Society (London), Charles-Wallace-Preisträger und derzeit Mitglied des Beirats für Kunst und Kultur der Asia Society (Indien). Er war außerdem Mitglied des Beirats der Trans-Asia Photography (TAP) Review, Gründungsherausgeber von PIX (enterpix.in), Gründer der ASAP/art app (asapart.in) und Gastherausgeber der Sommerausgabe 2021 des Aperture-Magazins, die sich mit „lens-based culture" in Bezug auf Delhi beschäftigte.

Vera Simone Bader, Kunsthistorikerin, ist wissenschaftliche Mitarbeiterin an der TU München und seit 2013 Kuratorin am dortigen Architekturmuseum der TUM. Für dieses Museum kuratierte sie mehrere Ausstellungen wie „Lina Bo Bardi 100" (2014). Sie war Kooperationspartnerin der Ausstellung über Balkrishna Doshi (2019). Für ihre Dissertation „Moderne in Afrika. Asmara – Die Konstruktion einer italienischen Kolonialstadt" erhielt sie 2016 den Hans-Janssen-Preis der Göttinger Akademie der Wissenschaften.

Claude W. Sui ist seit 2002 Direktor und Senior-Kurator des Forums für Internationale Photographie und Abteilungsleiter für Kunst- und Kulturgeschichte an den Reiss-Engelhorn-Museen Mannheim. Er studierte Kunstgeschichte, Philosophie und Ethnologie an den Universitäten Mainz und Frankfurt am Main und promovierte über das Werk des Fotografen Robert Häusser. Er ist Honorarprofessor für Fototheorie und Fotogeschichte an der Hochschule Mannheim – Fakultät für Gestaltung.

Nicolaus Schmidt studied art and history at the Academy of Fine Arts and the University of Hamburg. He was the founder of *rosa,* one of the first German magazines of the gay rights movement, and later Chairman of terre des hommes Germany. His artistic works include: Cerro Rico art happening 1982 in Hamburg with 600,000 empty tin cans, work with morphograms since 1990. His focus since 2002 is photography. He has exhibited in Basel, Berlin, Hamburg, Ho Chi Minh City, New Delhi, New York and Valencia, among other places. This is his eighth book and the second about India. He lives in Berlin.

Rahaab Allana is curator of the Alkazi Foundation for the Arts; fellow of the Royal Asiatic Society (London), a Charles Wallace awardee, and is currently on the advisory board for art and culture of the Asia Society (India). He was also a member of the advisory board of the Trans-Asia Photography (TAP) Review; was founding editor of PIX (enterpix.in); founder of ASAP/art app (asapart.in); and guest editor of Aperture Magazine's 2021 summer issue on lens-based culture related to Delhi.

Vera Simone Bader, art historian, is a research assistant at the TU München and since 2013 curator at the TUM Museum of Architecture. For this museum, she curated several exhibitions including "Lina Bo Bardi 100" (2014). She was a cooperation partner for the exhibition on Balkrishna Doshi (2019). For her dissertation "Modernity in Africa. Asmara – The Construction of an Italian Colonial City",, she received the Hans Janssen Prize of the Göttingen Academy of Sciences and Humanities in 2016.

Claude W. Sui is since 2002 director and senior curator of the Forum for International Photography and head of the department for Art and Cultural History at the Reiss-Engelhorn-Museums Mannheim. He studied art history, philosophy and cultural anthropology at the Universities of Mainz and Frankfurt/Main and wrote his doctoral thesis on the work of the photographer Robert Häusser. He is honorary professor for the theory and history of photography at the Mannheim University of Applied Sciences – Faculty of Design.

Danke | Thank You

Das Fotoprojekt und das Buch INDIA TECTON konnten nur entwickelt und realisiert werden, weil mich einige Freunde in Indien über Jahre mit Ratschlägen wie auch organisatorisch unterstützt haben. | The photo project and book INDIA TECTON could only be developed and realised because some friends in India supported me over years with advice as well as organisationally: George Chirappurathu, Ingrid Mendonca, Kishore Jha and Snehal Bhingare Kulkarni.

Wie immer war mein Partner Christoph Radke ein kommunikativer Begleiter und konstruktiver Kritiker. / As always, my partner Christoph Radke was a communicative companion and constructive critic.

Für die Übersetzung der Kapitelüberschriften in elf indischen Sprachen danke ich… | For the translation of the chapter headings into eleven Indian languages, I would like to thank Himanshu Sharma, George Chirappurathu; SAI (Südasien-Institut der Universität Heidelberg | South Asia Institute of the University of Heidelberg) – Prof. Dr. Hans Harder, Chaiti Basu, Dr. Arian Hopf, Gautam Liu, Dr. Torsten Tschacher; Goethe-Institut / Max Mueller Bhavan Bangalore – Sheshagiri Kulkarni, Maureen Gonsalves.

Ich danke Kathleen Herfurth, David Fesser und Jens Lindenhain vom Deutschen Kunstverlag für ihre Unterstützung. | I would like to thank Kathleen Herfurth, David Fesser and Jens Lindenhain from Deutscher Kunstverlag for their support.

Auch bei diesem Buch war die Zusammenarbeit mit dem Lektor Ralf Weißleder und den Übersetzerinnen Dr. Barbara Uppenkamp und Holly Seeberger intensiv und produktiv. Ich danke ihnen. | The collaboration with the editor Ralf Weißleder and the translators Dr. Barbara Uppenkamp and Holly Seeberger on this book was again intensive and productive. Thank you.

Große Unterstützung habe ich erfahren von… | I have received great support from Khushnu Panthaki Hoof, Dr. A. V. Baliga Memorial Trust, New Delhi – Ranjana Raj and Ashok Singh Jha; India International Centre, New Delhi – Lalsawmliani Tochhawng; Youth for Unity and Voluntary Action, Mumbai; Nirman Organisation, Pune – Vaishali and Santosh; Centre for Integrated Development, Gwalior; Nari Prabodhan Manch, Latur; Swera, Ajmer; Naseeb Khan, Rajender Kumar, Ursula Pattberg, Dachser Intelligent Logistics, terre des hommes Deutschland und vielen anderen | and many others.

Die Produktion eines solchen Buches ist auch eine finanzielle Herausforderung. Ich danke allen, die das Projekt mit kleineren oder größeren Beträgen unterstützt haben. | The production of such a book is also a financial challenge. I would like to thank all those who have supported the project with smaller or larger contributions

Hinweis: Die Übersetzung in die indischen Sprachen war mit großen Problemen verbunden. Da die für die Darstellung im Buch nötigen Programme immer wieder Übertragungsfehler verursachten, kann es trotz größter Sorgfalt im Einzelfall zu einem Fehler gekommen sein. Ich bitte dies zu entschuldigen. The translation into Indian languages was fraught with great problems. Since the programmes necessary for the presentation in the book repeatedly caused transmission errors, there may have been an error in individual cases despite the greatest care. I apologise for this.

Nicolaus Schmidt

Impressum | Imprint

Herausgeber | Editor: Kunststiftung K52
Autoren | Authors: Rahaab Allana, Vera Simone Bader,
Claude W. Sui, Nicolaus Schmidt
Übersetzung | Translation: Holly Seeberger (Deutsch-Englisch
German-English), Barbara Uppenkamp (Englisch-Deutsch
English-German)
Lektorat deutschsprachige Texte | Copy-editing German
texts: Ralf Weißleder
Layout und Satz | Layout and typesetting: Nicolaus Schmidt
Projektmanagement Verlag | Project Management Publisher:
David Fesser
Herstellung Verlag | Production Management Publisher:
Jens Lindenhain
Druck und Bindung | Printing and binding:
Grafisches Centrum Cuno GmbH & Co. KG, Calbe

Verlag | Publishing:
Deutscher Kunstverlag GmbH Berlin München
Lützowstraße 33
10785 Berlin
www.deutscherkunstverlag.de
Ein Unternehmen der | Part of
Walter de Gruyter GmbH Berlin Boston | www.degruyter.com

Die Deutsche Nationalbibliothek verzeichnet diese Publikation
in der Deutschen Nationalbibliografie;
detaillierte bibliografische Daten sind im Internet über
http://dnb.dnb.de abrufbar. | The Deutsche Nationalbibliothek
lists this publication in the Deutsche Nationalbibliografie;
detailed bibliographic data are available on the Internet at
http://dnb.dnb.de.

© 2022 Deutscher Kunstverlag GmbH Berlin München und
Nicolaus Schmidt

ISBN 978-3-422-98762-3

Ausstellungen | Exhibitions:

India International Centre, New Delhi, India

4 to 14 November 2022
40 Max Mueller Marg, New Delhi 110003
www.iicdelhi.nic.in
+91 (01) 1-24619431

Galerie der Kunststiftung K52, Berlin, Germany

8 December 2022 to 21 January 2023
Joachimstraße 17, 10119 Berlin
www.kunststiftung-K52.de
+40 (0)304413318

Goethe-Institut / Max Mueller Bhavan Bangalore
in cooperation with
The Museum of Art & Photography Bengaluru (MAP)

In the course of the year 2023
716, CMH Road, Indiranagar 1st Stage, Bangalore India
www.goethe.de/bangalore
+91 080 22511300